Internationales und Europäisches Strafverfahrensrecht

Herausgegeben von Hans-Heiner Kühne und Robert Esser

Band 12

PL ACADEMIC RESEARCH

Sachverständigengutachten im Strafverfahren zur Glaubwürdigkeit und zur Schuldfähigkeit im Falle der Untersuchungsverweigerung des zu Begutachtenden

Sandra Maria Beckert

Sachverständigengutachten im Strafverfahren zur Glaubwürdigkeit und zur Schuldfähigkeit im Falle der Untersuchungsverweigerung des zu Begutachtenden

PL ACADEMIC RESEARCH

Bibliografische Information der Deutschen Nationalbibliothek
Die Deutsche Nationalbibliothek verzeichnet diese Publikation in der Deutschen Nationalbibliografie; detaillierte bibliografische Daten sind im Internet über http://dnb.d-nb.de abrufbar.

Zugl.: Passau, Univ., Diss., 2014

D 739
ISSN 1611-275X
ISBN 978-3-631-65489-7 (Print)
E-ISBN 978-3-653-04757-8 (E-Book)
DOI 10.3726/978-3-653-04757-8

PL Academic Research ist ein Imprint der Peter Lang GmbH.

Peter Lang – Frankfurt am Main · Bern · Bruxelles · New York · Oxford · Warszawa · Wien

Diese Publikation wurde begutachtet.

www.peterlang.com

Meinen Eltern

Vorwort

Die Anzahl der Menschen, denen ich in Bezug auf meine Doktorarbeit zu tiefstem Dank verpflichtet bin, wurde während der Erstellung von „Sachverständigengutachten im Strafverfahren zur Glaubwürdigkeit und zur Schuldfähigkeit im Falle der Untersuchungsverweigerung des zu Begutachtenden“ immer länger.

Zuvörderst möchte ich meinem Doktorvater *Prof. Dr. Robert Esser* für die großartige Betreuung während meiner gesamten Promotionszeit danken; auf seine Unterstützung und seinen Rat konnte ich stets – ob als Doktorandin oder wissenschaftliche Mitarbeiterin – bauen. *Prof. Dr. Armin Engländer* möchte ich herzlich für die schnelle Erstattung des Zweitgutachtens, *Prof. Dr. Jochen Bung*, der Vorsitzender der Prüfungskommission bei meiner Disputation war, auch für den angenehmen Ablauf dieser danken.

Der Einstieg in den interdisziplinären Teil meiner Arbeit wäre mir ohne die Hilfe von *Dr. med. Peter Grampp* deutlich schwerer gefallen. Ihm sowie Herrn Rechtsanwalt *Michael Euler*, der mir viele Fragen bezüglich Gutachten über Angeklagte beantwortet hat, gilt mein Dank ebenso.

Meine Zeit als Doktorandin und wissenschaftliche Mitarbeiterin wäre ohne das wundervolle Lehrstuhlteam meines Doktorvaters nicht halb so schön gewesen. Die Zeit mit *Melanie Langbauer*, *Jenny Pöschl* und *Dr. Johannes Rochner* möchte ich nicht missen. Allen voran möchte ich aber *Laura Ilg* danken, die mich auf so vielfältige Weise unterstützt hat.

Für ihre so ungemein wertvolle Korrekturlesearbeit und ihre unermüdliche Unterstützung möchte ich *Alexander Kubik* und meinen Freunden *Mechtild-Maria Siebke, LL.M.* und *Dr. Till Zimmermann* danken.

Jeder, der promoviert hat, weiß, dass es ohne die Unterstützung von Menschen, die immer an einen glauben, die einem immer wieder Mut zusprechen, nicht geht: Meinen geliebten Eltern *Doris* und *Bernhard Beckert*, meinen herzallerliebsten Schwestern *Marina* und *Isabel Beckert* sowie meinen Freunden *Clara Ochsenfeld, Jenny von Rumohr*, *Christian Siebke* und *Vanessa von Wangenheim* danke ich deswegen tausendfach.

Die vorliegende Dissertation habe ich im Januar 2014 mit Stand vom 1.12.2013 bei der Juristischen Fakultät der Universität Passau eingereicht.

Stuttgart, im Mai 2014

Inhalt

Abkürzungsverzeichnis

A	Serie A (Entscheidungssammlung des EGMR)
a.A.	andere Ansicht
a.F.	alte Fassung
a.M.	am Main
ÄBeO	Ärzte-Berufsordnung
Abs.	Absatz
Abschn.	Abschnitt
AG	Amtsgericht
AK	Alternativkommentar
Alt.	Alternative
Anm.	Anmerkung
AnwK-StPO	AnwaltKommentar StPO
BeckOK-StPO	Beck'scher Online-Kommentar StPO
BeckRS	Beck-Rechtsprechung
BGB	Bürgerliches Gesetzbuch
BGBl.	Bundesgesetzblatt
BGH	Bundesgerichtshof
BGHR	BGH-Rechtsprechung in Strafsachen
BGHSt	Entscheidungen des Bundesgerichtshofs in Strafsachen
BtPrax	Betreuungsrechtliche Praxis
BVerfG	Bundesverfassungsgericht
BVerfGE	Entscheidungen des Bundesverfassungsgerichts
BVerwGE	Entscheidungen des Bundesverwaltungsgerichts
bzw.	beziehungsweise
d.h.	das heißt
DRiZ	Deutsche Richterzeitung
DS	Der Sachverständige
(E)	Entscheidung des EGMR
e.V.	eingetragener Verein

EGMR	Europäischer Gerichtshof für Menschenrechte
EGMR (GK)	Europäischer Gerichtshof für Menschenrechte (Große Kammer)
EGMR-E	Europäischer Gerichtshof für Menschenrechte (deutschsprachige Sammlung)
Einl.	Einleitung
EKMR	Europäische Kommission für Menschenrechte
EMRK	Europäische Konvention für Menschenrechte
et al.	*et alii* (und andere)
EuGRZ	Europäische Grundrechte-Zeitschrift
f., ff.	folgende
FAZ	Frankfurter Allgemeine Zeitung für Deutschland
FD-StrafR	Fachdienst Strafrecht
FPPK	Forensische Psychiatrie, Psychologie, Kriminologie
FS	Festschrift
GA	Goltdammer's Archiv für Strafrecht
GBA	Generalbundesanwalt
gem.	gemäß
GG	Grundgesetz
ggf.	gegebenenfalls
Halbs.	Halbsatz
HK-GS	Handkommentar Gesamtes Strafrecht
HK-StPO	Heidelberger Kommentar zur Strafprozessordnung
HRRS	Online-Zeitschrift für höchstrichterliche Rechtsprechung im Strafrecht
Hrsg.	Herausgeber
insb.	insbesondere
IPBPR	Internationaler Pakt über bürgerliche und politische Rechte
JMBlNW	Justizministerialblatt für das Land Nordrhein-Westphalen
JR	Juristische Rundschau
JuS	Juristische Schulung
JZ	Juristenzeitung

KG	Kammergericht
KK	Karlsruher Kommentar
KMR	*Kleinknecht/Müller/Reitberger*
LG	Landgericht
lit.	*litera* (Buchstabe)
LM	*Lindenmaier-Möhring*
LR	*Löwe-Rosenberg*
LSG	Landessozialgericht
m.w.N.	mit weiteren Nachweisen
MMW	Münchner medizinische Wochenschrift
MschrKrim	Monatsschrift für Kriminologie und Strafrechtsreform
NJ	Neue Justiz
NJW	Neue Juristische Wochenschrift
NJW-RR	Neue Juristische Wochenschrift Rechtsprechungs-Report
NLMR	Newsletter Menschenrechte
Nr.	Nummer
NStZ	Neue Zeitschrift für Strafrecht
NStZ-RR	NStZ-Rechtsprechungs Report
NVwZ	Neue Zeitschrift für Verwaltungsrecht
ÖJZ	Österreichische Juristenzeitung
OLG	Oberlandesgericht
PdR	Praxis der Rechtspsychologie
PraxisHdb. Sachverständigen R	Praxishandbuch Sachverständigenrecht
R&P	Recht und Psychiatrie
Rep.	Reports of Judgments and Decisions (Entscheidungssammlung des EGMR)
RiStBV	Richtlinien für das Strafverfahren und das Bußgeldverfahren
Rn.	Randnummer
S.	Seite/Satz
SK-StPO	Systematischer Kommentar zur Strafprozessordnung

sog.	sogenannt
StGB	Strafgesetzbuch
StPO	Strafprozessordnung
StraFo	Strafverteidiger-Forum
StrK	Strafkammer
StRR	StrafRechtsReport
StV	Strafverteidiger
SZ	Süddeutsche Zeitung
ThUG	Therapieunterbringungsgesetz
u.a.	und andere
Var.	Variante
vgl.	vergleiche
z.B.	zum Beispiel
ZDDP	Zeitschrift für Differentielle und Diagnostische Psychologie
ZHW	Zeitschrift für Wirtschaftsstrafrecht und Haftung im Unternehmen
ZJS	Zeitschrift für das Juristische Studium
ZRP	Zeitschrift für Rechtspolitik
ZStW	Zeitschrift für die gesamte Strafrechtswissenschaft

Einleitung

„In einem Theater geschah es, daß die Kulissen Feuer fingen. Hanswurst erschien, um das Publikum davon zu unterrichten. Man glaubte, es sei ein Witz, und applaudierte; er wiederholte es; man jubelte noch mehr."[1]

Nicht nur in dieser Geschichte von *Kierkegaard* steht die Einschätzung der Glaubwürdigkeit der aussagenden Person im Mittelpunkt.

A. Problemstellung

Tagtäglich müssen Richter zum Zwecke der Wahrheitsfindung, dem Ziel eines jeden Strafverfahrens[2], die Glaubwürdigkeit von Zeugen und Angeklagten[3] so gut wie möglich überprüfen.

Zwei Begriffe sind dabei gleich im Vorhinein zu erläutern: zum einen der Begriff der Glaubwürdigkeit der Person (diese wird zuweilen als allgemeine Glaubwürdigkeit bezeichnet) und zum anderen der Begriff der Glaubhaftigkeit der Aussage (diese wird mitunter auch spezielle Glaubwürdigkeit genannt). So differenziert und erläutert der BGH treffend:

„Bei der Prüfung einer Zeugenaussage kann Anlaß bestehen, zwischen der allgemeinen und der speziellen Glaubwürdigkeit eines Zeugen zu unterscheiden. Während letztere die Frage der Glaubwürdigkeit im Hinblick auf die Aussage zum jeweiligen Verfahrensgegenstand betrifft, betrifft die allgemeine Glaubwürdigkeit die Frage, ob man dem Zeugen hinsichtlich sonstiger Angelegenheiten außerhalb des Verfahrens grundsätzlich Glauben schenken kann. Die Klärung der allgemeinen Glaubwürdigkeit läßt noch nicht ohne weiteres generelle Schlüsse auf die spezielle Glaubwürdigkeit zu."[4]

---

1 *Kierkegaard* S. 40.

2 BVerfGE 57, 250, 275.

3 Nach § 157 StPO wird derjenige *Beschuldigte*, gegen den die öffentliche Klage erhoben ist, als *Angeschuldigter* und derjenige *Beschuldigte* oder *Angeschuldigte*, gegen den die Eröffnung des Hauptverfahrens beschlossen ist, als *Angeklagter* bezeichnet. Weite Teile dieser Arbeit beziehen sich auf das Hauptverfahren und damit auf den *Angeklagten*. Aus diesem Grund wird grundsätzlich der Begriff des *Angeklagten* verwendet. Damit ist dann grundsätzlich, wenn nicht explizit auf einen bestimmten Verfahrensabschnitt Bezug genommen wird, auch der *Beschuldigte* bzw. der *Angeschuldigte* gemeint.

4 BGH StV 1994, 64; *Nack* StraFo 2001, 1 f.; dazu auch *Loddenkemper* S. 6 f.

In diesem Sinne halten etwa auch *Bender/Nack/Treuer* in ihrem renommierten Werk „Tatsachenfeststellung vor Gericht" fest, dass man von der allgemeinen Glaubwürdigkeit einer Person nicht pauschal auf die Glaubhaftigkeit ihrer Aussage schließen könne und ebenso das Gegenteil der Fall sein könne, also auch Personen, die vom Charakter her eher fragwürdig seien, eine wahrheitsgemäße Aussage machen könnten.[5] Nach dem Rechtspsychologen *Steller* erscheint es sogar „trivial, dass Feststellungen über die allgemeine Glaubwürdigkeit einer Person keine hinreichend eindeutigen Beziehungen zu der Glaubhaftigkeit von spezifischen Bekundungen dieser Person aufweisen."[6] In seinem Grundsatzurteil vom 30. Juli 1999 zu aussagepsychologischen Gutachten hat der BGH dann auch Folgendes klargestellt:

> *„Gegenstand einer aussagepsychologischen Begutachtung ist – wie sich bereits aus dem Begriff ergibt – nicht die Frage nach einer allgemeinen Glaubwürdigkeit des Untersuchten im Sinne einer dauerhaften personalen Eigenschaft. Es geht vielmehr um die Beurteilung, ob auf ein bestimmtes Geschehen bezogene Angaben zutreffen, d. h. einem tatsächlichen Erleben der untersuchten Person entsprechen […]."*[7]

Ausschlaggebend ist also nicht die Glaubwürdigkeit der Person, sondern die Glaubhaftigkeit der Aussage.[8] Der allgemeinen Glaubwürdigkeit kommt für die spezielle Glaubwürdigkeit vielmehr „nur die Bedeutung einer Hilfstatsache" zu.[9] In *Kierkegaards* Geschichte kommt dies in aller Deutlichkeit zum Ausdruck: Auch ein Hanswurst kann eben einmal die Wahrheit sagen. Leider werden die Begriffe Glaubwürdigkeit und Glaubhaftigkeit weder in der Literatur noch in der Rechtsprechung konsequent verwendet. So ist üblicherweise etwa von Glaubwürdigkeitsgutachten[10] die Rede, wenn genauer von Glaubhaftigkeitsgutachten gesprochen werden sollte. Aufgrund dessen wird auch in dieser Arbeit nicht

---

5 *Bender/Nack/Treuer* Rn. 214.

6 *Steller* in: Psychologische Begutachtung im Strafverfahren, S. 1, 6 f. mit Verweis auf das Sprichwort „Wer einmal lügt, dem glaubt man nicht, und wenn er auch die Wahrheit spricht".

7 BGHSt 45, 164, 167.

8 Etwa *Jansen* Rn. 45 f.; *Zuschlag* S. 13.

9 *Eisenberg* Rn. 1426; siehe auch *Schlüchter*, Wahrunterstellung und Aufklärungspflicht bei Glaubwürdigkeitsfeststellungen, S. 10 („Daher interessiert an sich die *Glaubhaftigkeit als Prädikat der Aussage* und weniger die *Glaubwürdigkeit als Attribut des Aussagenden.* Diese bildet nur *ein* Indiz für die Glaubhaftigkeit der Bekundungen der Beweisperson."; Hervorhebung im Original).

10 Zur Üblichkeit und Problematik dieses Begriffs *Steller/Volbert* in: Psychologie im Strafverfahren, S. 12, 21.

immer der an sich richtige Begriff verwendet werden. Grundsätzlich sind aber die Glaubhaftigkeit der Aussage bzw. Glaubhaftigkeitsgutachten gemeint, auch wenn diese hier nicht so bezeichnet werden.[11]

Die Beurteilung der Glaubhaftigkeit von Zeugenaussagen soll nach ständiger Rechtsprechung „ureigenste Aufgabe" des Richters sein[12], gerade die Prüfung von Aussagen des Angeklagten gehöre zum „Wesen richterlicher Rechtsfindung"[13]. Danach ist nur in jenen Fällen, in denen der Richter aufgrund von „Besonderheiten" ausnahmsweise nicht ausreichend sachkundig ist, Platz für Sachverständigengutachten.[14] Der BGH beschreibt den Aufgabenbereich des Sachverständigen bei der Glaubwürdigkeitsprüfung dabei folgendermaßen:

> *„Es ist nicht Aufgabe des Sachverständigen, darüber zu befinden, ob die zu begutachtende Aussage wahr ist oder nicht; dies ist dem Tatrichter vorbehalten. Der Sachverständige soll vielmehr dem Gericht die Sachkunde vermitteln, mit deren Hilfe es die Tatsachen feststellen kann, die für die Beurteilung der Glaubwürdigkeit wesentlich sind."*[15]

Auf welche Weise aber darf der Sachverständige die Glaubwürdigkeitsprüfung vornehmen? Glaubwürdigkeitsgutachten sind in der Praxis von immenser Bedeutung und auch von entsprechend großem medialen Interesse begleitet[16]; sucht man in der StPO aber nach einer Norm, welche die Zulässigkeit von Glaubwürdigkeitsuntersuchungen durch Sachverständige regelt, so ist dies vergeblich.[17] Die Vorschrift des § 81c StPO, welche die Untersuchung Nichtbeschuldigter betrifft, ist abschließend und enthält keine diesbezügliche Regelung, weswegen nach allgemeiner Ansicht die Einwilligung des zu Begutachtenden in die durch den Sachverständigen vorgenommene Glaubwürdigkeitsuntersuchung erforderlich ist.[18] Es stellt sich daher die Frage, was geschieht, wenn jener in diese Untersuchung nicht einwilligt. Man könnte und sollte zunächst annehmen, dass die Untersuchung wegen der Verweigerung damit vollends

11 Soll hingegen die Glaubwürdigkeit des Zeugen und nicht die Glaubhaftigkeit dessen Aussage gemeint sein, so wird zur Unterscheidung die Bezeichnung „allgemeine Glaubwürdigkeit" verwendet oder dies anderweitig im Wege der Erläuterung oder Gegenüberstellung beider Begriffe eindeutig kenntlich gemacht.

12 Etwa BGH NStZ 1997, 355, 356.

13 Etwa BGH NStZ 1987, 182.

14 Dazu ausführlich Kapitel I. B. I. 2. und 3.

15 BGH NStZ-RR 2004, 87, 88.

16 Siehe nur *Heier* FAZ vom 2.1.2011, 51 mit der reißerischen Überschrift „Zwischen Wahrheit und Kaffeesatz".

17 *Kett-Straub* ZStW 117 (2005), 354.

18 Etwa Meyer-Goßner/*Schmitt* § 81c Rn. 6 f. m.w.N.; BGH NStZ-RR 2013, 218.

unzulässig ist. Einfach ausgedrückt: Willige ich ein, darf ich untersucht werden, verweigere ich die Einwilligung hingegen, kann konsequenterweise keine Glaubwürdigkeitsbegutachtung vorgenommen werden. Oder findet sich nicht doch noch ein Weg, eine Beurteilung der Glaubwürdigkeit bzw. der Glaubhaftigkeit der Aussage in einem Gutachten festzuhalten? Folgt man der herrschenden Meinung, darf es eine Glaubwürdigkeitsbegutachtung auch ohne Einwilligung des Zeugen geben. Ein Sachverständiger darf danach der richterlichen Vernehmung des Zeugen in oder außerhalb der Hauptverhandlung zunächst beiwohnen, weiterhin an ihn unmittelbar Fragen stellen und sodann gutachterlich zu der Frage nach der Glaubhaftigkeit der Zeugenaussage Stellung nehmen.[19] Bereits vor 20 Jahren wurde zum gründlichen Überdenken dieser Problematik angemahnt:

> *„Problematisch und gründlicher Überlegung sowohl in strafprozessualer wie in psychowissenschaftlich-methodologischer Hinsicht bedürftig ist jedoch der vom BGH zum wiederholten Male empfohlene Weg der allzu ‚ambulanten' Glaubwürdigkeitsbegutachtung bei Untersuchungsverweigerern. Eine Neubesinnung scheint mir auch deshalb geboten zu sein, weil wir heute dem Zeugenschutz, d.h. dem berechtigten Interesse von (Zufalls-) Zeugen, Details aus ihrem Privatleben nicht gegen ihren Willen in foro ausbreiten zu müssen, im Lichte der ‚informationellen Selbstbestimmung' aufgeschlossener gegenüberstehen als noch vor 20 Jahren."*[20]

Nachdem ein genaueres Eingehen auf diese Problematik bislang nicht erfolgt ist, soll genau dies einen Schwerpunkt der vorliegenden Arbeit bilden. Im Folgenden wird diese Art der Glaubwürdigkeitsbegutachtung (im Unterschied zu jener, die wegen der Einwilligung des zu Begutachtenden eine Glaubwürdigkeitsuntersuchung im eigentlichen Sinne ermöglicht) als Glaubwürdigkeitsbegutachtung ohne Einwilligung bzw. als solche trotz Untersuchungsverweigerung des zu Begutachtenden bezeichnet.

Die Beurteilung der Schuldfähigkeit ist ebenso wie die Überprüfung der Glaubwürdigkeit bzw. Glaubhaftigkeit Teil der Wahrheitsermittlung und somit Gegenstand der Amtsaufklärungspflicht (§ 244 Abs. 2 StPO).[21] In beiden Fällen kann der Richter unter Umständen dazu verpflichtet sein, zum Zwecke der Wahrheitsfindung einen Sachverständigen zu Rate zu ziehen. Wirft man nun einen Blick auf die Situation bei der Schuldfähigkeitsbegutachtung, stößt man auf ein ähnlich gelagertes Problem wie bei der Glaubwürdigkeitsbegutachtung:

---

19 Siehe nur LR/*Krause* § 81c Rn. 9; Meyer-Goßner/*Schmitt* § 81c Rn. 8; AnwK-StPO/*Walther* § 81c Rn. 11.

20 *Blau* StV 1991, 406, 408.

21 Vgl. etwa Kurzanmerkung der *Redaktion* StV 1997, 66.

In beiden Fällen ist der Sachverständige, will er eine Untersuchung im eigentlichen Sinne durchführen, auf die freiwillige Mitwirkung des zu Begutachtenden angewiesen.[22] In beiden Fällen behelfen sich die Gerichte mit dem Beschreiten jenes – zunächst ominös erscheinenden – „anderen Weges“[23], den es in dieser Arbeit zu beleuchten gilt. Spätestens mit dem Fall *Kachelmann* – auch dieser wollte sich keiner Schuldfähigkeitsuntersuchung unterziehen und wurde dennoch begutachtet – und dem diesen begleitenden Medienrummel ist die Brisanz dieses Themas sichtbar geworden.[24]

Um die Frage, ob ein Richter aufgrund der Amtsaufklärungspflicht (§ 244 Abs. 2 StPO) einen Sachverständigen zur Begutachtung der Glaubhaftigkeit bzw. der Schuldfähigkeit trotz Untersuchungsverweigerung des zu Begutachtenden heranziehen muss, beantworten zu können, ist in einem ersten Schritt zu untersuchen, ob bzw. unter welchen Bedingungen ein solches Vorgehen überhaupt rechtlich zulässig ist und in einem zweiten Schritt zu überprüfen, welchen Beweiswert man einem auf diese Weise erstellten Gutachten zuschreiben kann.

B. Gang der Untersuchung

Im ersten Kapitel werden die grundlegenden Maßstäbe für die Gutachtertätigkeit des Sachverständigen betrachtet. Zunächst wird ein erster Blick auf die Fragestellung, ob der Sachverständige dazu verpflichtet sein könnte, eine Begutachtung im Falle der Untersuchungsverweigerung abzulehnen, geworfen. Weiterhin wird in diesem Kapitel der Anwendungsbereich der Glaubwürdigkeits- bzw. Schuldfähigkeitsbegutachtung trotz Untersuchungsverweigerung herausgearbeitet. Nach der Darstellung der Vorgehensweise der Sachverständigen bei der Glaubwürdigkeits- bzw. Schuldfähigkeitsbegutachtung wird hier des Weiteren der Frage nachgegangen, welche Bedeutung das Grundsatzurteil des BGH zu Glaubhaftigkeitsgutachten[25] für die Glaubwürdigkeitsbegutachtung im Falle der Untersuchungsverweigerung zukommt und wie sich die von Experten formulierten Mindestanforderungen für die Schuldfähigkeitsbegutachtung[26] auf eine solche im Falle der Mitwirkungsverweigerung auswirken. Zuletzt wird die

---

22 Vgl. etwa LR/*Becker* § 244 Rn. 75.

23 So die Formulierung des BGH in Bezug auf die Erstellung von Glaubwürdigkeitsgutachten (BGHSt 23, 1, 2).

24 Dazu S. 211.

25 BGHSt 45, 164 ff.

26 *Boetticher/Nedopil/Bosinski/Saß* NStZ 2005, 57 ff.

Vereinbarkeit einer Begutachtung trotz Untersuchungsverweigerung mit den ethischen Richtlinien für Sachverständige kritisch hinterfragt.

Das zweite Kapitel bildet den Kern dieser Arbeit: Zum einen wird hier der Frage nach der Zulässigkeit der Glaubwürdigkeitsbegutachtung von Zeugen und von (Mit-) Angeklagten im Falle der Untersuchungsverweigerung und zum anderen der Frage nach dem möglichen Beweiswert derartiger Gutachten nachgegangen. Einleitend werden hier die Pflichten des Zeugen bezüglich einer Glaubwürdigkeitsbegutachtung erläutert, um später denen des Angeklagten gegenübergestellt werden zu können. Im Anschluss daran wird der rechtliche Rahmen der Glaubwürdigkeitsbegutachtung einer eingehenden Betrachtung unterzogen. Die Erörterung des Vorgehens einer Begutachtung trotz Untersuchungsverweigerung wird nicht nur deren Möglichkeiten, sondern auch deren Grenzen aufzeigen. Es wird sich zeigen, dass es sich hier um ein facettenreiches Problem handelt, das man nur unter Beachtung verschiedener, in diesem Kapitel herauszuarbeitender Regeln in den Griff bekommen kann. Abschließend wird auf den Spezialfall der Glaubwürdigkeitsbegutachtung eines Mitangeklagten und damit im Zusammenhang auf das Konfrontationsrecht nach Art. 6 Abs. 3 *lit.* d EMRK eingegangen.

Gegenstand des dritten Kapitels ist die Schuldfähigkeitsbegutachtung im Falle der Mitwirkungsverweigerung des Angeklagten. Auch in diesem Abschnitt werden der rechtliche Rahmen sowie Möglichkeiten und Grenzen eines solchen Vorgehens unter die Lupe genommen. Die im zweiten Kapitel herausgearbeiteten Ergebnisse werden hier im Hinblick auf die Frage, auf welche Weise eine Begutachtung trotz Untersuchungsverweigerung verhindert werden kann, ergänzt.

Im vierten Kapitel wird unter Heranziehung der EMRK und der Rechtsprechung des EGMR analysiert, ob sich die in den vorherigen Kapiteln gefundenen Untersuchungsergebnisse auch aus menschenrechtlicher Sicht halten lassen können. Hier wird eine Antwort auf die Frage, ob bzw. unter welchen Bedingungen der Anspruch des Angeklagten auf ein faires Verfahren (Art. 6 Abs. 1 EMRK) die Gerichte dazu verpflichtet, einen Glaubwürdigkeits- bzw. Schuldfähigkeitsgutachter hinzuzuziehen, zu finden sein. In diesem Rahmen muss die rechtliche Zulässigkeit einer Begutachtung trotz Untersuchungsverweigerung aus menschenrechtlicher Perspektive überprüft werden. Im Übrigen wird sich in diesem Kapitel zeigen, dass sich ein Blick auf die Frage lohnt, wie sich die Einholung eines Glaubwürdigkeitsgutachtens (trotz Untersuchungsverweigerung des zu Begutachtenden) auf die Nichtgewährung des Konfrontationsrechts nach Art. 6 Abs. 3 *lit.* d EMRK auswirkt.

Im letzten Kapitel werden schließlich die wesentlichen Untersuchungsergebnisse zusammengefasst.

Kapitel I. Maßstäbe für die Gutachtertätigkeit des Sachverständigen, insbesondere bezüglich Glaubwürdigkeits- und Schuldfähigkeitsbegutachtungen

Die Thematik der Sachverständigengutachten im Strafverfahren zur Glaubwürdigkeit und zur Schuldfähigkeit im Falle der Untersuchungsverweigerung des zu Begutachtenden ist durch eine ausschließlich juristische Betrachtung nicht zu fassen; vielmehr bedarf es auch einer genauen Auseinandersetzung mit einem interdisziplinären Bereich, dem Berufsbild und der Tätigkeit des Sachverständigen, um die Frage nach der Rechtmäßigkeit einer solchen Begutachtung und deren Wert für die Wahrheitssuche beantworten zu können.

Aufgrund der Amtsaufklärungspflicht (§ 244 Abs. 2 StPO) muss das Gericht einen Sachverständigen heranziehen, sofern ihm auf diese Weise die Möglichkeit, weitere Erkenntnisse – etwa in Bezug auf die Glaubhaftigkeit einer Aussage oder in Bezug auf die Schuldfähigkeit – zu erhalten, dargeboten wird.[27] Es gilt hier demnach zu untersuchen, ob es der Amtsermittlungsgrundsatz auch verlangt – zumindest in bestimmten Konstellationen – eine Begutachtung im Falle der Untersuchungsverweigerung vornehmen zu lassen.

In diesem Kapitel sollen die Grundlagen zur Beantwortung dieses Problems herausgearbeitet werden. Die Frage, welche Rechte und Pflichten der Sachverständige bezüglich der Vornahme von Glaubwürdigkeits- bzw. Schuldfähigkeitsbegutachtungen (im Falle der Untersuchungsverweigerung des zu Begutachtenden) hat, wird dabei den Kern bilden.

A. Der Sachverständige im Strafverfahren

Für den gesamten Begutachtungsprozess, gerade für den Fall einer Begutachtung trotz Untersuchungsverweigerung, ist die Funktion des Sachverständigen maßgeblich. Deswegen soll eingangs seine Rolle (insbesondere im Verhältnis zum Tatrichter) beschrieben werden. Anschließend sollen die Anforderungen,

27 *Krekeler* StraFo 1996, 5, 6; *Greuel/Offe/Fabian/Wetzels/Fabian/Offe/Stadler* S. 259; vgl. hierzu ferner (zu einer Ausweisungsverfügung) BVerwGE 144, 230 ff. (die Ablehnung des Antrags auf Einholung eines Sachverständigengutachtens führte letztlich zu einem Verstoß gegen das Recht auf rechtliches Gehör).

die an den Sachverständigen zu stellen sind, insbesondere was die Begutachtung im Falle der Untersuchungsverweigerung anbelangt, erläutert werden. Schon hier muss man sich dem Problem widmen, ob der Sachverständige angesichts der an ihn gestellten Anforderungen überhaupt eine solche Begutachtung vornehmen darf. Eng damit verbunden ist die Problematik der Auswahl des Sachverständigen.

I. Stellung und Aufgabenbereich des Sachverständigen – in der StPO und in der Praxis

Die Rolle des Sachverständigen wird ganz unterschiedlich, mal treffend, zuweilen aber auch ein wenig überspitzt dargestellt; mancherorts kann man sogar vom „Richter in Weiß"[28] oder von den „eigentlichen Herren der Szene"[29] lesen. Damit einhergehend tauchen auch Vorhersagen auf, denen zufolge eine „schrittweise Entmachtung des Richters"[30] im Gange sei. Wenn der Sachverständige aber tatsächlich als Herr der Szene fungieren sollte, so würde gerade die Begutachtung im Falle der Untersuchungsverweigerung – unabhängig davon, ob man sie nun generell befürworten kann oder nicht – noch undurchsichtiger erscheinen und schon insofern jeglicher Rechtssicherheit entbehren. Wenn der Richter nicht in der Lage sein sollte, diesem Vorgang zu folgen, so könnte er ihn erst recht nicht kontrollieren, geschweige denn bewerten.

1. Funktion des Sachverständigen nach der StPO

Nach der StPO ist der Sachverständige ein Beweismittel (§§ 72 ff. StPO). Der hinzugezogene Sachverständige soll über Tatsachen oder Erfahrungssätze[31]

---

28 *Böttger/Kury/Mertens/Pelster* MschrKrim 1991, 369, 379 (eine Umfrage ergab, dass fast keiner der befragten Sachverständigen und Richter der Auffassung ist, dass Sachverständige über die Frage der Schuldfähigkeit in eigener Verantwortung entscheiden dürfen sollten); ablehnend auch *Erb* ZStW 121 (2009), 882, 903 f. m.w.N.

29 *Crefeld* R&P 1994, 102, 108; weitere verwendete Begriffe findet man etwa auch bei *Detter* NStZ 1998, 57; *Zwiehoff* S. 16 ff. und im Vorwort in *Jessnitzer/Ulrich* S. V; siehe auch *Weber* SZ vom 14./15.4.2012, 22 mit dem Titel „Der Richter und seine Denker"; vgl. ferner für kindschaftsrechtliche Verfahren *Berndt* NJW-Editorial Heft 49/2012.

30 *Krauß* ZStW 85 (1973), 320, 334.

31 Für den Fall der Untersuchungsverweigerung HK-StPO/*Julius* § 244 Rn. 46 unter Verweis auf BGH StV 1994, 634.

informieren oder einen vorgelegten Fall bewerten.[32] Er wird dann von Seiten des Gerichts zu Rate gezogen, wenn diesem eine besondere, erforderliche Sachkunde fehlt.[33] Er kann die unterschiedlichsten Aufgaben haben; die Erstattung von Gutachten stellt wohl sein bedeutendstes Betätigungsfeld dar.[34]

Was die Gutachtenerstattung anbelangt, so hat der Sachverständige auch die Aufgabe, dem Gericht die eigenständige Würdigung des Gutachtens zu ermöglichen, so dass dieses in den Urteilsgründen auch nachprüfbar erklären kann, aus welchen Gründen es dem Gutachten folgen oder eben (teilweise) nicht folgen konnte.[35] Hinsichtlich der Gutachtenerstellung gilt allgemein, dass das fachliche Vorgehen Sache des Sachverständigen ist, der Richter ihm in fachlicher Hinsicht keine Weisungen erteilen darf.[36] Allerdings muss das rechtskundige Gericht den Sachverständigen darüber informieren, welche Untersuchungsmöglichkeiten die StPO zulässt.[37] Es muss sich auch um eine adäquate Untersuchung des zu Begutachtenden kümmern, wozu es insbesondere auch gehört, dass der Sachverständige es ehrlich darzulegen hat, wenn er eine Frage nicht zuverlässig zu beantworten vermag.[38] Gerade die letzte Forderung wird hier noch von besonderem Interesse sein.

2. Verhältnis des Sachverständigen zu den anderen Beweismitteln

Der Sachverständige und der Zeuge, die beide Beweismittel sind, unterscheiden sich folgendermaßen: Während sich jener aus Anlass eines Strafprozesses wegen einer dahingehenden Beauftragung etwa von Seiten der Staatsanwaltschaft oder des Gerichts äußert, sagt dieser über von ihm außerhalb des Strafprozesses,

---

32 *Meyer-Goßner* Vor § 72 Rn. 1.

33 Etwa LR/*Krause* Vor § 72 Rn. 2.

34 So mit einer Aufzählung der Aufgaben mit jeweiliger Erläuterung *Meyer-Goßner* Vor § 72 Rn. 3 ff.; LR/*Krause* Vor § 72 Rn. 7 ff.; KK/*Hannich* Vor § 72 Rn. 2 ff.

35 *Eisenberg* Rn. 1508 unter Verweis auf BGHSt 12, 311 und BGH NStZ 1983, 377; kritisch im Hinblick auf die diesbezüglichen Fähigkeiten von Richtern etwa *Erb* ZStW 121 (2009), 882, 887 f., verweisend auf BGHSt 7, 238, 239; zu den Ausnahmen *Zwiehoff* S. 38 ff.

36 *Beulke* Rn. 200; *Eisenberg* Rn. 1605 m.w.N.; *Detter* in: Handbuch des Fachanwalts Strafrecht, S. 1526, 1545 (Rn. 35).

37 *Eisenberg* Rn. 1605.

38 *Eisenberg* Rn. 1605 m.w.N.

zufällig gemachte Wahrnehmungen aus.[39] Während der Zeuge dem Richter dadurch Sachkenntnis verschafft, dass er ihm Tatsachen mitteilt, vermittelt der Sachverständige dem Richter Sachkenntnis durch seine, eben sachverständige, Beurteilung dieser Tatsachen.[40]

Nachdem der Sachverständige dem Richter bei der Ermittlung der Wahrheit helfen soll, kann er sicherlich als „Gehilfe des Richters"[41] beschrieben werden, in Abgrenzung zum Zeugen genauer als „der auf seinem Wissensgebiet sachkundige Gehilfe des erkennenden Gerichts"[42]. Dabei darf diese Bezeichnung aber nicht den Eindruck erwecken, dass der Sachverständige gar kein Beweismittel ist oder in verfahrensrechtlicher Hinsicht eine höhere Stellung als die anderen Beweismittel einnimmt, da er schlichtweg ein Beweismittel wie alle anderen auch darstellt.[43] Der Richter darf durch eine solche Begrifflichkeit insbesondere auch nicht dazu verleitet werden, die nun einmal einzig in seinem Verantwortungsbereich liegenden Entscheidungen auf den Sachverständigen zu übertragen.[44] Selbstverständlich darf der Sachverständige auch dann, wenn es sich um eine Begutachtung trotz Untersuchungsverweigerung des zu Begutachtenden handelt, dem Richter (nur) helfen.

3. Stellung des Sachverständigen in der Praxis

Welche Funktion hat der Sachverständige nun tatsächlich? Ist er wirklich lediglich, wie es die StPO vorsieht, Helfer, oder ist es nicht vielmehr so, dass er letztlich eine von der StPO gar nicht vorgesehene Rolle[45] spielt?

---

39 *Eisenberg* Rn. 1510; zur Definition des Zeugen im Sinne der §§ 48 ff. StPO siehe schon RGSt 52, 289.

40 *Peters*, Strafprozeß, S. 342.

41 So etwa BGHSt 3, 27, 28; BGHSt 7, 238, 239; BGHSt 11, 211, 213; BGHSt 13, 1, 4; KK/*Hannich* Vor § 72 Rn. 1; nach *Meyer-Goßner* Vor § 72 Rn. 8 ist dieser Begriff „ebenso richtig wie nichts sagend"; a.A. ist etwa *Peters*, Strafprozeß, S. 342, der dies für „unrichtig und gefährlich" hält; vgl. auch *Panhuysen* S. 24 ff.; *Detter* NStZ 1998, 57, 61 hingegen ist der Ansicht, er sei „sicherlich mehr als nur Gehilfe des Richters"; kritisch zu diesem Begriff auch LR/*Krause* Vor § 72 Rn. 3; zustimmend aber *Zwiehoff* S. 33; a.A. zufolge ist der Begriff des Gehilfen „despektierlich", *Schneider/Frister/Olzen* S. 3.

42 BGHSt 9, 292, 293.

43 LR/*Krause* Vor § 72 Rn. 3; siehe auch *Pfeiffer* Vor § 72 Rn. 1.

44 *Peters*, Strafprozeß, S. 342; vgl. auch BGH NStZ-RR 2006, 242, 243 (Sachverständigengutachten seien für Richter immer „nur eine Grundlage der eigenen Überzeugungsbildung").

45 Siehe *Rostek* Rn. 128 ff. zur Bedeutung des Sachverständigen.

Immer öfter greifen Richter auf die Hilfe eines Sachverständigen zurück.[46] Die Begutachtung der Glaubwürdigkeit sowie der Schuldfähigkeit im Falle der Untersuchungsverweigerung allerdings fristet eher ein Schattendasein.[47] Warum genau sei an dieser Stelle noch dahingestellt. Eines ist aber jedenfalls schon ohne ein näheres Eingehen auf diese Vorgehensweise klar: Wäre diese Art der Begutachtung rechtlich unproblematisch und zudem regelmäßig effektiv, so würde sie sicherlich wesentlich häufiger vorgenommen werden. Gleichwohl ist es auch gut möglich, dass Zeugen in den meisten Fällen einwilligen, was aber wiederum auch mit der drohenden alternativen Begutachtungsmöglichkeit, der Begutachtung trotz Untersuchungsverweigerung, zusammenhängen kann.

Die wachsende Bedeutung der Sachverständigen im Strafverfahren kann zwar durchaus kritisch beobachtet werden. Man sollte dies sogar. Grundsätzlich ist die Einbeziehung des Sachverständigen in den Prozess der Wahrheitserforschung aber auf jeden Fall zu begrüßen. Der wachsende Wissensstand der Gutachter erfordert sogar die Anwendung deren Sachkunde im Strafprozess.[48]

Zu bedenken gilt es jedoch, dass mit der wachsenden Kompetenz des Sachverständigen gleichzeitig auch das Anforderungsprofil an den Richter wächst, zumal er die Gutachten abschließend kontrollieren muss.[49] Der Richter wird aber insbesondere in den Fällen, in denen ihm selbst die für die Beurteilung nötige Sachkunde fehlt, versucht sein, sich einfach den „überzeugenden Ausführungen des Sachverständigen anzuschließen".[50] *Erb* macht völlig zu Recht auch darauf aufmerksam, dass auch das Leiten des Sachverständigen nach § 78 StPO und die Ablehnung eines Beweisantrags auf Vernehmung eines weiteren Sachverständigen nach § 244 Abs. 4 S. 2, 1. Halbs. StPO voraussetzen, dass es dem Richter möglich ist, die Korrektheit eines vom Sachverständigen erstellten Gutachtens zu beurteilen.[51]

---

46 Vgl. LR/*Krause* Vor § 72 Rn. 4; *Detter* NStZ 1998, 57, 61.

47 Vgl. *Meier* JZ 1991, 638, 642; auf die Seltenheit der Untersuchungsverweigerung weisen etwa auch *Peters*, Strafprozeß, S. 327 und *Lempp* S. 332 (von Seiten der Eltern) hin.

48 LR/*Krause* Vor § 72 Rn. 4; *Erb* ZStW 121 (2009), 882 spricht von einem „Anspruch einer rationalen Entscheidungsfindung"; siehe auch *Wegener/Steller* ZDDP 1986, 103, 121; vgl. auch schon *Heinitz* in: FS für Engisch, S. 692, 707.

49 LR/*Krause* Vor § 72 Rn. 4.

50 *Lürken* NJW 1968, 1161; dass das Gericht zuweilen von der Beurteilung des Sachverständigen abweicht, zeigt aktuell etwa BGH NStZ 2013, 55 (dann Erfordernis eines konkreten Auseinandersetzens mit dem Gutachten).

51 *Erb* ZStW 121 (2009), 882, 884; *Langen* S. 14 hat allerdings herausgearbeitet, dass die Ergebnisse von Sachverständigen im Falle der Glaubwürdigkeitsbegutachtung von

Problematisch ist demnach eigentlich nicht die ansteigende Bedeutung der Sachverständigen an sich; letztlich ist es eher die damit einhergehende wachsende Abhängigkeit des Richters vom Sachverständigen, die Schwierigkeiten bereitet. Insofern können und müssen die Gerichte mittels der Ausübung ihrer Auswahl- und Leitungskompetenz[52] sowie der Überprüfung von Gutachten der „schleichenden Entmachtung" durch Sachverständige konsequent entgegentreten.[53]

4. Fazit

Die wachsende Abhängigkeit des Richters vom Sachverständigen kann wohl nicht mehr von der Hand gewiesen werden.[54] Gerade deshalb ist es besonders wichtig, ganz genau darzustellen, wie der Sachverständige die Begutachtung im Falle der Untersuchungsverweigerung vornimmt; zumal hier die reelle Gefahr besteht, dass den Ausführungen des Sachverständigen „ein schwer überprüfbarer und tatsächlich nicht vorhandener Erkenntniswert zugebilligt wird"[55]. Um ein auf diese Weise erstelltes Gutachten kontrollieren und bewerten zu können, bedarf es einer detaillierten Kenntnis[56] des gutachterlichen Vorgehens. Der Richter ist es, der beurteilen können muss, ob der Zeuge und der Angeklagte die Wahrheit sprechen und ob Letzterer schuldfähig ist.[57] Er muss wissen, ob die Amtsaufklärungspflicht nach § 244 Abs. 2 StPO eine Begutachtung im Falle der Untersuchungsverweigerung erfordert. Außerdem ist neben dem Sachverständigen nach § 78 StPO eben auch das Gericht dafür verantwortlich, dass das Vorgehen des Sachverständigen rechtlich erlaubt ist.[58]

---

minderjährigen Zeugen de facto in der Regel von den Gerichten und Staatsanwaltschaften übernommen werden.

52 *Krauß* ZStW 85 (1973), 320, 325 („Mit § 73 fällt § 78.").

53 LR/*Krause* Vor § 72 Rn. 5 f., auch zu den wachsenden Anforderungen an die anderen Verfahrensbeteiligten; siehe auch *Nack* StraFo 2001, 1, 6; *Müller* JZ 2000, 267, 268.

54 Ausführlich zu dieser Abhängigkeit des Richters vom Sachverständigen *Erb* ZStW 121 (2009), 882; *Nack* GA 2009, 201; *Detter* NStZ 1998, 57, 60.

55 KMR/*Bosch* § 81c Rn. 13.

56 Vgl. etwa BGHSt 45, 164, 178 (wie der Sachverständige zu seinem Ergebnis gekommen sei, müsse wenigstens durch andere Sachverständige überprüft werden können); siehe etwa auch *Panhuysen* S. 76.

57 Siehe aber etwa *Rostek* Rn. 128 („Es heißt zwar immer, das Gericht entscheidet, ob die Voraussetzungen der §§ 20, 21 StGB vorliegen. In Wirklichkeit entscheidet der Gutachter."); sehr kritisch etwa auch *Stimpfig* BtPrax 1998, 222 bezüglich Betreuungsverfahren.

58 *Eisenberg* Rn. 1604.

Somit muss im Ergebnis Folgendes klar sein und betont werden: Wenn sich sowohl Richter (als Urteilende) als auch Sachverständige (als Beweismittel) an die ihnen zugedachten Aufgaben[59] halten, kann man den Sachverständigenbeweis als bedeutenden Gewinn für die Wahrheitserforschung im Strafprozess verbuchen.

Insbesondere soll hierfür, etwa *Krause* zufolge, die Beschränkung dieses Beweismittels auf diejenigen Fallkonstellationen, in welchen es für die Wahrheitserforschung wirklich unbedingt notwendig ist, angezeigt sein.[60] Ganz ausdrücklich besagt dies auch Nr. 69 S. 1 RiStBV: *Ein Sachverständiger soll nur zugezogen werden, wenn sein Gutachten für die vollständige Aufklärung des Sachverhalts unentbehrlich ist.* Nach einer „Art Verhältnismäßigkeitsklausel" bezüglich der Beauftragung mit einer Gutachtenerstellung sehnen sich, was man zunächst nicht vermuten sollte, laut *Konrad/Rasch* auch Sachverständige.[61] Schwierige Fallkonstellationen findet man dabei aber eben nun einmal größtenteils bei Glaubwürdigkeits- und Schuldfähigkeitsbegutachtungen vor.[62] Dabei muss man sich diesbezüglich stets in Erinnerung rufen, dass der Tatrichter nach dem BGH für die Beurteilung der Glaubhaftigkeit einer Zeugenaussage grundsätzlich keinen Sachverständigen hinzuziehen muss,[63] sie vielmehr als „Domäne des Tatrichters" gilt,[64] und auch die Beurteilung der Glaubwürdigkeit des Angeklagten „zum Wesen richterlicher Rechtsfindung" zählt.[65]

Diese Unentbehrlichkeit setzt nicht nur einen Wert für die Aufklärung des Geschehens, sondern selbstverständlich zuallererst voraus, dass die vorgenommene Beweiserhebung überhaupt rechtmäßig ist. Mithin wird zu erläutern sein, ob die Glaubwürdigkeits- bzw. Schuldfähigkeitsbegutachtung im Falle der Untersuchungsverweigerung sinnvoll bzw. überhaupt rechtmäßig ist.

II. Anforderungen an den Sachverständigen und Auswahl des richtigen Sachverständigen

Ohne eine Partei zu bevorzugen und ohne sich an gegebenenfalls vorhandene Erwartungen seines Auftraggebers hinsichtlich des Ergebnisses seiner

59 Dazu *Steller/Volbert* in: Psychologie im Strafverfahren, S. 12; zum „Spannungsverhältnis" etwa auch *Wüst* S. 91 ff.

60 LR/*Krause* Vor § 72 Rn. 19.

61 *Konrad/Rasch* S. 199.

62 *Detter* NStZ 1998, 57, 58.

63 BGH NStZ 2005, 394.

64 *Erb* in: FS für Stöckel, S. 181.

65 BGH NStZ 1987, 182.

Gutachtertätigkeit gebunden zu fühlen, muss der Sachverständige nach der Wahrheit suchen.[66] Das klingt richtig, vernünftig und im Grunde nur konsequent, ist er doch, wie gesehen, ein Beweismittel, das dem Richter bei der Wahrheitsfindung helfen soll. Würde dies so eingehalten werden, gäbe es allerdings deutlich weniger Streitigkeiten „um den ‚richtigen' Sachverständigen" und man müsste nicht so oft von Sachverständigen „einer Seite", also von Sachverständigen der Staatsanwaltschaft, der Verteidigung und des Gerichts sprechen.[67] Ein Bedürfnis nach einer Art Qualitätskontrolle[68] kann auch der Tatsache, dass zuweilen gleich mehrere Gutachten zu einem Problempunkt eingeholt werden, entnommen werden. Widersprüchliche Gutachten von unterschiedlichen Sachverständigen gibt es dabei hauptsächlich bei der Bewertung der Schuldfähigkeit oder der Glaubhaftigkeit einer Aussage.[69]

Es gilt somit zu klären, welche Pflichten und Merkmale ein Sachverständiger überhaupt erfüllen muss, um als Beweismittel im Sinne der StPO fungieren zu können. Entscheidend geht es hierbei darum, ob der Sachverständige wirklich nach der Wahrheit strebt, wenn er eine Begutachtung im Falle der Untersuchungsverweigerung vornimmt. Damit im Zusammenhang steht auch die Frage nach der Auswahl des richtigen Sachverständigen.

1. Anforderungen an den Sachverständigen

Ulrich zählt folgende Pflichten des Sachverständigen auf: zunächst die Überprüfung der Zuständigkeit – habe der Sachverständige die nötige Sachkunde nicht, so habe er darauf aufmerksam zu machen –, zweitens das Verbot der Übertragung und gegebenenfalls die Pflicht, etwaige Mitarbeiter anzugeben, weiterhin die Hinweispflicht im Falle eines unklaren Auftrags, darüber hinaus auch die Pflicht, die Kosten zu klären, die Vorlage- und Herausgabepflicht von Unterlagen, die Unparteilichkeit und die Pflicht, auf diesbezügliche Bedenken aufmerksam zu machen, auch die eigene fachliche Informierung, die Verwertung von durch das Gericht vorgelegten sogenannten Anknüpfungstatsachen und die Erhebung von sogenannten Befundtatsachen[70], ebenso die Einhaltung

66 *Eisenberg* Rn. 1506.
67 Dazu *Detter* NStZ 1998, 57, 61.
68 Dazu *Detter* NStZ 1998, 57, 61.
69 *Erb* ZStW 121 (2009), 882, 911 f. m.w.N.
70 Siehe zu den Begrifflichkeiten etwa *Beulke* Rn. 198.

des Beschleunigungsgrundsatzes, die Schweigepflicht[71] und schließlich auch das Erscheinen vor Gericht.[72]

Der Sachverständige kann auch vereidigt werden. Die verwendete Eidesformel benennt dabei die wichtigsten Anforderungen an den Sachverständigen. Nach § 79 Abs. 2 StPO geht der Sachverständigeneid so dahin, dass *der Sachverständige das Gutachten unparteiisch und nach bestem Wissen und Gewissen erstattet habe.* Die Unparteilichkeit ist letztlich die bedeutendste Pflicht des Sachverständigen:[73] Seine Tätigkeit setzt „absolute Neutralität"[74] und Objektivität[75] voraus.

Wegen der mitunter prozessentscheidenden Funktion des Sachverständigen muss der Angeklagte einen Anspruch auf „einen unabhängigen kompetenten Sachverständigen" haben.[76] Hier zu verorten ist auch der Aspekt, dass der Sachverständige wegen der Unschuldsvermutung (Art. 6 Abs. 2 EMRK) auf die Gefahr von aufgrund seines Gutachtens gezogenen Folgerungen bezüglich der Täterschaft aufmerksam machen sollte, zumal die Ergebnisse von Sachverständigengutachten und Gerichtsentscheidungen bezüglich der Schuldfähigkeitsfrage relativ selten anders ausfallen.[77]

Aber nicht nur der Angeklagte, sondern auch der Zeuge, über den man mittels einer Begutachtung herausfinden möchte, ob er selbst glaubwürdig bzw. ob seine Aussage glaubhaft ist, muss einen solchen unabhängigen und kompetenten Sachverständigen erhalten, will man die Wahrheit herausfinden.

Nicht alle Sachverständige können dieser Erwartungshaltung gerecht werden. Damit ist nicht nur ein Hochstapler wie *Gert Postel*[78] angesprochen. *Tondorf/Tondorf* etwa weisen darauf hin, dass wegen nicht vorhandener Alternativen, quasi notgedrungen, oft auch unzureichend qualifizierte Psychiater und Psychologen zur Gutachtenerstellung herangezogen werden müssten[79] – ein nicht tragbarer Zustand.

---

71 Zur ärztlichen Schweigepflicht beim Sachverständigen *Ulrich* Rn. 191, 362.

72 So mit jeweiliger Ausführung *Ulrich* Rn. 334 ff., 352 ff.

73 *Krekeler* StraFo 1996, 5, 9; *Bleutge* DS 2012, 338, 339.

74 *Ulrich* Rn. 353.

75 Siehe hierzu *Crefeld* R&P 1994, 102, der einen „ärztlich engagierten Sachverständigen" dem „objektiven" vorzieht.

76 *Detter* NStZ 1998, 57, 61; siehe auch *Rode/Legnaro* S. 115; *Crefeld* R&P 1994, 102.

77 *Eisenberg* Rn. 1506 f.

78 Dieser erstellte als Laie Sachverständigengutachten; nähere Informationen zu diesem findet man etwa auf der Seite http://www.gert-postel.de (zuletzt abgerufen am 1.12.2013).

79 *Tondorf/Tondorf* Rn. 12 und zur Zertifizierung zum Fachpsychologen für Rechtspsychologie bzw. zum forensischen Psychiater Rn. 218 f.

2. Verhältnis des Sachverständigen zum Begutachteten

Zu betrachten ist des Weiteren das Verhältnis des Sachverständigen zu dem von ihm zu Begutachtenden. *Krause* zufolge steht auf der Tagesordnung oftmals ein „Eindringen in seine Intimsphäre, seine Betrachtung als ein bloßes Untersuchungsobjekt". Die Untersuchung sowohl von Angeklagten als auch von Zeugen übersteige oftmals die von der StPO auferlegten, umgrenzten Belastungen.[80] Man steht vor folgendem Problem:

> *„Ist der zu Begutachtende ein ‚bloßes Objekt', ist er ein ‚Gegenstand', den es – nach der Methode eines Anatomen oder Botanikers – zu klassifizieren, einzustufen, in ein Schema einzuordnen gilt, oder ist der zu begutachtende Angeklagte ein Mensch, den es in seiner Würde, seiner menschlichen Individualität und vor allem in seinem Persönlichkeitsrecht zu achten gilt."*[81]

Man wird sich letztlich sogar die Frage stellen müssen, ob sich hier womöglich „Entwicklungen anbahnen, die auf eine allgemeine biologistisch-seelenlos-objektivistische Betrachtungsweise hinauslaufen."[82] Konträr zu diesen Beobachtungen soll der Sachverständige aber auch „einen Beitrag zur Humanisierung des Strafverfahrens"[83] leisten. Demnach müssen hier unter Umständen im Ergebnis notfalls Abstriche bei der Wahrheitssuche zugunsten des zu Begutachtenden – gleich ob Zeuge oder Angeklagter – hingenommen werden. *Steller/Volbert* beispielsweise halten in diesem Sinne fest: „Nicht alles, was methodisch möglich ist, muß gesetzlich erlaubt sein."[84] Letztere betont auch die Beachtlichkeit von Persönlichkeitsrechten und meint:

> *„Gerade der Umstand, dass die forensisch-psychologische Diagnostik einen psychologischen Tätigkeitsbereich umfasst, in dem sich Menschen in der Regel nicht von sich aus an den Psychologen wenden, rechtfertigt die psychologische Tätigkeit auch nur im für die Erstellung des Gutachtens notwendigen Rahmen. Das heißt, ein psychologischer Sachverständiger hat*

---

80 LR/*Krause* Vor § 72 Rn. 18, der darüber hinaus Folgendes feststellt: „Dass sie nur mit ihrem Einverständnis geschehen darf, bedeutet nicht viel, wenn man die Gründe für ihre Bereitwilligkeit näher untersucht." Einer dieser Gründe wird wohl auch die ansonsten auf unfreiwilliger Basis erfolgende Begutachtung sein.

81 *Schumacher/Arndt* StV 2003, 96, 100; zu den durch die Verfassung auferlegten Grenzen der Wahrheitsermittlung bei Glaubwürdigkeitsgutachten auch *Fischer* NStZ 1994, 1, 4.

82 *Schumacher/Arndt* StV 2003, 96, 100.

83 *Konrad/Rasch* S. 27, 195 (allerdings ebenfalls daran zweifelnd, ob in der Praxis „von humanitärem Engagement" gesprochen werden könne, S. 23 f.).

84 *Steller/Volbert* PdR November 1999, 46, 76.

nicht die Legitimation, wahllos alle möglichen Daten zu erheben, sondern ist ausschließlich berechtigt, solche Informationen zu erfragen, die er für die Beantwortung der Gutachtenfrage benötigt."[85]

Zu bedenken gilt es hierbei – um den Bogen zur Begutachtung im Falle der Untersuchungsverweigerung zu schlagen –, dass man diese Art der Glaubwürdigkeits- oder Schuldfähigkeitsbegutachtung unter diesem Aspekt nicht automatisch und generell als mit der StPO unvereinbar ansehen dürfen wird. Die Vornahme dieser Art der Begutachtung an sich degradiert den Begutachteten nämlich noch nicht zu einem bloßen Objekt. Schließlich wird er auch durch andere Verfahrensbeteiligte beobachtet und befragt. Allerdings muss auch oder gerade hier in jedem Einzelfall darauf geachtet werden, wie der Sachverständige dem zu Begutachtenden gegenübertritt, wie er bei der Begutachtung im Falle der Untersuchungsverweigerung vorgeht. Kritisch zu betrachten ist hier beispielsweise die Tatsache, dass es Sachverständige gibt, die dazu bereit sind, sogenannte „‚Schlüsselloch-Gutachten' zu erstatten, also aufgrund einer Beobachtung des passiv bleibenden Beschuldigten in der Klinik oder in der U-Haft eine Beurteilung unternehmen."[86] Der BGH hat hier erst, dafür aber in aller Deutlichkeit, bei einer „Totalbeobachtung" den Schlussstrich gezogen.[87]

3. Auswahl des richtigen Sachverständigen

Bei aller vorhandenen und zum Teil auch berechtigten Kritik in Bezug auf die Sachverständigentätigkeit darf eines nicht vergessen werden: Ein Fehler des Richters bzw. des Staatsanwalts bezüglich der Auswahl des Sachverständigen kann, darauf hat schon *Tröndle* hingewiesen, vergleichbar schlimme Konsequenzen für den Verlauf und den Ausgang eines Strafverfahrens mit sich bringen wie ein falsches Gutachten.[88] Somit ist es in der Rechtspraxis besonders wichtig, genau darauf zu achten, wer wen aus welchem Grund auswählt. Nachdem die Auswahl ausschließlich der Wahrheitserforschung gerecht werden soll, dürfen für die Auswahl eigentlich allein das Fachgebiet und die Eignung, nicht aber das gewünschte Ergebnis des Sachverständigengutachtens maßgeblich sein.[89]

---

85 *Volbert* in: Forensisch-psychologische Diagnostik im Strafverfahren, S. 9, 16 (Hervorhebung im Original).

86 *Barton* StV 2003, 537, 539.

87 *Barton* StV 2003, 537, 539; BGHSt 48, 4, 14; dazu ausführlich Kapitel III. B. IV.

88 *Tröndle* JZ 1969, 374.

89 *Eisenberg* Rn. 1529; *Detter* NStZ 1998, 57, 61.

Gleichwohl ist es, das zeigt ein Blick in die Praxis, nicht von der Hand zu weisen, dass die Auswahl des Sachverständigen „das heißeste Problem in der ganzen Gutachtenerstattung" darstellt.[90]

Zunächst ist die Fachrichtung des hinzuzuziehenden Sachverständigen zu bestimmen: Ein Psychologe ist auszuwählen, wenn es um die Prüfung der Glaubhaftigkeit von Aussagen des Angeklagten oder des Zeugen geht.[91] Der BGH hat hier folgende Richtlinien[92] formuliert:

> *„Hält der Tatrichter zur Beurteilung der Glaubhaftigkeit der Angaben eines Zeugen die Zuziehung eines Sachverständigen für geboten, wird er sich der Hilfe eines Psychologen bedienen, wenn ‚normalpsychologische' Wahrnehmungs-, Gedächtnis- und Denkprozesse in Rede stehen. Das gilt auch für den Fall intellektueller Minderleistung eines Zeugen."*[93]

Ein Psychiater ist hingegen heranzuziehen, wenn der zu Begutachtende an einer geistigen oder relevanten körperlichen Erkrankung leidet.[94] Soll ein Schuldfähigkeitsgutachten in Auftrag gegeben werden, kann im Falle von geistigen Erkrankungen nur ein Psychiater, im Falle nicht krankhafter Zustände hingegen entweder ein Psychiater oder ein Psychologe herangezogen werden.[95]

Sodann muss die Person des Sachverständigen bestimmt werden. Der Gesetzeswortlaut ist diesbezüglich unmissverständlich: Nach § 73 Abs. 1 S. 1 StPO wählt der Richter den hinzuzuziehenden Sachverständigen aus. Ein Recht auf Hinzuziehung eines bestimmten Sachverständigen ist aus dieser Vorschrift nicht abzuleiten.

Der BGH hat sich zur Auswahl des Sachverständigen folgendermaßen geäußert:

> *„Im Ermittlungsverfahren zieht die Staatsanwaltschaft erforderlichenfalls einen von ihr ausgewählten Sachverständigen hinzu, wobei sie dem Verteidiger Gelegenheit zur Stellungnahme gibt (§ 161 a Abs. 1 Satz 2 StPO; RiStBV Nr. 70 Abs. 1). Der Richter ist frei, diesen oder einen anderen Sachverständigen für das Hauptverfahren zu bestellen [...], da er im gerichtlichen Verfahren hierfür zuständig ist (§ 73 Abs. 1 StPO). Auch könnte ins Auge gefasst werden, dass die Staatsanwaltschaft sich zusätzlich vor der Auswahl mit dem*

---

90 *Konrad/Rasch* S. 199; vgl. auch *Deckers*, Anwaltsstation Strafrecht, Rn. 126 („ein im Verfahren hart umkämpftes Terrain").

91 *Eisenberg* Rn. 1532 m.w.N.; *Pfister* FPPK 2008, 3, 8; *Kröber* in: Psychologische Begutachtung im Strafverfahren, S. 205, 210; *Boetticher* in: NJW Sonderheft für G. Schäfer, S. 8, 10.

92 *Steller/Böhm* in: Neue Wege und Konzepte in der Rechtspsychologie, S. 37, 42.

93 BGH NJW 2002, 1813.

94 *Eisenberg* Rn. 1532 m.w.N.; *Jansen* Rn. 116.

95 *Beulke* Rn. 199; eingehend dazu auch LR/*Krause* § 73 Rn. 12 ff.; *Eisenberg* Rn. 1534; *Tondorf/Tondorf* Rn. 220 ff. m.w.N.

künftig zuständigen Richter, falls die Zuständigkeit schon beurteilt werden kann, ins Benehmen setzt [...] oder beim Ermittlungsrichter einen Antrag auf Bestellung eines Sachverständigen stellt [...]. Eine sich allein auf § 161 a StPO stützende Praxis schränkt faktisch die Befugnisse des Richters nach § 73 Abs. 1 StPO ein (vgl. auch §§ 78, 82 StPO). Auch könnte dadurch der Besorgnis etwaiger einseitiger Auswahl begegnet werden."[96]

Detter zufolge wird der Sachverständige tatsächlich oftmals schon durch die Staatsanwaltschaft, die aus durchaus nachvollziehbaren Gründen meistens Sachverständige, von denen sie eine ihrer Ansicht nach richtige Bewertung erhoffe, auswähle, zur Erstellung eines Gutachtens hinzugezogen.[97] Bei dem Sachverständigen, der im Vorverfahren ausgewählt worden sei, verbleibe es im Regelfall auch, da der Richter, obschon keine Bindung an die staatsanwaltschaftliche Auswahl bestehe, warum auch immer, nur in wenigen Fällen einen anderen oder einen weiteren auswähle.[98] Das hat dann aber zur Folge, dass es für die Staatsanwaltschaft möglich wird, mittels der Auswahl des Sachverständigen den Verfahrensausgang wunschgemäß vorzuzeichnen.[99] Kritisiert wird von Seiten der Verteidiger auch, dass sie dabei (anders als in Nr. 70 Abs. 1 RiStBV vorgesehen) bezüglich der Auswahl des Sachverständigen fast nie die Möglichkeit hätten, ihre Vorstellungen zielführend zu Gehör zu bringen.[100] *Detter* konstatiert weiter: Wenn bezüglich der Hinzuziehung des Sachverständigen erst durch das erkennende Gericht vor der Auswahl auch meistens eine Anhörung des Verteidigers erfolge, so sei hierin letztlich auch kein wirklicher Einfluss zu erblicken.[101] Nachdem der Sachverständige in der Hauptverhandlung gehört worden sei, könne die Hinzuziehung eines anderen Sachverständigen auch fast nicht mehr erzielt werden, da § 244 Abs. 4 S. 2 StPO diesbezüglich nur wenig Raum lasse.[102]

---

96 BGHSt 44, 26, 31 f.; *Deckers*, Anwaltsstation Strafrecht, Rn. 135 bezeichnet dieses Grundsatzurteil als „Leitfaden" für die Einflussnahme des Verteidigers bezüglich der Auswahl; § 73 Abs. 1 S. 1 StPO betrifft nach herrschender Meinung lediglich das gerichtliche Verfahren, etwa *Dierlamm* in: FS für Stöckel, S. 117, 118 und *Zwiehoff* S. 56 zur Mindermeinung.

97 *Detter* NStZ 1998, 57, 58.

98 *Detter* NStZ 1998, 57, 58; siehe auch *Deckers*, Anwaltsstation Strafrecht, Rn. 133; *Zwiehoff* S. 56.

99 *Erb* ZStW 121 (2009), 882, 894; vgl. auch *Bleutge* DS 2012, 338.

100 Dokumentation der Ergebnisse der Arbeitsgruppen des 16. Strafverteidigertages vom 15.-17. 5. 1992, StV 1992, 346.

101 *Detter* NStZ 1998, 57, 58.

102 *Detter* NStZ 1998, 57, 59; siehe aber *Schumacher/Arndt* StV 2003, 96, 100 (sie sehen in BGHSt 48, 4, 11 die „‚Einbruchstelle' in das scheinbar unbeschränkte Recht des Richters auf Auswahl des Sachverständigen").

Letztlich wählt also grundsätzlich der Richter bzw. der Staatsanwalt den Sachverständigen aus. Wünsche anderer Verfahrensbeteiligter, im Eigentlichen die des zu Begutachtenden, müssen nicht berücksichtigt werden.[103] Sie müssen vor der Auswahl des Sachverständigen allerdings wenigstens einmal angehört werden.[104] Zwar gibt es auch ein Selbstladungsrecht (§§ 220, 38, 245 Abs. 2 StPO); allerdings stößt man bei dessen Umsetzung regelmäßig auf große Schwierigkeiten.[105]

4. Recht auf einen Sachverständigen der eigenen Wahl

Nachdem das Ergebnis des Gutachtens auch von der Person des Sachverständigen abhängig sein kann und der Ausgang eines Strafverfahrens wiederum häufig vom Ergebnis des Sachverständigengutachtens abhängt, muss man sich an dieser Stelle nun zwangsläufig die Frage stellen, wie es um die Möglichkeit der Einflussnahme des zu Begutachtenden auf die Auswahl des Sachverständigen steht.[106] Hierbei geht es auch darum, möglicherweise einen Weg zu finden, die Untersuchungsverweigerung bezüglich einer Glaubwürdigkeits- bzw. Schuldfähigkeitsbegutachtung in zumindest einigen Fällen verhindern und damit auch eine solche Begutachtung – deren Rechtmäßigkeit unterstellt – umgehen zu können.

a) Recht des Angeklagten auf einen Sachverständigen der eigenen Wahl

Nach dem Gesagten haben Angeklagter und Verteidiger hinsichtlich der Auswahl des Sachverständigen nur geringe Einflussmöglichkeiten.[107] Teilweise wird allerdings gefordert, dass die StPO jedem Angeklagten zugestehen sollte, *„auch*

---

103 *Krekeler* StraFo 1996, 5, 6; siehe auch *Zwiehoff* S. 55, nach der die entscheidende Bedeutung des § 73 Abs. 1 S. 1 StPO darin zu sehen ist, dass das Gericht dem Angeklagten einen Sachverständigen eigener Wahl verweigern könne; es handle sich dabei um eine Beschneidung der Verteidigerinteressen.

104 *Toepel* S. 345; zum rechtlichen Gehör auch *Hamm* Rn. 611; *Tondorf/Tondorf* Rn. 248; *Sarstedt* NJW 1968, 177, 179; *Gaede* S. 301, 658; ausführlich auch *Dierlamm* in: FS für Müller, S. 117, 118 ff. (im Ermittlungsverfahren).

105 Zu den Problemen des Selbstladungsrechts etwa *Deckers*, Anwaltsstation Strafrecht, Rn. 134; ausführlich *Aymans* StraFo 2007, 364 ff.; zur Bedeutung von § 245 Abs. 2 S. 1 StPO eingehend *Erb* ZStW 121 (2009), 882, 899 ff.; zum Ablehnungsrecht nach § 74 Abs. 1 S. 1 StPO etwa *Beulke* Rn. 199.

106 So auch *Zwiehoff* S. 242 ff.

107 Etwa *Lürken* NJW 1968, 1161.

von einem Gutachter seines Vertrauens untersucht zu werden."[108] Die Zulassung einer Person des Vertrauens wird im Übrigen auch in § 81d Abs. 1 S. 3 StPO im Zusammenhang mit der Verletzung des Schamgefühls thematisiert. Hier wie dort geht es um einen grundrechtssensiblen Bereich. Dies zeigt, dass ein solches Verlangen unserer StPO keineswegs fremd ist, wenngleich diese Vorschrift nur das Beiwohnen[109], nicht aber die Durchführung einer solchen Untersuchung regelt. Weil jede Untersuchung der Persönlichkeit ein großer Eingriff in das allgemeine Persönlichkeitsrecht sei und weil sie wegen der Darlegung der Ergebnisse in der Hauptverhandlung noch größere Wirkung erlange, kommen *Tondorf/Tondorf* zu folgendem Schluss:

> *„Deshalb kann der Beschuldigte mit gutem Grund fordern, aus der Liste der in Betracht kommenden Sachverständigen [...] einen Sachverständigen auswählen zu dürfen, so wie es Staatsanwälte und Gerichte heute tun. [...] Der ausgewählte Sachverständige ist in jedem Falle zu Unparteilichkeit, Unvoreingenommenheit und Neutralität verpflichtet, ob er nun vom Beschuldigten ausgewählt wird oder von der Staatsanwaltschaft bzw. dem Gericht. [...] Würde der Gesetzgeber diesem Vorschlag folgen, wären Streitigkeiten in der Hauptverhandlung obsolet, die beim aufgedrängten Sachverständigen in der Praxis oft mit dem Rat der Verteidigung zum Schweigen beginnen und mit dem Kampf um den weiteren Sachverständigen enden."*[110]

Der Rat zum Schweigen bedeutet hierbei nichts anderes als die Verweigerung der Mitwirkung bei der Begutachtung. Die Frage nach dem Recht auf einen Sachverständigen der eigenen Wahl hängt demnach unmittelbar mit der Problematik der Begutachtung im Falle der Untersuchungsverweigerung zusammen.

Fraglich ist nun also, ob es neben dem problematischen[111] Selbstladungsrecht, §§ 220, 38, 245 Abs. 2 StPO[112], nicht auch ein Recht auf einen Sachverständigen der eigenen Wahl geben sollte. Zum einen ist hierbei an die Waffengleichheit[113] (als Teil der Verfahrensfairness, Art. 6 Abs. 1 EMRK[114]) zu denken. Zum anderen spielt hier auch der für die Wahrheitserforschung zu erzielende Beitrag eine Rolle. So wird man nämlich von Folgendem ausgehen können:

---

108 So etwa *Konrad/Rasch* S. 200, 207 (Hervorhebung im Original).

109 Siehe dazu KK/*Senge* § 81d Rn. 4 m.w.N. (allerdings kein rechtlicher Anspruch).

110 *Tondorf/Tondorf* Rn. 237.

111 Siehe aber *Detter* NStZ 1998, 57, 61.

112 BGHSt 44, 26, 32.

113 Siehe *Meyer-Mews* NJW 2000, 916, 918; für ein dieser zu entnehmendes Recht auf Einflussnahme *Gaede* S. 658 f.; zum Gebot der Waffengleichheit etwa auch *Dierlamm* in: FS für Müller, S. 117, 121.

114 Siehe etwa EGMR C.B. ./. Österreich, 4.4.2013, Nr. 30465/06, § 37, ÖJZ 2013, 893, 894.

„*Von der Qualität der Beziehung zwischen dem Gutachter und seinem Probanden hängt es ab, was und wieviel dieser ihm mitteilt, was aus seiner Erinnerung im Untersuchungsverlauf präsent wird, wie der Proband Fragen versteht und darauf eingeht, welche kommunikative Aktivität er in dem Dialog mit dem Sachverständigen entwickelt: Ein Proband, der einem Gutachter misstraut, wird diesem weniges und anderes mitteilen als einem, zu dem er Vertrauen faßt, von dem er sich Hilfe für seine Schwierigkeiten verspricht, der ihm Gelegenheit bietet, sich im Gespräch zu entfalten.*“[115]

Man muss sich also der Tatsache bewusst sein, dass eine Begutachtung mit dem größtmöglichen Beweiswert ausscheidet, wenn der zu begutachtende Angeklagte erklärt, dass er sich mangels Vertrauen gegenüber dem vom Gericht bestimmten Sachverständigen bei der Exploration nicht ausreichend öffnen werde, da ohne Vertrauen eine fachgerechte Exploration nun einmal schlichtweg unmöglich ist.[116]

Für den Zeugen kann hier nichts anderes gelten als für den Angeklagten; haben sich die zu Begutachtenden den Sachverständigen selbst ausgesucht oder sind sie zumindest mit der Auswahl des Gerichts bzw. der Staatsanwaltschaft zufrieden, wird die Untersuchung sicherlich anders als bei einer von Misstrauen und Abwehr geprägten Haltung verlaufen und ein aussagekräftigeres Ergebnis zur Folge haben.

An dieser Stelle wird eines auch ganz deutlich: Wenn es schon abhängig davon, ob die Beziehung zwischen Sachverständigem und zu Begutachtendem eine gute im Sinne einer vertrauten oder eine schlechte, auf Misstrauen basierende ist, quantitative wie qualitative Unterschiede bei den Untersuchungsergebnissen gibt, so müssten danach erst recht bei einer Glaubwürdigkeits- bzw. Schuldfähigkeitsbegutachtung im Falle der Untersuchungsverweigerung sogar gravierende Abstriche die Folge sein. *Heinitz* äußerte sich in diesem Sinne bezüglich der Frage nach der Zulässigkeit von Zwangsmaßnahmen gegen einen sich verweigernden Zeugen dahingehend, dass zwar eine körperliche Untersuchung mit Zwang durchsetzbar sei, bei einer Prüfung der Glaubwürdigkeit jedoch der Aufbau von Vertrauen entscheidend sei, wobei jegliche Zwangsausübung schade.[117] Damit steht schon an dieser Stelle fest: Eine Begutachtung trotz Untersuchungsverweigerung gilt es nach Kräften zu verhindern. Gleichwohl heißt das nicht, dass sie, im Falle der Zulässigkeit, nicht in bestimmten, in dieser Arbeit zu konkretisierenden Fällen einzusetzen sein mag.

---

115 *Crefeld* R&P 1994, 102, 107; vgl. auch *Eisenberg* Rn. 1613; Kurzanmerkung der *Redaktion* StV 1997, 66.

116 *Zwiehoff* S. 249.

117 *Heinitz* JR 1960, 226, 227.

aa) Stellungnahme nach Nr. 70 Abs. 1 RiStBV

Nach Nr. 70 Abs. 1 RiStBV *gibt der Staatsanwalt dem Verteidiger* im Vorverfahren grundsätzlich die *Gelegenheit, vor Auswahl eines Sachverständigen Stellung zu nehmen.* Schon vor der Einführung der RiStBV sah man die Forderung nach der Mitwirkung der Verteidigung bei der Auswahl des Sachverständigen völlig zu Recht als „die sich geradezu aufdrängende Lösung" an.[118] Wie bereits dargelegt, sollte eine einseitige und unreflektierte Auswahl von Seiten der Staatsanwaltschaft unbedingt vermieden werden – auch wenn Nr. 70 Abs. 1 RiStBV faktisch „keinen *Anspruch* auf Beteiligung" gibt und die Staatsanwaltschaft nach dieser Bestimmung, die allein von einer Stellungnahme spricht, den Vorschlag des Verteidigers auch nicht annehmen muss.[119] Nach *Tondorf/Tondorf* „wäre es ein nobile officium, sich mit [...] dem Verteidiger auf einen Sachverständigen zu einigen", auch wenn Nr. 70 Abs. 1 RiStBV dem Verteidiger lediglich eine Gelegenheit zur Stellungnahme ermöglicht.[120]

bb) Mitwirkungsbereitschaft des Angeklagten nur beim Sachverständigen der eigenen Wahl

Um die Auswahl zu beeinflussen, kann der zu Begutachtende auch ankündigen, nur bei einem bestimmten Sachverständigen (der eigenen Wahl) zur Mitwirkung bereit zu sein. Diese Einflussmöglichkeit stellt an sich das schärfste Schwert dar. Dabei betrifft dieser immer wieder unternommene Versuch namentlich Schuldfähigkeitsbegutachtungen, weil bei diesen die Erstellung eines fundierten Gutachtens regelmäßig von der freiwilligen Mitwirkung des Angeklagten abhängig ist.[121] Wird der von Seiten des Gerichts bzw. der Staatsanwaltschaft ausgewählte Sachverständige als ungeeignet erachtet, gibt es mit den Worten von *Rostek* so „ein kleines Druckmittel":

---

118 *Lürken* NJW 1968, 1161, 1164.

119 *Zwiehoff* S. 72 (Hervorhebung im Original); diese meint auch, dass es nur am Rande an Nr. 70 Abs. 1 RiStBV liege, dass es zuweilen eine gemeinsame Bestimmung von Sachverständigen im Ermittlungsverfahren gebe; siehe auch KK/*Senge* § 73 Rn. 2, der auf ein von Verteidigern gefordertes gesetzlich geregeltes Beteiligungsrecht verweist; *Dierlamm* in: FS für Müller, S. 117, 122 ff. zu den Rechtsfolgen eines Verstoßes gegen Nr. 70 Abs. 1 RiStBV.

120 *Tondorf/Tondorf* Rn. 240.

121 *Erb* ZStW 121 (2009), 882, 896 f.

„Der Verteidiger kann ankündigen, dass der Beschuldigte sich von dem ausgewählten Gutachter nicht explorieren lässt. Das kann zum Einlenken der StA führen, insb. dann, wenn der Gutachter seine Arbeit noch nicht aufgenommen hat.“[122]

Die Rechtsprechung des BGH steht einem solchen pragmatischen Plan ganz klar entgegen. Seiner Ansicht nach muss in einem solchen Fall kein „Sachverständiger des Vertrauens“ mit der Begutachtung beauftragt werden. Ganz ausdrücklich erklärt er so:

„Für den Angeklagten stellt die Untersuchungsverweigerung keine Möglichkeit dar, § 73 StPO - der Richter wählt den Sachverständigen aus - und § 244 Abs. 4 Satz 2 StPO - weitere Sachverständige werden nur unter dort bestimmten Voraussetzungen gehört - zu unterlaufen. Die Ablehnung, sich vom gerichtlichen Sachverständigen untersuchen zu lassen, begründet für ihn - von besonderen (Befangenheits-)Umständen abgesehen - keine besonderen Rechte [...]. Andernfalls hätte er es in der Hand, nur den ‚Sachverständigen seines Vertrauens‘ (so die Revision) bestellen zu lassen mit allen sich daraus ergebenden Folgen, die sich aus der Verlagerung der von Amts wegen durchzuführenden Aufklärung des Sachverhalts durch das Gericht auf einen vom Angeklagten ausgewählten Gutachter ergäben.“[123]

Weiter hält er fest:

„Will der Angeklagte nur beim ‚Sachverständigen seines Vertrauens‘ Angaben machen, wird dadurch die alleinige Entscheidungsbefugnis des Tatrichters über die Auswahl nicht tangiert (‚darf nicht ausgehöhlt werden‘, BGH NStZ 1993, 395, 397).“[124]

Und schließlich „warnt“[125] er im Grunde genommen:

„Läßt sich ein Angeklagter vom gerichtlichen Sachverständigen nicht untersuchen, muß er in Kauf nehmen, überhaupt nicht untersucht zu werden [...].“[126]

Daran wird kritisiert, dass die Rechtsprechung, „um den ‚Sachverständigen der Verteidigung‘ zu verhindern – ein ‚zu wenig‘ bei der Erhebung des an sich

---

122 *Rostek* Rn. 136.

123 BGHSt 44, 26, 31; siehe aber auch *Tondorf/Tondorf* Rn. 317 dazu, dass dieses BGH-Urteil aufgrund von Besonderheiten nicht allgemeingültig sei; zum Ablauf dieses Prozesses *Grabow* StV 1999, 465 ff.

124 BGHSt 44, 26, 32.

125 *Barton* StV 2003, 537, 538.

126 BGHSt 44, 26, 32; *Tondorf/Tondorf* Rn. 320 kritisieren eine fehlende Beschäftigung mit dem Schweigerecht; nach *Zieschang* StV 1999, 467, 469 handelt es sich hier um eine Sanktionierung des Rechts zur Untersuchungsverweigerung.

möglichen Beweises" ermögliche.[127] Auch *Erb* hält diese Rechtsprechung des BGH für fragwürdig.[128] Nach *Zieschang* ist es trotz § 73 Abs. 1 S. 1 StPO angezeigt, für die Wahrheitserforschung einen weiteren Sachverständigen heranzuziehen, von dem sich der Angeklagte untersuchen lässt.[129]

Der durchaus originelle[130] Versuch, auf dem Wege der Untersuchungsverweigerung doch noch an einen bestimmten Sachverständigen zu gelangen, scheitert wegen der Haltung des BGH dennoch. Schlussendlich ist für diesen das – sicherlich nicht ganz von der Hand zu weisende – Argument ausschlaggebend, dass anderenfalls durch die Verweigerung der Untersuchung dem Angeklagten die Option, § 73 Abs. 1 S. 1 StPO auszuhebeln, dargeboten würde.[131] Auch *Rostek* kommt zu der ernüchternden Erkenntnis:

> *„Ist der Sachverständige endgültig bestellt und lässt sich die StA nicht dazu bewegen, einen anderen Gutachter zu beauftragen, kann der Beschuldigte natürlich trotzdem die Mitwirkung verweigern. Den Gutachter wird er dadurch nicht los."*[132]

Mittlerweile gilt *Zwiehoff* zufolge die Erörterung der Frage, ob der Angeklagte ein Recht auf einen bestimmten Sachverständigen haben soll, wohl als erledigt; dass auch über das Beweisantragsrecht ein solches Verlangen nicht umzusetzen sei, werde eingestanden.[133] Die Selbstladung nach §§ 220, 38, 245 Abs. 2 StPO ist damit letztlich der einzige Weg, um einen ganz bestimmten, den individuellen Wünschen des zu Begutachtenden entsprechenden Sachverständigen erhalten zu können.[134] *Detter* stuft es allerdings als einen Missbrauch dieses Rechts ein, wenn der Angeklagte ausschließlich bei dem von ihm bestimmten Sachverständigen bereit ist, mitzuwirken.[135]

---

127 *Barton* StV 2003, 537, 539 unter Bezug auf BGHSt 23, 176, 187.

128 *Erb* ZStW 121 (2009), 882, 897.

129 *Zieschang* StV 1999, 467, 469.

130 So *Toepel* S. 326 f., der das Ergebnis des BGH für „plausibel" hält; nach *Tondorf/Tondorf* Rn. 320 liegt dieser Auffassung aber ein unrichtiger Sachverhalt zugrunde.

131 *Zieschang* StV 1999, 467, 469.

132 *Rostek* Rn. 137.

133 *Zwiehoff* S. 244 (ihrer Ansicht nach aber keine Anwendbarkeit des § 73 Abs. 1 S. 1 StPO auf das Beweisantragsrecht, S. 256 ff.).

134 *Toepel* S. 347.

135 *Detter* NStZ 1998, 57, 61; siehe dagegen *Deckers* in: Münchener Anwaltshandbuch Strafverteidigung, § 81 Rn. 14.

cc) Einigung auf einen Sachverständigen als vorzugswürdige Vorgehensweise

Es wird aber auch vorgeschlagen, dass sich die Prozessbeteiligten auf einen oder mehrere Sachverständige einigen,[136] sich verständigen.[137] Auch der Sachverständige soll sich bezüglich seiner Auswahl für eine Verständigung aller Prozessbeteiligten einsetzen.[138] Es würde nämlich „der Gerechtigkeit dienen und dem Angeklagten selbst das Gefühl vermitteln, ein faires Verfahren gehabt zu haben, wenn sich das *Modell der Abstimmung unter den Beteiligten* allgemein durchsetzt."[139] Dabei wären Regelungen, nach denen sämtliche Verfahrensbeteiligte schon im Vorverfahren dazu angehalten werden, sich auf einen Sachverständigen zu einigen, sicherlich besonders hilfreich.[140] Nach *Tondorf/Tondorf* wäre es fortschrittlich, der Verteidigung bezüglich der Auswahl ein Vorschlagsrecht analog zu § 142 Abs. 1 S. 2 StPO zuzugestehen: So könnte der Richter den von der Verteidigung aus der Liste der zertifizierten Sachverständigen ausgewählten Sachverständigen, sofern nicht wichtige Gründe dagegensprächen, beauftragen.[141]

Die Einigung auf einen Sachverständigen stellt gegenüber der bloßen Stellungnahme des Verteidigers ein Mehr an Einflussnahme, im Vergleich zu einem vom Angeklagten allein ausgewählten Sachverständigen aber ein Weniger dar. Dieses Modell der Abstimmung unter den Beteiligten sollte befolgt werden. Zu suchen ist nach einem Sachverständigen, der allen Verfahrensbeteiligten geeignet erscheint, nach einem Sachverständigen, der bestmöglich zur Wahrheitserforschung beitragen kann. Ein Sachverständiger, zu dem der zu Begutachtende kein

---

136 *Konrad/Rasch* S. 200; *Deckers* NJW 1999, 1365, 1369 spricht vom oftmals nicht erstrebten „agreement zwischen Verteidigung und Staatsanwaltschaft".

137 *Roggenwallner/Herrmann/Jansen* Rn. 810 unter Hinweis auf eine mögliche Untersuchungsverweigerung des Täters; dazu auch *Burgsmüller* in: Opferrechte, S. 21, 49.

138 So die Forderung von *Tondorf/Tondorf* Rn. 272.

139 *Konrad/Rasch* S. 200 (Hervorhebung im Original).

140 *Konrad/Rasch* S. 207; vgl. auch Dokumentation der Eckpunkte einer Reform des Strafverfahrens, Beschluß der Bundesregierung – Stand: 6. 4. 2001 –, StV 2001, 314, 315 (hier wurde bezüglich der Auswahl ein gesetzliches Beteiligungsrecht der Verteidigung vorgeschlagen); vgl. auch Dokumentation des Diskussionsentwurfs für eine Reform des Strafverfahrens der Fraktionen der SPD und Bündnis 90/Die Grünen des Deutschen Bundestages und des Bundesministeriums der Justiz vom Februar 2004, StV 2004, 228, 230 ff.; *Boetticher* in: NJW Sonderheft für G. Schäfer, S. 8, 14.

141 *Tondorf/Tondorf* Rn. 237; Dokumentation der Ergebnisse des 28. Strafverteidigertages vom 5. bis 7. 3. 2004 in Karlsruhe, StV 2004, 290, 293; für eine solche Gesetzesänderung auch *Schreiber/Rosenau* in: Psychiatrische Begutachtung, S. 153, 155.

Vertrauen fasst, scheidet da aus. Scheitert eine Einigung aber an der Weigerung eines Verfahrensbeteiligten, so ist es nach § 73 Abs. 1 S. 1 StPO Aufgabe des Richters, für das Hauptverfahren einen geeigneten Sachverständigen auszuwählen.[142] Besonders begrüßenswert ist damit die allgemeine Empfehlung von *Tondorf/Tondorf* dahingehend, dass sich im Falle der Hinzuziehung eines psychiatrischen oder psychologischen Sachverständigen „alle Beteiligten *auf ein informelles Programm verständigen und aufeinander zugehen*, um die anstehenden Probleme zu erörtern."[143]

b) Recht des Nebenklägers beziehungsweise des (Opfer-) Zeugen auf einen Sachverständigen der eigenen Wahl

Daran anschließend ist die nicht einfach zu beantwortende Frage aufzuwerfen, ob bei Zeugen bezüglich der Untersuchungsverweigerung das Gleiche gilt oder ob man hier anders verfährt.[144] Diesbezüglich ist auf einen Beschluss des Kammergerichts[145] einzugehen. Im zugrundeliegenden Fall hatte der gesetzliche Vertreter des minderjährigen Opfers einer Sexualstraftat der Glaubwürdigkeitsuntersuchung durch einen bestimmten Sachverständigen nicht zugestimmt. Die Anhörung des ausgewählten Sachverständigen bezüglich der Glaubwürdigkeit der Opferzeugin (als Nebenklägerin) erachtete das Landgericht als unentbehrlich.

---

142 Vgl. wiederum auch *Lürken* NJW 1968, 1161, 1164 („Kommt eine Einigung nicht zustande, so sollten es sich Staatsanwalt und auch Verteidiger zur Regel machen, dann die Entscheidung des zuständigen Richters gem. § 73 StPO herbeizuführen." Weiter heißt es: „Hat die Staatsanwaltschaft im Ermittlungsverfahren den Sachverständigen einseitig zugezogen, weil der Beschuldigte unbekannt war oder noch kein Verteidiger bestellt war, so sollten die Regelungen zu 1. oder 2. [gemeint ist 1. eine Verständigung zwischen Staatsanwalt und Verteidigung und 2. die Herbeiführung der Entscheidung des Richters] unverzüglich nachgeholt werden, sobald ein Verteidiger sich meldet oder im Laufe des Verfahrens beigeordnet wird." Wenn „es bis zur Anklageerhebung nicht zu einer Verständigung oder gerichtlichen Bestellung des Sachverständigen" kommt, „so sollte der Richter, wenn er erstmals mit der Sache befaßt wird, den in der Anklage benannten Sachverständigen nur als ‚Beweismittel der Staatsanwaltschaft' ansehen und, bevor er ihn bestellt, den Angeschuldigten dazu hören [...]. Der Richter sollte den Sachverständigen nicht auswählen, wenn der Angeschuldigte begründete Bedenken vorträgt, oder doch zumindest dann einem eventuell gleichzeitig gestellten Antrag auf Bestellung eines ‚Gegengutachtens' entsprechen."); siehe auch *Dippel* S. 102 ff.

143 *Tondorf/Tondorf* Rn. 18 (Hervorhebung im Original).

144 So auch *Burgsmüller* PdR November 2000, 48, 58.

145 KG StV 1997, 65 f.; so auch die Darstellung des Falles bei *Zwiehoff* S. 246 ff.

Seiner Auffassung nach gab es keine Aufklärungsmöglichkeit mehr, nachdem die Einwilligung in die Glaubwürdigkeitsuntersuchung durch den bereits ausgewählten Sachverständigen verweigert worden war. Das Kammergericht kam hingegen zu den folgenden Ergebnissen: Die Verweigerung der Einwilligung in die Glaubwürdigkeitsuntersuchung rechtfertige nicht die Auffassung, die Sachverhaltsaufklärung sei nicht mehr möglich. Schließlich habe die gesetzliche Vertreterin die Einwilligung „nicht generell", „sondern nur die Begutachtung durch einen bestimmten Sachverständigen" verwehrt. Somit habe „sie eine Untersuchung [...] nicht unmöglich gemacht." Die Auswahl des Sachverständigen liege gemäß § 73 Abs. 1 S. 1 StPO zwar in der Hand des Gerichts, weswegen es grundsätzlich keinen Anlass gebe, den von Seiten der Opferzeugin gewünschten Sachverständigen mit der Untersuchung zu beauftragen. Wegen der Amtsaufklärungspflicht und wegen der Schwere der Straftaten sei das Gericht allerdings dazu verpflichtet, sämtliche Möglichkeiten zur Wahrheitserforschung zu nutzen. „Wesentliche Belange der zu untersuchenden Person" habe man deswegen bei der Auswahl des Sachverständigen zu beachten, wenn ansonsten der Zweck der Untersuchung in Gefahr geriete. Weiter heißt es:

> *„Während das Gesetz mit der nach § 74 Abs. 2 StPO bestehenden Möglichkeit, einen ausgewählten Sachverständigen abzulehnen, den Prozeßbeteiligten ein Recht zur Wahrnehmung eigener Interessen einräumt, gebietet es die gerichtliche Fürsorge, einer Verletzung schutzwürdiger Interessen auch dann zu begegnen, wenn diese keine Ablehnung rechtfertigen. Dies gilt in besonderem Maße gegenüber Minderjährigen, die Opfer einer Sexualstraftat geworden sind."*

Sofern ausreichende Anzeichen vorlägen, die Grund zur Annahme gäben, dass der zu Untersuchende dem Sachverständigen nicht vertraue, sei diese Auswahl grundsätzlich nicht pflichtgemäß.

Zwiehoff bezeichnet die Ausführungen des Kammergerichts völlig zu Recht als „bemerkenswert": Die Bestimmung des Sachverständigen werde der Nebenklage bzw. dem Opferzeugen zumindest grundsätzlich zugestanden; diesem werde dadurch ein dem Angeklagten nicht zugestandenes Recht eingeräumt.[146]

Die Ausführungen des Kammergerichts, die sich freilich auf eine Begutachtung eines Zeugen beziehen, könnten sich, so heißt es in der Kurzanmerkung der *Redaktion der Zeitschrift StV*, gerade unter dem Aspekt der Amtsaufklärungspflicht, auch auf den Angeklagten übertragen lassen:

> *„Wenn das Gericht verpflichtet ist, die bestmöglichen Beweismittel zur Erforschung der Wahrheit heranzuziehen, dann gebietet es die Aufklärungspflicht, den Vorschlägen des*

146 *Zwiehoff* S. 248.

Angekl. bei der Auswahl des Sachverständigen Rechnung zu tragen, wenn der Angekl. gewichtige *Gründe geltend machen kann, warum er dem von der Staatsanwaltschaft oder Gericht ausgewählten Sachverständigen kein Vertrauen entgegenbringt und sich diesem daher in der Exploration nicht öffnen will.*"[147]

Zwiehoff meint, dass eine entsprechende Aufklärungsrüge eigentlich erfolgreich sein müsse, wenn das Gericht auf dem von ihm ausgewählten Sachverständigen beharre, obschon der Angeklagte die Untersuchung verweigere, weil es dann eben nicht das bestmögliche Beweisergebnis erreiche.[148] Wie bereits erwähnt, muss ein Gericht nach Ansicht des BGH jedoch keinen Sachverständigen bestellen, dem der Angeklagte Vertrauen schenkt.[149]

Von *Zwiehoff* wird es richtigerweise als „befremdlich" beschrieben, dass gegebenenfalls dem Nebenkläger bzw. dem Opferzeugen, nicht aber dem Angeklagten das Recht, die Auswahl des Sachverständigen zu lenken, zugestanden werde.[150] Auch nach *Erb* ist es „schwer erträglich", dem Opferzeugen bzw. dem Nebenkläger hinsichtlich der Auswahl des Sachverständigen solche Steuerungsmöglichkeiten einzuräumen.[151] Nach *Düring/Eisenberg* handelt es sich bei dem Beschluss des Kammergerichts um eine Umgehung von §§ 397 Abs. 1 S. 3, 74 Abs. 2 StPO, die schon deswegen abwegig sei, weil der Angeklagte eine derartige Einflussmöglichkeit gerade nicht hätte. Nur dann, wenn Richter bzw. Staatsanwälte die Argumente der Prozessbeteiligten möglichst umfassend in ihre Überlegungen einbeziehen würden, könne man das Problem der bestmöglichen Auswahl des Sachverständigen in den Griff bekommen.[152]

Burgsmüller weist zu Recht darauf hin, dass von Seiten der Verteidiger schon deswegen mehr Engagement bei der anstehenden Auswahl von Sachverständigen zu fordern sei, weil bei einer Exploration in die Intimsphäre und die Persönlichkeitsrechte des zu Begutachtenden eingegriffen werde.[153] In diesem Sinne hält sie auch fest:

---

147 Kurzanmerkung der *Redaktion* StV 1997, 66 (Hervorhebung im Original).

148 *Zwiehoff* S. 249 unter Verweis auf Kurzanmerkung der *Redaktion* StV 1997, 66.

149 BGHSt 44, 26, 31.

150 *Zwiehoff* S. 246; siehe aber *Meyer-Mews* NJW 2000, 916, 918 (wegen der Waffengleichheit müsse es so sein, dass sowohl der Angeklagte als auch der Zeuge den durch das Gericht bestimmten Sachverständigen ablehnen können müssten; dieses hätte daraufhin einen Sachverständigen zu beauftragen, der auch den Wünschen des Angeklagten entspreche).

151 *Erb* ZStW 121 (2009), 882, 897.

152 *Düring/Eisenberg* StV 1997, 456, 458.

153 *Burgsmüller* PdR November 2000, 48, 56 f.; *Burgsmüller* in: Opferrechte, S. 21, 37.

„Für manche Verfahrensbeteiligte ist die Vorstellung, daß die Rechtsanwältin des Zeugen die Auswahl der Sachverständigen ‚mitsteuert', noch fremd; andere wissen sie ob der gelungenen Kommunikation zwischen Zeugen und Sachverständigen, die ihnen oft präsentiert wird, zu schätzen. Die Verteidigung hat ein in den RiStBV verankertes Recht, zur Auswahl eines Sachverständigen Stellung zu nehmen (Nr. 70 Abs. 1 RiStBV). Gerade weil es sich hierbei um kein wirkliches Beteiligungsrecht handelt (das sowohl für die Verteidigung als auch für die Nebenklage der Kodifizierung bedürfte), ist es aus Gründen der Fairness und der Waffengleichheit im Strafverfahren als Recht auf rechtliches Gehör auch dem Zeugenbeistand bzw. der Nebenklagevertreterin vor Auswahl des Sachverständigen einzuräumen."[154]

Interessant ist an dieser Stelle auch ein Blick auf die von *Aymans* beschriebenen Weiterbildungsmöglichkeiten. So verweist sie diesbezüglich auf die Option, dass der Sachverständige an der durch einen Kollegen durchgeführten Untersuchung beobachtend teilnimmt. Dies hänge allerdings von der Zustimmung des zu Begutachtenden ab.[155] Danach darf der zu Begutachtende zumindest frei bestimmen, ob ein weiterer Sachverständiger an der Untersuchung teilnimmt. Aus Gründen des Zeugenschutzes – die Belastung wird durch einen weiteren Beobachter nicht gerade geringer – ist dem vollumfänglich zuzustimmen.

Die Tatsache, dass (Opfer-) Zeugen im Hinblick auf die Auswahl des Sachverständigen vom Kammergericht ganz andere Steuerungsmöglichkeiten eingeräumt werden als Angeklagten, ist aber völlig zu Recht kritisiert worden. Diese Ungleichbehandlung lässt sich nicht rechtfertigen. Vielmehr ist auch dann, wenn eine Begutachtung des (Opfer-) Zeugen ansteht, wie es etwa bei *Düring/Eisenberg* anklingt, nach Möglichkeit ein konsensfähiger Sachverständiger zu finden.

c) Fazit

Die Vorteile einer von einem Konsens aller Verfahrensbeteiligten getragenen Auswahl des Sachverständigen liegen klar auf der Hand: Zum einen lassen sich auf diese Weise häufig verlässlichere Gutachtenergebnisse erzielen. Zum anderen – und das ist hier entscheidend – kann so eine Begutachtung des Angeklagten[156] und auch des Zeugen trotz Untersuchungsverweigerung gewiss in einigen Fällen vermieden werden. Die Wahrscheinlichkeit, dass sich ein Angeklagter oder ein Zeuge von einem Sachverständigen, der auch seiner Wahl entspricht, untersuchen lässt, steigt dadurch nämlich auf jeden Fall. Dass die Begutachtung

---

154 *Burgsmüller* PdR November 2000, 48, 57.

155 *Aymans* S. 214.

156 Vgl. auch *Barton* StV 2003, 537, 540.

im Falle der Untersuchungsverweigerung aber vermieden wird, wenn ein allen Beteiligten genehmer, in dem möglichen Maße objektiver und kompetenter Sachverständiger zur Verfügung steht, sollte schon aufgrund der vermeidbaren Zwangslage des Zeugen unabhängig von der fraglichen Rechtmäßigkeit dieses Vorgehens und dem häufig in Zweifel gezogenen Beweiswert einer solchen Begutachtung selbstverständlich sein. Auch das Kammergericht hat dies – für den Fall des zu begutachtenden Zeugen – sehr deutlich zum Ausdruck gebracht:

> *„Im übrigen wäre es* – notfalls – *auch zulässig, Erkenntnisse über die Glaubwürdigkeit der Nebenkl. dadurch zu gewinnen, daß ein Sachverständiger in der Hauptverhandlung deren richterlicher Vernehmung beiwohnt, unmittelbar Fragen an sie stellt (§ 80 Abs. 2 StPO) und sich anschließend gutachterlich äußert".*[157]

Das verwendete Wort „notfalls" in diesem Zusammenhang legt nahe, dass erst dann, wenn kein geeigneter Sachverständiger bestimmt werden kann, auf diese zweite Art der Begutachtung zurückgegriffen werden darf.

Im Ergebnis kann also Folgendes festgehalten werden: Nicht nur ganz grundsätzlich, sondern vor allem immer dann, wenn ein zu begutachtender Angeklagter zum durch die Staatsanwaltschaft bzw. das Gericht vorgeschlagenen Sachverständigen kein auf Vertrauen basierendes Verhältnis hat und im schlimmsten Fall sogar zum Ausdruck bringt, dass er aufgrund dessen bei diesem bestimmten Sachverständigen die Mitwirkung verweigern werde, bei einem anderen aber, der den Voraussetzungen der StPO auch entspricht, freiwillig zur Untersuchung bereit sei, sollte die zuständige Stelle darum bemüht sein, sich mit ihm auf einen Sachverständigen zu einigen. Dass hier diesbezüglich für den Zeugen etwas anderes gelten sollte, ist nicht zu rechtfertigen.

III. Pflicht des Sachverständigen, eine Begutachtung im Falle der Untersuchungsverweigerung abzulehnen

Zuweilen wird in der Praxis der Weg einer Glaubwürdigkeits- bzw. Schuldfähigkeitsbegutachtung trotz Untersuchungsverweigerung des zu Begutachtenden beschritten. Die in diesem Abschnitt letztlich entscheidende Frage, die es hier aus der Warte des Sachverständigen zu beantworten gilt, ganz unabhängig von allen rechtlichen Problemen, lautet nun: Kann und darf ein Sachverständiger im Falle der Untersuchungsverweigerung überhaupt begutachten oder besteht nicht vielmehr eine Berechtigung, wenn nicht gar eine Verpflichtung

---

157 KG StV 1997, 65, 66 (Hervorhebung von der *Verfasserin*).

des Sachverständigen, eine solche Begutachtung abzulehnen? Zweifelsohne erkennt man einen verantwortungsbewussten Sachverständigen auch daran – das meint etwa auch *Kett-Straub* als Befürworterin eines solchen Vorgehens bei der Glaubwürdigkeitsprüfung –, dass er nicht auf jede ihm gestellte Frage eine Antwort gibt.[158] Somit könnte es auch ein Zeichen seiner Souveränität sein, eine solche Gutachtenerstattung abzulehnen, dann nämlich, wenn sie ethischen und wissenschaftlichen Maßstäben nicht gerecht werden kann.

Damit im Zusammenhang steht auch die im Laufe der Untersuchung zu beantwortende Frage nach dem Beweiswert solcher Gutachten für die Wahrheitsfindung.

1. Begutachtungspflicht und Entbindung davon

Nach § 75 StPO ist der Sachverständige (nur dann) zur Begutachtung verpflichtet,

- *wenn er zur Erstattung von Gutachten der erforderten Art öffentlich bestellt ist*
- *oder wenn er die Wissenschaft, die Kunst oder das Gewerbe, deren Kenntnis Voraussetzung der Begutachtung ist, öffentlich zum Erwerb ausübt*
- *oder wenn er zu ihrer Ausübung öffentlich bestellt oder ermächtigt ist*
- oder wenn er *sich hierzu vor Gericht bereiterklärt hat.*

§ 76 StPO regelt dabei das Gutachtenverweigerungsrecht: *Dieselben Gründe, die einen Zeugen berechtigen, das Zeugnis zu verweigern, berechtigen einen Sachverständigen zur Verweigerung des Gutachtens*, § 76 Abs. 1 S. 1 StPO. *Auch aus anderen Gründen kann ein Sachverständiger von der Verpflichtung zur Erstattung des Gutachtens entbunden werden*, § 76 Abs. 1 S. 2 StPO. Liegen gewichtige Gründe vor, kann hier *Ulrich* zufolge auf jeden Fall auch auf ein weitgehendes Verständnis von Seiten der Gerichte gehofft werden;[159] zumal es sich hier um eine hauptsächlich dem „Interesse des Sachverständigen" dienende Vorschrift handelt.[160] Aufgrund der oben bereits erwähnten Prüfungs- und Hinweispflicht werde der verantwortungsvolle Sachverständige so etwa im Falle mangelnder, für die Gutachtenerstattung aber gerade erforderlicher Sachkunde die Entbindung von seinem Auftrag beantragen.[161] Schließlich soll der Sachverständige dem Gericht

158 *Kett-Straub* ZStW 117 (2005), 354, 374; vgl. ferner *Aymans* StraFo 2007, 364, 367 (Hinweis von Sachverständigen, dass sie zu einer aufgeworfenen Frage keine Stellung nehmen könnten, würde teilweise zu einer „Reaktion der Verwunderung" führen).

159 *Ulrich* Rn. 176 und in Bezug auf die Auswahl Rn. 165.

160 SK-StPO/*Rogall* § 76 Rn. 13.

161 *Ulrich* Rn. 176.

Sachverstand vermitteln. Wenn er dies aber nicht kann, so muss er es offen und ehrlich zugeben.[162] Diese Regelung ist auch für die Beauftragung des Sachverständigen mit einer Begutachtung trotz Untersuchungsverweigerung relevant[163]: So ist der Sachverständige auch verpflichtet, es offenzulegen, wenn er es nicht schafft, zu zuverlässigen Ergebnissen zu kommen, etwa weil der zu Begutachtende sich nicht öffnet, sich vielmehr verschließt.[164] In einem Gutachten finden sich dazu folgende Ausführungen:

> *„Wegen der Spärlichkeit der Angaben der Zeugin, die allenfalls konkrete Fragen mit ja oder nein beantwortet, aber niemals von sich aus schildert, liegt eine Aussage, die hinsichtlich ihrer Glaubwürdigkeit analysiert werden könnte, nicht vor.“*[165]

Eine Steigerung des sich Verschließens ist nun zweifelsohne die komplette Verweigerung der Untersuchung. Damit dürfte es aufgrund des vorher Gesagten nahe liegen, dass der Sachverständige hier oftmals berechtigt oder sogar dazu verpflichtet ist, eine Begutachtung im Falle der Untersuchungsverweigerung abzulehnen. „Ohne weiteres“ ist dies jedoch nicht der Fall.[166]

2. Begutachtung der Glaubwürdigkeit von Zeugen

Die Liste namhafter Kritiker der Glaubwürdigkeitsbegutachtung im Falle der Untersuchungsverweigerung, auf der sowohl Sachverständige als auch Juristen zu finden sind, ist auffällig lang. Unabhängig davon, ob die von diesen gegen eine solche Vorgehensweise angeführten Argumente durchgreifen oder nicht doch entkräftet werden können, muss es als deren Verdienst bezeichnet werden, überhaupt auf dieses eher nachlässig behandelte Problem zumindest – freilich zumeist in sehr kurzer Form – hingewiesen zu haben.

---

162 *Eisenberg* Rn. 1539; siehe auch die entsprechend an die Gerichte gestellte Forderung von *Nedopil* JR 2005, 216, 217.

163 Auf ein im Falle der Untersuchungsverweigerung unter Umständen vorhandenes Gutachtenverweigerungsrecht nach § 76 StPO weisen auch *Greuel/Offe/Fabian/Wetzels/Fabian/Offe/Stadler* S. 272 hin.

164 *Eisenberg* Rn. 1863b; zu der Gefahr einer suggestiven Beeinflussung, wenn der Versuch unternommen wird, mittels einer intensiven Befragungsweise doch noch an eine Zeugenaussage zu gelangen *Köhnken* in: Münchener Anwaltshandbuch Strafverteidigung, § 62 Rn. 107; vgl. auch *Aymans* S. 73 (Pflicht des Sachverständigen „zur sorgfältigen Abwägung dessen, was er leisten kann“) und S. 74.

165 Auszüge des Gutachtens sind nachzulesen bei *Langen* S. 98 ff.

166 *Greuel/Offe/Fabian/Wetzels/Fabian/Offe/Stadler* S. 272 (unter Umständen aber genügende Entschuldigung im Sinne der §§ 72, 51 Abs. 2 S. 1 StPO).

So ist hinsichtlich einer derartigen Glaubwürdigkeitsbegutachtung von Zeugen etwa *Eisenberg* der Ansicht, dass eine solche regelmäßig wohl schon „nur eingeschränkt“ als fachgerecht bezeichnet werden könne, jedenfalls aber „Verengungen“ und „Verzerrungen“ im Gutachten explizit offenzulegen seien.[167] Unabhängig von der Rechtmäßigkeit dieses Vorgehens bekäme man durch dieses Vorgehen nämlich regelmäßig nur schwer eine zureichende Grundlage für die Beurteilung der Glaubwürdigkeit. Deswegen ist seiner Ansicht nach ein Sachverständiger in der Folge unter Umständen berechtigt oder sogar verpflichtet, den Auftrag aufgrund nicht ausreichender Grundlagen abzulehnen.[168] Von hinten aufgezäumt bedeutet diese Pflicht zur Ablehnung wohl, dass ein Sachverständiger in einem solchen Fall schon gar nicht durch den Richter hinzugezogen werden sollte. *Volk/Engländer* erachten auf solche Weise zustande gekommene Glaubwürdigkeitsgutachten sogar als „im Grunde unseriös und wertlos“.[169] Auch nach *Krehl* erscheint es immerhin zweifelhaft, ob diese Art der Begutachtung als Grundlage für eine verlässliche gutachterliche Hilfe ausreichend sein kann.[170] *Meier* zufolge kann der Sachverständige die Glaubwürdigkeit des Zeugen auf diese Weise wohl nicht besser beurteilen als der Richter.[171] *Peters* warnt ebenfalls davor, auf diese Weise solche komplizierten Dinge wie die Glaubwürdigkeit zu beurteilen.[172] Er weist zudem darauf hin, dass der Sachverständige eine Exploration, die in Anwesenheit aller Prozessbeteiligten oder sogar der Öffentlichkeit vorgenommen werde, „als contra legem artis ablehnen“ dürfe, bzw. wegen der Standespflicht sogar müsse.[173]

Selbst *Krause* – ein erklärter Anhänger der herrschenden, die Begutachtung im Falle der Untersuchungsverweigerung befürwortenden Meinung, zumindest

---

167 *Eisenberg* Rn. 1868.

168 *Eisenberg* Rn. 1661; *Düring/Eisenberg* StV 1997, 456, 458; so auch HK-GS/*Neuhaus* § 81c Rn. 5; nach *Kett-Straub* ZStW 117 (2005), 354, 374 ist eine derartige Anmahnung nicht notwendig.

169 *Volk/Engländer* § 10 Rn. 29.

170 KK/*Krehl* § 244 Rn. 55.

171 *Meier* JZ 1991, 638, 643; kritisch auch BGH NStZ 1997, 355, 356 (Sachverständiger hätte das Gutachten anhand der Aussagen, die das Gericht ebenfalls zur Verfügung hatte, erstellen müssen, weil er wegen der Untersuchungsverweigerung keine eigenen Befundtatsachen für die Aussageanalyse ermitteln konnte).

172 *Peters* JR 1970, 68, 69.

173 *Peters* JR 1970, 68, 69; siehe auch *Rohmann* StraFo 2006, 401, 406 (empfohlene Zurückweisung von Aufträgen, die stark begrenzte Erkenntnismöglichkeiten darbieten, im Zusammenhang mit Glaubwürdigkeitsgutachten im Falle einer nicht stattgefundenen polizeilichen Vernehmung).

was deren Zulässigkeit anbelangt – bezweifelt, ob die Begutachtung während der Hauptverhandlung für den Sachverständigen eine ausreichende Grundlage zur Glaubwürdigkeitsbeurteilung sein kann.[174] Dabei wird von dieser Seite allerdings auch darauf hingewiesen, dass bei komplizierten Fallkonstellationen eine auf weniger umfänglichen Grundlagen basierende sachverständige Hilfe im Vergleich zu einer Entscheidung des Richters, die ganz ohne den Rat eines Sachverständigen gefällt werde, vorzugswürdig sein könnte.[175] Hierbei muss der Sachverständige dem Richter aber gegebenenfalls zu konstatierende Defizite des Gutachtens deutlich vor Augen führen, die Ausmaße seiner möglichen Hilfestellung darstellen.[176] Der Sachverständige hat sich, das stellt *Kett-Straub* heraus, bei der Gutachtenerstellung die besonderen Entstehungsvoraussetzungen und die deutlich schlechteren Arbeitsbedingungen vor Augen zu halten.[177] Der Richter habe solchen Glaubwürdigkeitsgutachten zwar sehr viel kritischer zu begegnen, ein kompletter Verzicht auf diese solle damit aber nicht verbunden sein.[178] Klargestellt wird von dieser Seite auch, dass mit dem Grundsatz der herrschenden Meinung, wonach ein Zeuge, der die Untersuchung verweigert, in der Hauptverhandlung von einem Sachverständigen beobachtet und befragt werden kann, die Tatsache verbunden sei, dass der Sachverständige dann auch kein völlig ungeeignetes Beweismittel darstelle.[179] Letztlich verweist aber auch diese Ansicht darauf, dass die Beurteilung des Problems, ob das so Ermittelte eine ausreichende Basis für eine Gutachtenerstellung sein kann, Sache des Sachverständigen sei, der dann unter Umständen auch berechtigt und verpflichtet sei, den Auftrag abzulehnen.[180] Folglich kann die Frage nach der Berechtigung und Verpflichtung zur Ablehnung dieser Auffassung nach nicht pauschal beantwortet werden.[181]

Im Ergebnis ist dieser differenzierenden Betrachtungsweise[182] der Vorzug zu geben, weil nur sie dem Einzelfall gerecht werden kann. Freilich muss hier

174 LR/*Krause* § 81c Rn. 10.

175 LR/*Krause* § 81c Rn. 10; ähnlich auch *Blau* StV 1991, 405, 408; vgl. auch *Deckers*, Der strafprozessuale Beweisantrag, Köln 2013, Rn. 253 (möglicher „Erkenntnisgewinn").

176 Vgl. *Greuel/Offe/Fabian/Wetzels/Fabian/Offe/Stadler* S. 272.

177 *Kett-Straub* ZStW 117 (2005), 354, 374.

178 *Kett-Straub* ZStW 117 (2005), 354, 374.

179 LR/*Krause* § 81c Rn. 10.

180 LR/*Krause* § 81c Rn. 10; vgl. etwa BGH NStZ 1982, 170 (Sachverständige konnte sich zur Glaubhaftigkeit der Äußerungen „mangels entsprechender Beobachtung in der Hauptverhandlung und fehlender Exploration" nicht gutachterlich äußern).

181 Vgl. etwa auch *Panhuysen* S. 73 bezüglich des Anwesenheits- und Fragerechts bei der Vernehmung des Zeugen, § 80 Abs. 2 StPO.

182 Siehe auch *Greuel/Offe/Fabian/Wetzels/Fabian/Offe/Stadler* S. 272.

die Ehrlichkeit des Sachverständigen im Hinblick auf mögliche Defizite bei der Gutachtenerstattung vorausgesetzt werden. Insbesondere der Aspekt der dadurch in geeigneten Fällen möglichen, wenn auch womöglich geringeren Hilfestellung spricht aber eindeutig gegen eine generelle Pflicht des Sachverständigen zur Ablehnung einer Begutachtung im Falle der Untersuchungsverweigerung.

Lehnt er diese jedoch unter Hinweis darauf, „daß er zur gutachtlichen Beurteilung der Glaubwürdigkeit der Zeugin erst nach einer eingehenden Exploration in der Lage sei"[183] ab, so muss das Gericht dies selbstverständlich nicht nur akzeptieren, sondern auch entsprechend handhaben:

> *„Aus diesem Grunde hat die Strafkammer seine Äußerungen, die er [...], als anmerkende Meinung auf Grund des ersten Eindrucks' über die Glaubwürdigkeit der Zeugin gemacht hatte, auch nicht verwertet."*[184]

3. Begutachtung der Schuldfähigkeit von Angeklagten

Eine parallele Problematik findet man bei der Schuldfähigkeitsbegutachtung von Angeklagten bei deren Verweigerung der diesbezüglichen Untersuchung. Auch hier stellt sich die Frage, ob der Sachverständige eine solche Begutachtung ablehnen kann oder dies sogar muss. Besonders kritisch, eigentlich sogar vernichtend, hat sich hierzu im Zusammenhang mit möglichen Fehlerquellen bei der Begutachtungstätigkeit *Maisch* geäußert:

> *„Erwähnenswert, aber nicht ernsthaft diskutabel sind jene – gar nicht ganz so seltenen – Gutachten, die allein auf Aktenkenntnis, Anwesenheit des Sachverständigen bei der Hauptverhandlung beruhen und – aus welchen Gründen auch immer – jeglicher Untersuchungsbefunde entbehren. Ein Sachverständiger, der sich in solchen Fällen nicht eindeutig zum ‚scio nescio' bekennt und sich in Spekulationen über Persönlichkeit, Psychopathologie, klinische Diagnose und forensische Schlußfolgerungen ergeht, darf zu Recht unseriös genannt werden. Gerade weil ein solcher Sachverständiger damit zum Ausdruck bringt, daß er die einfachsten, selbstverständlichsten Handlungsmaximen und unerläßlichen Voraussetzungen diagnostischer Urteilsbildung nicht kennt oder verleugnet oder mißachtet, trifft auf ihn voll zu, was in § 244 Abs. 4 StPO ‚zweifelhafte Sachkunde' genannt wird. Denn wer hätte nicht Anlaß zu begründeten Zweifeln an der Sachkunde eines Arztes, der einen Patienten mit heftigen Oberbauchbeschwerden ohne jegliches Anamnesengespräch und internistische Untersuchung mit einer ‚Blinddiagnose' zu seiner Sprechstundenhilfe schickte, um sich bei ihr irgendein Rezept ausschreiben zu lassen."*[185]

---

183 BGH, Urteil vom 25.10.1972 – 2 StR 313/72.

184 BGH, Urteil vom 25.10.1972 – 2 StR 313/72.

185 *Maisch* StV 1985, 517, 520.

Für *Maisch* ist die Begutachtung im Falle der Untersuchungsverweigerung demnach in keinem Fall zu akzeptieren. Nach *Tondorf/Tondorf* sollte ein verantwortungsbewusster Sachverständiger in diesem Sinne auch einmal einen Auftrag ablehnen.[186] Auch *Ziegert* zieht in Zweifel, ob es „den Regeln der ärztlichen Kunst entspricht", ein solches Gutachten zu erstatten, wo der Sachverständige doch im Falle der Untersuchungsverweigerung „keinen Zugang zu dem zentralen Forschungsmittel", der Exploration, habe.[187]

Wurde eine Schuldfähigkeitsbegutachtung in Auftrag gegeben, hat der Verteidiger dem Angeklagten oftmals den Rat gegeben, gegenüber dem von der Staatsanwaltschaft oder vom Gericht ausgewählten Sachverständigen vollumfänglich zu schweigen.[188] Der Sachverständige wurde so mit der heiklen Frage, ob er die Exploration als notwendigen Bestandteil ansah oder ob er sich auch ohne Durchführung einer solchen dazu fähig erachtete, eine geeignete Grundlage für die Gutachtenerstattung zu erhalten, konfrontiert.[189] *Deckers* führt dazu aus:

> *„In der scientific community der forensischen Psychiatrie herrschte über lange Jahre das Einverständnis, dass ein Gutachtenauftrag unerledigt zurückgegeben wurde, wenn der Beschuldigte die Mitwirkung verweigerte, diese jedoch für die Befunderhebung notwendig war".*[190]

Allerdings sei diese Haltung von manchen Sachverständigen zwischenzeitlich wieder aufgegeben worden, mit der Folge, dass Verteidiger die Auswahl des Sachverständigen durch die Ingebrauchnahme des Schweigerechts in der Regel nicht mehr beeinflussen könnten.[191] Auch der BGH hat sich zur Frage nach einem Recht zur Ablehnung des Auftrags durch den Sachverständigen geäußert und gleichzeitig die oben beschriebene Strategie der Verteidiger zunichte gemacht:[192]

> *„Ein Sachverständiger hat in eigener Verantwortung zu entscheiden, welche Unterlagen er für die Erstattung seines Gutachtens benötigt und welche Untersuchungsmethoden er anwendet [...]. Das gilt auch für den Fall, daß ein psychiatrischer/psychologischer*

---

186 *Tondorf/Tondorf* Rn. 315 (Fn. 7).

187 *Ziegert* S. 308.

188 *Deckers*, Anwaltsstation Strafrecht, Rn. 134; *Tondorf/Tondorf* Rn. 315, die darauf hinweisen, dass dem Angeklagten wegen dieser Haltung des BGH nur noch in außerordentlichen Fällen geraten werden sollte, die Mitwirkung zu verweigern, Rn. 320.

189 *Deckers*, Anwaltsstation Strafrecht, Rn. 134.

190 *Deckers*, Anwaltsstation Strafrecht, Rn. 134; vgl. dazu eingehend auch *Deckers*, Der strafprozessuale Beweisantrag, Berlin 2007, S. 81.

191 *Deckers*, Anwaltsstation Strafrecht, Rn. 134; unklar insofern *Schneider/Frister/Olzen* S. 20.

192 *Tondorf/Tondorf* Rn. 316.

Sachverständiger die bloße Beobachtung in der Hauptverhandlung – unter Umständen in Verbindung mit sonstigen Erkenntnisquellen – ohne persönliche Exploration zur Gutachtenerstattung für ausreichend hält […].“[193]

Der Sachverständige hat also auf jeden Fall das Recht, einen solchen Auftrag abzulehnen. Von einer generellen Ablehnungspflicht hingegen kann danach aber keinesfalls gesprochen werden. Der BGH vertritt letztlich eine differenzierende Ansicht:

„Maßgebend ist, ob der Sachverständige nach seinem pflichtgemäßen Ermessen das Gutachten mit den gegebenen Mitteln erstatten kann oder nicht. Bedeutsam sind die Umstände des Einzelfalles.“[194]

Nach der Rechtsprechung des BGH kann demnach kein generelles Recht oder eine generelle Pflicht zur Ablehnung der Durchführung einer Begutachtung im Falle der Untersuchungsverweigerung angenommen werden, sondern es kommt vielmehr auf die Umstände eines jeden Falles an, die der Sachverständige nach seinem Ermessen zu beurteilen hat.

4. Fazit

Trotz schwerwiegender Kritik lässt sich im Ergebnis die Frage nach der Berechtigung bzw. Verpflichtung des Sachverständigen, eine Glaubwürdigkeits- oder Schuldfähigkeitsbegutachtung trotz Untersuchungsverweigerung des zu Begutachtenden abzulehnen (bei unterstellter Zulässigkeit dieses Vorgehens), nach dem Gesagten nicht einfach mit einem Ja oder einem Nein beantworten. Vielmehr muss festgehalten werden, dass es die Pflicht des Sachverständigen ist, in jedem einzelnen Fall zu prüfen, ob es im Interesse der Wahrheitsfindung liegt, eine solche Begutachtung vorzunehmen. Von Nöten ist also die Einschätzung des Einzelfalls. Erachtet er eine Begutachtung trotz Untersuchungsverweigerung als nicht gewinnbringend, muss er einen entsprechenden Auftrag ablehnen. Begutachtet er trotz Untersuchungsverweigerung, muss er etwaige Defizite seines Gutachtens kenntlich machen. Der Richter darf diesen eingeschränkten Beweiswert dann nicht nur einfach zur Kenntnis nehmen, sondern muss dies bei seiner Würdigung der Zeugenaussage auch ausreichend berücksichtigen.

---

193 BGHSt 44, 26, 33.
194 BGHSt 44, 26, 33.

B. Begutachtung der Glaubwürdigkeit

Nachdem es im vorherigen Abschnitt um den Sachverständigen im Allgemeinen ging, soll nun seine Tätigkeit speziell im Hinblick auf die Erstellung von Glaubwürdigkeitsgutachten – zunächst vor allem für den Fall der aktiven Mitwirkung des zu Begutachtenden – in Grundzügen dargestellt werden. Anhand dessen werden im nächsten Kapitel, im Zusammenhang mit der Untersuchung des rechtlichen Rahmens der Glaubwürdigkeitsbegutachtung im Falle der Untersuchungsverweigerung, Unterschiede zwischen der Glaubwürdigkeitsbegutachtung mit und ohne Einwilligung des zu Begutachtenden im Hinblick auf das Vorgehen des Sachverständigen als auch bezüglich des Ergebnisses, dem Beweiswert der Gutachten, herauszuarbeiten sein.

I. Hinzuziehung des Sachverständigen trotz „ureigener Aufgabe" des Richters – Anwendungsbereich für Sachverständigengutachten zur Glaubwürdigkeit

Die Beurteilung der Glaubwürdigkeit von Zeugen ist nach gefestigter Rechtsprechung die „ureigenste Aufgabe" des Richters, welche er allerdings zuweilen aus unterschiedlichen Gründen – unzulässigerweise – einem Sachverständigen übergeben möchte.[195] Oftmals werden hier *Fischer* zufolge „nach dem skurilen Motto ‚Lieber zuviel als zu wenig' […] beim geringsten Anzeichen von ‚Besonderheiten' Glaubwürdigkeitsgutachten beantragt und eingeholt".[196] Viel bleibt da von der ureigenen Aufgabe nicht mehr übrig. Dabei muss die sogleich dargestellte Aussageanalyse „zum Grundwissen des Richters" gehören,[197] weswegen ein Richter, das erklärt etwa *Nack*, von der Idee her für die Prüfung der Glaubhaftigkeit

195 *Detter* NStZ 1998, 57, 58; siehe auch BGH NStZ 1985, 420, wonach die Würdigung von Aussagen erwachsener, kindlicher und jugendlicher Zeugen zum „Wesen richterlicher Rechtsfindung" gehört; nach *Erb* in: FS für Stöckel, S. 181 ist die Beurteilung der Glaubhaftigkeit von Zeugenaussagen „Domäne des Tatrichters"; vgl. auch *Erb* StV 2008, 618, 620; BGHSt 45, 164, 182; BVerfG NJW 2004, 209, 211.

196 *Fischer* NStZ 1994, 1, 2; dagegen LR/*Krause* Vor § 72 Rn. 18.

197 *Nack* GA 2009, 201, 207 f. unter Verweis auf BVerfG NJW 2003, 1443 (bei der Aussagepsychologie handle es sich um eine für Richter und Anwälte nicht „abgelegene, sondern […] zentrale […] Materie"); siehe auch *Deckers* in: FS für Hamm, S. 53, 55; nach LR/*Krause* § 73 Rn. 17 ist in der Regel ausreichende Sachkunde auch im Falle einer komplizierten Beweislage anzunehmen; zum Wissenserwerb des Richters über das Vorgehen eines Sachverständigen *Bernhardt* S. 116.

der Zeugenaussage auch grundsätzlich keiner sachverständigen Hilfe bedürfe.[198] Dieses aussagepsychologische Wissen soll er auch an eventuell beteiligte Laienrichter weitergeben können.[199] Die Prüfung der Glaubhaftigkeit von Aussagen des Angeklagten gehört nach herrschender Meinung grundsätzlich ebenso zum Aufgabenbereich des Gerichts.[200] Wann also sollte ein Sachverständiger zur Beurteilung der Glaubhaftigkeit einer Aussage durch den Richter hinzugezogen werden? Diesbezüglich muss man sich auch folgende, uneingeschränkt Zustimmung verdienende Aussage von *Brause* vergegenwärtigen:

> *„Nicht derjenige Tatrichter stellt ein gewisses Risiko für die Wahrheitsfindung dar, der sich als kritisch-interessierter Laie sachverständig beraten lässt, sondern derjenige, der sich als Sachverständiger wähnt und nach eigener Fehleinschätzung zu viel besser weiß."*[201]

Wegen des Gebots der bestmöglichen Sachaufklärung ist ein wissenschaftlich fundiertes Sachverständigengutachten in den sogleich darzustellenden Konstellationen einzuholen.[202]

1. Anwendungsbereich der Aussagepsychologie

Eine Aussageanalyse muss nach der Rechtsprechung des BGH zwar nicht bei allen gemachten Zeugenaussagen vorgenommen werden, in Aussage-gegen-Aussage-Konstellationen allerdings schon.[203]

Die in der Aussagepsychologie vorherrschenden Grundprinzipien sind nicht nur bei kindlichen, sondern auch bei erwachsenen Zeugen anwendbar.[204]

---

198 *Nack* GA 2009, 201, 207 f. unter Verweis auf BGH NStZ 2005, 394 (ständige Rechtsprechung).

199 BGH NStZ 2013, 672.

200 *Eisenberg* Rn. 1860; siehe schon *Wüst* S. 28.

201 *Brause* NStZ 2013, 129, 133; vgl. auch *Krug* FD-StrafR 2013, 345240 (Einholung eines Glaubwürdigkeitsgutachtens als „Zeichen von Souveränität des Gerichts").

202 Vgl. etwa OLG Celle NStZ-RR 2012, 29 (aufgrund des Gebots bestmöglicher Sachaufklärung sei für die zum ersten Mal vorgenommene Entscheidung über die Aussetzung der Vollstreckung einer lebenslangen Freiheitsstrafe grundsätzlich ein wissenschaftlich fundiertes Gutachten erforderlich).

203 *Jansen* Rn. 81; siehe etwa BGH NStZ 2000, 496; *Deckers* in: FS für Hamm, S. 53, 57 m.w.N. („erhöhte Aufklärungspflicht"); *Nack* in: Verfahrensgerechtigkeit und Zeugenbeweis, S. 33, 37 ff.; zur Verurteilung auf Grund von Angaben eines Mittäters BGH NStZ-RR 2012, 52; allerdings sei die Hinzuziehung eines Sachverständigen nur ausnahmsweise angezeigt, *Maier* NStZ 2005, 246, 248.

204 *Jansen* Rn. 39.

Fraglich ist allerdings, ob sich der Anwendungsbereich der Aussagepsychologie auch auf Angeklagte erstrecken kann. Bezüglich der Frage nach der Anwendbarkeit von Realkennzeichen bei Aussagen von Angeklagten gelte, so *Jansen*, dass bei der aus einem einzelnen Wort bestehenden Leugnung eines Vorwurfes wegen fehlenden Aussagematerials keine Analyse vorgenommen werden könne, bei einem Geständnis oder einem Geständniswiderruf eine solche aber grundsätzlich durchaus möglich sei.[205] Die Behauptung, dass ein Angeklagter etwa wegen seiner fehlenden Wahrheitspflicht in einer ganz anderen Situation sei als ein Zeuge, ist ihrer Ansicht nach falsch: Es müsse berücksichtigt werden, dass der Angeklagte auf der einen Seite tatsächlich frei bestimmen könne, inwiefern er sich zu dem gegen ihn erhobenen Vorwurf äußere, er auf der anderen Seite einen anderen jedoch nicht fälschlich beschuldigen oder eine Straftat vortäuschen dürfe.[206] Entsprechende Untersuchungen zur Glaubhaftigkeit von Aussagen von Mitangeklagten gibt es bisher leider keine.[207]

2. Hinzuziehung des Sachverständigen zur Glaubwürdigkeitsbegutachtung des Zeugen

Der BGH betont, dass kaum pauschal festgelegt werden könne, welche Gegebenheiten eine Hinzuziehung eines Sachverständigen zur Prüfung der Glaubhaftigkeit einer Zeugenaussage erforderlich machen würden; dies müsse vielmehr immer von Fall zu Fall entschieden werden.[208] Aussagepsychologische Sachverständigengutachten sollen jedenfalls nur in außergewöhnlichen Fällen in Auftrag zu geben sein, nämlich dann, „wenn der Sachverhalt oder die Person des Zeugen solche Besonderheiten aufweist, dass Zweifel daran aufkommen können, ob die Sachkunde des Gerichts auch zur Beurteilung der Glaubwürdigkeit unter den gegebenen besonderen Umständen ausreicht",[209] wenn sich die Beweislage als „besonders

---

205 *Jansen* Rn. 679; siehe auch *Trück* NStZ 2007, 377, 379 (Fn. 27); *Niehaus* in: Handbuch der Rechtspsychologie, S. 310, 319.

206 *Jansen* Rn. 40, 679.

207 *Jansen* Rn. 41; dazu auch *Jansen* in: FS für Hamm, S. 227, 232 ff. (Übertragbarkeit der Glaubhaftigkeitsmerkmale auf Aussagen von Angeklagten).

208 BGH NStZ-RR 1998, 347; siehe aktuell auch *Burhoff* StRR 7/2013, 261 (zu BGH StV 2013, 483 f.).

209 BGH NStZ-RR 2006, 242, 243; BGH NStZ 2013, 672; siehe auch *Schmuck/Steinbach* StraFo 2010, 17; kritisch *Fischer* NStZ 1994, 1, 2 f.; KK/*Krehl* § 244 Rn. 53; ausführlich *Erb* in: FS für Stöckel, S. 181, 182 ff.

schwierig" erweist.[210] *Brause* spricht von daher treffend von einer „Besonderheitenrechtsprechung"[211]. Derartige Besonderheiten sollen etwa *Schmuck/Steinbach* zufolge vor allem in den folgenden Fallgruppen gegeben sein: im Falle einer psychischen Erkrankung des Zeugen, wenn er zur Zeit der Wahrnehmung unter Alkohol- oder Betäubungsmitteleinfluss stand, bei Besonderheiten in der Beziehung zwischen Zeugen und Angeklagten, im Falle besonderen früheren Aussageverhaltens des Zeugen, wenn die Tatzeit lange zurückliegt, bei kindlichen und jugendlichen Zeugen (wobei dem Richter hier etwa *Herrmann* zufolge in der Regel ausreichende Sachkunde für die Glaubhaftigkeitsprüfung attestiert wird)[212] und schließlich auch bei Besonderheiten bezüglich der Aussagegenese.[213] Wenn allerdings andere Beweise die Richtigkeit bzw. Falschheit einer Aussage untermauern, können laut *Krehl* derartige Besonderheiten unbeachtlich werden.[214]

Praktikern zufolge werden Glaubwürdigkeitsgutachten von den Gerichten regelmäßig bei Fällen, in denen Aussage gegen Aussage steht, eingeholt, letzten Endes also am häufigsten bei Aussagen von Kindern bezüglich sexueller Missbrauchserlebnisse oder bei Aussagen von Frauen bezüglich Vergewaltigungs- oder Nötigungserfahrungen erstellt.[215]

Wünschenswert wäre im Hinblick auf diese „Besonderheitenrechtsprechung" eine schärfere Konturierung des Begriffs der Besonderheit. Angesichts der Formel von der Glaubwürdigkeitsbeurteilung als der ureigenen Aufgabe des Richters und der damit einhergehenden Betonung der Einzelfallabhängigkeit ist eine solche in absehbarer Zeit jedoch nicht zu erwarten.

---

210 BGHSt 8, 130, 131.

211 *Brause* NStZ 2013, 129, 130.

212 *Herrmann* StRR 12/2012, 446, 449 unter Verweis auf BGH NStZ 2010, 51 (insbesondere wenn Richter Mitglied einer Jugendschutzkammer).

213 So die Aufzählung mit jeweiliger Erläuterung und Nachweisen bei *Schmuck/Steinbach* StraFo 2010, 17 ff.; vgl. auch *Schlothauer* in: Psychologie der Zeugenaussage, S. 143 ff.; *Fischer* NStZ 1994, 1 f.; KK/*Krehl* § 244 Rn. 51; *Erb* in: FS für Stöckel, S. 181; LR/*Krause* § 73 Rn. 17; *Eisenberg* Rn. 1860 ff.; *Jansen* Rn. 100 ff.; *Zwiehoff* S. 196 ff.; *Otte* S. 190 ff.; siehe auch *Herrmann* StRR 12/2012, 446, 449 (Erfordernis besonderen Fachwissens bei einer Persönlichkeitsstörung) unter Verweis auf BGH NStZ 2010, 100, 101.

214 KK/*Krehl* § 244 Rn. 51 m.w.N.

215 *Steller* in: Handbuch der Rechtspsychologie, S. 300; vgl. auch *Steller/Böhm* in: Neue Wege und Konzepte in der Rechtspsychologie, S. 37, 48; *Aymans* S. 3; auch der EGMR ist sich der besonderen Situation bei Aussage-gegen-Aussage-Konstellationen im Falle von Sexualdelikten (gerade bei Minderjährigen) bewusst, siehe dazu etwa EGMR A.G. ./. Schweden (E), 10.1.2012, Nr. 315/09.

3. Hinzuziehung des Sachverständigen zur Glaubwürdigkeitsbegutachtung des Angeklagten

Auch Aussagen von Angeklagten sind bezüglich ihrer Glaubhaftigkeit zu überprüfen.[216] Somit ist auch hier an Glaubwürdigkeitsbegutachtungen zu denken, sofern eine besondere Sachkunde aufgrund der Besonderheiten des konkreten Falles verlangt wird.[217] *Fischer* hat aber darauf hingewiesen, dass solche Glaubwürdigkeitsgutachten de facto nur sehr selten in Auftrag gegeben würden, obwohl gerade die Beurteilung von Aussagen des Angeklagten in aussagepsychologischer Hinsicht als besonders schwierig eingestuft werde.[218] Nach *Arntzen* beschäftigt sich die forensische Aussagepsychologie bei Strafverfahren bislang tatsächlich auch nur mit der Glaubhaftigkeit von Zeugenaussagen, während Aussagen von Angeklagten diesbezüglich noch nicht näher untersucht worden seien.[219] Die Seltenheit[220] der Hinzuziehung eines Sachverständigen kann vielleicht damit erklärt werden, dass die Beurteilung der Glaubwürdigkeit „vor allem auch" des Angeklagten nach der Rechtsprechung des BGH zum „Wesen richterlicher Rechtsfindung" gehört.[221] Seiner Ansicht nach kann es der Hilfe eines Sachverständigen aber auch hinsichtlich der Aussagen des Angeklagten bedürfen, nämlich „dann, wenn die Eigenart des Einzelfalles eine außergewöhnliche Sachkunde erfordert".[222] Nach *Meyer-Mews* könnte die Verteidigung öfters Sachverständige mit der Erstellung von Glaubwürdigkeitsgutachten zur Unterstützung der Aussage des Angeklagten beauftragen, nachdem dies der Rechtsprechung des BGH zufolge keinen Verstoß gegen § 136a StPO darstelle.[223] Seine Forderung lautet hierbei wie folgt:

> *„Die gegenwärtige Praxis, die Glaubwürdigkeit des Belastungszeugen im Zweifel wissenschaftlich feststellen zu lassen und zugleich über die Glaubwürdigkeit des Beschuldigten das Gericht nach Gutdünken entscheiden zu lassen, dürfte sich wegen Verletzung der*

---

216 BeckOK-StPO/*Eschelbach* § 261 Rn. 12; *Eisenberg* Rn. 726; *Jansen* Rn. 97 ff. zur Rechtsprechung des BGH bezüglich Merkmalen in der Aussage des Angeklagten.

217 *Pfister* FPPK 2008, 3, 6; BGH NStZ 2005, 394; *Deckers*, Der strafprozessuale Beweisantrag, Berlin 2007, S. 86; *Schneider/Frister/Olzen* S. 322 f.

218 *Fischer* NStZ 1994, 1, 3; *Erb* in: FS für Stöckel, S. 181, 193 f. befürwortet das seltene Vorkommen; zu Mitangeklagten *Zwiehoff* S. 212 f.; zu Glaubwürdigkeitsgutachten im Falle eines Geständniswiderrufs *Steller/Volbert* in: Psychologie im Strafverfahren, S. 12, 34.

219 *Arntzen* S. 2.

220 *Greuel/Offe/Fabian/Wetzels/Fabian/Offe/Stadler* S. 257.

221 BGH NStZ 1987, 182; siehe auch BGH NStZ 2005, 394.

222 BGH NStZ 1987, 182.

223 *Meyer-Mews* NJW 2000, 916, 918.

Waffengleichheit als prozessordnungswidrig erweisen. Wenn aber [...] das Polygraphentestverfahren nicht zur Verfügung steht, bleibt nur noch die herkömmliche psychologische Glaubwürdigkeitsbegutachtung."[224]

Als Ergebnis kann daher festgehalten werden: Wenn der Einzelfall es erforderlich macht, sollte auch hier die Hinzuziehung eines Sachverständigen zur Begutachtung der Glaubwürdigkeit bzw. Glaubhaftigkeit der Aussage erfolgen.

4. Hinzuziehung des Sachverständigen zur Glaubwürdigkeitsbegutachtung des Mitangeklagten

Der Mitangeklagte kann, greift man auf den autonomen Zeugenbegriff des EGMR zurück, als Zeuge im Sinne des Art. 6 Abs. 3 *lit.* d EMRK eingeordnet werden.[225] Sowohl beim Konfrontationsrecht nach Art. 6 Abs. 3 *lit.* d EMRK als auch bei der Hinzuziehung eines Glaubwürdigkeitsgutachters geht es darum, die Glaubhaftigkeit der belastenden Aussage zu überprüfen. In der Folge bedeutet dies, dass die soeben gemachten Ausführungen zur Pflicht zur Hinzuziehung eines Sachverständigen zur Glaubwürdigkeitsbegutachtung des Zeugen heranzuziehen wären.

Nimmt der Mitangeklagte die Funktion eines Zeugen ein, was dann der Fall ist, wenn keine „Klammer der prozessualen Gemeinsamkeit" vorhanden ist,[226] gelten die soeben gemachten Ausführungen zur Pflicht zur Hinzuziehung eines Sachverständigen zur Glaubwürdigkeitsbegutachtung des Zeugen ohnehin, auch ohne Rückgriff auf diesen Zeugenbegriff des EGMR.

Wie gesehen, ist ein Sachverständiger aber sowieso, also unabhängig davon, ob es sich um die Aussage eines Zeugen oder um die eines Angeklagten handelt, in besonderen Konstellationen vom Richter zur Beurteilung deren Glaubhaftigkeit heranzuziehen. Was die Frage, ob ein Sachverständiger hinzuziehen ist, anbelangt, ist die Einordnung des Mitangeklagten danach also letztlich irrelevant.

---

224 *Meyer-Mews* NJW 2000, 916, 918.

225 Aktuell etwa BGH StraFo 2013, 209 (verstorbener Mitbeschuldigter); siehe Kapitel II. C. III. 3. b).

226 Siehe Kapitel II. A. I. 1.

5. Anwendungsbereich der Glaubwürdigkeitsbegutachtung im Falle der Untersuchungsverweigerung

Fraglich und hier entscheidend ist nun daran anschließend, bei welchen Fallkonstellationen eine Glaubwürdigkeitsbegutachtung im Falle der Untersuchungsverweigerung – die Rechtmäßigkeit dieser Begutachtungsart vorausgesetzt – angezeigt ist.

a) Anwendungsbereich der Glaubwürdigkeitsbegutachtung ohne Einwilligung des Zeugen

Zu der Frage danach, in welchen Fällen eine Begutachtung des Zeugen ohne dessen Einwilligung durch den Sachverständigen vorgenommen werden sollte, findet sich weder in der Rechtsprechung noch in der Literatur eine explizite Antwort im Sinne von Fallgruppen. Eine solche kann also zunächst nur ganz allgemein formuliert werden, nämlich so: Wenn die Amtsaufklärungspflicht nach § 244 Abs. 2 StPO dies erfordert. Für die Glaubwürdigkeitsbegutachtung ohne Einwilligung des Zeugen ist erst einmal – die Zulässigkeit dieses Vorgehens vorausgesetzt – vom Grundsatz her der gleiche Anwendungsbereich wie für die Begutachtung des Zeugen mit dessen Einwilligung gegeben. Über die oben dargelegte Einschränkung, dass eine Besonderheit in der Persönlichkeit des Zeugen oder in dem zur Aburteilung stehenden Sachverhalt vorliegen muss, damit ein Sachverständiger hinzuzuziehen ist, hinaus, muss hier aber noch der bereits erwähnte, von Gegnern wie Befürwortern einer solchen Begutachtung eingestandene eingeschränkte Beweiswert eines derartigen Gutachtens bedacht werden.

Folglich lässt sich vorläufig zusammenfassend festhalten: Liegen derartige Besonderheiten vor und ermöglicht die Glaubwürdigkeitsbegutachtung trotz Untersuchungsverweigerung eine Hilfestellung für die Beurteilung der Glaubhaftigkeit der Zeugenaussage durch den Richter, so ist ein Glaubwürdigkeitsgutachten auch bei fehlender Einwilligung des Zeugen zu erstellen. Freilich setzt dies auch voraus, dass sich der Sachverständige dazu überhaupt in der Lage sieht. Die hier aufgeworfene Frage, ob oder wann die Amtsaufklärungspflicht nach § 244 Abs. 2 StPO eine solche Begutachtung erfordert, wird später im Zusammenhang mit der Erörterung deren Rechtmäßigkeit und deren Beweiswert abschließend zu diskutieren und zu beantworten sein.

Vergegenwärtigen muss man sich an dieser Stelle auch, dass mit der zunehmenden Heranziehung von Glaubwürdigkeitssachverständigen im Allgemeinen auch eine Häufung der Fälle, in denen eine Glaubwürdigkeitsbegutachtung trotz

Untersuchungsverweigerung des Zeugen zumindest in Rede steht, einhergeht. Dass die Durchführung einer solchen damit tatsächlich mehr Raum einnimmt, lässt sich gleichwohl nur vermuten.

b) Anwendungsbereich der Glaubwürdigkeitsbegutachtung des Angeklagten bei Untersuchungsverweigerung

Nachdem eine Glaubwürdigkeitsbegutachtung von Angeklagten generell nicht sehr oft stattfindet, liegt es auf der Hand, dass eine Begutachtung im Falle der Untersuchungsverweigerung, wenn überhaupt, wohl äußerst selten vorgenommen wird. Was die Beschreibung des Anwendungsbereichs anbelangt, kann aber grundsätzlich auf die Ausführungen bezüglich des Anwendungsbereichs einer Glaubwürdigkeitsbegutachtung ohne Einwilligung des Zeugen verwiesen werden.

II. Untersuchung bezüglich der Glaubwürdigkeit

Im Folgenden soll nun der Stand der psychologischen Wissenschaft bezüglich der Erstellung von Glaubwürdigkeitsgutachten im Falle der Einwilligung des zu Untersuchenden in Grundzügen dargestellt werden. Vorangestellt werden muss allerdings diese wenn auch ernüchternde, so doch nachvollziehbare Erkenntnis: Die Annahme, der Sachverständige könne bei der Gutachtenerstellung herausfinden, ob die zu überprüfende Aussage der Wahrheit entspricht, ist nicht haltbar.[227]

1. Vorgehensweise des Sachverständigen

Allgemein differenziert man zwischen den sogenannten verhaltensorientierten und den sogenannten inhaltsorientierten Ansätzen, wobei es bei ersteren um die Heranziehung von Merkmalen des Sprechverhaltens, von nonverbalen Verhaltensmerkmalen oder von psychophysiologischen Phänomenen zur Einschätzung der Glaubhaftigkeit geht, bei letzteren hingegen die Aussage an sich genau analysiert wird.[228] Allerdings sollen nur der sogenannte psychophysiologische – vom BGH als Beweismittel aber nicht akzeptierte[229] – sowie der sogenannte inhaltsanalytische Ansatz brauchbare Methoden zur Glaubwürdigkeitsprüfung

227 *Schlothauer* in: Psychologie der Zeugenaussage, S. 143; vgl. auch *Lempp* S. 333.
228 *Steller/Volbert* in: Psychologie im Strafverfahren, S. 12, 15 f.
229 Siehe BGHSt 44, 308 ff.; siehe dazu Kapitel II. A. III. 6. d).

sein.[230] Darüber, dass die Aussageanalyse das bedeutendste Mittel zur Prüfung der Glaubhaftigkeit von Aussagen darstellt, ist man sich so einig.[231] Der Begriff der Aussageanalyse wurde bereits 1997 zum ersten Mal in einem veröffentlichten Urteil des BGH verwendet.[232] Im Jahre 1999 hat der 1. Strafsenat des BGH sodann „Wissenschaftliche Anforderungen an aussagepsychologische Begutachtungen (Glaubhaftigkeitsgutachten)" in einem grundlegenden Urteil[233] festgehalten.[234]

a) „Wissenschaftliche Anforderungen an aussagepsychologische Begutachtungen (Glaubhaftigkeitsgutachten)" - BGH-Urteil vom 30. Juli 1999

Immer wieder werden qualitativ schlechte Gutachten moniert. *Steller/Volbert* geben zudem das Dunkelfeld von sogenannten „Schlechtachten" und das wirklich große Leid, das solche mit sich bringen könnten, zu bedenken.[235] Von daher wird es zu Recht sehr begrüßt, dass der BGH in seinem Grundsatzurteil vom 30. Juli 1999 für aussagepsychologische Gutachten Mindeststandards bestimmt hat, die zu beachten sind und damit auch für eine größere Rechtssicherheit sorgen.[236] Hier wurden „Maßstäbe für eine revisionsrechtlich kontrollierbare Qualitätskontrolle der psychologischen Gutachten zur Glaubhaftigkeit von Zeugenaussagen" gesetzt.[237] Um im Anschluss die Frage nach der Bedeutung dieses Urteils für die Begutachtung im Falle der fehlenden Einwilligung des Zeugen erörtern zu können, soll dieses nun in Grundzügen dargestellt werden.

230 *Steller/Volbert* in: Psychologie im Strafverfahren, S. 12, 16; *Steller/Volbert* PdR November 1999, 46, 50.

231 *Nack* GA 2009, 201, 207.

232 *Nack* StraFo 2001, 1, 2 unter Verweis auf BGH NStZ 1997, 355, 356 (dort auch Untersuchungsverweigerung der Zeugin).

233 BGHSt 45, 164 ff.; dazu etwa *Nack* StraFo 2001, 1, 5; *Pfister* FPPK 2008, 3, 6; *Schneider/Frister/Olzen* S. 323 ff.; siehe auch, klarstellend, BGH NStZ 2001, 45 f. und BGH NStZ 2008, 116 f.

234 Ein guter Überblick über die Entwicklung der Aussagepsychologie findet sich etwa bei *Steller* PdR August 2013, 11 ff.

235 *Steller/Volbert* PdR November 2000, 102, 114; vgl. etwa auch *Schnoor/Rebernig/Schläfke/Häßler/Fegert* in: Forensische Kinder-, Jugend- und Erwachsenenpsychiatrie, S. 1.

236 *Erb* ZStW 121 (2009), 882, 902; *Vogl* NJ 1999, 602, 603; *Müller* JZ 2000, 267 f.

237 *Ziegert* NStZ 2000, 105.

aa) Im Urteil festgehaltene grundsätzliche Anforderungen an eine Glaubwürdigkeitsbegutachtung

In diesem Urteil[238], das im Grunde genommen lehrbuchartige Ausführungen enthält, äußert sich der 1. Strafsenat des BGH, auf der Grundlage von zwei Gutachten,[239] sowohl zur Hypothesenbildung, zur Auswahl der Untersuchungsmethoden, zur Inhalts-, Konstanz, Fehlerquellen- und Kompetenzanalyse, zu den Anforderungen an die Darstellung der Begutachtung sowie zur Verantwortung des Tatrichters. Im Wesentlichen formuliert er dabei folgende Anforderungen an eine Glaubwürdigkeitsbegutachtung:

- „Gegenstand einer aussagepsychologischen Begutachtung ist [...] nicht die Frage nach einer allgemeinen Glaubwürdigkeit des Untersuchten im Sinne einer dauerhaften personalen Eigenschaft. Es geht vielmehr um die Beurteilung, ob auf ein bestimmtes Geschehen bezogene Angaben zutreffen, d. h. einem tatsächlichen Erleben der untersuchten Person entsprechen [...]."[240]
- „Der Sachverständige nimmt [...] bei der Begutachtung zunächst an, die Aussage sei unwahr (sog. Nullhypothese). Zur Prüfung dieser Annahme hat er weitere Hypothesen zu bilden. Ergibt seine Prüfstrategie, daß die Unwahrhypothese mit den erhobenen Fakten nicht mehr in Übereinstimmung stehen kann, so wird sie verworfen, und es gilt dann die Alternativhypothese, daß es sich um eine wahre Aussage handelt."[241]
- „Bei der Begutachtung hat sich ein Sachverständiger ausschließlich methodischer Mittel zu bedienen, die dem jeweils aktuellen wissenschaftlichen Kenntnisstand gerecht werden [...]."[242]
- „Bei einer Glaubhaftigkeitsbegutachtung werden [...] regelmäßig die – vor allem bei der Exploration zur Sache gegenüber dem Sachverständigen gemachten – Angaben auf ihre inhaltliche Konsistenz zu überprüfen sein."[243]

---

238 BGHSt 45, 164, 167 ff.; Zusammenfassung etwa von *Vogl* NJ 1999, 602 f.; LR/*Krause* § 73 Rn. 17.

239 Siehe *Fiedler/Schmid* PdR November 1999, 5 ff. und *Steller/Volbert* PdR November 1999, 46 ff.

240 BGHSt 45, 164, 167.

241 BGHSt 45, 164, 168.

242 BGHSt 45, 164, 169.

243 BGHSt 45, 164, 170.

- „Während die Inhaltsanalyse sich mit der Qualität lediglich einer Aussage befaßt, geht es bei der Konstanzanalyse um das von einer Person gezeigte Aussageverhalten insgesamt."[244]
- „Das erzielte Ergebnis ist [...] insbesondere mit den Mitteln der Fehlerquellen- sowie der Kompetenzanalyse auf seinen Aussagewert dahingehend zu prüfen, ob eine [...] Aussage nach aussagepsychologischen Kriterien als zuverlässig eingestuft werden kann."[245]
- Im Hinblick auf die Darstellung werden die „Nachvollziehbarkeit und Transparenz der Begutachtung" verlangt.[246]
- „Hält der Tatrichter ausnahmsweise die Einholung eines Glaubhaftigkeitsgutachtens für erforderlich, so fällt es grundsätzlich in seine Zuständigkeit, insofern die Einhaltung der dargelegten wissenschaftlichen Mindestanforderungen sicherzustellen."[247]

bb) Bedeutung dieses Urteils für die Glaubwürdigkeitsbegutachtung im Falle der Untersuchungsverweigerung

Im Folgenden soll der Frage nachgegangen werden, ob man und wenn ja, welche Aussage man diesem Urteil für eine Begutachtung im Falle der fehlenden Einwilligung des Zeugen entnehmen kann. Sollte man zunächst denken, dass durch dieses Urteil einige Befürworter dieser Art der Begutachtung zumindest nachdenklicher geworden sind, so wird man recht schnell eines Besseren belehrt. Im Grunde genommen geht die Literatur auf die Bedeutung dieses Urteils für diese Möglichkeit der Glaubwürdigkeitsbegutachtung erstaunlicherweise kaum ein, obwohl hierzu zahlreiche Urteilsanmerkungen veröffentlicht worden sind.[248] Dies hängt sicherlich auch damit zusammen, dass der 1. Strafsenat des BGH direkt zur Glaubwürdigkeitsbegutachtung ohne Einwilligung des Zeugen bedauerlicherweise keine Stellung nimmt. Dies wäre aus Klarstellungsgründen und damit zur Rechtssicherheit – gerade weil dieses Vorgehen so umstritten ist – höchst wünschenswert gewesen. Auch die beiden dem BGH-Urteil zugrunde liegenden Gutachten nehmen zur Zulässigkeit einer solchen Begutachtung

---

244 BGHSt 45, 164, 172.
245 BGHSt 45, 164, 173.
246 BGHSt 45, 164, 178.
247 BGHSt 45, 164, 182.
248 Etwa *Müller* JZ 2000, 267 f.; *Vogl* NJ 1999, 602 f.; *Ziegert* NStZ 2000, 105 f.

zumindest nicht direkt[249] Stellung. Die Frageliste des BGH an die Sachverständigen legt das aber auch nicht wirklich nahe. Indirekt wenigstens kann diesem Urteil *Müller* zufolge allerdings entnommen werden, dass eine auf diese Weise vorgenommene Glaubwürdigkeitsbegutachtung in aussagepsychologischer Hinsicht weder sach- noch fachgerecht und der Sachverständige in diesem Fall in der Regel somit ein völlig ungeeignetes Beweismittel sein dürfte.[250] Der von ihm verwendete Konjunktiv deutet aber auch auf eine gewisse Unsicherheit seinerseits hin. Er folgert daraus, dass bei fehlender Einwilligung die Glaubwürdigkeitsbegutachtung wohl meistens ausscheide.[251] Die Einschränkung, dass dies nicht in allen Fällen so sein solle, zeigt wiederum eine gewisse Zurückhaltung. Vielmehr scheint es hier nämlich auf den jeweiligen Einzelfall anzukommen, auf das Begutachtungsmaterial, das dem Sachverständigen jeweils zur Verfügung steht. Somit stellt auch *Müller* im Grunde genommen nicht die Behauptung auf, dass der BGH in diesem Urteil seine Rechtsprechung zu dieser Art der Begutachtung vollkommen aufgibt. Schließlich kritisiert er aber auch, dass es diesbezüglich keine klare Stellungnahme des 1. Strafsenats des BGH und keine Erörterung der gegenläufigen Rechtsprechung gebe.[252] Dem ist mit Sicherheit zuzustimmen, wobei die Judikate denknotwendig wiederum nur im Falle einer Aufgabe der Rechtsprechung gegenteilig wären. Ob die auf diese Weise erlangten Tatsachen, gerade wenn man die Maßstäbe, die dieses Urteil setzt, bedenke, eine zureichende Grundlage für ein Glaubwürdigkeitsgutachten sein können, ist auch *Krause* zufolge fraglich.[253] Die Beurteilung dessen sei allerdings eben Sache des Sachverständigen, der berechtigt und verpflichtet sei, die Gutachtenerstattung abzulehnen, wenn er denke, dass die Grundlagen hierfür unzureichend seien.[254] Somit steht auch seiner Ansicht nach dieses Grundsatzurteil der Vornahme einer solchen Begutachtung nicht zwingend entgegen.

---

249 Siehe aber Fn. 841.

250 *Müller* JZ 2000, 267, 268, verweisend auf BGHSt 14, 339 (ein Sachverständiger sei dann ein ungeeignetes Beweismittel, wenn keine tatsächlichen Grundlagen für die Gutachtenerstattung vorhanden seien), wobei es dort nicht um ein Glaubwürdigkeitsgutachten ging; siehe hingegen LR/*Krause* § 81c Rn. 10 (kein völlig ungeeignetes Beweismittel).

251 *Müller* JZ 2000, 267, 268 unter Verweis auf BGHSt 13, 394, 398 und BGHSt 36, 217, 219 f.

252 *Müller* JZ 2000, 267, 268 unter Verweis auf BGH NStZ 1982, 432 und BGH StV 1991, 405, 406 (5 StR 401/90).

253 LR/*Krause* § 81c Rn. 10; ebenso HK-GS/*Neuhaus* § 81c Rn. 5.

254 LR/*Krause* § 81c Rn. 10; ebenso HK-GS/*Neuhaus* § 81c Rn. 5.

Die Tatsache, dass sich der 1. Strafsenat des BGH an dieser Stelle nicht explizit zu diesem umstrittenen Vorgehen äußert, kann zwei Gründe haben: Zum einen könnte er daran schlichtweg nicht gedacht oder es für nicht erwähnenswert gehalten haben. Das könnte damit zusammenhängen, dass es in dem zugrunde liegenden Prozessgeschehen gar nicht zu einer solchen Begutachtungssituation gekommen ist. Dagegen spricht aber die ansonsten sehr detaillierte Auseinandersetzung mit Glaubwürdigkeitsgutachten. Zum anderen – und das ist wohl eher anzunehmen – könnte es auch sein, dass der BGH an seiner diesbezüglichen Rechtsprechung schlichtweg nichts ändern wollte. Anderenfalls wäre eine Klarstellung im Zweifel – zumindest in einem Nebensatz – sicherlich erfolgt und auch tatsächlich angezeigt gewesen.

In dem Urteil heißt es, dass der Sachverständige nur solche methodischen Mittel, die dem aktuellen Stand der Wissenschaft entsprechen, verwenden dürfe.[255] Diese gestellte Anforderung allein sagt aber noch nichts darüber aus, ob die Begutachtung im Falle der Untersuchungsverweigerung nach Ansicht des BGH wissenschaftlichen Standards gerecht wird. Vielmehr entspricht es der ständigen höchstrichterlichen Rechtsprechung, auf die auch in diesem Urteil hingewiesen wird, dass es Sache des Sachverständigen sei, „auf welchem Weg und auf welchen Grundlagen er sein Gutachten erarbeitet".[256] In diesem Urteil hat der 1. Strafsenat des BGH dennoch Methoden, die in wissenschaftlicher Hinsicht zweifelhaft sind, die aber immer wieder angewendet worden sind, so die Arbeit mit Puppen oder Zeichentests, abgewiesen,[257] aber nicht – zumindest nicht explizit – die Glaubwürdigkeitsbegutachtung im Falle der fehlenden Einwilligung des Zeugen. Auch dies ist ein Indiz dafür, dass er seine diesbezügliche Rechtsprechung nicht aufgeben wollte.

Dass sich *Müller* tatsächlich irrte, zeigt ein Blick auf die dem Grundsatzurteil nachfolgende Rechtsprechung. So konstatiert *Pfister* unter der Überschrift „Neueres zur Gutachtenerstattung" mit Blick auf die dem Grundsatzurteil nachfolgende Rechtsprechung, dass auch dann, wenn sich der Zeuge nicht untersuchen lasse und auch während der Hauptverhandlung nicht beobachtet werden könne, eine aussagepsychologische Begutachtung möglich sei.[258] Dabei verweist er auf zwei jüngere Entscheidungen des BGH. In einem Urteil heißt es:

> *„[...], dass es gerade dann, wenn [...] die Beweiswürdigung schwierig ist [...], die Pflicht des Tatrichters sein kann (vgl. § 244 II StPO), sich sachverständig beraten zu lassen. Das*

255 BGHSt 45, 164, 169.
256 BGHSt 45, 164, 169 f. m.w.N.
257 *Ziegert* NStZ 2000, 105, 106.
258 *Pfister* FPPK 2008, 3, 6.

gilt auch dann, wenn die betreffende Auskunftsperson selbst weder für eine unmittelbare Aussage noch für eine Exploration oder Untersuchung zur Verfügung steht. Dass die tatsächliche Grundlage für Anknüpfungen dann möglicherweise eher schmal ist, schließt die Einholung sachverständigen Rates nicht aus. Es ist Sache des Sachverständigen, mit zu beurteilen, ob die gegebene Anknüpfungsgrundlage für eine Bewertung ausreicht und wie verlässlich und aussagekräftig diese sein kann."[259]

Dieser Fall stellt sogar einen Extremfall dar, da aufgrund des Versterbens der Zeugin bereits vor dem Ermittlungsverfahren noch nicht einmal eine Begutachtung in der Hauptverhandlung vorgenommen werden konnte. Gleichwohl scheidet eine aussagepsychologische Begutachtung nach Ansicht des BGH deshalb nicht aus. Wenn aber schon hier die Möglichkeit einer aussagepsychologischen Begutachtung bejaht wird, müsste demnach eine solche erst recht im Falle der Anwesenheit der Zeugin vorgenommen werden können. Außerdem verweist *Pfister* auf einen Beschluss des BGH, in dem es heißt, dass es zumindest im Grundsatz nicht rechtsfehlerhaft sei, „dass die Urteilsgründe das Gutachten des Sachverständigen zur Glaubwürdigkeit der Zeugin, das sich nicht auf eine Exploration, sondern nur auf die Teilnahme an der ermittlungsrichterlichen Vernehmung und an der Hauptverhandlung stützte, nicht zusammenhängend darstellen".[260] Zwar hat der BGH das Landgerichtsurteil aufgehoben. Die Möglichkeit einer aussagepsychologischen Begutachtung verneinte er trotz fehlender Exploration der Zeugin durch einen Sachverständigen aber auch hier nicht. Auch in einem Beschluss vom 11. September 2002 verlautet der BGH kurz und bündig:

„Die Zeugin [...] hatte sich mit einer aussagepsychologischen Begutachtung einverstanden erklärt. Selbst ohne ein solches Einverständnis wäre eine Begutachtung aufgrund der verbleibenden Erkenntnisquellen nicht von vornherein aussichtslos gewesen [...]."[261]

An dieser Stelle soll noch keine Bewertung der Rechtsprechung erfolgen. Die drei jüngeren Beispiele sollen hier lediglich zeigen, dass der BGH nach dem Ergehen des Grundsatzurteils nicht von seiner Rechtsprechung bezüglich der Begutachtung im Falle der fehlenden Einwilligung des Zeugen abgerückt ist. Im Übrigen wird auch die Schuldfähigkeitsbegutachtung trotz Untersuchungsverweigerung noch vorgenommen,[262] bei der immerhin eine parallele Problematik

---

259 BGH NStZ 2002, 656, 658 f. (wegen Tods der Zeugin konnte keine Exploration durchgeführt werden); dazu *Aymans* S. 73 f.

260 BGH StraFo 2004, 209, 210.

261 BGH StV 2002, 637, 639.

262 Zum Beispiel BGH StV 2003, 537.

besteht. Auch dies spricht im Vergleich zumindest mittelbar gegen die Ansicht, nach welcher der BGH mit seinem Grundsatzurteil zu Glaubhaftigkeitsgutachten der Begutachtung trotz Untersuchungsverweigerung des zu Begutachtenden eine Absage erteilt habe.

Somit ist die These, dass die bisherige Rechtsprechung zur Glaubwürdigkeitsbegutachtung bei fehlender Einwilligung von Zeugen durch dieses Urteil aufgegeben worden sein könnte, im Ergebnis eindeutig widerlegt. Vielmehr kommt es weiterhin auf den Einzelfall an und darauf, was der Sachverständige als ausreichende Begutachtungsgrundlage erachtet. Gleichwohl müssen die dargelegten Mindeststandards des BGH den Rechtsanwender natürlich auch bezüglich dieser Thematik sensibilisieren. Der Sachverständige kann nun nicht mehr, das lässt sich auch auf die Begutachtung trotz Untersuchungsverweigerung übertragen, unkontrolliert nach seinem Belieben vorgehen:

- „Bei der Begutachtung hat sich ein Sachverständiger ausschließlich methodischer Mittel zu bedienen, die dem jeweils aktuellen wissenschaftlichen Kenntnisstand gerecht werden […].“[263]
- „Hält der Tatrichter ausnahmsweise die Einholung eines Glaubhaftigkeitsgutachtens für erforderlich, so fällt es grundsätzlich in seine Zuständigkeit, insofern die Einhaltung der dargelegten wissenschaftlichen Mindestanforderungen sicherzustellen.“[264]

Selbstverständlich muss auch ein Glaubwürdigkeitsgutachten, das trotz Untersuchungsverweigerung des Zeugen erstellt worden ist, den Maßstäben der Transparenz und Nachvollziehbarkeit[265] gerecht werden.

b) Vornahme einer Glaubwürdigkeitsuntersuchung – Überblick über das Vorgehen des Sachverständigen

Im Folgenden soll nun das Vorgehen bei einer Glaubwürdigkeitsbegutachtung durch den Sachverständigen in Grundzügen beschrieben werden. Dabei fußt diese Darstellung insbesondere auch auf den im Urteil des BGH vom 30. Juli 1999[266] festgehaltenen Anforderungen.

---

263 BGHSt 45, 164, 169.
264 BGHSt 45, 164, 182.
265 Siehe dazu BGHSt 45, 164, 178.
266 BGHSt 45, 164 ff.

aa) Allgemeines zur Glaubwürdigkeitsbegutachtung

Gemäß § 80 Abs. 1 StPO kann dem Sachverständigen *auf sein Verlangen zur Vorbereitung des Gutachtens durch Vernehmung von Zeugen oder des Beschuldigten weitere Aufklärung verschafft werden. Zu demselben Zweck kann ihm* nach § 80 Abs. 2 StPO auch *gestattet werden, die Akten einzusehen, der Vernehmung von Zeugen oder des Beschuldigten beizuwohnen und an sie unmittelbar Fragen zu stellen.*[267] Regelmäßig werden dem Sachverständigen zu Beginn seiner Gutachtertätigkeit die Akten ausgehändigt, wobei er anhand der Analyse dieser die Fragen und Hypothesen für die Gutachtenerstellung herausarbeiten kann.[268] Darauf folgen die genaue Planung und Durchführung der Untersuchung, bei welcher der Fokus auf die zu überprüfende Aussage gelegt wird.[269]

Um störende Einflüsse zu vermeiden, findet eine Glaubwürdigkeitsbegutachtung idealerweise an einem neutralen Ort statt.[270] Darüber ist man sich einig. Schon hier soll angemerkt werden: Ein Gerichtssaal, als Ort der Begutachtung im Falle einer Untersuchungsverweigerung des zu Begutachtenden, wird dem Neutralitätserfordernis keinesfalls gerecht werden können. Hier befinden sich schließlich alle Verfahrensbeteiligte mitsamt ihren unterschiedlichen Verhaltensweisen und Erwartungen in einem Raum. Viel mehr störende Einflüsse wird man wohl nur an wenigen Orten finden können.

Weiterhin soll für eine Exploration eine angenehme Atmosphäre basal sein, was mithilfe eines Einstiegs mit neutralen, emotional nicht aufgeladenen Themen, eines ausbleibenden Befragungsdrucks, der Rücksichtnahme auf Affekte und schließlich mithilfe der Umgehung von psychischer Belastung und Stress von Seiten des Sachverständigen erreicht werden könne.[271] Zweifelsohne wird gerade der letzte Punkt bei einer Begutachtung des Zeugen im Falle der fehlenden Einwilligung in der Hauptverhandlung kaum einzuhalten sein.

---

267 Vgl. etwa *Panhuysen* S. 65 ff., 73 ff.

268 *Jansen* Rn. 297, siehe auch Rn. 300 ff. zu den Anknüpfungstatsachen.

269 *Jansen* Rn. 297; *Greuel/Offe/Fabian/Wetzels/Fabian/Offe/Stadler* S. 46.

270 LR/*Krause* § 73 Rn. 17; vgl. auch *Jansen* Rn. 319, 325 f., 327; *Eisenberg* Rn. 1863c; *Cabanis* NJW 1978, 2329, 2330 („keinen angstmachenden Behörden- oder Krankenhauscharakter"); *Köhnken* in: Forensische Psychiatrie und Psychologie des Kindes- und Jugendalters, S. 341, 356; *Foerster/Winckler* in: Psychiatrische Begutachtung, S. 17, 18.

271 *Greuel/Offe/Fabian/Wetzels/Fabian/Offe/Stadler* S. 64; *Jansen* Rn. 321.

Die dauerhafte Anwesenheit eines Sachverständigen in der Hauptverhandlung fordert die StPO nicht.[272] Für die bestmögliche Erforschung der Wahrheit kann dies aber durchaus notwendig sein.[273] Liegt von Seiten des Gerichts diesbezüglich keine Weisung vor, so „hat der Sachverständige selbst darüber zu befinden, ob das Gutachten seine ständige Anwesenheit erforderlich macht".[274] Bei einer Begutachtung trotz Untersuchungsverweigerung des Zeugen kommt diesem Punkt natürlich eine ganz besondere Bedeutung zu: Wird in die Untersuchung durch den Sachverständigen nicht eingewilligt, stellt die Hauptverhandlung für den Sachverständigen im Regelfall einen für die Gutachtenerstellung äußerst wichtigen Ort dar, weil er hauptsächlich aus dieser die Grundlagen für sein Gutachten ziehen können wird. Demnach wird es hier in der Regel auch erforderlich sein, dass der Sachverständige während der gesamten Dauer der Hauptverhandlung anwesend ist.[275]

Im Vorverfahren hängt es gemäß § 82 StPO *von der Anordnung des Richters ab, ob die Sachverständigen ihr Gutachten schriftlich oder mündlich zu erstatten haben.* In der Hauptverhandlung muss die Erstattung von Glaubwürdigkeitsgutachten dann allerdings grundsätzlich mündlich erfolgen.[276] Schriftliche, vorbereitende Gutachten sind deswegen nur vorläufiger Natur, weil es stets möglich ist, dass während der Hauptverhandlung neue relevante Tatsachen auftauchen.[277] Entscheidend für die Urteilsfindung ist somit immer das in der Hauptverhandlung erstattete und verwertete Sachverständigengutachten.[278]

bb) Durchführung der Glaubwürdigkeitsbegutachtung

Im Rahmen der Glaubhaftigkeitsbeurteilung wird vom Sachverständigen untersucht, ob der zu Begutachtende – der generell dazu fähig ist, richtig auszusagen – im konkreten Fall eine auf einem realem Erleben beruhende Aussage macht, oder ob die betreffende Aussage auch auf andere Weise entstanden sein könnte.[279] In der Aussagepsychologie wird dabei zwischen zwei Gruppen von Aussagen und damit zwischen zwei „Gegenhypothesen zur Wahrannahme"

---

272 BGH, bei *Pfeiffer*, NStZ 1981, 295, 297.
273 Dazu BGHSt 19, 367.
274 BGH, bei *Pfeiffer*, NStZ 1981, 295, 297.
275 Vgl. auch LR/*Becker* § 244 Rn. 89.
276 Etwa *Pfeiffer* § 82 Rn. 2.
277 *Steller/Volbert* PdR November 1999, 46, 74.
278 BGHSt 45, 164, 167.
279 *Volbert* in: Forensisch-psychologische Diagnostik im Strafverfahren, S. 18, 30 f.

differenziert: zwischen bewussten Falschaussagen („Lügenhypothese") und auf einer Suggestion beruhenden Falschaussagen („Suggestionshypothese").[280]

„Der inhaltsanalytische Ansatz beruht auf der Konzeptualisierung einer Aussage als geistige Leistung" durch *Stern*.[281] Zur Grundlage der Inhaltsanalyse wurde die Hypothese von *Undeutsch*, die besagt, „daß Aussagen über selbst erlebte Ereignisse sich in ihrer Qualität von erfundenen Aussagen unterscheiden", wobei man diesen Unterschied anhand der Realkennzeichen erkennen würde.[282]

Bei der Beurteilung der Aussage müssen *Volbert* zufolge stets bestimmte Randbedingungen berücksichtigt werden, worunter „Aspekte der aussagenden Person" sowie „situative Aspekte" fielen.[283] Zu ersteren gehörten neben den Punkten autobiographische Gedächtnisleistungen, intellektuelle und verbale Fähigkeiten, Täuschungsfähigkeiten, Wissen und Vorerfahrung und dispositionelle Besonderheiten auch die Aussagebereitschaft.[284] Eine schlechte Aussagequalität könne man durchaus auch dann erhalten, wenn ein Zeuge nur wenig motiviert sei, auszusagen.[285] Dieser Punkt ist naturgemäß gerade bei einer Glaubwürdigkeitsbegutachtung trotz Untersuchungsverweigerung des Zeugen kritisch zu betrachten. Unschwer kommt man hier nämlich zu der Erkenntnis, dass ein Zeuge, der die Untersuchung verweigert, wohl kaum eine hohe Aussagemotivation vorweisen wird. Zu den situativen Aspekten gehörten die Komplexität des Ereignisses, die Befragungsweise und der zeitliche Abstand zwischen dem Ereignis und der Befragung sowie zwischen zwei Befragungen.[286] In den Fällen, in denen eine längere und komplexe Aussage vorhanden sei, könne eine Glaubwürdigkeitsbegutachtung fachgemäß durchgeführt werden.[287]

---

280 *Jansen* Rn. 376; *Volbert* in: Forensisch-psychologische Diagnostik im Strafverfahren, S. 18, 31; *Volbert* FPPK 2008, 12 f.

281 *Steller/Volbert* PdR November 1999, 46, 51 unter Verweis auf *Stern* (1904); *Volbert* in: Psychologische Begutachtung im Strafverfahren, S. 171, 173; siehe auch *Jansen* Rn. 14.

282 *Steller/Volbert* in: Psychologie im Strafverfahren, S. 12, 16 unter Verweis auf *Undeutsch* in: Handbuch der Psychologie, S. 26, 125 f., 127 ff.

283 *Volbert* in: Forensisch-psychologische Diagnostik im Strafverfahren, S. 18, 43 ff.

284 So die Aufzählung von *Volbert* in: Forensisch-psychologische Diagnostik im Strafverfahren, S. 18, 47.

285 *Volbert* in: Forensisch-psychologische Diagnostik im Strafverfahren, S. 18, 46 f., 61.

286 So die Aufzählung von *Volbert* in: Forensisch-psychologische Diagnostik im Strafverfahren, S. 18, 46 f.

287 *Steller/Volbert* in: Psychologie im Strafverfahren, S. 12, 32; vgl. auch *Jansen* StV 2000, 224, 228; *Jansen* Rn. 682 f.

Außerdem bedürfe es dafür einer suggestionsfreien Befragung.[288] Deswegen sollte man zu Beginn der Untersuchung einen weitestgehend freien Bericht des zu begutachtenden Zeugen anstreben, auf den dann möglichst offene Fragen, die erst nach und nach spezieller werden, folgen sollten.[289]

Will man die Glaubhaftigkeit beurteilen, muss nach *Westhoff/Kluck* letztlich Folgendes überprüft werden:

> „*[...], ob die (wissenschaftliche) Nullhypothese, dass die Zeugenaussage unwahr sei, aufrechterhalten werden kann,* oder ob *in einer konkreten Aussage Merkmale hinreichender Qualität dafür zu finden sind, dass diese Annahme nicht aufrechterhalten werden kann, d.h., dass angenommen werden kann bzw. muss, dass die vorliegende Aussage mit hoher Wahrscheinlichkeit auf tatsächlich Erlebtem beruht und nicht aufgrund von anderen, verfälschenden, Einflüssen zustande gekommen ist*“.[290]

Somit lautet die Leitfrage an den Sachverständigen:

> „*Könnte dieser Zeuge mit den gegebenen* individuellen Voraussetzungen *unter den* gegebenen Befragungsumständen *und unter Berücksichtigung der im konkreten Fall* möglichen Einflüssen von Dritten *diese* spezifische Aussage *machen, ohne dass sie auf einem realen Erlebnishintergrund basiert?*“[291]

Zu einer Glaubhaftigkeitsbegutachtung gehören von daher: eine Inhaltsanalyse, eine Konstanzanalyse, eine Kompetenzanalyse und schließlich eine Fehlerquellenanalyse:[292]

(1) Inhaltsanalyse

Die inhaltliche Analyse der Aussage im Hinblick auf das Vorhandensein von sogenannten Realkennzeichen[293] stellt bei einer Glaubhaftigkeitsbegutachtung den

288 Etwa *Steller/Volbert* in: Psychologie im Strafverfahren, S. 12, 25.

289 *Steller/Volbert* PdR November 1999, 46, 62; vgl. auch *Volbert* in: Forensisch-psychologische Diagnostik im Strafverfahren, S. 18, 46 f.; *Greuel/Offe/Fabian/Wetzels/Fabian/Offe/Stadler* S. 63; *Jansen* Rn. 214, 345 f.; siehe im Hinblick auf die Vernehmung von Zeugen auch § 69 Abs. 1 S. 1 StPO; dazu etwa *Rostek* Rn. 187 ff.; eingehend zur Art des Berichtens *Bender/Nack/Treuer* Rn. 808 ff.

290 *Westhoff/Kluck* S. 210 (Hervorhebung im Original).

291 *Volbert* in: Forensisch-psychologische Diagnostik im Strafverfahren, S. 18, 60 (Hervorhebung im Original).

292 Etwa *Offe* NJW 2000, 929 f.

293 *Volbert* in: Psychologische Begutachtung im Strafverfahren, S. 171, 174 f.; *Jansen* Rn. 695 ff.; *Eisenberg* Rn. 1427a.

eigentlichen Kern dar.[294] Im Grundsatzurteil des BGH findet sich die folgende Aufzählung einiger aussageimmanenter Qualitätsmerkmale: „logische Konsistenz, quantitativer Detailreichtum, raum-zeitliche Verknüpfungen, Schilderung ausgefallener Einzelheiten und psychischer Vorgänge, Entlastung des Beschuldigten, deliktsspezifische Aussageelemente".[295] Das Vorliegen dieser Kennzeichen in einer Aussage ist ein Anzeichen dafür, dass das Dargestellte vom zu Begutachtenden wirklich erlebt worden ist.[296] Eine schematische Verwendung der Realkennzeichen ist dabei falsch, was auch bedeutet, dass das Vorhandensein einer bestimmten Anzahl von Realkennzeichen nicht den Schluss auf die Glaubhaftigkeit der Aussage ermöglicht.[297] *Volbert* erklärt, dass Glaubhaftigkeitsmerkmale sogenannte Positivmerkmale seien, deren Vorliegen auf den Erlebnisgehalt einer Aussage hindeuteten, deren Nichtvorhandensein jedoch nicht unbedingt auf eine nicht auf einem tatsächlichen Erleben basierende Schilderung hinweise, da es durchaus auch im Falle wirklichen Erlebens eine geringe Aussagequalität (etwa aufgrund einer geringen Aussagemotivation) geben könne.[298] Es muss auch bedacht werden, dass sich die Aussageanalyse nur zur Differenzierung zwischen Darstellungen über wirklich Erlebtes und Erfundenes eignet, nicht hingegen zur Differenzierung zwischen auf tatsächlichem Erleben basierenden und suggerierten Aussagen.[299]

Das Analysematerial wird im Wesentlichen im Wege einer Exploration (die nicht das Gleiche wie eine Vernehmung sei) erlangt.[300] Weil für die Inhaltsanalyse der genaue Wortlaut der Exploration entscheidend ist, empfiehlt sich eine Ton- oder Videobandaufzeichnung.[301]

(2) Konstanzanalyse

Anders als bei der Inhaltsanalyse, bei der es um die Qualität einer einzelnen Aussage geht, „geht es bei der Konstanzanalyse um das von einer Person gezeigte

294 *Offe* NJW 2000, 929 f.; ausführlich zur Aussageanalyse *Otte* S. 210 f.; siehe aber *Volbert* FPPK 2008, 12, 18 (merkmalsorientierte Inhaltsanalyse sei nicht in allen Fällen brauchbar).
295 BGHSt 45, 164, 170 f.
296 BGHSt 45, 164, 171 f.; *Steller/Volbert* in: Psychologie im Strafverfahren, S. 12, 24; *Fiedler/Schmid* PdR November 1999, 5, 17.
297 BGHSt 45, 164, 171; *Offe* NJW 2000, 929, 930.
298 *Volbert* FPPK 2008, 12, 15 f.
299 BGHSt 45, 164, 171 f.; *Offe* NJW 2000, 929, 930.
300 *Steller/Volbert* PdR November 1999, 46, 62, 66.
301 *Steller/Volbert* PdR November 1999, 46, 63; siehe auch *Jansen* Rn. 34, 347.

Aussageverhalten insgesamt".[302] Diese „bezieht sich insbesondere auf aussageübergreifende Qualitätsmerkmale, die sich aus dem Vergleich von Angaben über denselben Sachverhalt zu unterschiedlichen Zeitpunkten ergeben".[303] Hier gilt es also, Übereinstimmungen, Widersprüche, Auslassungen und Ergänzungen zu finden.[304]

(3) Kompetenzanalyse

Anhand der Kompetenzanalyse, die auch als Persönlichkeitsanalyse[305] bezeichnet wird, werden die intellektuellen und sprachlichen Fähigkeiten des zu Begutachtenden beurteilt, wobei auch die zum speziellen Delikt erforderlichen Kenntnisse und Erfahrungen berücksichtigt werden.[306] Man ist nämlich nur dann in der Lage, die Aussagequalität richtig zu beurteilen, wenn man auch die Fähigkeiten des Zeugen kennt.[307] Hier untersucht man, ob die festgestellte Aussagequalität auch aufgrund sogenannter Parallelerlebnisse oder aufgrund einer Erfindung zustande gekommen sein könnte.[308]

Im Übrigen wird diese Kompetenzanalyse nicht nur für die Analyse der Aussagequalität, sondern auch für die Bewertung der Aussagetüchtigkeit des Zeugen vorgenommen.[309]

Die Beurteilung der Kompetenz sowie etwaiger Dispositionen oder Persönlichkeitsstörungen - wie etwa Selbstwertprobleme, Geltungsbedürfnis oder Neurotizismus - wird dabei mit allgemeinen Methoden - Analyse der Biographie, Tests, Beobachtung und Exploration - vorgenommen.[310] Für deren Auswahl ist der Sachverständige zuständig, wobei er immer den gegenwärtigen Stand der Wissenschaft einzuhalten hat.[311]

---

302 BGHSt 45, 164, 172.

303 BGHSt 45, 164, 172.

304 *Offe* NJW 2000, 929, 930.

305 Ausführlich zur Persönlichkeitsanalyse *Otte* S. 198 ff.

306 *Steller/Volbert* in: Psychologie im Strafverfahren, S. 12, 24.

307 *Offe* NJW 2000, 929, 930.

308 BGHSt 45, 164, 175; siehe auch *Volbert* in: Forensisch-psychologische Diagnostik im Strafverfahren, S. 18, 47 (der Vergleich zwischen der festgestellten Qualität der Aussage und der Kompetenz des Aussagenden ermögliche die Beurteilung, ob dieser zur Erfindung des Geschilderten fähig gewesen sei).

309 *Steller/Volbert* PdR November 1999, 46, 62; zu Fragen bei der Exploration zur Aussagetüchtigkeit *Jansen* Rn. 333.

310 *Volbert* in: in Psychologische Begutachtung im Strafverfahren, S. 171, 176; zu den Untersuchungsmethoden *Jansen* Rn. 546 ff.

311 BGHSt 45, 164, 175.

(4) Fehlerquellenanalyse

Zur Fehlerquellenanalyse gehören etwa die Klärung der Motive des Zeugen für die Aussage sowie der Aussageentstehung und der Aussageentwicklung.[312]

Mittels der Motivationsanalyse können denkbare Ursachen für eine absichtliche Falschbeschuldigung durch den Zeugen gefunden werden.[313] Es soll herausgefunden werden, aufgrund welcher Motive der Zeuge überhaupt ausgesagt hat, was ihn im Nachhinein zu etwaigen Veränderungen veranlasst haben könnte.[314] Durch eine Betrachtung des Verhältnisses zwischen Zeugen und Angeklagtem beispielsweise kann man auf mögliche Belastungsmotive stoßen.[315] Auch die Frage, welche Folgen der erhobene Vorwurf für andere mit sich bringen kann, mag bedeutend sein.[316] Der BGH stellt jedoch klar, dass „aus einer festgestellten Belastungsmotivation beim Zeugen nicht zwingend auf das Vorliegen einer Falschaussage geschlossen werden" kann.[317]

Damit auch das Ausmaß eventuell vorhandener suggestiver Einflüsse auf die Aussage eingeschätzt werden kann, müssen sowohl die Aussageentstehung als auch die Aussagentwicklung untersucht werden.[318]

Auch die Prüfung, ob eine Falschaussage aufgrund von relevanten Besonderheiten wie etwa Selbstwertproblemen, einem vorhandenen Geltungsbedürfnis, Neurotizismus oder Persönlichkeitsstörungen vorliegen könnte, ist bei der Fehlerquellenanalyse anzusiedeln.[319]

Anknüpfungstatsachen, die für die Klärung der Aussagegenese und für die Motivationsanalyse bedeutsam sind, findet der Sachverständige oftmals in den Ermittlungsakten; durch die Befragung des zu Begutachtenden – auch die Dritter kann eine Rolle spielen – kann er dann weiteres Material erhalten.[320]

---

312 BGHSt 45, 164, 173; *Steller/Volbert* PdR November 1999, 46, 59; ausführlich zur Fehlerquellenanalyse *Otte* S. 207 ff.

313 *Steller/Volbert* in: Psychologie im Strafverfahren, S. 12, 24.

314 *Offe* NJW 2000, 929, 930.

315 BGHSt 45, 164, 175.

316 BGHSt 45, 164, 175.

317 BGHSt 45, 164, 175; siehe auch *Offe* NJW 2000, 929, 930; *Steller/Volbert* in: Psychologie im Strafverfahren, S. 12, 24.

318 *Offe* NJW 2000, 929, 930; ausführlich zur Differenzierung zwischen erlebnisbasierten und suggerierten Aussagen *Volbert* in: Psychologische Begutachtung im Strafverfahren, S. 171, 180 ff.

319 *Steller/Volbert* PdR November 1999, 46, 60.

320 *Steller/Volbert* PdR November 1999, 46, 62, 67 f.

c) Fazit

In erster Linie geht es bei einer Glaubwürdigkeitsbeurteilung also um eine eingehende Aussageanalyse.[321] Für die Durchführung dieser muss die zu beurteilende Aussage auch einen gewissen Umfang haben.[322] Wie bzw. ob diese Feststellung mit der Glaubwürdigkeitsbegutachtung trotz Untersuchungsverweigerung zu vereinbaren ist, ob diese Art der Begutachtung also tatsächlich Grundlage eines Glaubwürdigkeitsgutachtens sein kann, gilt es im nächsten Kapitel im Zusammenhang mit dem rechtlichen Kontext zu erörtern. *Köhnken* weist dabei auf folgendes Problem hin: Bei der Glaubwürdigkeitsbeurteilung wird das Risiko einer Fehleinschätzung umso größer, je weniger zu analysierendes Aussagematerial vorliegt.[323]

Wie gesehen, hat sich an der Rechtsprechung des BGH zur Begutachtung des Zeugen durch einen Sachverständigen im Falle der verweigerten Untersuchung indes auch nach Ergehen des Grundsatzurteils nichts geändert.

2. Beweiswert der Glaubwürdigkeitsgutachten

Wenn hier nach dem Beweiswert von Glaubwürdigkeitsgutachten gefragt wird, so soll vom Idealfall, also von fachlich korrekten Gutachten, sprich Gutachten, die allen wissenschaftlichen Anforderungen gerecht werden, ausgegangen werden. Gleichwohl steht auch bei solchen Gutachten fest:

> *„Die Würdigung einer Zeugenaussage mit den Methoden der Aussagepsychologie [...] erbringt keine exakt bestimmte Richtigkeit oder Unrichtigkeit der Zeugenaussage, hinsichtlich des bekundeten Geschehens, wie dies mit naturwissenschaftlichen Methoden möglich ist [...].“*[324]

Unmögliches kann vom Sachverständigen (ebenso wie vom Tatrichter) auch nicht abverlangt werden. „Eine naturwissenschaftliche Exaktheit“ werde, so stellt *Hohlweck* es klar, im Übrigen aber nicht einmal erstrebt.[325] Dies könne man auch aus den Begriffen *Glaub*haftigkeit bzw. *Glaub*würdigkeit ableiten:

> *„Nicht umsonst taucht in den zentralen Begriffen der Glaubhaftigkeit und der Glaubwürdigkeit der ‚Glaube‘ auf; ein naturwissenschaftliches ‚Wissen‘ ist in diesem Bereich nicht*

---

321 LR/*Krause* § 73 Rn. 17.

322 *Greuel/Offe/Fabian/Wetzels/Fabian/Offe/Stadler* S. 158.

323 *Köhnken* in: Münchener Anwaltshandbuch Strafverteidigung, § 62 Rn. 110.

324 *Brause* NStZ 2013, 129, 131.

325 *Hohlweck* JuS 2002, 1105, 1207.

> *möglich. Die Kriterien der Aussageanalyse sind daher keine Naturgesetze, sondern Erfahrungsregeln, die als rational einsehbare und nachvollziehbare Argumentationsmuster in der Beweiswürdigung des Urteils ihre Rolle haben.*"[326]

Kurzum: Man schenkt etwas Glauben, weiß es aber nicht mit Sicherheit. Man wägt ab: Man hält den einen für glaubwürdiger als den anderen, die Aussage des einen für glaubhafter als die des anderen.

Hier soll nicht über einzelne Studien referiert werden. Zusammenfassend festgehalten werden soll aber das Ergebnis zahlreicher Untersuchungen: „eine allgemeine Bestätigung der Hypothese über einen qualitativen Unterschied zwischen erlebnisbegründeten und erfundenen (d.h. gelogenen) Schilderungen".[327] Dass das Vorliegen von Realkennzeichen zumindest ein Hinweis auf die Glaubhaftigkeit von Aussagen darstellen kann, zeigen gleich mehrere experimentelle Untersuchungen.[328] In ihrem Gutachten für das Grundsatzurteil des BGH fassten *Fiedler/Schmid* dies folgendermaßen zusammen:

> „*Mehrere Praktiker und Forscher haben Untersuchungen durchgeführt und publiziert, in denen der Wert dieser Aussagemerkmale für die Diagnostik der Glaubwürdigkeit empirisch gemessen und überprüft wurde [...]. Eine Bestandsaufnahme und kritische Bewertung dieser empirischen Erkenntnisse läßt nach unserer Überzeugung keinen anderen Schluß zu als,* daß die von fachlich ausgewiesenen Psychologen empfohlenen und von Praktikern benutzten Aussagemerkmale auf keinen Fall den Status von nomologischen Gesetzen beanspruchen dürfen. Andererseits scheinen diese Merkmale durchaus geeignet zu sein, als nützliche Indikatoren im Rahmen klar spezifizierter und kritisch geprüfter Modelle einen bedeutsamen statistischen Beitrag zur Wahrheitsfindung zu leisten."[329]

Die merkmalsorientierte Inhaltsanalyse kann allerdings leider nicht zur Unterscheidung zwischen erlebnisbasierten und suggerierten Aussagen dienen.[330] Gegebenenfalls ist hier deswegen eine sogenannte Begutachtung nach Aktenlage vorzunehmen.[331] Hierauf wird im Rahmen der Erläuterung des Vorgehens

---

326 *Hohlweck* JuS 2002, 1105, 1207.

327 *Steller/Volbert* in: Psychologie im Strafverfahren, S. 12, 19 ff. m.w.N.; zu Feld- und Simulationsstudien *Volbert* in: Psychologische Begutachtung im Strafverfahren, S. 171, 176 ff.; dazu auch *Jansen* Rn. 690 m.w.N.

328 *Otte* S. 108 ff.; siehe auch BGHSt 45, 164, 171 (Realkennzeichen könnten „als grundsätzlich empirisch überprüft" betrachtet werden); kritisch etwa aber *Erb* in: FS für Stöckel, S. 181, 187 ff. m.w.N.; zur „Trefferquote" des Richters *Fischer* NStZ 1994, 1, 5.

329 *Fiedler/Schmid* PdR November 1999, 5, 17 (Hervorhebung im Original); kritisch aber etwa *Eisenberg* Rn. 1860.

330 Etwa *Volbert* FPPK 2008, 12, 15.

331 *Steller/Böhm* FPPK 2008, 37, 43 f.; siehe aber bezüglich Suggestionseffekten *Jansen/Kluck* PdR November 2000, 89, 99 (Sachverständige sollten dann wegen des Wohls

bei einer Begutachtung trotz Untersuchungsverweigerung wegen der Vergleichbarkeit der Situation – in beiden Fällen findet keine Untersuchung im eigentlichen Sinne statt – noch näher einzugehen sein.

Insgesamt können Glaubwürdigkeitsgutachten ein „Indiz für die Glaubhaftigkeit der Aussage" sein.[332] Einwenden kann man nun sicherlich, dass man, wenn der Sachverständige nachweislich zu keinen sicheren Ergebnissen kommen kann, auch die richterliche Tätigkeit als ausreichend erachten könnte, denn auch der Richter muss ja über aussagepsychologische Kenntnisse verfügen. Nach der Rechtsprechung des BGH sollen Sachverständige aber auch nur dann hinzugezogen werden, wenn die Sachkunde des Gerichts gerade zweifelhaft ist. Der Sachverständige hat im Normalfall eben mehr Sachverstand als der Richter. Um es mit den Worten von *Wegener* etwas zugespitzter zu sagen:

> *„Die Einholung eines psychologischen Gutachtens dient dazu, psychologische Fragen, die sich im Rahmen eines Verfahrens stellen, nicht nur durch alltagspsychologische Plausibilität oder erfahrungsbedingte Evidenz (mit deren systematischen Fehlerquellen) anzugehen, sondern mit fachwissenschaftlichen Methoden".*[333]

Hierbei geht es jedoch wieder um die bereits erläuterte Frage der Hinzuziehungspflicht eines Sachverständigen.

Im Ergebnis kann damit Folgendes festgehalten werden: Ob ein Zeuge die Wahrheit sagt, kann auch mit Hilfe eines Glaubwürdigkeitsgutachtens nicht mit hundertprozentiger Sicherheit in Erfahrung gebracht werden. Eine Gutachtenerstattung kann aber sicherlich ihren Teil dazu beitragen, Aussagen bezüglich ihrer Glaubhaftigkeit mit angemessener Sorgfalt beurteilen zu können.[334] Wird ein Glaubwürdigkeitsgutachten fachgerecht erstellt, hält es also alle Anforderungen ein, und legt der Sachverständige offen dar, zu welchen Ergebnissen er gekommen bzw. nicht gekommen ist und auch nicht kommen konnte, so kann ein Glaubwürdigkeitsgutachten einen großen Gewinn für die Wahrheitssuche darstellen.

---

kindlicher Zeugen aussagepsychologische Explorationen und andere diagnostische Verfahren unterlassen).

332 BGH BeckRS 2004, 03389.

333 *Wegener* in: Ausgewählte Fragen und Probleme forensischer Begutachtung, S. 201, 203.

334 *Steller/Volbert* in: Psychologie im Strafverfahren, S. 12, 35; vgl. dazu eingehend auch aus der Sicht eines Verteidigers *Deckers* in: Strafverteidigung im Rechtsstaat, S. 411 ff.; kritisch aber etwa *Müller* JZ 2000, 267.

C. Gutachten zur Schuldfähigkeit

Im Anschluss soll nun ebenso die Tätigkeit des Sachverständigen im Hinblick auf die Erstellung von Schuldfähigkeitsgutachten – vorerst wiederum grundsätzlich für den Fall der aktiven Mitwirkung des Angeklagten – in Grundzügen dargestellt werden. Anhand dieser Basis werden im nächsten Kapitel, im Zusammenhang mit der Untersuchung des rechtlichen Rahmens der Schuldfähigkeitsbegutachtung trotz Untersuchungsverweigerung, Unterschiede zwischen der Schuldfähigkeitsbegutachtung mit und ohne Mitwirkung des Angeklagten im Hinblick auf das Vorgehen des Sachverständigen und den Beweiswert solcher Gutachten dargelegt werden.

I. Hinzuziehung des Sachverständigen – Anwendungsbereich für Schuldfähigkeitsgutachten

Auch hier stellt sich zunächst die Frage, wann ein Sachverständiger für eine Schuldfähigkeitsbegutachtung heranzuziehen ist.

1. Erstellung von Schuldfähigkeitsgutachten bei Mitwirkung des Angeklagten

Die Erforderlichkeit sachverständiger Hilfe ergibt sich auch hinsichtlich der Untersuchung der Schuldfähigkeit anhand der Amtsaufklärungspflicht gemäß § 244 Abs. 2 StPO; es gibt jedenfalls keinen Rechtssatz, wonach der Richter etwa bei Kapitalstrafsachen immer einen Sachverständigen zur Schuldfähigkeitsbegutachtung hinzuziehen muss.[335] Das Revisionsgericht kann laut BGH auch „regelmäßig davon ausgehen, dass der Tatrichter über die notwendige Sachkunde verfügt, um zu beurteilen, ob mit Blick auf das Tatbild und die Person

335 LR/*Krause* § 73 Rn. 12 unter Verweis auf BGH NJW 2008, 1329; *Erb* StV 2008, 618, 619 (für eine Bildung von Fallgruppen; unter Hinweis auf § 246a StPO); siehe auch § 43 Abs. 2 S. 2 JGG, wonach ein zur Untersuchung von Jugendlichen befähigter Sachverständiger mit der Feststellung des Entwicklungsstandes oder anderer für das Verfahren wesentlicher Eigenschaften beauftragt werden soll und § 80a StPO zur Zuziehung im Vorverfahren; dazu LR/*Krause* § 80a Rn. 3 („Dass ein Sachverständiger ein solches Gutachten aufgrund bloßer Beobachtung und Befragung des Angeklagten in der Hauptverhandlung erstatten könnte, erscheint so gut wie ausgeschlossen.") und Rn. 4 zum Verfahren bei Verweigerung.

eines Angeklagten die Hinzuziehung eines psychiatrischen oder psychologischen Sachverständigen zur Frage der Schuldfähigkeit geboten ist".[336] Bezüglich der Frage nach der Schuldfähigkeit geht man davon aus, dass Richter dies mit ihrem Allgemeinwissen auf Grundlage der Beobachtung in der Hauptverhandlung beurteilen können, wenn keine Anzeichen dafür vorhanden sind, dass zu dieser Beurteilung eine besondere Sachkunde erforderlich ist.[337] Letztlich ist es laut *Zwiehoff* unumstritten, dass der Richter regelmäßig nur dann, wenn keine Anzeichen dafür, dass der Angeklagte nicht schuldfähig war, vorhanden sind, auf einen Sachverständigen verzichten darf; wenn diesbezüglich allerdings – aufgrund dessen Lebensgeschichte, der Straftat oder deren Begleitumstände – Zweifel[338] aufkommen würden, so tauchten in der Regel Probleme auf, die oftmals nicht einmal mit dem allgemein vorhandenen ärztlichen Wissen bewältigt werden könnten.[339] So können die Besonderheiten eines jeden Falles die Heranziehung eines Sachverständigen zur Schuldfähigkeitsbegutachtung erforderlich machen.[340] Ein Schwurgerichtsprozess ohne zumindest einen Sachverständigen, der ein Schuldfähigkeitsgutachten erstellen soll, findet sich in der Praxis laut *Nack* wohl kaum noch.[341]

2. Erstellung von Schuldfähigkeitsgutachten bei Verweigerung der Mitwirkung des Angeklagten

Was den Anwendungsbereich für die Erstellung von Schuldfähigkeitsgutachten im Falle der verweigerten Mitwirkung des Angeklagten anbelangt, gilt grundsätzlich das zuvor Ausgeführte. Allerdings muss dabei, wie auch schon bei der Glaubwürdigkeitsbegutachtung im Falle der Untersuchungsverweigerung, eine wichtige Einschränkung vorgenommen werden: Über das Vorhandensein eines bestimmten Falles, der aufgrund der Aufklärungspflicht die Heranziehung eines Sachverständigen erforderlich macht, hinaus muss sich der Sachverständige in der Lage wähnen, auch ohne Explorationsgespräch

336 BGH NJW 2008, 1329, 1330; kritisch *Erb* StV 2008, 618, 621.

337 *Eisenberg* Rn. 1522 m.w.N.; *Meyer-Goßner* § 244 Rn. 74b.

338 Vgl. auch EKMR X. ./. Deutschland (E), 7.5.1981, Nr. 8334/78 („must be permitted whenever there are any doubts").

339 *Zwiehoff* S. 143 ff. (mit ausführlichen Erläuterungen); ähnlich auch *Detter* NStZ 1998, 57, 58; vgl. auch KK/*Krehl* § 244 Rn. 47 m.w.N.

340 LR/*Krause* § 73 Rn. 12; vgl. auch *Boetticher*/*Nedopil*/*Bosinski*/*Saß* NStZ 2005, 57.

341 *Nack* GA 2009, 201; vgl. auch *Erb* StV 2008, 618.

mit dem Angeklagten ein Schuldfähigkeitsgutachten erstatten zu können. In diesem Sinne meint auch der BGH:

> *„Zwar darf generell nicht von einer Untersuchung eines Beschuldigten allein deshalb Abstand genommen werden, weil dieser seine Mitwirkung verweigert. Dies gilt jedoch dann nicht, wenn bei verweigerter Untersuchung ihre zwangsweise Vornahme kein verwertbares Ergebnis erbringen kann […].“*[342]

Gerade für die Erstellung eines fundierten Schuldfähigkeitsgutachtens aber ist die Mitwirkung des Angeklagten erforderlich.[343] Folglich müsste der Anwendungsbereich der Schuldfähigkeitsbegutachtung im Falle der Untersuchungsverweigerung deutlich enger zu ziehen sein als der bei Mitwirkung des Angeklagten.

II. Untersuchung bezüglich der Schuldfähigkeit

Ein mit dem Grundsatzurteil des BGH zur Glaubhaftigkeitsbegutachtung vergleichbares BGH-Urteil zur Schuldfähigkeitsbegutachtung ist nicht vorhanden. Empfehlungen für die forensische Schuldfähigkeitsbeurteilung nach §§ 20, 21 StGB einer interdisziplinären Arbeitsgruppe aus Juristen, forensischen Psychiatern und Psychologen sowie Sexualmedizinern[344] liegen jedoch vor. Außerdem können einige Grundsätze des Grundsatzurteils zur Glaubhaftigkeitsbegutachtung auf Schuldfähigkeitsgutachten durchaus übertragen werden.[345] Diese Empfehlungen werden der folgenden Darstellung zugrunde gelegt.

1. Grundsätzliches bezüglich Schuldfähigkeitsgutachten

Zu den traditionellen Standards bezüglich Schuldfähigkeitsgutachten sollen laut *Tondorf/Tondorf* erstens Sorgfalt und Gründlichkeit, zweitens Sachverstand, drittens Objektivität, viertens eine kritische Einstellung des Sachverständigen zum Probanden und fünftens Verständlichkeit gehören.[346]

Hinsichtlich der Untersuchungsmethode gilt selbstverständlich auch hier, dass der Sachverständige nur solche methodischen Mittel zu verwenden hat, die

---

342 BGHSt 48, 4, 11 f.

343 *Deckers*, Anwaltsstation Strafrecht, Rn. 134.

344 *Boetticher/Nedopil/Bosinski/Saß* NStZ 2005, 57 ff.; kritisch dazu *Eisenberg* NStZ 2005, 304 ff.; zur Einarbeitung von für Schuldfähigkeitsgutachten geltenden Mindeststandards in BGHSt 49, 45 ff. *Tondorf/Tondorf* Rn. 80.

345 *Ziegert* NStZ 2000, 105, 106; siehe auch *Tondorf/Tondorf* Rn. 75 ff.

346 So die Auflistung mit Erläuterung bei *Tondorf/Tondorf* Rn. 67 ff.

dem gegenwärtigen Wissensstand genügen, wobei im Falle des Vorhandenseins mehrerer sowohl anerkannter als auch indizierter Verfahren deren Auswahl im pflichtgemäßen Ermessen des Sachverständigen steht; auf welche Weise er an die für die Begutachtung erforderlichen Informationen gelangt und welchen Aspekten er Relevanz zuschreibt, bleibt ihm überlassen.[347] So steht auch hier fest:

> *„Die fachliche Durchführung der Untersuchung ist allein Sache des Sachverständigen; er hat hinsichtlich der Informationsbeschaffung und der Methodenwahl weitgehend freie Hand. Das Gericht darf ihm keine Weisungen darüber erteilen, auf welchem Weg er das Gutachten zu erarbeiten hat […].“*[348]

Weiterhin hat auch das Schuldfähigkeitsgutachten nachvollziehbar und transparent zu sein: Der Sachverständige muss sorgfältig dokumentieren, anhand welcher Anknüpfungstatsachen und welcher Untersuchungsmethoden er zu seinen Erkenntnissen gekommen ist.[349]

Was die Beweisgrundlagen des Schuldfähigkeitsgutachtens anbelangt, soll Folgendes gelten: Es ist aufzuzeigen, inwiefern Angaben des Angeklagten als Anknüpfungstatsachen verwendet wurden, die von Seiten des Gerichts noch zu prüfenden Zusatztatsachen müssen kenntlich gemacht werden und es ist auf das in der Hauptverhandlung erlangte Beweisergebnis Bezug zu nehmen.[350]

Die Expertengruppe hat sowohl formelle als auch materielle Mindestanforderungen formuliert. Hinsichtlich ersterer nennt sie unter anderem die genaue Angabe der Erkenntnisquellen, wozu Akten, die subjektive Darstellung des Untersuchten, Beobachtung und Untersuchung und zusätzlich durchgeführte Untersuchungen wie beispielsweise bildgebende Verfahren und psychologische Zusatzuntersuchungen gehörten.[351] Außerdem seien auch Unklarheiten und Schwierigkeiten und die daraus resultierenden Folgen offen zu legen.[352] Dass Schwierigkeiten, die schlimmstenfalls zum Unmöglichwerden der Gutachtenerstattung führen, was etwa bei der Mitwirkungsverweigerung des zu Begutachtenden der Fall sein kann, vom Sachverständigen offen zu legen sind, wurde bereits oben[353] dargelegt.

---

347 BGHSt 49, 45, 51; *Boetticher/Nedopil/Bosinski/Saß* NStZ 2005, 57, 58.

348 BGH StV 2003, 537.

349 *Boetticher/Nedopil/Bosinski/Saß* NStZ 2005, 57, 58; BGHSt 49, 45, 51; dazu auch *Tondorf/Tondorf* Rn. 76 ff.

350 *Boetticher/Nedopil/Bosinski/Saß* NStZ 2005, 57, 58.

351 *Boetticher/Nedopil/Bosinski/Saß* NStZ 2005, 57, 59.

352 *Boetticher/Nedopil/Bosinski/Saß* NStZ 2005, 57, 59.

353 Siehe Kapitel I. A. III. 1.

2. Vorgehensweise

Das Gesetz bestimmt Folgendes: *Ohne Schuld handelt, wer bei Begehung der Tat wegen einer krankhaften seelischen Störung, wegen einer tiefgreifenden Bewußtseinsstörung oder wegen Schwachsinns oder einer schweren anderen seelischen Abartigkeit unfähig ist, das Unrecht der Tat einzusehen oder nach dieser Einsicht zu handeln*, § 20 StGB. *Ist die Fähigkeit des Täters, das Unrecht der Tat einzusehen oder nach dieser Einsicht zu handeln, aus einem der in § 20 bezeichneten Gründe bei Begehung der Tat erheblich vermindert, so kann die Strafe nach § 49 Abs. 1 gemildert werden*, § 21 StGB.

Daraus ergibt sich ein zweistufiges Verfahren: Es geht um die Folgen der psychischen Befunde für die normativ verstandene Einsichts- und Steuerungsfähigkeit des Täters, weswegen hier auch die Rede von einer psychisch-normativen Methode[354] ist; dabei wird zunächst anhand der vier Eingangsmerkmale des § 20 StGB untersucht, ob eine psychische Störung[355] vorhanden ist, und sodann geprüft, ob sich der psychopathologische Zustand auf die Einsichts- und Steuerungsfähigkeit des Täters ausgewirkt hat.[356] Anhand des Schuldfähigkeitsgutachtens soll der Richter beurteilen können, ob zum Tatzeitpunkt eines der Eingangsmerkmale des § 20 StGB zu bejahen war und inwiefern ein solches die Unrechtseinsicht oder die Steuerungsfähigkeit beeinflusst haben könnte.[357]

Als erstes muss demnach untersucht werden, ob beim Täter eine psychische Störung vorhanden ist, wobei man im Gutachten eine Verwendung der Klassifikationssysteme ICD-10[358] oder DSM-IV-TR[359] bzw. im Falle des Abweichens eine dahingehende Erklärung erwartet.[360] Dabei sind nur diejenigen Störungen, welche man unter einen der in § 20 StGB aufgezählten Begriffe, also die krankhafte seelische Störung, den Schwachsinn, die schwere andere seelische Abartigkeit

---

354 Zur psychologisch-normativen Methode *Greuel* in: Psychologie im Strafverfahren, S. 105 ff.

355 Bei einer psychischen Störung im Sinne des § 1 Abs. 1 Nr. 1 ThUG muss es sich nach höchstrichterlicher Rechtsprechung nicht zwingend um eine solche im Sinne der §§ 20, 21 StGB handeln, siehe BGHSt 56, 248, 251.

356 *Dahle/Volbert* in: Forensisch-psychologische Diagnostik im Strafverfahren, S. 115, 116.

357 BGHSt 49, 347, 354.

358 ICD = International Classification of Diseases (Internationale Klassifikation psychischer Störungen), 10. Revision (ICD-10), entwickelt von der Weltgesundheitsorganisation.

359 Diagnostisches und Statistisches Manual Psychischer Störungen der Amerikanischen Psychiatrischen Vereinigung.

360 *Dahle/Volbert* in: Forensisch-psychologische Diagnostik im Strafverfahren, S. 115, 117; siehe auch LR/*Krause* § 73 Rn. 12; ausführlich *Tondorf/Tondorf* Rn. 55 f.

oder die tiefgreifende Bewusstseinsstörung, einordnen kann, von Bedeutung.[361] Nach Anhörung des Sachverständigen entscheidet das Gericht dann selbstständig, ob eines dieser vier Merkmale zu bejahen ist.[362]

Wenn eines dieser Merkmale bejaht worden ist, wird im Anschluss untersucht, ob und gegebenenfalls in welchem Umfang sich der festgestellte Zustand auf die Einsichts- oder die Steuerungsfähigkeit ausgewirkt hat.[363] Der Sachverständige muss also nicht nur prüfen, ob eines dieser Merkmale vorliegt, sondern hat dem Gericht auch zu erläutern, inwiefern die Störung seiner Ansicht nach die Einsichts- und die Steuerungsfähigkeit bei der konkreten Tat beeinträchtigt hat, wobei die endgültige Beurteilung der Einsichts- und Steuerungsfähigkeit letztlich aber einzig und allein Sache des Gerichts ist.[364]

3. Auswirkungen der formulierten Mindestanforderungen für die Schuldfähigkeitsbegutachtung im Falle der Untersuchungsverweigerung

Auch hier stellt sich nun die Frage, ob man etwas und gegebenenfalls was man aus diesen Mindestanforderungen für Schuldfähigkeitsgutachten im Falle der Untersuchungsverweigerung schlussfolgern kann. Zwar wird im Rahmen der Empfehlungen der Expertengruppe nicht direkt zur Schuldfähigkeitsbegutachtung bei fehlender Mitwirkung des Angeklagten Stellung genommen. Hinweise auf eine ablehnende Haltung können diesen Mindestanforderungen aber auch nicht entnommen werden. Vielmehr wird zum einen gleich zu Beginn erklärt, dass sich die Leitung der Tätigkeit des Sachverständigen nach § 78 StPO nur auf

---

361 *Dahle/Volbert* in: Forensisch-psychologische Diagnostik im Strafverfahren, S. 115, 117 ff. mit Erläuterung; siehe auch *Tondorf/Tondorf* Rn. 21.

362 LR/*Krause* § 73 Rn. 12; siehe auch *Nack* GA 2009, 201, 204 f. (die Bejahung eines solchen Merkmals sei Rechtsanwendung, die in den Aufgabenbereich des Richters, der „im Dialog mit dem Sachverständigen" stehe, falle).

363 *Dahle/Volbert* in: Forensisch-psychologische Diagnostik im Strafverfahren, S. 115, 120; siehe auch *Nack* GA 2009, 201, 205 (der Richter und nicht der Sachverständige müsse die Entscheidung fällen, ob sich der festgestellte Zustand bei Begehung der Tat ausgewirkt habe).

364 *Dahle/Volbert* in: Forensisch-psychologische Diagnostik im Strafverfahren, S. 115, 121; siehe auch *Nack* GA 2009, 201, 205 (nach ständiger Rechtsprechung des BGH handle es sich bei der Frage nach der Erheblichkeit der Verminderung der Steuerungsfähigkeit nach § 21 StGB um eine Rechtsfrage, die der Richter eigenverantwortlich, ohne an die Ergebnisse des Sachverständigen gebunden zu sein, beantworten müsse).

das beziehe, „*was* der Sachverständige, nicht *wie* er es erforschen“ solle.[365] Zum anderen wird konstatiert, „dass ein forensischer Sachverständiger in eigener Verantwortung über die Heranziehung von Unterlagen, seine Untersuchungsmethoden und den Umfang seiner Erhebungen“ entscheiden könne.[366] Diese Aussagen deuten zumindest darauf hin, dass es dem Sachverständigen nach Ansicht dieser Expertengruppe auch unbenommen bleiben müsste, gegebenenfalls auch eine Begutachtung trotz Untersuchungsverweigerung vorzunehmen. Außerdem werden Akten, die subjektive Darstellung des Untersuchten sowie die Beobachtung als mögliche Erkenntnisquellen neben der Untersuchung explizit aufgeführt.[367] Lediglich die inhaltliche Mindestanforderung, welche die geforderte Vollständigkeit der Exploration[368] betrifft, könnte dagegen sprechen. Verweigert der Angeklagte die Exploration nämlich, so kann diese denknotwendig nicht vollständig erfolgen. Diese Anforderung wird jedoch wohl dahingehend zu verstehen sein, dass eine Exploration im zulässigen und erforderlichen Rahmen selbstverständlich so umfänglich wie möglich zu erfolgen hat.

Zusammengefasst kommt man zu folgendem Schluss: Wenn den Empfehlungen auch kein eindeutiges Statement für die Schuldfähigkeitsbegutachtung trotz Untersuchungsverweigerung (zumindest für deren Zulässigkeit) zu entnehmen ist, so schließen sie eine solche zumindest doch nicht aus. Anderenfalls wäre wohl auch hier ein entsprechender Hinweis erfolgt oder zumindest wünschenswert gewesen.

4. Ergebnisse und deren Wert

> *„Psychiatrische Gutachten zur Beurteilung der strafrechtlichen Verantwortlichkeit sind oft wissenschaftlich höchst fragwürdig und von erbärmlicher Qualität – das ist nichts Neues, sondern empirisch gut belegt […].“*[369]

Welchen Beweiswert aber hat ein fachlich korrekt erstelltes Schuldfähigkeitsgutachten (allein ein solches soll hier gemeint sein), das unter Mitwirkung des Angeklagten zustande gekommen ist? Kann es hier eine hundertprozentige Gewissheit über die Schuldfähigkeit des Betroffenen geben? Kritisch sieht dies etwa *Eisenberg*, nach dem hier „keine wissenschaftlichen Messkriterien

365 *Boetticher/Nedopil/Bosinski/Saß* NStZ 2005, 57 (Hervorhebung im Original).
366 *Boetticher/Nedopil/Bosinski/Saß* NStZ 2005, 57, 59.
367 *Boetticher/Nedopil/Bosinski/Saß* NStZ 2005, 57, 59.
368 *Boetticher/Nedopil/Bosinski/Saß* NStZ 2005, 57, 60.
369 *Rode/Legnaro* StV 1995, 496 m.w.N.

zur Frage der Richtigkeit des Gutachtens“ vorhanden sind.[370] Auch *Tondorf/Tondorf* weisen auf die „Weichheit“ diagnostischer Kriterien und die „Subjektivität der Bewertung“ hin.[371] Was letztere anbelangt, so setzten Sachverständige „zwar zur Objektivierung ihrer Ergebnisse das Mittel der Exploration ein“, um „auf diese Weise das Ausmaß subjektiver Einflüsse zu verringern“; dies funktioniere jedoch nicht vollständig.[372] Wenn nun die Exploration ein Mittel zur Objektivierung darstellt, so muss einem klar sein, dass die Subjektivität der Bewertung im Falle der Verweigerung der Mitwirkung bei der Exploration zweifelsohne ein noch größeres Problem darstellt. Auch das Vorverständnis des Sachverständigen, so *Tondorf/Tondorf*, wirke sich aus.[373] Auf die entscheidende Bedeutung der richtigen Auswahl des Sachverständigen, die allen Verfahrensbeteiligten bewusst sein muss, wurde oben[374] bereits eingehend eingegangen.

Somit gilt im Ergebnis letztlich auch hier: Ein fachgerecht erstelltes Schuldfähigkeitsgutachten, das dem Richter die ihm fehlende Sachkunde vermittelt, kann für diesen sehr hilfreich sein – Unmögliches kann man dem Sachverständigen aber auch hier nicht abverlangen.[375]

D. Vereinbarkeit einer Begutachtung trotz Untersuchungsverweigerung mit den ethischen Richtlinien für Sachverständige

Sowohl forensische Psychiater als auch Rechtspsychologen haben ethische Richtlinien zu befolgen.[376] Zu einer Gutachtenerstattung, die den in den ethischen Richtlinien festgehaltenen Grundsätzen zuwiderläuft, kann der Sachverständige auch nicht verpflichtet werden.[377] Die Frage, auf die hier abschließend ein kurzer

370 *Eisenberg* Rn. 1538 m.w.N.; zur Überprüfung bezüglich Fehlerquellen ausführlich *Tondorf/Tondorf* Rn. 323 ff. m.w.N.

371 *Tondorf/Tondorf* Rn. 15 f.; vgl. auch *Gaede* S. 658.

372 *Tondorf/Tondorf* Rn. 16.

373 *Tondorf/Tondorf* Rn. 17 unter Verweis auf *Rode/Legnaro* StV 1995, 496 ff.; siehe auch *Erb* StV 2008, 618, 620.

374 Siehe Kapitel I. A. II. 3. und 4.

375 Vgl. etwa auch *Fischer* NStZ 1994, 1, 4.

376 Ausführlich dazu *Tondorf/Tondorf* Rn. 259 ff.; *Kröber* in: Strafrechtliche Grundlagen der Forensischen Psychiatrie, S. 1, 5 ff.

377 Vgl. *Greuel/Offe/Fabian/Wetzels/Fabian/Offe/Stadler* S. 272, die für den Fall der Glaubwürdigkeitsbegutachtung trotz Untersuchungsverweigerung (von möglicherweise vorhandenen „berufsethischen Bedenken“ wird dort gesprochen) auch auf die

Blick geworfen werden soll, bevor in den folgenden Kapiteln auf die Glaubwürdigkeits- und Schuldfähigkeitsbegutachtung im Falle der Untersuchungsverweigerung im Detail eingegangen wird, lautet: Ist eine solche Begutachtung mit den ethischen Richtlinien für Sachverständige überhaupt zu vereinbaren?

I. Ethische Richtlinien für forensische Psychiater

Bezüglich zweier Prinzipien haben forensische Psychiater als Ärzte *Nedopil* zufolge kein Verfügungsrecht: zum einen in Bezug auf „das Wohl dieses Menschen, das es zu fördern gilt und von dem Schaden abzuwenden ist", und zum anderen in Bezug auf „die Autonomie des Menschen, der sich dem Arzt anvertraut".[378] Dabei widerspricht seiner Ansicht nach die gutachterliche Tätigkeit an sich „diesen ethischen Maximen" im Prinzip nicht.[379] Beide Punkte sind gerade im Hinblick auf eine Begutachtung trotz Untersuchungsverweigerung aber doch kritisch zu betrachten.

An der Stelle, „wo durch den Eingriff geschadet wird, ohne daß ein entsprechender Nutzen zu erwarten ist", werden nach *Nedopil* „die Grenzen ärztlichen Handelns" gezogen.[380] Was also das erstgenannte Prinzip anbelangt, so muss gerade aufgrund der unfreiwilligen Begutachtung Wert darauf gelegt werden müssen, einen schon allein durch die Zwangssituation entstandenen Schaden abzuwenden. Hier muss der jeweilige Einzelfall in den Blick genommen, entschieden werden, ob und gegebenenfalls welchen Schaden der zu Begutachtende nehmen könnte. Unter Umständen muss hier dann tatsächlich eine derartige Begutachtung unterlassen werden.

Wie eine Begutachtung trotz Untersuchungsverweigerung mit der Autonomie des zu Begutachtenden zu vereinbaren sein kann, erscheint sogleich noch schwieriger. So konstatiert auch *Nedopil*, dass dieser bei einer Begutachtung generell nur eingeschränkt genüge getan werden könne.[381] *Kröber* führt die fünf

---

Möglichkeit einer Befreiung von der Gutachtenerstattungspflicht nach § 76 StPO hinweisen; vgl. zum Zusammenhang von Standesethik und Recht auch *Foerster/Foerster* in: FS für Schöch, S. 1007, 1024 unter Verweis auf BVerfGE 52, 131 ff. – „Was nämlich die Standesethik vom Arzt fordere, übernehme das Recht weithin zugleich als rechtliche Pflicht."

378 *Nedopil* NStZ 1999, 433, 436; vgl. auch *Kröber* in: Strafrechtliche Grundlagen der Forensischen Psychiatrie, S. 1, 6.

379 *Nedopil* NStZ 1999, 433, 436.

380 *Nedopil* NStZ 1999, 433, 436.

381 *Nedopil* NStZ 1999, 433, 437.

ethischen Essentials der *American Association of Psychiatry and Law* (1995) auf, wozu neben den Punkten „Confidentiality", „Honesty and striving for objectivity", „Qualification" und „Procedures for handling complaints of unethical conduct" auch der „Consent", die Zustimmung, gehört: Im Falle einer psychiatrischen Begutachtung müsse es „eine eindeutige Aufklärung" geben und es „sollte eine informierte Zustimmung" vorhanden sein.[382] Ethische Standards, die weltweit zum Maßstab für das Vorgehen von Psychiatern werden sollen, hat im Jahre 1996 auch die *Generalversammlung des Weltverbandes für Psychiatrie* vereinbart (sogenannte Deklaration von Madrid).[383] Danach sollen forensische Psychiater den Untersuchten „über den Zweck der Untersuchung, die Verwendung des Befundes, und die möglichen Auswirkungen des Gutachtens" informieren und auch beraten.[384] *Nedopil* erläutert dies dahingehend, dass die Aufklärung bei der Begutachtung unter anderem auch die Aufklärung über die Mitwirkungspflicht und das Verweigerungsrecht bei der Begutachtung beinhalte.[385] Die Autonomie scheint somit auf den ersten Blick nur schwerlich mit einer Begutachtung trotz Untersuchungsverweigerung vereinbar zu sein. Hier vertraut sich der zu Begutachtende dem Arzt ja gerade nicht an, stimmt einer Begutachtung gerade nicht zu. Klar ist: Erst eine Aufklärung versetzt den zu Begutachtenden in die Lage, über seine Mitwirkung entscheiden zu können und damit seine Autonomie weitestgehend wahren zu können. Im Falle der Begutachtung trotz Untersuchungsverweigerung muss notgedrungen auf andere, weniger einschneidende Maßnahmen als bei der üblichen, auf freiwilliger Basis erfolgenden Begutachtung zurückgegriffen werden.[386] Letztlich ist es hier auch Aufgabe des Sachverständigen, den zu Begutachtenden als autonomen Menschen und nicht als reines Objekt zu betrachten und sein Vorgehen bei einer solchen Begutachtung entsprechend auszurichten.

Die forensische Psychiatrie „strebt" *Kröber* zufolge unter anderem auch „nach Erkenntnis, nach gesicherten Aussagen".[387] Danach muss sie bei jeder einzelnen Begutachtung streben, folglich auch bei einer solchen ohne Mitwirkung des zu Begutachtenden – sofern dies eben möglich und nicht abzulehnen ist. Jedes

---

382 *Kröber* in: Strafrechtliche Grundlagen der Forensischen Psychiatrie, S. 1, 9.

383 *Helmchen* Nervenarzt 1998, 454.

384 *Helmchen* Nervenarzt 1998, 454 f.

385 *Nedopil* NStZ 1999, 433, 437.

386 Vgl. auch *Nedopil* NStZ 1999, 433, 437 (zwar könne der zu Begutachtende bei der Befragung des Sachverständigen schweigen; er könne auf diese Weise aber nicht vermeiden, dass der Sachverständige tätig werde).

387 *Kröber* in: Strafrechtliche Grundlagen der Forensischen Psychiatrie, S. 1, 5.

Gutachten muss vom Sachverständigen mit der bestmöglichen „Sorgfalt und handwerklichen Qualität" erstellt werden.[388] Diese Maßstäbe können bei einer Untersuchungsverweigerung des zu Begutachtenden nicht einfach über Bord geworfen werden.

II. Ethische Richtlinien für Rechtspsychologen

In der Präambel der Ethischen Richtlinien der *Deutschen Gesellschaft für Psychologie e. V.* und des *Berufsverbandes Deutscher Psychologinnen und Psychologen e. V.* heißt es unter anderem:

> *„Die Aufgabe von Psychologen ist es, das Wissen über den Menschen zu vermehren und ihre Kenntnisse und Fähigkeiten zum Wohle des einzelnen und der Gesellschaft einzusetzen. Sie achten die Würde und Integrität des Individuums und setzen sich für die Erhaltung und den Schutz menschlicher Rechte ein. [...] Um helfen zu können, benötigen sie ihr Vertrauen. Der Schutz und das Wohl der Menschen, mit denen Psychologen arbeiten, sind das primäre Ziel dieser Richtlinien. Psychologen sind dazu verpflichtet, in der praktischen Ausübung ihres Berufs zu jeder Zeit ein Höchstmaß an ethisch verantwortlichem Verhalten anzustreben."*[389]

Ohne dass dies explizit erwähnt wäre, wird auch durch diese sehr offen formulierte Passage – ob bewusst, sei dahingestellt – zu einem sorgsamen Umgang des Sachverständigen mit dem zu Begutachtenden im Falle einer Begutachtung trotz Untersuchungsverweigerung angemahnt.

III. Fazit

Den ethischen Richtlinien ist folglich keine generelle Unzulässigkeit einer Begutachtung trotz Untersuchungsverweigerung des zu Begutachtenden zu entnehmen. Allerdings verlangen sie allgemein einen sorgsamen, den Richtlinien entsprechenden Umgang mit dem Probanden.

Zu erwähnen sind an dieser Stelle auch die Richtlinien für die Erstellung psychologischer Gutachten der *Föderation Deutscher Psychologenvereinigungen 1988*, nach denen „Personen, die direkt oder indirekt von Psychologischen

---

388 *Kröber* in: Strafrechtliche Grundlagen der Forensischen Psychiatrie, S. 1, 5; siehe auch § 25 S. 1 ÄBeO und § 79 StPO.

389 *Berufsverband Deutscher Psychologinnen und Psychologen e.V.* (Hrsg.), Ethische Richtlinien der Deutschen Gesellschaft für Psychologie e.V. und des Berufsverbandes Deutscher Psychologinnen und Psychologen e.V., 1999, S. 7.

Gutachten betroffen sind, einen Anspruch auf eine faire, wissenschaftlich fundierte und stets fachkundig angewandte gutachterliche Praxis" haben.[390] Ob dieser Maßstab bei der hier zu untersuchenden Begutachtung trotz Untersuchungsverweigerung immer eingehalten werden kann, muss zumindest in Frage gestellt werden. Jedenfalls muss bei jeder einzelnen Begutachtung gerade dieser Art der Gutachter kritisch hinterfragen, ob er diesen Maßstab befolgen kann. Kann er dies nicht, so muss tatsächlich eine Pflicht zur Ablehnung des Gutachtenauftrags die Folge sein, wie dies ja auch gefordert wird.[391]

Außerdem heißt es in der dortigen Präambel:

> *„Er muß die Freiwilligkeit einer Teilnahme an psychologischer Begutachtung respektieren, soweit dem nicht ein Gesetz oder eine andere förmliche Norm entgegensteht [...].“*[392]

Dieser Satz ist hier von höchster Relevanz: Die Glaubwürdigkeitsuntersuchung durch einen Sachverständigen ist, wie es sogleich näher erläutert wird, nämlich nur im Falle der Einwilligung des Zeugen erlaubt.

E. Resümee

Die Heranziehung von Sachverständigen kann für die Wahrheitsermittlung eine große Hilfe darstellen, wirft aber – gerade auch im Zusammenhang mit der Begutachtung trotz Untersuchungsverweigerung – einige Probleme auf.

I. Erforderliche Leitung durch den Richter, § 78 StPO

Die hervorgehobene Stellung von Sachverständigen verlangt auch das Engagement der Richter im Hinblick auf die Kontrolle der Tätigkeit und der Ergebnisse von Sachverständigen. Herausgearbeitet wurde in diesem Kapitel, dass die Pflicht des Richters zur Leitung des Sachverständigen, § 78 StPO, (gerade) auch bei einer Begutachtung trotz Untersuchungsverweigerung besteht, zumal

---

390 Vorwort der Richtlinien für die Erstellung Psychologischer Gutachten der *Föderation Deutscher Psychologenvereinigungen 1988*; zu Richtlinien für die Erstellung psychologischer Gutachten siehe auch *Zuschlag* S. 7 ff.

391 Siehe dazu ausführlich Kapitel I. A. III.

392 Richtlinien für die Erstellung Psychologischer Gutachten der *Föderation Deutscher Psychologenvereinigungen 1988*, S. 7 und S. 10 (die Einwilligung des zu Begutachtenden oder seines gesetzlichen Vertreters müsse vor Erfolgen der Begutachtung erteilt werden); auch *Zuschlag* S. 16 führt den erforderlichen Hinweis auf die Einwilligung des zu Begutachtenden bezüglich seiner Begutachtung an.

es Unsicherheiten sowohl hinsichtlich der Rechtmäßigkeit als auch des Werts eines solchen Vorgehens gibt.

II. Auswahl des Sachverständigen und Mitwirkungsbereitschaft des zu Begutachtenden

Nach § 73 Abs. 1 S. 1 StPO erfolgt die Auswahl des Sachverständigen durch den Richter. Trotz der Klarheit dieser Vorschrift stellt diese Auswahl in der Praxis ein großes Problem dar, weil die unterschiedlichen Verfahrensbeteiligten nach Möglichkeit einen Sachverständigen, der ihren Interessen gerecht wird, bestimmt haben möchten. Dies ist aber nur im Wege des Selbstladungsrechts, §§ 220, 38, 245 Abs. 2 StPO, möglich; ansonsten besteht kein Recht auf einen Sachverständigen der eigenen Wahl.

Die Auswahl des Sachverständigen ist auch für das Problemfeld der Begutachtung trotz Untersuchungsverweigerung von besonderer Relevanz: Zuweilen ist es so, dass der zu Begutachtende die Teilnahme an einer Untersuchung nur durch einen vom Gericht bestimmten, nicht aber durch einen von ihm ausgesuchten Sachverständigen verweigert. Unumstritten ist es, dass eine Untersuchung, die ohne Vertrauen des zu Begutachtenden zum Sachverständigen erfolgt, Abstriche im Beweiswert zur Folge hat. Dies muss erst recht für den Fall der Untersuchungsverweigerung gelten. Mithin ist nach hier vertretener Ansicht für eine zwischen allen Verfahrensbeteiligten abgestimmte Auswahl des Sachverständigen zu plädieren, so dass nach Möglichkeit ein konsensfähiger Sachverständiger den Zeugen bzw. den Angeklagten begutachtet. Auf diese Weise kann zumindest in einigen Fällen eine Begutachtung trotz Untersuchungsverweigerung vermieden werden.

III. Keine generelle Pflicht zur Ablehnung eines Gutachtenauftrags im Falle der Untersuchungsverweigerung

Im Zusammenhang mit der Erörterung der Pflichten von Sachverständigen wurde auch die Frage behandelt, ob ein Sachverständiger dazu berechtigt oder sogar dazu verpflichtet ist, eine Begutachtung im Falle der Untersuchungsverweigerung abzulehnen. Die Antwort kann – bei unterstellter Zulässigkeit eines solchen Vorgehens – nicht pauschal ausfallen. Vielmehr wurde herausgearbeitet, dass es die Pflicht des Sachverständigen ist, in jedem einzelnen Fall zu prüfen, ob es der Wahrheitsfindung dient, wenn eine solche Begutachtung stattfindet. Ist dies zu verneinen, muss er einen solchen Auftrag ablehnen; nimmt er ihn aber an, so muss er etwaige – durch die schlechteren Begutachtungsbedingungen hervorgerufene – Defizite darlegen.

IV. Anwendungsbereich der Begutachtung trotz Untersuchungsverweigerung

Der Anwendungsbereich der Glaubwürdigkeitsbegutachtung ohne Einwilligung des Zeugen kann folgendermaßen umschrieben werden: Liegen Besonderheiten in der Persönlichkeit des Zeugen oder im Sachverhalt vor und ermöglicht die Glaubwürdigkeitsbegutachtung trotz Untersuchungsverweigerung eine Hilfestellung für die Beurteilung der Glaubhaftigkeit der Zeugenaussage, so ist ein Glaubwürdigkeitsgutachten grundsätzlich auch bei fehlender Einwilligung des Zeugen zu erstellen. Entsprechendes gilt auch für die Glaubwürdigkeitsbegutachtung von Angeklagten bei fehlender Mitwirkungsbereitschaft.

Die Beschreibung des Anwendungsbereichs für die Erstellung von Schuldfähigkeitsgutachten im Falle der verweigerten Mitwirkung des Angeklagten fällt ähnlich aus wie bei der Glaubwürdigkeitsbegutachtung trotz Untersuchungsverweigerung: Über das Vorliegen eines bestimmten Falles, der die Heranziehung eines Sachverständigen erfordert, hinaus muss sich der Sachverständige auch hier dazu fähig erachten, auch ohne eine Exploration ein fundiertes Schuldfähigkeitsgutachten erstatten zu können.

V. Grundsatzurteil zu Glaubhaftigkeitsgutachten und Mindestanforderungen für Schuldfähigkeitsbegutachtungen: Auswirkungen auf den Fall der Mitwirkungsverweigerung

Im Rahmen der Darstellung der Vorgehensweise des Sachverständigen bei einer Glaubwürdigkeitsbegutachtung wurde die Bedeutung des Grundsatzurteils des BGH bezüglich Glaubhaftigkeitsgutachten[393] für die Begutachtung im Falle der Untersuchungsverweigerung des Zeugen untersucht. Eine Aufgabe der bisherigen Rechtsprechung zur Glaubwürdigkeitsbegutachtung im Falle der versagten Einwilligung von Zeugen ist durch dieses Urteil trotz der dort festgehaltenen hohen Anforderungen an ein fachgerecht erstelltes Gutachten nicht erfolgt. Diesen dort beschriebenen Maßstäben muss selbstverständlich aber auch ein auf

393 BGHSt 45, 164 ff.

diese Weise erstattetes Gutachten gerecht werden. Was die Auswirkungen der von einer Expertengruppe formulierten Mindestanforderungen für die Schuldfähigkeitsbegutachtung[394] im Falle der Untersuchungsverweigerung anbelangt, gilt letztlich genau das Gleiche.

VI. Ethische Richtlinien und Untersuchungsverweigerung

Auch wurde die grundsätzliche Vereinbarkeit einer Begutachtung trotz Untersuchungsverweigerung mit den ethischen Richtlinien für Sachverständige herausgearbeitet. Aus diesen ist gleichwohl eine Pflicht des Sachverständigen, dem zu Begutachtenden gerade im Falle der Untersuchungsverweigerung besonders behutsam gegenüberzutreten, abzuleiten.

394 *Boetticher/Nedopil/Bosinski/Saß* NStZ 2005, 57 ff.

Kapitel II. Gutachten zur Glaubwürdigkeit des Zeugen und des (Mit-) Angeklagten

Nachdem im ersten Kapitel vor allem Prinzipielles bezüglich der Sachverständigentätigkeit insbesondere im Hinblick auf Glaubwürdigkeits- und Schuldfähigkeitsgutachten dargestellt worden ist, kann nun in diesem Kapitel aus rechtlicher Sicht zunächst vertieft auf Glaubwürdigkeitsgutachten bezüglich des Zeugen – hier wird das Problem der Rechtmäßigkeit einer Glaubwürdigkeitsbegutachtung ohne Einwilligung des Zeugen und deren Wert für die Wahrheitsfindung im Strafprozess als ein Schwerpunkt der Arbeit im Detail untersucht werden – und sodann auf Gutachten zur Glaubwürdigkeit von Angeklagten und von Mitangeklagten eingegangen werden.

A. Gutachten zur Glaubwürdigkeit des Zeugen

In diesem Abschnitt sollen zunächst die Pflichten von Zeugen im Hinblick auf die Wahrheitsfindung beschrieben und daran anschließend der rechtliche Rahmen der Glaubwürdigkeitsbegutachtung im Falle der vorhandenen und vor allem, im Unterschied dazu, im Falle der verweigerten Einwilligung des Zeugen untersucht werden.

I. Pflichten von Zeugen im Hinblick auf die Wahrheitsfindung

Vorab werden hier die Stellung von Zeugen im Strafprozess und deren Pflichten, insbesondere im Hinblick auf die Wahrheitsfindung, beschrieben. So kann an späterer Stelle die Frage, ob es auch zu den Pflichten des Zeugen gehört, eine durch den Sachverständigen vorgenommene Glaubwürdigkeitsbegutachtung ohne seine Einwilligung zu dulden, beantwortet werden.

1. Zeugnisfähigkeit

Zeugnisfähige Personen gehören zum Kreis derjenigen, deren Aussagen grundsätzlich auch einer Glaubwürdigkeitsbegutachtung unterzogen werden können. Die Zeugnisfähigkeit hat dabei grundsätzlich ein jeder inne – auch Kinder und Personen mit körperlichen oder geistigen Gebrechen, Verwandte und Angehörige, mit dem Angeklagten Befreundete und Verfeindete.[395] Was allerdings den

395 KK/*Pfeiffer*/*Hannich*[6] Einleitung Rn. 98; vgl. etwa auch *Volk*/*Engländer* § 21 Rn. 3.

Angeklagten anbelangt, so kann dieser in einem gegen ihn selbst gerichteten Strafprozess kein Zeuge sein, da er nicht zum Beweismittel gegen sich selbst werden darf.[396] Auch ein Mitangeklagter kann so nicht für oder gegen einen anderen Mitangeklagten als Zeuge aussagen.[397] Nur dann, wenn keine sogenannte „Klammer der prozessualen Gemeinsamkeit" vorhanden ist, was beispielsweise im Falle einer Verurteilung, einer Einstellung oder einer Abtrennung des gegen den Mitangeklagten geführten Prozesses der Fall ist, kann der Mitangeklagte auch die Rolle eines Zeugen einnehmen.[398]

2. Stellung des Zeugen

Ein in allen Zeugenvernehmungen auftretendes Problem stellt das deutliche Spannungsverhältnis zwischen der Wahrheitssuche auf der einen und dem Schutzbedürfnis des Zeugen auf der anderen Seite dar.[399] Kann man also eine Glaubwürdigkeitsbegutachtung – mit oder ohne Einwilligung des Zeugen – überhaupt mit dessen Stellung im Strafverfahren vereinbaren?

Die Auffassung, dass Zeugen nicht lediglich als Objekt der Beweisaufnahme, sondern auch als Verfahrenssubjekte anzusehen sind, deren Rechte, etwa das Recht auf Leben und körperliche Unversehrtheit (Art. 2 Abs. 2 S. 1 GG), das Persönlichkeitsrecht oder das Recht auf informationelle Selbstbestimmung (Art. 2 Abs. 1 GG in Verbindung mit Art. 1 Abs. 1 GG) von Seiten des Staates zu schützen sind, verbreitet sich erfreulicherweise zunehmend.[400] Zeugen haben, ganz allgemein gesprochen, „einen Anspruch auf eine angemessene Behandlung".[401]

Als besonders schutzbedürftig gelten dabei zum einen Zeugen, denen im Falle ihrer Aussage ein Angriff auf ihre Rechtsgüter droht, zum anderen Opferzeugen[402] und schließlich minderjährige Zeugen, gerade bei Gewaltverbrechen und Straftaten gegen die sexuelle Selbstbestimmung.[403] Dass ein Strafverfahren

---

396 *Eisenberg* Rn. 927 unter Verweis auf BGHSt 10, 8, 10.

397 *Eisenberg* Rn. 927 unter Verweis auf BGHSt 10, 8, 10 f.

398 KK/*Hannich* Vor § 48 Rn. 8.

399 *Meier* JZ 1991, 638, 639.

400 *Beulke* Rn. 196a; siehe auch BGH NStZ-RR 2009, 247; BVerfGE 38, 105, 114 (nicht bloßes Objekt des Verfahrens); dazu schon *Granderath* MDR 1983, 797, 798.

401 BVerfG NJW 2002, 955.

402 Eingehend zum Erfordernis, die Würde eines Zeugen ausreichend zu achten BGH NJW 2005, 1519, 1520 f. m.w.N.; siehe auch *Wegner* ZRP 1997, 404 ff.; *Walther* GA 2003, 204, 205.

403 *Beulke* Rn. 196a.

mit durchaus gravierenden Begleiterscheinungen für einen Opferzeugen einhergehen kann, zeigt der folgende Fall in aller Deutlichkeit:

> *„Die Ausführungen in ihren Abschiedsbriefen machten deutlich, daß die Angst und ihre Hemmschwelle, nach der psychologischen Exploration ein weiteres Mal vor fremden Menschen – also vor Gericht – über die Vorfälle sprechen zu müssen und das Gefühl als nicht glaubhaft betrachtet zu werden, bei der Geschädigten zu einem schweren psychischen Angstzustand geführt hatten.“*[404]

Schon die Erfahrung, dass die Glaubwürdigkeit an sich von Seiten der Verfahrensbeteiligten in Frage gestellt wird, stellt für viele Zeugen eine große Belastung dar.[405] Die Anwesenheit eines Sachverständigen kann ihr Übriges dazu beitragen. So antwortete etwa ein 10-jähriges Mädchen auf die Frage, über was sie einer Freundin oder einem Freund nach einer Gerichtsverhandlung berichten würde:

> *„Über die stickige Luft. Gutachter sind da. Beim ersten Anblick kriegt man Angst“.*[406]

Verbieten eine so beschriebene Stellung des Zeugen im Strafverfahren, seine Schutzbedürftigkeit und sein Anspruch auf angemessene Behandlung also eine Glaubwürdigkeitsbegutachtung ohne dessen Einwilligung? Sogar *Granderath*, der den Schutz des Tatopfers im Strafverfahren in den Fokus nimmt und dabei in allgemeiner Hinsicht betont, dass der Grundsatz der Verhältnismäßigkeit einen „hoheitlichen Eingriff in die Grundrechte des Zeugen nur insoweit, als ein solcher für die Wahrheitsfindung im Strafprozeß unerläßlich ist“, erlaube,[407] hält die Glaubwürdigkeitsbegutachtung des Zeugen ohne dessen Einwilligung durch einen Sachverständigen, der gemäß § 80 StPO vorgehen könne, problemlos für zulässig.[408]

Und auch *Meier*, der – im Rahmen der Erörterung des Spannungsverhältnisses zwischen der Wahrheitssuche und dem Zeugenschutz – bezüglich der Glaubwürdigkeitsbegutachtung ohne Einwilligung des Zeugen von einem „Trick“ spricht,[409] sieht das Problem dieser Vorgehensweise weniger in der Duldungspflicht des Zeugen als vielmehr in deren Wert für die Wahrheitsfindung verankert. Er nimmt auch explizit zur Stellung des Zeugen im Strafverfahren Stellung: Durch das Vorgehen nach § 80 Abs. 2 StPO werde diese nicht unrechtmäßig tangiert.[410]

---

404 *Langen* S. 143.
405 *Höynck* in: Verfahrensgerechtigkeit und Zeugenbeweis, S. 233.
406 *Busse/Volbert/Steller* S. 126 f.
407 *Granderath* MDR 1983, 797, 798.
408 *Granderath* MDR 1983, 797, 800.
409 *Meier* JZ 1991, 638, 642.
410 *Meier* JZ 1991, 638, 643.

Dieser Aussage kann im Grundsatz zugestimmt werden. Beim Zeugen handelt es sich nun einmal um ein der Wahrheitsfindung dienendes Beweismittel. Nur durch die Würdigung der Glaubhaftigkeit der Zeugenaussage – durch den gegebenenfalls durch einen Sachverständigen unterstützten Richter – kann ihm ein relevanter Beweiswert zugesprochen werden. Allerdings gilt dies nur unter folgendem Vorbehalt: Es muss hierbei bedacht werden, welche Unannehmlichkeiten es für einen Zeugen mit sich bringt, wenn er (ohne Einwilligung) durch einen Sachverständigen bezüglich seiner Glaubwürdigkeit begutachtet wird.[411] Etwaige Nachteile sind für den Zeugen generell möglichst zu vermeiden. Folglich sollte die Stellung des Zeugen, der ungeachtet seiner Funktion als Beweismittel eben nicht bloßes Objekt[412] des Verfahrens sein darf, dazu führen, dass insbesondere eine Glaubwürdigkeitsbegutachtung ohne Einwilligung des Zeugen – bei unterstellter Rechtmäßigkeit dieser – nur in den erforderlichen Fällen und dann so schonend wie nur möglich vorgenommen werden sollte.

Im Ergebnis erfordert die Zeugenrolle also einen behutsamen Umgang (auch im Sinne einer Beschränkung auf die wirklich notwendigen Fallkonstellationen[413]) mit der durch einen Sachverständigen vorgenommenen Glaubhaftigkeitsbegutachtung, insbesondere im Falle fehlender Einwilligung des Zeugen. Selbstverständlich ist es der Stellung des Zeugen auch geschuldet, dass sich sowohl eine mit als auch eine ohne Einwilligung des Zeugen vorgenommene Glaubwürdigkeitsbegutachtung nur im Rahmen des rechtlich Zulässigen bewegt.[414] Auf die hier auch mitentscheidende angemessene, bedachte Verhaltensweise des Sachverständigen gegenüber dem Zeugen wurde bereits hingewiesen.[415] Eine Unvereinbarkeit der Stellung des Zeugen im Strafverfahren mit einer im Rahmen des rechtlich Zulässigen vorgenommenen Glaubwürdigkeitsbegutachtung kann aber auch im Falle der fehlenden Einwilligung des Zeugen nicht angenommen werden.

---

411 Vgl. hierzu beispielsweise *Roggenwallner/Herrmann/Jansen* Rn. 827 (die Erstellung eines Glaubwürdigkeitsgutachtens werde von Opfern oftmals als verletzend empfunden, weil sie aufgrund der Heranziehung eines Sachverständigen zum Zwecke der Glaubwürdigkeitsbegutachtung befürchteten, dass der Wahrheitsgehalt ihrer Aussage bezweifelt würde).

412 Siehe aber *Bockelmann* GA 1955, 321, 335, nach dem jede psychologische Exploration den Begutachteten in gewisser Weise zu einem Verfahrensobjekt degradiert.

413 Dazu schon S. 13.

414 Vgl. dazu *Panhuysen* S. 64 (mit Kritik an der zu weit gehenden Auffassung von *Hellwig* S. 299) und S. 108.

415 Siehe Kapitel I. A. II. 2.

3. Pflichten des Zeugen

„Die Pflicht eines Zeugen, vor Gericht zu erscheinen" stellt nach dem Bundesverfassungsgericht nichts Geringeres als „eine von der StPO vorausgesetzte allgemeine Staatsbürgerpflicht" dar.[416] Im Folgenden gilt es – nach einer Darstellung der Haupt- und Nebenpflichten des Zeugen – zu untersuchen, ob auch die Duldung einer Glaubwürdigkeitsbegutachtung des Zeugen ohne dessen Einwilligung durch einen Sachverständigen von den Pflichten des Zeugen umfasst ist.

a) Hauptpflichten

Der Zeuge hat drei Hauptpflichten. Pflicht des ordnungsgemäß geladenen Zeugen ist zunächst einmal das Erscheinen vor Gericht (§§ 48 Abs. 1 S. 1, 51 StPO) und vor der Staatsanwaltschaft (§ 161a Abs. 1 S. 1, Abs. 2 StPO). Sodann ist der Zeuge gegenüber dem Gericht und der Staatsanwaltschaft dazu verpflichtet, auszusagen, §§ 48 Abs. 1 S. 2, 70 StPO gegebenenfalls in Verbindung mit § 161a Abs. 1 S. 1, Abs. 2 StPO. Von entscheidender Relevanz für das Strafverfahren, durch das die Wahrheit herausgefunden werden soll, ist dabei die Tatsache, dass der Zeuge hierbei der Wahrheitspflicht[417] unterliegt. Diese Pflicht kann man zunächst der Strafbarkeit wegen einer Falschaussage des Zeugen vor dem Richter gemäß §§ 153 ff. StGB, weiterhin § 57 S. 1 StPO, wonach Zeugen vor der Vernehmung *zur Wahrheit ermahnt und über die strafrechtlichen Folgen einer unrichtigen oder unvollständigen Aussage belehrt* werden, und schließlich der Eidesformel nach § 64 StPO entnehmen.[418] Die Erfüllung der Aussagepflicht des Zeugen soll dem Gericht bei der Ermittlung der Wahrheit helfen.[419] Diese Pflicht besteht nur in Ausnahmefällen nicht, nämlich dann, wenn Zeugnisverweigerungspflichten oder -rechte vorliegen.[420] Im Regelfall wird der Zeuge nicht vereidigt (siehe § 59 StPO).[421]

416 BVerfG NJW 2002, 955; zur grundsätzlichen Aussagepflicht von Minderjährigen *Otte* S. 181 ff.

417 Zur Pflicht zur wahrheitsgemäßen und vollständigen Aussage als vierter Hauptpflicht *Eisenberg* Rn. 1112.

418 *Beulke* Rn. 188.

419 *Kehr* NStZ 1997, 160, 162.

420 *Beulke* Rn. 188, 190 ff.

421 KK/*Hannich* Einleitung Rn. 329.

b) Nebenpflichten

Zu den Nebenpflichten gehören die Teilnahme an einer Gegenüberstellung (§ 58 Abs. 2 StPO) und an einer Augenscheinseinnahme sowie die Abgabe dienstlicher Äußerungen.[422]

Von Relevanz ist hier insbesondere, dass der Zeuge gemäß § 68a Abs. 2 S. 1 StPO auch sogenannte Generalfragen[423] zu beantworten hat, welche solche Umstände betreffen, die Erkenntnisse über die Glaubhaftigkeit seiner Aussage in der vorliegenden Sache, über seine Beziehung zum Beschuldigten oder Opfer erzielen lassen können (wobei diese Fragen aber erforderlich sein müssen).[424] Auch Umstände, welche den Zeugen unglaubwürdig wirken lassen, dürfen Gegenstand der Vernehmung sein, wobei jedoch für Fragen nach entehrenden Tatsachen die von § 68a StPO gezogenen Schranken zu beachten sind.[425]

Außerdem muss der Zeuge gemäß § 81c StPO unter den dort genannten Voraussetzungen Eingriffe an seinem Körper erdulden; dabei handelt es sich bei § 81c StPO um eine abschließende Regelung, weswegen Untersuchungen zu anderen als in dieser Norm erwähnten Zwecken unzulässig sind, wobei jedoch im Falle der Einwilligung des Zeugen in die Untersuchung die Beschränkungen des § 81c StPO gerade nicht berücksichtigt werden müssen.[426] Dieser Punkt ist von zentraler Bedeutung für die Glaubwürdigkeitsbegutachtung, wie gleich zu sehen sein wird.

c) Beurteilung der Glaubwürdigkeit – Zeugenpflichten

Fraglich ist, was den Zeugenpflichten bezüglich einer Beurteilung der Glaubwürdigkeit zu entnehmen ist.

---

422 KK/*Hannich* Vor § 48 Rn. 4; ausführlich auch zu weiteren Nebenpflichten *Eisenberg* Rn. 1184 ff.

423 Etwa LR/*Ignor*/*Bertheau* § 68 Rn. 18; *Meyer-Goßner* § 68a Rn. 6a; HK-GS/*Habetha* § 68a Rn. 4.

424 *Eisenberg* Rn. 1184; kritisch im Hinblick auf den Zeugenschutz *Bittmann* ZRP 2009, 212, 213.

425 *Eisenberg* Rn. 1184; siehe zu § 68a StPO etwa BGH NJW 2005, 1519, 1520 f.; zu diesem Beschluss auch *Folkers* in: Die Erhebung von Zeugenaussagen im Strafprozess, S. 148, 152 mit Kritik zum „Herumstochern“ während der Befragung.

426 *Eisenberg* Rn. 1198.

aa) Bedürfnis nach einer Prüfung der Glaubwürdigkeit

Der Zeuge gilt in der Praxis zwar als das bedeutendste Beweismittel,[427] wird aber im Grunde genommen einhellig gleichzeitig auch als das unzuverlässigste der StPO eingestuft.[428] Zu bedenken gilt es hierbei, dass „das Produkt Aussage" selbst bei vorhandenem Wahrheitsvorsatz des Zeugen eben keineswegs als ein „getreues Abbild einer Realität anzusehen" ist.[429] Die unbestrittene Unzuverlässigkeit dieses Beweismittels erklärt eindeutig das Bedürfnis nach einer umfassenden Prüfung der Glaubwürdigkeit des Zeugen bzw. der Glaubhaftigkeit der Zeugenaussage.

Was also würde eine Zeugenaussage ohne eine mögliche Beurteilung deren Glaubhaftigkeit für die Wahrheitserforschung bringen? Die Antwort muss lauten: schlicht gar nichts. Daran anschließend muss man sich die Frage stellen, woher dann eine Duldungspflicht im Hinblick auf diese Prüfung herrühren könnte. Die Wahrheitspflicht des Zeugen könnte hierbei wohl den entscheidenden Punkt darstellen: Wenn der Zeuge der Wahrheitspflicht unterliegt, so ist doch der Schluss naheliegend, dass damit automatisch auch die Möglichkeit einer Überprüfung dieser Pflicht und der Glaubhaftigkeit der Aussage einhergehen können muss.[430] Nimmt man die Duldungspflicht des Zeugen bezüglich einer Glaubwürdigkeitsprüfung demnach an, so muss man sich weiter fragen, was genau von dieser Duldungspflicht umfasst ist. Zunächst einmal geht es hier um die Beantwortung der Frage, ob eine solche nur bezüglich einer Überprüfung durch den Richter besteht oder ob sie auch die Hinzuziehung eines Sachverständigen einschließt.

Wie bereits dargelegt, ist die Beurteilung der Glaubhaftigkeit von Zeugenaussagen an sich Aufgabe des Richters. Für die Würdigung der Zeugenaussage bedarf es auch einer Einschätzung der allgemeinen Glaubwürdigkeit des Zeugen.[431] Bereits die Feststellung der Personalien, die zu Beginn der Zeugenvernehmung erfolgt, § 68 Abs. 1 StPO, soll unter anderem auch dieser Beurteilung der Glaubwürdigkeit des aussagenden Zeugen dienen.[432] Der Richter kann an den Zeugen

427 Siehe etwa in der Anlage D zu den Richtlinien für das Strafverfahren Punkt I. 1.4.

428 *Kett-Straub* ZStW 117 (2005), 354, 356; vgl. auch *Bender/Nack/Treuer* Rn. 2; *Walther* GA 2003, 204, 205; neue Vorgehensweisen zur Verbesserung von Zeugenaussagen zeigen aktuell etwa *Krix/Sauerland* PdR August 2013, 136 ff. auf.

429 *Steller/Volbert* in: Psychologie im Strafverfahren, S. 12, 13 (auch zu den Phasen der Aussageentwicklung).

430 Vgl. *Meier* JZ 1991, 638, 643.

431 LR/*Ignor/Bertheau* § 68 Rn. 18; BVerfGK 1, 145, 151.

432 *Meyer-Goßner* § 68 Rn. 1 m.w.N.; vgl. etwa auch *Panhuysen* S. 13.

gemäß § 68a Abs. 2 S. 1 StPO außerdem auch Fragen, die seine Glaubwürdigkeit betreffen, richten.[433] *Panhuysen* hat völlig zutreffend auf Folgendes hingewiesen: Wenn der Wahrheitsgehalt der Aussage anhand anderer Beweismittel oder Ergebnisse der Beweisaufnahme überprüfbar sei, könne der Richter im Wege des Vergleichs die Aussage für glaubhaft oder unglaubhaft erachten; schwierig werde die Beweiswürdigung für ihn also erst dann, wenn ihm nichts zur Verfügung stünde, was die Aussage bestätigen oder widerlegen könne.[434] Die Beantwortung der oftmals für den Ausgang eines Strafverfahrens entscheidenden Frage, ob die Zeugenaussage der Wahrheit entspricht, ist nach § 261 StPO am Ende jedenfalls Aufgabe des Richters, der diese verantwortungsbewusst zu bewerten hat.[435]

bb) Überblick: Möglichkeiten der Glaubwürdigkeitsbegutachtung

In besonderen Fällen bedarf es zur Beurteilung der Glaubhaftigkeit der Zeugenaussage, wie bereits erläutert, aber der Hinzuziehung sachverständiger Hilfe.[436] Es stellt sich mithin die Frage danach, welche Möglichkeiten die StPO für eine Glaubwürdigkeitsbegutachtung zur Verfügung stellt.

Angelpunkt ist hier letztlich die Vorschrift des § 81c StPO, welche die Untersuchung Nichtbeschuldigter regelt. Ohne ihre Einwilligung dürfen Zeugen danach *nur untersucht werden, soweit zur Erforschung der Wahrheit festgestellt werden muß, ob sich an ihrem Körper eine bestimmte Spur oder Folge einer Straftat befindet.* Für die Zulässigkeit von Glaubwürdigkeitsuntersuchungen im eigentlichen Sinn ergibt sich daraus, dass sie bei entgegengesetztem Willen des zu Begutachtenden nicht durchgeführt werden dürfen, sondern nur mit dessen Einwilligung.[437] Man kann also *Wüst* zustimmen und sagen, dass die abschließende Auflistung der zulässigen Vorgehensweisen die Pflicht des Zeugen, durch Duldung von Untersuchungen die Wahrheitserforschung zu fördern, eingrenzt.[438] Bezugspunkt einer Glaubwürdigkeitsuntersuchung sind weder der „Körper"

433 LR/*Ignor*/*Bertheau* § 68 Rn. 18.

434 *Panhuysen* S. 35.

435 *Brause* NStZ 2007, 505; zum „Spannungsverhältnis zwischen richterlicher Beweiswürdigung und der Tätigkeit des aussagepsychologischen Sachverständigen" *Kemme*/*Boetticher*/*Kolberg* PdR August 2013, 33 – nach geltender Rechtslage könne man dieses nur durch eine entsprechende Fortbildung der Richter in den Griff bekommen, S. 48.

436 Siehe dazu ausführlich Kapitel I. B. I. 2.

437 BGHSt 13, 394, 398; BGHSt 14, 21, 23.

438 *Wüst* S. 67.

des Zeugen noch „Spuren“ oder „Tatfolgen“, sondern die Eignung der Aussage als Beweis; von daher gibt es für eine zwangsweise durchgeführte Glaubwürdigkeitsuntersuchung keine Rechtsgrundlage.[439] Deswegen ist es auch allgemein anerkannt, dass der Zeuge nicht dazu verpflichtet ist, sich bezüglich der Glaubhaftigkeit der Aussage bzw. seiner Glaubwürdigkeit von einem Sachverständigen untersuchen zu lassen.[440]

Nach ganz herrschender Meinung soll es aber gleichwohl gleich zwei Möglichkeiten für die Erstellung eines Glaubwürdigkeitsgutachtens geben. Die erste Möglichkeit setzt die Einwilligung des Zeugen voraus: Er muss zu einer Teilnahme an der Begutachtung freiwillig bereit sein.[441] Dann darf eine Glaubwürdigkeitsuntersuchung im eigentlichen Sinne vorgenommen werden. Eine solche erfolgt in erster Linie anhand von psychologischen Testverfahren und einer Exploration.[442] Sie bedarf einer im Gerichtssaal so sicherlich nicht vorhandenen[443] „besonderen Situation“ und „Atmosphäre“.[444]

Liegt keine Einwilligung des Zeugen vor, hält die herrschende Meinung eine zweite Möglichkeit parat: Sie erachtet es als zulässig, dass der Sachverständige der richterlichen Vernehmung des Zeugen beiwohnt, dem Zeugen dort unmittelbar Fragen stellt und sodann auf dieser Grundlage das Gutachten erstellt (§ 80 Abs. 2 StPO).[445] Hier geht es dann aber gerade nicht um eine Untersuchung im eigentlichen Sinne.[446] Stattdessen müssen in einem solchen Fall vielmehr, wie der BGH es eher geheimnisvoll formuliert, „andere Wege“[447] beschritten werden.

Problematisch ist zunächst, ob letztere Möglichkeit tatsächlich von den Zeugenpflichten umfasst sein kann.

---

439 *Meier* JZ 1991, 638, 642.

440 Ausdrücklich etwa *Eisenberg* Rn. 1867.

441 Etwa *Meier* JZ 1991, 638, 642.

442 LR/*Krause* § 81c Rn. 8; *Eisenberg* StV 1995, 625 f.; *Eisenberg* Rn. 1864 zur Exploration und Rn. 1865 zum Test.

443 Vgl. dazu insbesondere BGHSt 7, 82 ff.; *Heinitz* in: FS für Engisch, S. 692, 699 f.; *Blau* GA 1959, 293, 297; *Otte* S. 59; *Toepel* S. 355 f. m.w.N.

444 *Eisenberg* Rn. 1866; vgl. auch *Dippel* in: FS für Tröndle, S. 600, 622.

445 Etwa *Meier* JZ 1991, 638, 642 f.; zur Begutachtung durch einen präsenten Sachverständigen *Aymans* StraFo 2007, 364, 366 f.

446 AnwK-StPO/*Walther* § 81c Rn. 11; siehe auch BGH StV 1995, 622.

447 BGHSt 23, 1, 2.

cc) Stimmen zur Pflicht des Zeugen, eine Glaubwürdigkeitsbegutachtung ohne dessen Einwilligung dulden zu müssen

Im Folgenden soll nun von daher ein umfassender Überblick über die Stimmen zur Frage nach der Pflicht des Zeugen, eine Glaubwürdigkeitsbegutachtung ohne dessen Einwilligung durch einen Sachverständigen dulden zu müssen, gegeben werden.

(1) Ansicht der Befürworter einer Begutachtung ohne Einwilligung

Denknotwendig sind diejenigen, die eine Pflicht zur Duldung einer Glaubwürdigkeitsbegutachtung ohne Einwilligung des Zeugen durch den Sachverständigen bejahen, generell auch Befürworter einer solchen Vorgehensweise, zumindest was deren Zulässigkeit anbelangt.

An erster Stelle soll die Ansicht des BGH aufgeführt werden:

> *„Die Zeugnispflicht schließt ein, daß der Zeuge die Prüfung seiner Glaubwürdigkeit dulden muß. Der Richter ist zu dieser Prüfung verpflichtet; es gibt keine gesetzliche Vorschrift, die ihm verböte, sich dabei der Hilfe eines Sachverständigen zu bedienen."*[448]

Von allen Befürwortern dieser Art der Begutachtung wird stets dieses Urteil des BGH aus dem Jahre 1969 zitiert. Der hier bereits gezogene Schluss[449], dass die Zeugnispflicht – genauer wohl die Pflicht zur wahrheitsgemäßen Aussage – die Prüfung der Glaubwürdigkeit zumindest durch den Richter beinhalten müsste, ist also auch vom BGH gezogen worden. Dass der Richter zu dieser Prüfung verpflichtet ist, ist letztlich auch zwingend, da die Aussage ohne Beurteilung deren Glaubhaftigkeit im Grunde genommen für die Wahrheitssuche tatsächlich wertlos ist.[450] Die Aussage, dass es keine gesetzliche Vorschrift gebe, die dem Richter verbiete, hierfür auf die Hilfe eines Sachverständigen zurückzugreifen, ist dahingehend auszulegen, dass der Sachverständige dem Richter grundsätzlich bei der Beurteilung der Glaubhaftigkeit der Zeugenaussage helfen dürfen soll. Dem ist an sich nichts entgegenzusetzen. Dies allein sagt aber nichts darüber aus, welcher Art diese Hilfe sein darf. Der diesbezügliche Hinweis auf eine mögliche Förderung nach § 80 Abs. 2 StPO[451] erscheint angesichts der bestehenden Problematik um diese Art der Begutachtung auch denkbar dünn.

---

448 BGHSt 23, 1, 2.

449 Siehe S. 85 f.

450 Vgl. *Panhuysen* S. 34.

451 BGHSt 23, 1, 2.

Auch in der Literatur äußert man sich bezüglich einer derartigen Pflicht des Zeugen. *Kett-Straub* etwa legt dar, dass „streng genommen" aus der Aussagepflicht des Zeugen die Pflicht zur Duldung der Beurteilung dessen Glaubwürdigkeit sowohl durch den Richter als auch durch einen Sachverständigen abgeleitet werde.[452] Bereits die Vorschrift des § 68 Abs. 4 StPO a.F. bzw. nun § 68a Abs. 2 S. 1 StPO zeige, dass der Zeuge die Glaubwürdigkeitsprüfung durch den Richter dulden müsse, und aus § 80 Abs. 2 StPO könne gefolgert werden, dass der Sachverständige unter der Leitung des Richters Fragen stellen dürfe.[453] Insofern würden keinerlei rechtliche Bedenken gegen dieses Vorgehen sprechen.[454] Die Duldung einer solchen Glaubwürdigkeitsbegutachtung werde somit „zur echten Nebenpflicht des Zeugen", weswegen seine Einwilligung auch nicht erforderlich sei.[455] Soweit ersichtlich, ist *Kett-Straub* die einzige, welche die Duldung dieser Vorgehensweise explizit als Nebenpflicht bezeichnet.

Nach *Krause*, der die Zulässigkeit dieser Vorgehensweise ebenfalls bejaht, kann man § 68 Abs. 4 StPO a.F. bzw. nun § 68a Abs. 2 S. 1 StPO sogar ganz klar entnehmen, dass die Aussagepflicht des Zeugen auch die Duldung seiner Glaubwürdigkeitsprüfung umfasst.[456]

Eschke, der die Zulässigkeit der Glaubwürdigkeitsbegutachtung trotz Untersuchungsverweigerung ebenfalls bejaht, betont, dass der Sachverständige an den Zeugen sämtliche Fragen, die zur Glaubwürdigkeitsbeurteilung erforderlich seien, richten dürfe. Auch er zieht die Pflicht zur Beantwortung solcher Fragen aus der Aussagepflicht.[457]

Schlüchter bejaht eine solche Pflicht ebenfalls: Im Falle der Verweigerung der Untersuchung könne der Sachverständige Fragen stellen, § 80 Abs. 2 StPO, und der Zeuge müsse diese beantworten, wobei diese Pflicht durch § 68 S. 3 StPO a.F. bzw. nun § 68a Abs. 2 S. 1 StPO „gestützt" sei.[458]

Ferner legt auch *Meier* dar, dass „aus der Pflicht des Zeugen zur wahrheitsgemäßen Aussage" gefolgert werde, dass der Zeuge die Glaubwürdigkeitsprüfung sowohl durch den Richter als auch durch den Sachverständigen zu dulden hätte. Was seine „Pflichtenstellung" anbelange, so könne hier nichts beanstandet werden; das Problem bei dieser Vorgehensweise bestehe weniger in der Duldungspflicht

452 *Kett-Straub* ZStW 117 (2005), 354, 373 m.w.N.
453 *Kett-Straub* ZStW 117 (2005), 354, 373.
454 *Kett-Straub* ZStW 117 (2005), 354, 373.
455 *Kett-Straub* ZStW 117 (2005), 354, 373.
456 LR/*Krause* § 81c Rn. 9 m.w.N.
457 *Eschke* NJW 1975, 354.
458 *Schlüchter*, Das Strafverfahren, Rn. 203.2.

des Zeugen als im fraglichen Beweiswert solcher auf diese Weise erstellten Gutachten.[459]

Im Ergebnis kann somit festgehalten werden: Diejenigen, die eine Duldungspflicht des Zeugen im Hinblick auf die zweite Möglichkeit der Begutachtung bejahen, sehen diese Duldungspflicht als von der Pflicht des Zeugen zur wahrheitsgemäßen Aussage umfasst an.

(2) Ansicht der Gegner einer Begutachtung ohne Einwilligung

Nachdem es nicht nur Befürworter einer solchen Glaubwürdigkeitsbegutachtung gibt, sind dementsprechend auch nicht alle der Ansicht, dass es zu den Zeugenpflichten gehört, eine solche Vorgehensweise zu dulden.

Hinsichtlich einer etwaigen Duldungspflicht eindeutig ablehnend äußert sich *Peters*, nach dem die Zeugnispflicht, anders als BGHSt 23, 1 dies erkläre, „keineswegs die Verpflichtung zur Unterstützung der richterlichen Glaubwürdigkeitsprüfung" umfasst.[460] Diesen Standpunkt bekräftigt er noch, indem er ausdrücklich erklärt, der gegenläufigen Ansicht „im Hinblick auf die unter Umständen weitreichenden Folgen für die Persönlichkeit des Zeugen" nicht zustimmen zu können.[461] In seiner Urteilsanmerkung zu BGHSt 23, 1 vertritt er in diesem Sinne folgenden Standpunkt:

> *„Soweit an den Zeugen Fragen gestellt werden, sei es vom Richter, sei es vom Sachverständigen, die der Glaubwürdigkeitsbegutachtung, damit der Untersuchung dienen (z. B. nach dem Verlauf der Erkrankung, nach der erblichen Belastung, nach Geschlechtsverkehr usw.), besteht keine Pflicht zur Beantwortung. Derartige Fragen zur Untersuchung braucht der Zeuge als außerhalb seiner Zeugenaussageverpflichtung liegend nicht zu beantworten."*[462]

Ein Blick auf § 68a Abs. 2 S. 1 StPO zeigt, dass diese Auffassung von *Peters* keinesfalls zu halten ist.

Dippel geht von daher auf den Einwand von *Peters*, dass ein Zeuge ausschließlich über Wahrnehmungen auszusagen brauche, hingegen keine Fragen im Hinblick auf seine Glaubwürdigkeit beantworten müsse, kritisch ein. § 68 S. 2 StPO

---

459 *Meier* JZ 1991, 638, 643.

460 *Peters*, Strafprozeß, S. 327.

461 *Peters*, Strafprozeß, S. 327 unter Bezug auf LR/*Meyer*[23] § 81c Rn. 9, der ein Vertreter der gegenläufigen Ansicht ist.

462 *Peters* JR 1970, 68, 69; vgl. auch *Peters*, Der Strafprozeß in der Fortentwicklung, S. 28, nach dem für einen Zeugen, der an einer Untersuchung nicht mitwirken muss, auch keine Pflicht besteht, Angaben zur Person, zu den familiären Verhältnissen oder der Lebensentwicklung zu machen, da dies nicht von der Zeugnispflicht umfasst sei.

a.F. bzw. nun § 68a Abs. 2 S. 1 StPO zeige gerade, dass die Aussagepflicht des Zeugen auch die Pflicht, eine Glaubwürdigkeitsprüfung zu dulden, umfasse.[463] Zwar sei es so, dass der Zeuge die Glaubwürdigkeitsprüfung dulden müsse. Dies sei jedoch nicht Gegenstand seiner Verweigerung. Er verweigere vielmehr die Untersuchung durch den Sachverständigen, die man entgegen seinem erklärten Willen mit richterlicher Unterstützung vornehme.[464] Begründet habe *Peters* seine Position mit dem Argument, dass es nicht sein könne, dass man die Unzulässigkeit der Untersuchung mittels einer Vernehmung umgehe. Die Mindermeinung sei aufgrund dieser Argumentation zu bevorzugen.[465]

Auch von *Wüst* wurde herausgearbeitet, dass das Begrenzen des Fragerechts alles andere als einfach sei und dass dieses es dem Sachverständigen nicht ermöglichen dürfe, die Vernehmung de facto an sich zu ziehen oder den Zeugen sogar zu explorieren.[466] Er argumentiert hier schlüssig:

> *„Ist der Zeuge schon nicht verpflichtet, an einer Exploration teilzunehmen, so kann er auch nicht durch seine Pflicht, vor dem Richter zu erscheinen und auszusagen, §§ 59 ff. StPO, zu einer derartigen Untersuchung gezwungen werden."*[467]

Zuzustimmen ist dieser Ansicht insofern, als dass es tatsächlich nicht dazu kommen darf, dass die Verweigerung der Einwilligung zur Glaubwürdigkeitsuntersuchung durch einen Sachverständigen auf diesem Wege umgangen wird. Ansonsten muss man sich nämlich wirklich mit *Wüst* die Frage stellen, welchen Sinn es macht, „wenn man im Rahmen des § 81c StPO die Einwilligung des Probanden verlangt, ihn aber über § 80 II StPO zwingt, gegen seinen Willen an einer Exploration über die Glaubwürdigkeit teilzunehmen."[468] Dies darf tatsächlich nicht der Fall sein.

(3) Fazit

Eine abschließende Entscheidung, ob es wirklich zu den Pflichten eines Zeugen gehört, eine Glaubwürdigkeitsbegutachtung ohne dessen Einwilligung durch einen Sachverständigen dulden zu müssen, kann erst am Ende dieses Kapitels nach einer Gesamtbetrachtung dieser Vorgehensweise vorgenommen werden.

463 *Dippel* S. 178; LR/*Krause* § 81c Rn. 9; *Blau* StV 1991, 406, 407: „Eine solche Argumentation ginge in der Tat fehl (arg.: §§ 80 Abs. 2, § 68 Satz 2 StPO)."

464 *Dippel* S. 178.

465 *Dippel* S. 178 f.

466 *Wüst* S. 55; vgl. auch *Panhuysen* S. 74.

467 *Wüst* S. 55.

468 *Wüst* S. 57.

Die herrschende Meinung jedenfalls sieht die Duldung dieser Form der Glaubwürdigkeitsbegutachtung als von der Pflicht zur wahrheitsgemäßen Aussage umfasst an. Allerdings ist den Kritikern insofern zuzustimmen, als dass es denknotwendig nicht zu den Zeugenpflichten gehören kann, das zu dulden, was man in rechtlicher Hinsicht verweigern durfte und auch verweigert hat. Andernfalls würde es sich tatsächlich schlichtweg um eine unzulässige Umgehung der rechtlichen Lage handeln.

Es ist nicht zu hoffen aber auch nicht wirklich ersichtlich, dass die herrschende Meinung eine Umgehung in diesem Sinne ernsthaft befürworten möchte. Somit zeichnet sich ab, dass der Kern der Problematik darin zu liegen scheint, was genau bei einer Glaubwürdigkeitsbegutachtung ohne Einwilligung des Zeugen von Seiten des Sachverständigen erlaubt ist, erlaubt sein darf, sprich wozu genau der Zeuge im Hinblick auf die Glaubwürdigkeitsbegutachtung bei verweigerter Einwilligung zur Untersuchung verpflichtet ist. Fraglich ist mithin, welches die gesetzlichen Möglichkeiten sind, die ausgeschöpft werden können. In diesem Sinne hält schon *Panhuysen* fest:

> *„Erst wenn die gesetzlichen Möglichkeiten ausgeschöpft sind, stellt sich die Frage nach der Einwilligung des Zeugen in solche Maßnahmen, die außerhalb der gesetzlichen Regelung stehen und deshalb von der zusätzlichen freien Entscheidung des Zeugen abhängen.“*[469]

Es gilt also, eine Grenzlinie zwischen den Möglichkeiten, welche die StPO bietet, und der Glaubwürdigkeitsbegutachtung mit Einwilligung des Zeugen zu ziehen. Diese Grenze muss möglichst exakt sein, damit die Möglichkeit einer Glaubhaftigkeitsbegutachtung trotz Untersuchungsverweigerung ihren faden Beigeschmack verliert.

II. Möglichkeiten der Glaubwürdigkeitsbegutachtung – der rechtliche Rahmen

In diesem Abschnitt soll nun erörtert werden, was genau der StPO im Hinblick auf die Möglichkeiten einer Erstellung von Glaubwürdigkeitsgutachten zu entnehmen, welches der rechtliche Rahmen für eine Glaubwürdigkeitsbegutachtung von Zeugen ist.

469 *Panhuysen* S. 65.

1. Gesetzliche Regelungen in Bezug auf die Erstellung von Glaubwürdigkeitsgutachten

Eine Vorschrift mit der etwaigen Bezeichnung „Glaubwürdigkeitsbegutachtung von Zeugen", die Anordnung und Durchführung einer solchen regelt, sucht man vergebens.[470] Die StPO regelt letztlich „zum Zwecke der Glaubwürdigkeitsprüfung weder körperliche noch psychische Untersuchungen des Zeugen".[471] Mit § 80 StPO findet sich jedoch eine Vorschrift, die ganz allgemein die Gutachtenvorbereitung des Sachverständigen regelt. Glaubwürdigkeitsgutachten sind davon mitumfasst. Die „Möglichkeiten und Grenzen" der Begutachtung erkennt man letztlich also dann, wenn man die §§ 80, 81c StPO betrachtet.[472]

Alles, was die StPO für die Erstellung von Gutachten, damit auch von Glaubwürdigkeitsgutachten, erlaubt, ist von einer Einwilligung des Zeugen unabhängig. Der BGH formuliert das so:

> *„Widerspruch des Zeugen [...] kann sich nur im Teilbereich des § 81c StPO auswirken."*[473]

Folglich ist hier eine genaue Betrachtung von § 80 StPO angezeigt, um die Zulässigkeit einer Glaubwürdigkeitsbegutachtung des Zeugen ohne dessen Einwilligung beurteilen zu können. Weiterhin bedarf es auch eines genaueren Blickes auf § 68a StPO.

Während sich übrigens in der StPO keine einzige Vorschrift findet, die den Begriff der Glaubwürdigkeit oder der Glaubhaftigkeit im Zusammenhang mit Sachverständigen auch nur erwähnt, wird man in den RiStBV fündig. Nr. 19 Abs. 5 RiStBV besagt so im Zusammenhang mit der Vernehmung von Kindern und Jugendlichen: *Bleibt die Glaubwürdigkeit zweifelhaft, so ist ein Sachverständiger, der über besondere Kenntnisse und Erfahrungen auf dem Gebiet der Kinderpsychologie verfügt, zuzuziehen.* Dies ist nach dem Wortlaut auch ohne die Einwilligung des Zeugen möglich. Über die Zuziehung an sich hinaus wird dort freilich aber nichts gesagt.

---

470 Vgl. *Schoreit* StV 2004, 284, 285; siehe aber etwa *Otte* S. 263 ff. zu einem „Entwurf zur Regelung der rechtlichen Voraussetzungen der Anordnung und Durchführung von Glaubwürdigkeitsuntersuchungen".

471 *Panhuysen* S. 77.

472 *Panhuysen* S. 64 f.

473 BGHSt 23, 1, 2.

a) Vorbereitung des Gutachtens, § 80 StPO

Bereits zum Zeitpunkt der Auftragserteilung sind dem Sachverständigen, im Rahmen des Möglichen, die entsprechenden Anknüpfungstatsachen zur Verfügung zu stellen.[474] Der Sachverständige muss seinen Auftraggeber um die weitere Sachaufklärung zur Erlangung einer ausreichenden Basis für die erwünschte Gutachtenerstattung bitten, wenn er eine Ergänzung dieser für notwendig erachtet.[475] Bedeutung kommt § 80 StPO auch insoweit zu, als dass sie dem Sachverständigen die willkürliche weitere Aufklärungsarbeit eindeutig untersagt.[476]

Im Folgenden wird die Regelung des § 80 StPO in zweierlei Hinsicht erläutert. Zum einen wird die Vorbereitung von Gutachten jeglicher Art im Allgemeinen zu beschreiben sein. Zum anderen ist speziell auf die Vorbereitung von Glaubwürdigkeitsgutachten, insbesondere im Falle der versagten Einwilligung des Zeugen, einzugehen.

aa) Vorbereitung des Gutachtens vor der Hauptverhandlung

Der Sachverständige kann schon vor der Hauptverhandlung sein Glaubwürdigkeitsgutachten vorbereiten.

(1) Erforderliche weitere Aufklärung

§ 80 Abs. 1 StPO ist zu entnehmen, dass der Sachverständige das Gericht gegebenenfalls auf das Fehlen von Anknüpfungstatsachen aufmerksam machen muss und dass die Bereitstellung der Grundlagen für die Gutachtenerstattung nicht im freien Ermessen des Gerichts steht, dieses den Sachverständigen vielmehr im Rahmen der Amtsaufklärungspflicht gemäß § 244 Abs. 2 StPO ausreichend mit Anknüpfungstatsachen versorgen muss.[477]

---

474 *Meyer-Goßner* § 78 Rn. 4, § 80 Rn. 1.

475 *Meyer-Goßner* § 80 Rn. 1.

476 LR/*Krause* § 80 Rn. 2; siehe auch OLG Köln StraFo 2011, 504, 505 (eigene Ermittlungstätigkeit unzulässig); ausführlich zur Ermittlungstätigkeit des Sachverständigen SK-StPO/*Rogall* § 80 Rn. 16 ff. (unter dem Begriff der eigenständigen Ermittlungen sind ihm zufolge Tätigkeiten zu verstehen, „die *unmittelbar* auf die *Erhebung von Anknüpfungstatsachen* gerichtet sind"; Hervorhebung im Original); für „eine elastischere Auslegung" des § 80 StPO *Heinitz* in: FS für Engisch, S. 692, 702; zum „Problem unzulässiger eigener Ermittlungen des Sachverständigen" auch *Dippel* in: FS für Müller, S. 125, 140 ff.; siehe auch *Rohmann* StraFo 2006, 401, 402.

477 LR/*Krause* § 80 Rn. 3; siehe auch HK-StPO/*Brauer* § 80 Rn. 1.

(2) Akteneinsichtsrecht

Das Recht zur Akteneinsicht stellt eine Möglichkeit des Sachverständigen zur Gutachtenvorbereitung dar. Das Gericht muss dem Wunsch des Sachverständigen, die Akten einzusehen, aber nicht immer nachkommen; vielmehr hat es unter Einhaltung seiner Aufklärungs- und Leitungspflicht pflichtgemäß über die Gestattung der Akteneinsicht, die Vor- und Nachteile abwägend, zu entscheiden.[478] Für die „Unparteilichkeit der Gutachtenerstattung und zur Vermeidung von Vorprägungen des Sachverständigen" ist es so zuweilen besser, die Akteneinsicht zu verwehren oder zumindest einzuschränken.[479]

Gerade bei einer Gutachtenerstattung, die mangels Einwilligung des Zeugen ohne Glaubwürdigkeitsuntersuchung auskommen muss, wird dem Sachverständigen – wenn auch keinesfalls automatisch – gleichwohl möglichst umfänglich Akteneinsicht zu gewähren sein, da es sich hierbei um eine durchaus entscheidende Grundlage für das Gutachten handeln kann. Dabei muss die gerade genannte Gefahr, die hier mangels Ergebnissen einer Glaubwürdigkeitsuntersuchung tendenziell eher erhöht ist, freilich verstärkt in das Bewusstsein sowohl des Gerichts als auch des Sachverständigen treten.

(3) Kein eigenes Vernehmungsrecht des Sachverständigen

Der Sachverständige ist zu Vernehmungen nach ganz herrschender Meinung nicht befugt.[480] Nur an durch den Richter, den Staatsanwalt oder den Polizisten durchgeführte Vernehmungen wird hier gedacht.[481] Vernimmt der Sachverständige trotzdem, so ist diese Vernehmung bedeutungslos, weswegen sie

---

478 LR/*Krause* § 80 Rn. 4; SK-StPO/*Rogall* § 80 Rn. 10.

479 LR/*Krause* § 80 Rn. 4; dazu auch HK-GS/*Neuhaus* § 80 Rn. 6; SK-StPO/*Rogall* § 80 Rn. 10; *Schlothauer* in: Psychologie der Zeugenaussage, S. 143, 145; *Groß/Fünfsinn* NStZ 1992, 105, 110 (es sei Sache der Staatsanwaltschaft, zu überprüfen, inwiefern Aktenteile, die „besonders sensible Daten" enthielten, ausgesondert werden müssten); siehe aber *Foerster/Winckler* in: Psychiatrische Begutachtung, S. 17, 19 (Sachverständiger brauche immer alle Akten).

480 Etwa *Meyer-Goßner* § 80 Rn. 2; BGH JR 1962, 111; LR/*Krause* § 80 Rn. 5; HK-StPO/*Brauer* § 80 Rn. 2; SK-StPO/*Rogall* § 80 Rn. 4; vgl. auch in Bezug auf Wirtschaftsstrafverfahren *Wolf* ZWH 2012, 125, 130 („passive Rolle des Sachverständigen"); a.A. wohl *Fincke* ZStW 86 (1974), 656, 667; *Renzikowski* NJW 1990, 2905, 2906 findet dies aus medizinischer Perspektive problematisch.

481 *Meyer-Goßner* § 80 Rn. 2; *Greuel/Offe/Fabian/Wetzels/Fabian/Offe/Stadler* S. 267.

gegebenenfalls auf rechtmäßige Weise wiederholt werden muss.[482] *Schoreit* zufolge, der § 80 Abs. 2 StPO für „zu eng" hält, beeinträchtigt die derzeitige Gesetzeslage „die Arbeit der psychologischen Sachverständigen zum Teil unerträglich", da diese seiner Ansicht nach „für die Aussageanalyse neuen Stils" auf „ausführliche eigene Vernehmungen" geradezu angewiesen sind.[483] Dem kann jedoch im Ergebnis nicht zugestimmt werden, da es sich beim Sachverständigen nun einmal (lediglich) um ein Beweismittel und gerade nicht um ein Vernehmungsorgan handelt.[484]

Der Sachverständige ist aber sehr wohl dazu befugt, die Vernehmung von Zeugen zumindest anzuregen, wobei das Gericht diesem Wunsch nicht immer nachkommen muss.[485] Zeugen sind jedoch sehr wohl zu vernehmen, wenn deren Aussagen für die Gutachtenerstattung unbedingt gebraucht werden.[486]

Auch im Rahmen von psychiatrischen und psychologischen Explorationen darf der Sachverständige den zu Begutachtenden nicht vernehmen.[487] Auch hier hat der Sachverständige keine Befugnis, eigene Ermittlungen durchzuführen.[488]

Auf der einen Seite gibt § 80 StPO zwar keinesfalls auch nur einen „Anhaltspunkt für ein [dem Sachverständigen zustehendes] Explorationsrecht".[489] Wenn aber eine entsprechende Einwilligung des Zeugen vorliegt, so steht *Rogall* zufolge § 80 StPO auf der anderen Seite einer Exploration des Zeugen durch den Sachverständigen, sofern nicht das Urteil, sondern das Gutachten die Zielrichtung der Erhebung darstellt, aber auch nicht entgegen.[490]

Eine Rechtsgrundlage für eine Glaubwürdigkeitsuntersuchung im eigentlichen Sinne stellt § 80 StPO nach alledem jedenfalls nicht dar.

---

482 *Pfeiffer* § 80 Rn. 1; KK/*Senge* § 80 Rn. 2.

483 *Schoreit* StV 2004, 284, 287.

484 SK-StPO/*Rogall* § 80 Rn. 8.

485 SK-StPO/*Rogall* § 80 Rn. 2.

486 LR/*Krause* § 80 Rn. 5; so auch SK-StPO/*Rogall* § 80 Rn. 2.

487 So die herrschende Meinung, etwa KMR/*Neubeck* § 80 Rn. 3; AnwK-StPO/*Krekeler/Werner* § 80 Rn. 2; HK-StPO/*Brauer* § 80 Rn. 2; *Meyer-Goßner* § 80 Rn. 2; Radtke/Hohmann/*Beukelmann* § 80 Rn. 2; siehe auch BeckOK-StPO/*Monka* § 80 Rn. 2; BGH StV 2003, 537; zum Unterschied zwischen Vernehmungen und Explorationen auch *Steller/Volbert* PdR November 1999, 46, 66; *Volbert/Steller* in: Psychiatrische Begutachtung, S. 817, 845; *Foerster/Foerster* in: FS für Schöch, S. 1007, 1016; a.A. *Dippel* in: FS für Tröndle, S. 600, 621.

488 LR/*Krause* § 80 Rn. 8 m.w.N.; dagegen aber *Cabanis* NJW 1978, 2329, 2331 und *Fincke* ZStW 86 (1974), 656, 664.

489 *Panhuysen* S. 72.

490 SK-StPO/*Rogall* § 80 Rn. 17.

(4) Problematik der informatorischen Befragungen

Der Sachverständige darf zwar nicht vernehmen, nach wohl noch herrschender Meinung Zeugen aber immerhin informatorisch befragen.[491] *Eisenberg* meldet diesbezüglich neben „strafprozessualen Einwänden auch rechtstatsächliche Bedenken“ an.[492] Wenngleich sich der BGH nicht zur Annahme der Unzulässigkeit eines solchen Vorgehens durchringen konnte, so weist er doch zumindest auf bestehende Bedenken hin:

> *„Eine derartige Vorgehensweise ist […] bislang grundsätzlich als zulässig angesehen worden […]. Der Senat läßt ausdrücklich offen, ob dem trotz erheblicher strafprozessualer und rechtsstaatlicher Einwände […] weiterhin zu folgen ist.“*[493]

Weiter heißt es im Grundsatzurteil des BGH zur Glaubhaftigkeitsbegutachtung, dass sich die „prozessual jedenfalls nicht zu beanstandende Verfahrensweise“ § 80 StPO entnehmen lasse, wonach „der Sachverständige, der die Befragung weiterer Zeugen zur Vorbereitung seines Gutachtens für erforderlich hält, bei Staatsanwaltschaft oder Gericht auf deren Vernehmung hinzuwirken“ habe.[494] Nach hier vertretener Ansicht sollten die vorgebrachten Bedenken und die Tatsache, dass es ja eine Vorgehensweise gibt, die mit der StPO im Einklang steht, zur Annahme der Unzulässigkeit einer durch Sachverständige durchgeführten informatorischen Befragung führen.[495]

---

491 Etwa KK/*Senge* § 80 Rn. 2 m.w.N.; Radtke/Hohmann/*Beukelmann* § 80 Rn. 2 („in begrenztem Umfang“); kritisch etwa LR/*Krause* § 80 Rn. 5 m.w.N.; herrschend ist SK-StPO/*Rogall* § 80 Rn. 18 zufolge die Ansicht, nach welcher der Sachverständige informatorische Befragungen durchführen darf, sofern es bei diesen nur um die Klarstellung, wo sich beweiserhebliches Tatsachenmaterial befindet, geht.

492 *Eisenberg* Rn. 1873; siehe auch LR/*Krause* § 80 Rn. 5 („Gefahr früher Festlegungen“); ablehnend auch *Schlothauer* in: Psychologie der Zeugenaussage, S. 143, 146.

493 BGHSt 45, 164, 174; siehe auch LG Essen StV 2006, 521 mit Anm. *Nagler* (Annahme von Befangenheit, weil Sachverständiger informatorisch befragt und die Ergebnisse dieser Befragung in seinem Gutachten verwertet hat).

494 BGHSt 45, 164, 174; dazu *Steller*/*Volbert* PdR November 2000, 102, 109; *Jansen* Rn. 348 (sollten „nur sehr zurückhaltend erfolgen“); ausführlich dazu auch LR/*Krause* § 80 Rn. 5 m.w.N.; ablehnend auch *Köhnken* in: Die Erhebung von Zeugenaussagen im Strafprozess, S. 1, 33 f.

495 Vgl. auch SK-StPO/*Rogall* § 80 Rn. 19.

(5) Teilnahme an Vernehmungen

Gemäß § 80 Abs. 2 StPO kann dem Sachverständigen auch gestattet werden, der Vernehmung von Zeugen beizuwohnen. Dieses Anwesenheitsrecht kann ihm in jedem Verfahrensstadium zugestanden werden.[496] Die Anwesenheit des Sachverständigen in der Hauptverhandlung kann auch immer dazu führen, dass er die zu beurteilende Zeugenaussage anders als in seinem schriftlichen Gutachten bewertet.[497]

Panhuysen hat darauf aufmerksam gemacht, dass es für den Sachverständigen auf diese Weise auch automatisch möglich sei, den Zeugen zu beobachten.[498] Zum vorhandenen Wert einer solchen Beobachtung äußerte sie sich wie folgt:

> *„Das Verhalten des Zeugen während der Vernehmung, seine Sicherheit oder Unsicherheit im Auftreten bei bestimmten, seine Beziehung zu Tat und Täter berührenden Aussagepunkten, sein Erröten, Erbleichen, Zittern, sein Gesichtsausdruck, seine Mimik und Gesten können dem sachkundigen Auge des Psychologen oder Psychiaters Hinweise und Anhaltspunkte geben, um die Persönlichkeit und Glaubwürdigkeit dieses Zeugen in der gegebenen Prozeßsituation zu beurteilen."*[499]

Dabei ist gleichwohl auch ihr zufolge fraglich, ob sich aus dem Bild, das der Sachverständige durch die Beobachtung des Zeugen erhält, eine ausreichende Grundlage für die Erstellung eines fundierten Gutachtens ergibt; dies zu entscheiden, müsse dem Sachverständigen in jedem Einzelfall überlassen bleiben.[500] Diese Einschränkung muss natürlich erst recht für den Fall gelten, in dem der Sachverständige mangels Einwilligung des Zeugen ohne eine Glaubwürdigkeitsuntersuchung auskommen muss.

Entscheidend ist hier: Der Sachverständige kann an einer Vernehmung auch dann teilnehmen, wenn der zu begutachtende Zeuge in die Glaubwürdigkeitsuntersuchung gerade nicht einwilligt.[501] Oder besser gesagt: Das Gesetz schließt diese Konstellation zumindest nicht aus. Der Sachverständige soll nach herrschender Meinung also auf der Grundlage derjenigen Eindrücke, die er durch die richterliche Vernehmung erhalten hat, zur Glaubwürdigkeit des Zeugen

496 SK-StPO/*Rogall* § 80 Rn. 12.
497 Siehe etwa BGH NStZ 2013, 55, 56.
498 *Panhuysen* S. 73.
499 *Panhuysen* S. 73.
500 *Panhuysen* S. 73; zur Beobachtung des Zeugen Kapitel II. A. III. 4. b) bb) (2).
501 LR/*Krause* § 80 Rn. 8.

Stellung nehmen können.[502] Auch hier dürfen dem Sachverständigen Untersuchungen mit Vernehmungscharakter, was sogleich noch zu erläutern sein wird, selbstverständlich nicht erlaubt sein.[503]

(6) *Fragerecht*

Während die Frage nach dem Anwesenheitsrecht des Sachverständigen zunächst keine größeren Probleme aufwirft, ist die Begrenzung des Fragerechts des Sachverständigen – auch darauf hat schon *Panhuysen* hingewiesen – sogleich wesentlich schwieriger in den Griff zu kriegen.[504]

Das Gericht bzw. allgemein das Strafverfolgungsorgan[505] kann nach seinem Ermessen entscheiden, ob der Sachverständige an den Zeugen unmittelbar Fragen richten darf.[506] Der Zeuge ist aufgrund seiner Aussagepflicht (die er gegenüber dem Gericht und der Staatsanwaltschaft hat) dazu verpflichtet, die Fragen des Sachverständigen zu beantworten.[507] Es darf dem Sachverständigen nicht die gesamte Befragung übertragen werden.[508] Vielmehr darf der Sachverständige dem Zeugen bloß vereinzelt Fragen stellen und das auch nur dann,

---

502 LR/*Krause* § 80 Rn. 8 (auch zum geringeren Beweiswert von auf diese Weise „mittelbar erstellten Gutachten").

503 LR/*Krause* § 80 Rn. 8.

504 *Panhuysen* S. 74; zu diesem Problem auch *Schuster* S. 79 ff., der aber letztlich die Auffassung vertritt, dass der Zeuge auch eine Vernehmung, „bei der die wesentlichen Fragen vom Sachverständigen gestellt werden", dulden müsse.

505 Siehe etwa SK/*Rogall* § 80 Rn. 12, 14; KMR/*Neubeck* § 80 Rn. 3 (Fragerecht bei Vernehmungen durch Staatsanwaltschaft oder Gericht); OLG Köln StraFo 2011, 504, 505 (polizeiliche Vernehmung); siehe auch den Vorschlag für eine Änderung der StPO von *Langen* S. 171 (Der erste Absatz eines neuen § 80b StPO solle lauten: *Zu der ersten polizeilichen Vernehmung eines kindlichen Zeugen in Verfahren wegen des Verdachts des sexuellen Mißbrauchs an dem Zeugen ist ein aussagepsychologisch geschulter Psychologe als Sachverständiger hinzuzuziehen.* § 80b Abs. 2 StPO würde vorsehen, dass das Fragerecht *sowohl dem Polizeibeamten als auch dem Sachverständigen* zustünde.).

506 *Meyer-Goßner* § 80 Rn. 5; zur Verletzung der Amtsaufklärungspflicht *Schlothauer/Weider* Rn. 1042 ff.

507 *Schlüchter*, Das Strafverfahren, Rn. 203.2; *Eisenberg* Rn. 1590; LR/*Krause* § 80 Rn. 12; *Panhuysen* S. 73.

508 OLG Köln StraFo 2011, 504, 505; *Meyer-Goßner* § 80 Rn. 2; BeckOK-StPO/*Monka* § 80 Rn. 3; LR/*Krause* § 80 Rn. 6, 12; HK-StPO/*Brauer* § 80 Rn. 2; *Rohmann* StraFo 2006, 401, 402.

wenn dies für die Gutachtenerstattung unbedingt erforderlich ist.[509] An dieser Stelle muss auch hervorgehoben werden: Das dem Sachverständigen durch § 80 Abs. 2 StPO eingeräumte Fragerecht darf nicht dazu führen, dass er den Zeugen vernimmt.[510] Nach § 241 Abs. 2 StPO können *ungeeignete oder nicht zur Sache gehörende Fragen* von Seiten des Vorsitzenden zurückgewiesen werden. *Panhuysen* stellt diesbezüglich, im Hinblick auf die Glaubwürdigkeitsbegutachtung, fest:

> *„Nun kann eine Frage dem Sachverständigen, der allein die Glaubwürdigkeitsfeststellung im Auge hat, noch durchaus als geeignet und sachdienlich erscheinen, wenn sie dem Zeugen bereits äußerst peinlich wird und sich deshalb dem Richter die Frage der Ungeeignetheit nach § 68 a aufdrängt. Interessiert den Sachverständigen verständlicherweise, ob und an welche Krankheiten, pathologischen oder neurotischen Erscheinungen sich der Zeuge erinnert, so wird dieser bestrebt sein, sein persönliches Schicksal, zumal wenn Ansehen und Ehre auf dem Spiel stehen, möglichst den Augen der Öffentlichkeit zu verbergen. Das Maß der dem Zeugen zuzumutenden Enthüllung kann nicht als eine Frage bloßen Takts, sei es des Sachverständigen oder des Richters, behandelt werden. Die Auffassungen von taktvollem Verhalten sind zu verschieden und dehnbar, als daß sie zur Begrenzung rechtlicher Positionen herangezogen werden könnten.“*[511]

Damit ist ein Kernproblem deutlich geworden: Welche Fragen genau dürfen vom Sachverständigen im Rahmen des § 80 Abs. 2 StPO – unter Berücksichtigung von § 68a Abs. 2 S. 1 StPO – gestellt werden? Insbesondere für den Fall der Glaubwürdigkeitsbegutachtung ohne Einwilligung des Zeugen ist die Beantwortung dieser an späterer Stelle zu beantwortenden Frage essentiell. Im Übrigen wird zwar die sich aus § 80 Abs. 2 StPO ergebende Möglichkeit, Fragen zu stellen, durch die Vorschrift des § 241a StPO nicht tangiert, deren Schutzzweck muss jedoch sehr wohl berücksichtigt werden.[512]

Wenn es mangels Einwilligung des Zeugen zu keiner Glaubwürdigkeitsuntersuchung im eigentlichen Sinne kommen darf, muss verhindert werden, dass das Fragerecht eine Umgehung der versagten Einwilligung ermöglicht, zumal eben eine Pflicht zur Beantwortung der durch den Sachverständigen gestellten Fragen besteht. In diesem Punkt scheinen sich Kritiker wie Befürworter der Glaubwürdigkeitsbegutachtung trotz Untersuchungsverweigerung einig zu sein.

Damit geht jedoch auch ein deutlicher Verlust an Begutachtungsmaterial einher. So meint etwa *Schlothauer*:

---

509 LR/*Krause* § 80 Rn. 6; OLG Köln StraFo 2011, 504, 505; siehe auch *Jansen* Rn. 173.

510 LR/*Krause* § 80 Rn. 6; SK-StPO/*Rogall* § 80 Rn. 14.

511 *Panhuysen* S. 74.

512 KK/*Schneider* § 241a Rn. 3.

„*Eine Exploration im eigentlichen Sinne kann diese Art der Befragung [...] sicherlich nicht ersetzen.*“[513]

Dieser Erkenntnisverlust ist nach geltender Rechtslage aber schlichtweg hinzunehmen.

(7) Weitere Beweiserhebungsmöglichkeiten

Außerdem können dem Sachverständigen entsprechende Urkunden oder Augenscheinsobjekte zugänglich gemacht werden,[514] er kann Örtlichkeiten auch eigenständig aufsuchen,[515] er darf anregen, auch andere Sachverständige zur Hilfe hinzuzuziehen und behördliche Auskünfte einzuholen[516] und er darf auch Auskünfte beispielsweise des Wetteramts einholen und behördliche Akten wie etwa Krankengeschichten verwenden[517]. Allerdings darf er keine schriftlichen Auskünfte von in der Hauptverhandlung als Zeugen zu vernehmenden Personen einholen und, sofern sie Bestandteil der Akten sind, diese auch nicht im Gutachten verwerten.[518]

bb) Erstattung des Gutachtens während der Hauptverhandlung

Eine Vorbereitung des Gutachtens ist nicht nur vor, sondern auch während der Hauptverhandlung möglich.[519] Wie bereits erläutert, steht es im Ermessen des Gerichts, in welchem Umfang der Sachverständige in der Hauptverhandlung anwesend zu sein hat.[520] Psychologische Sachverständige sollen jedoch – zumindest im Regelfall – dauerhaft anwesend sein müssen.[521] Nach § 80 Abs. 2 StPO kann dem Sachverständigen die Möglichkeit eingeräumt werden, der Vernehmung

---

513 *Schlothauer* in: Psychologie der Zeugenaussage, S. 143, 145.

514 LR/*Krause* § 80 Rn. 10 m.w.N.

515 LR/*Krause* § 80 Rn. 10; SK-StPO/*Rogall* § 80 Rn. 20 m.w.N.; a.A. AK/*Wassermann* § 80 Rn. 4.

516 LR/*Krause* § 80 Rn. 10.

517 LR/*Krause* § 80 Rn. 10; SK-StPO/*Rogall* § 80 Rn. 20.

518 LR/*Krause* § 80 Rn. 10.

519 SK-StPO/*Rogall* § 80 Rn. 5; LR/*Krause* § 80 Rn. 11 f.

520 KK/*Senge* § 80 Rn. 4 m.w.N.; siehe dazu schon S. 55.

521 HK-GS/*Neuhaus* § 80 Rn. 9 unter Verweis auf BGHSt 19, 367; siehe aber BGH StV 2011, 711 f. (der Sachverständige sei nicht allein aufgrund der Tatsache, dass er während der Zeugenvernehmung nicht in der Hauptverhandlung anwesend gewesen sei, als völlig ungeeignetes Beweismittel im Sinne von § 245 Abs. 2 StPO einzustufen; dies müsse gleichwohl auf der Ebene der Beweiswürdigung beachtet werden).

von Zeugen beizuwohnen und diesen unmittelbar Fragen zu stellen, was eben auch in der Hauptverhandlung möglich ist.[522]

Dass insbesondere im Falle einer Gutachtenerstattung, die ohne die Einwilligung des Zeugen auskommen muss, die Anwesenheit des Sachverständigen in der Hauptverhandlung besonders wichtig ist, liegt auf der Hand: Die Datenbasis für das zu erstellende Gutachten wird nämlich hauptsächlich in dieser erhoben werden können.

b) Informationsgewinnung des Sachverständigen grundsätzlich nur mit Genehmigung des Auftraggebers

Festzuhalten bleibt nach alledem auch: Aus der Vorschrift des § 80 StPO kann gefolgert werden, dass es für den Sachverständigen grundsätzlich „keine Informationsgewinnung ohne Genehmigung durch den Auftraggeber" gibt.[523] Mit anderen Worten: Eine „eigenmächtige und beliebige weitere Aufklärung" ist dem Sachverständigen untersagt.[524] Gleichwohl wird das Gericht aufgrund der Amtsaufklärungspflicht nach § 244 Abs. 2 StPO regelmäßig dazu verpflichtet sein, auf das Verlangen des Sachverständigen hin für weitere sachdienliche Aufklärung zu sorgen.[525]

Klar muss damit auch eines geworden sein: Auch eine Glaubwürdigkeitsbegutachtung ohne Einwilligung des Zeugen kommt ohne die Genehmigung des Auftraggebers zur Informationsgewinnung nicht aus. Auch bzw. gerade hier wird das Gericht im Rahmen seiner Leitungs- und Aufklärungspflicht ganz genau entscheiden müssen, was der Sachverständige darf und was nicht, um nicht nur der Wahrheitserforschung, sondern auch dem Zeugenschutz gerecht werden zu können.

c) § 68a Abs. 2 S. 1 StPO: Inhalt der Regelung

Neben § 80 Abs. 2 StPO ist auch die bereits im Rahmen der Erörterung der Zeugenpflichten erwähnte Regelung des § 68a Abs. 2 S. 1 StPO für die Glaubwürdigkeitsbegutachtung maßgeblich. *Fragen nach Umständen, die die Glaubwürdigkeit des Zeugen in der vorliegenden Sache betreffen, insbesondere nach seinen Beziehungen zu dem Beschuldigten oder der verletzten Person, sind* nach dieser

522 LR/*Krause* § 80 Rn. 11 m.w.N.

523 *Tondorf/Tondorf* Rn. 274.

524 HK-GS/*Neuhaus* § 80 Rn. 1.

525 *Meyer-Goßner* § 80 Rn. 1; ausführlich LR/*Krause* § 80 Rn. 3.

Bestimmung *zu stellen, soweit dies erforderlich ist.* Solche Fragen, die etwa sein Vorleben, seine geistig-seelische Entwicklung, seine körperlichen Eigenschaften, etwaige Gebrechen, seine allgemeinen Interessen, seine Fähigkeiten sowie sein wirtschaftliches Interesse im Hinblick auf die vorliegende Sache betreffen können, müssen vom Zeugen grundsätzlich beantwortet werden.[526] Der Zeuge muss also durchaus auch solche Fragen, mittels derer man Erkenntnisse über die Glaubhaftigkeit seiner Aussage erhalten kann, erdulden und beantworten – sofern dies erforderlich ist.[527]

Beachtung sollte hierbei auch § 171b GVG, der den Ausschluss der Öffentlichkeit zum Schutz der Privatsphäre regelt, geschenkt werden.[528] Unter Ausschluss der Öffentlichkeit wird es dem Zeugen in der Regel nämlich nicht so schwer fallen, über unter Umständen sehr Intimes zu reden. Er wird dann freier und mehr sprechen können. Auf diese Weise wird im Übrigen nicht nur dem Schutz der Privatsphäre des Zeugen genüge getan; vielmehr wird so im Regelfall auch mehr Begutachtungsmaterial für den Sachverständigen zu erlangen sein.

d) § 81c StPO als abschließende Regelung

Wie bereits erwähnt, wird die Untersuchung zur Beurteilung der Glaubwürdigkeit nicht von § 81c StPO umfasst; und die Vorschrift ist nach einhelliger Ansicht als abschließende Regelung anzusehen.[529] Folglich ist man sich dahingehend einig, dass man eine Glaubwürdigkeitsuntersuchung nicht auf der Grundlage von § 81c StPO durchführen kann.[530] Von Nöten ist daher eine Einwilligung des Zeugen:

> *„Jeder Zeuge muss in seine Glaubwürdigkeitsbegutachtung* einwilligen, *da von ihm mehr als die reine Duldung einer körperlichen Untersuchung verlangt wird. Der Zeuge muss dem Sachverständigen aktiv Fragen beantworten; dazu verpflichtet ihn § 81c StPO gerade nicht.“*[531]

---

526 SK/*Rogall* § 68 Rn. 48; *Meyer-Goßner* § 68a Rn. 6b; BeckOK-StPO/*Monka* § 68a Rn. 4a; KMR/*Neubeck* § 68a Rn. 5; LR/*Ignor*/*Bertheau* § 68 Rn. 18; siehe hingegen OLG Hamm JMBlNW 1957, 45 f.; *Panhuysen* S. 74 ff.; *Wüst* S. 55.

527 *Eisenberg* Rn. 1184.

528 Dazu *Meyer-Goßner* § 171b GVG Rn. 1.

529 Für alle KK/*Krehl* § 244 Rn. 55.

530 Ausführlich hierzu etwa schon *Panhuysen* S. 76 ff.; zur Ablehnung der analogen Anwendung von § 81c StPO als Rechtsgrundlage ausführlich *Otte* S. 222 ff.

531 *Kett-Straub* ZStW 117 (2005), 354, 367 (Hervorhebung im Original) – gemeint ist wohl die Einwilligung in die Glaubwürdigkeitsuntersuchung.

Mithin steht es unbestritten jedem Zeugen zu, die Teilnahme an einer Glaubwürdigkeitsuntersuchung durch den Sachverständigen teilweise oder auch im Gesamten zu verweigern.[532]

Sollte man nun annehmen, dass eine verweigerte Einwilligung des Zeugen hinsichtlich einer Glaubwürdigkeitsuntersuchung durch den Sachverständigen die Unmöglichkeit der Erstellung eines Glaubwürdigkeitsgutachtens zur Konsequenz hat, so irrt man sich. Die ganz herrschende, wenn auch umstrittene Ansicht lässt eine zweite Art der Glaubwürdigkeitsbegutachtung zu: eine Glaubwürdigkeitsbegutachtung ohne die Einwilligung des Zeugen, die freilich mangels Einwilligung ohne Glaubwürdigkeitsuntersuchung im eigentlichen Sinne auskommen und sich folglich auf andere Beurteilungsgrundlagen stützen muss.

e) Fazit

§ 80 StPO ermöglicht dem Sachverständigen auf unterschiedliche Weise, vor und während der Hauptverhandlung, sein Gutachten, damit grundsätzlich auch ein Glaubwürdigkeitsgutachten, vorzubereiten. Was das Gesetz hier erlaubt, ist von der Einwilligung des Zeugen unabhängig. Wie gesehen, ist das nicht gerade wenig, aber doch deutlich weniger verglichen mit den Möglichkeiten bei Vorliegen einer Einwilligung, welche die Durchführung eingehender Untersuchungen ermöglicht.

Weil § 80 StPO dem Sachverständigen kein Untersuchungsrecht gewährt und weil die Glaubwürdigkeitsuntersuchung des Zeugen durch einen Sachverständigen auch von § 81c StPO nach einhelliger Ansicht nicht gedeckt ist, bedarf es zur Durchführung einer solchen der Einwilligung des Zeugen.

Wenn keine Einwilligung des Zeugen in die Glaubwürdigkeitsuntersuchung vorliegt, fehlt dem Sachverständigen unumstritten eine essentielle Grundlage für seine Gutachtenerstattung. Dass er in einem solchen Fall versucht, ja beinahe gezwungen sein kann, die Exploration, die ja gerade als „Kernstück der Glaubwürdigkeitsprüfung" gilt,[533] in der Hauptverhandlung durchzuführen,[534] ist nicht ganz fernliegend. Das aber gerade darf er nach dem zuvor Gesagten nicht. Insbesondere was das Fragerecht des Sachverständigen anbelangt, kommt es deshalb

---

532 KK/*Krehl* § 244 Rn. 55.

533 *Dippel* in: FS für Müller, S. 125, 142; siehe auch *Greuel/Offe/Fabian/Wetzels/Fabian/Offe/Stadler* S. 54 („im Zentrum"); *Baer* in: PraxisHdb. SachverständigenR, § 53 Rn. 56 („wesentliche Bestandteil").

534 Dies ist nach *Blau* StV 1991, 406, 407 der Fall.

auf die Kontrolle von Seiten des Gerichts[535] an. Dies zeigt, wie wichtig es ist, dass der Richter um die Umstände der Gutachtenerstattung weiß und sie nicht einfach dem Sachverständigen überlässt.[536]

Im Ergebnis kann festgehalten werden, dass die Behauptung der die Glaubwürdigkeitsbegutachtung ohne Einwilligung des Zeugen nicht befürwortenden Meinung, „der Sachverständige sei keine Vernehmungsperson“,[537] so jedenfalls nicht richtig ist: § 80 Abs. 2 StPO kann eindeutig, darin ist *Krause* zuzustimmen, entnommen werden, dass der Sachverständige in Anwesenheit eines Richters sehr wohl als Befragender in Erscheinung treten kann.[538]

Die weitere Behauptung der ablehnenden Ansicht, „der Zeuge sei nur verpflichtet, über Wahrnehmungen auszusagen; er könne aber nicht gezwungen werden, Fragen zu beantworten, die sich auf seine Glaubwürdigkeit und Zeugentüchtigkeit beziehen“,[539] ist ebenfalls falsch: Aus der Vorschrift des § 68a Abs. 2 S. 1 StPO folgt, wie gesehen, klar, dass die Aussagepflicht des Zeugen auch eine Duldung der Glaubwürdigkeitsprüfung beinhaltet.[540]

2. De lege ferenda gesetzliche Regelung für die Glaubwürdigkeitsbegutachtung?

Daran anschließend muss man sich die Frage stellen, ob es nicht sinnvoll wäre, de lege ferenda eine gesetzliche Regelung für die Glaubwürdigkeitsbegutachtung zu schaffen.

a) Regelung für die Glaubwürdigkeitsuntersuchung

Zunächst stellt sich die Frage im Hinblick auf eine Untersuchung der Glaubwürdigkeit, für die bislang eine ausdrückliche Vorschrift fehlt. Obschon allein schon die große Bedeutung der Glaubwürdigkeitsbegutachtung in der Praxis die Einfügung einer entsprechenden Rechtsgrundlage angebracht erscheinen

535 Vgl. *Krauß* ZStW 85 (1973), 320, 326 („Mit § 78 fällt § 80.“).

536 Vgl. dazu auch *Blau* StV 1991, 406, 407.

537 Vertreten von *Peters* JR 1970, 68, 69; siehe hingegen *Blau* StV 1991, 406, 407: „Eine solche Argumentation ginge in der Tat fehl (arg.: §§ 80 Abs. 2, § 68 Satz 2 StPO).“

538 LR/*Krause* § 81c Rn. 9.

539 Vertreten von *Peters* JR 1970, 68, 69; hingegen *Blau* StV 1991, 406, 407: „Eine solche Argumentation ginge in der Tat fehl (arg.: §§ 80 Abs. 2, § 68 Satz 2 StPO).“

540 LR/*Krause* § 81 c Rn. 9 m.w.N.

lässt, findet man, wie gesehen, in der StPO keine Regelung zu dieser Vorgehensweise.[541]

Wird der Zeuge bezüglich seiner Glaubwürdigkeit bzw. bezüglich der Glaubhaftigkeit seiner Aussage untersucht, so könnte dies einen Eingriff in dessen allgemeines Persönlichkeitsrecht, Art. 2 Abs. 1 GG in Verbindung mit Art. 1 Abs. 1 GG, darstellen.[542] Das allgemeine Persönlichkeitsrecht dient dazu, „einen geschützten Bereich der Privat- und Intimsphäre vor Dritten bzw. der Öffentlichkeit abzuschirmen".[543] Wenn durch einen Grundrechtsverpflichteten eine entsprechende Belastung erfolgt, ist dieses beeinträchtigt.[544] So hat *Otte* die Feststellung getroffen, dass der Zeuge, da er im Rahmen einer Glaubwürdigkeitsuntersuchung dem Sachverständigen allerlei Fragen beantworten und sich diversen Tests unterziehen müsse, die allesamt einen tiefen Einblick in sein Leben ermöglichten, im Falle einer erzwungenen Teilnahme an einer Glaubwürdigkeitsuntersuchung in seinem Persönlichkeitsbereich betroffen wäre.[545] Das Persönlichkeitsrecht ist jedoch dann nicht beeinträchtigt, wenn der Zeuge in eine entsprechende Verletzung einwilligt.[546] Ein Eingriff ist in diesem Fall mithin zu verneinen. Willigt der Zeuge also in die Glaubwürdigkeitsuntersuchung ein, so stellt die Vornahme dieser keine Verletzung seines Persönlichkeitsrechts dar.

Völlig zu Recht fordert *Otte* aber wegen der vorhandenen Rechtslücken aus Gründen der Rechtssicherheit und -klarheit die Einführung einer Norm, welche die Durchführung einer Glaubwürdigkeitsuntersuchung sowie entsprechende Belehrungen regelt.[547]

---

541 *Kett-Straub* ZStW 117 (2005), 354 unter Verweis auf *Dippel* in: FS für Tröndle, S. 600, 622; dass sich „die Glaubwürdigkeitsbegutachtung im Strafverfahren in einer Art rechtsfreiem Raum eingenistet hat", ist nach *Weigend* JZ 1990, 48 „eine etwas peinliche Tatsache"; siehe auch den „Vorschlag für einen neu einzufügenden § 68 b StPO (Glaubwürdigkeitsgutachten)" des *Deutschen Juristinnenbundes*, *Nelles/Oberlies* S. 41.

542 *Otte* S. 216; vgl. auch *Volckart* R&P 1997, 168, 170; *Heinitz* JR 1970, 226, 227.

543 *Jarass* NJW 1989, 857, 859; zum sachlichen Schutzbereich des allgemeinen Persönlichkeitsrechts etwa auch Maunz/Dürig/*Di Fabio* Art. 2 Rn. 147 f.

544 *Jarass* NJW 1989, 857, 860; zur Schranke der verfassungsmäßigen Ordnung (einfacher Gesetzesvorbehalt) *Otte* S. 217 f.

545 *Otte* S. 217.

546 *Jarass* NJW 1989, 857, 860; Maunz/Dürig/*Di Fabio* Art. 2 Rn. 228.

547 *Otte* (samt Entwurf und dessen Erläuterungen) S. 8 f., 216 ff., 263 ff.; vgl. auch schon *Hanack* JZ 1971, 126, 128 (Fehlen einer Regelung sei „nicht mehr zeitgemäß").

b) Einführung der zwangsweisen Glaubwürdigkeitsuntersuchung?

Schließlich taucht an dieser Stelle auch das Problem auf, dem sich *Panhuysen* in ihrer Schlussbetrachtung widmete: „Ist es möglich und zweckmäßig, de lege ferenda den Zeugen einer sachverständigen Glaubwürdigkeitsuntersuchung zu unterwerfen?“[548] Einleitend wirft sie hier die These auf, dass eine Rechtsordnung, deren oberstes Gebot die Wahrheitsfindung darstelle, einen derartigen Eingriff in das Persönlichkeitsrecht des Zeugen tatsächlich für zulässig halten könnte, da die „Unterwerfung des Zeugen unter eine psychologisch-psychiatrische Glaubwürdigkeitsuntersuchung [...] dann als Aufopferung im Dienste einer gerechten und möglichst wahrheitsgemäßen Rechtspflege begründet werden“ könnte.[549] Letztlich hält sie dies berechtigterweise schon für mit der Zeugenstellung unvereinbar; dies deshalb, weil die „selbstverantwortliche Mitwirkung des Zeugen im Prozeß erwartet wird“, und weil eine zwangsweise Untersuchung „dem Zeugen den Eigenwert seiner Aussage als sittlicher Leistung“ nimmt und „ihn auf eine Stufe mit Beobachtungs- und Wahrnehmungsapparaturen, deren Funktionsfähigkeit überprüft werden kann“, stellt.[550] Darüber hinaus macht sie auch deutlich, dass ein Vergleich mit dem Angeklagten (dem Vorgehen nach § 81 StPO) nicht angebracht sei, weil die zwangsweise Untersuchung für den Zeugen „einen Einbruch in seine Intimsphäre“ zur Folge hätte, „für den er nichts Gleichwertiges“ bekäme, „sondern der für ihn in der Regel nur Nachteile“ hätte.[551] Schließlich weist sie berechtigterweise auch auf angezeigte Bedenken in Bezug auf die Ergebnisse eines solchen Vorgehens hin.[552]

Aus all diesen Gründen ist die aufgeworfene Frage daher im Ergebnis mit einem klaren Nein zu beantworten.[553] Wenn der Zeuge, etwa wegen der Strapazen

548 *Panhuysen* S. 109 ff.

549 *Panhuysen* S. 109.

550 *Panhuysen* S. 109.

551 *Panhuysen* S. 110.

552 *Panhuysen* S. 110 f.; vgl. auch *Otte* S. 224 (Zwang verhindere eine Sinn machende Glaubwürdigkeitsuntersuchung); vgl. auch *Heinitz* JR 1960, 226, 227, nach dem jede Form ausgeübten Zwanges schädlich sei.

553 Auch *Otte* S. 263 hält in ihrem Entwurf einer Regelung fest: „Ein Zeuge darf hinsichtlich seiner Glaubwürdigkeit nur untersucht werden, wenn er in die Untersuchung einwilligt.“; nach KMR/*Bosch* § 81c Rn. 13 hängt das Verbot einer zwangsweise durchgeführten Glaubwürdigkeitsuntersuchung, wenngleich dies aus verfassungsrechtlichen Gründen nicht unbedingt so sein müsse, damit zusammen, dass die Durchführung von Untersuchungsmethoden, über die der Richter nicht verfügt,

einer Glaubwürdigkeitsuntersuchung,[554] aus Angst, um weiteren Schaden von sich abzuhalten[555] oder auch einfach aus Unwillen[556], die Einwilligung in eine solche verweigert, bleibt nichts anderes übrig, als dies zu akzeptieren und gegebenenfalls den zweiten Weg der Glaubwürdigkeitsbegutachtung, die ohne Untersuchung auskommen muss, zu beschreiten. Wie sogleich erörtert werden wird, liegt zwar auch hier ein Eingriff in das Persönlichkeitsrecht des Zeugen vor, dieser ist gleichwohl hinsichtlich seiner Intensität mit der bei einer Glaubwürdigkeitsuntersuchung im eigentlichen Sinne nicht zu vergleichen.[557] Im Übrigen darf nach hier vertretener Ansicht aus den genannten möglichen und sehr gut nachvollziehbaren Gründen aus der versagten Einwilligung des Zeugen nicht auf die Unglaubhaftigkeit seiner Aussage geschlossen werden.[558]

c) Gesetzliche Regelung für die Glaubwürdigkeitsbegutachtung ohne Einwilligung des Zeugen

Fraglich ist weiterhin, ob eine gesetzliche Regelung im Hinblick auf die Glaubwürdigkeitsbegutachtung bei fehlender Einwilligung des Zeugen von Nöten wäre. Weil es sich hier um einen derart sensiblen Bereich[559] handelt, könnte man zunächst annehmen, dass dieses Vorgehen schon aufgrund der Rechtssicherheit in Form einer spezifischen Regelung seinen gesetzlichen Niederschlag finden sollte. Die Diskussion über die Zulässigkeit dieses Vorgehens könnte so

---

einen Eingriff darstellt, den der Zeuge nicht erdulden muss; *Erb* in: FS für Stöckel, S. 181, 186 (aus verfassungsrechtlichen Gründen).

554 Vgl. *Boetticher* in: Verfahrensgerechtigkeit und Zeugenbeweis, S. 55, 64 (wenn er sie für nicht zumutbar erachte); siehe auch BGH BeckRS 2004, 00866.

555 Siehe nur *Lempp* S. 331 f. zur möglichen Schädigung des Kindes durch die Zeugenaussage in der Hauptverhandlung.

556 Siehe etwa BGH NJW 2005, 1519, 1521; *Burgsmüller* PdR November 2000, 48, 57 unter Verweis auf KG StV 1997, 65 f. (eine Begründung für die Einwilligungsverweigerung müsse nicht abgegeben werden; allerdings sei eine Verweigerung der Einwilligung – für den Fall, dass eine Glaubwürdigkeitsbegutachtung notwendig sei – mit der „Gefahr strafprozessualer Entscheidungen zum Nachteil der ZeugInnen" verbunden; damit meint *Burgsmüller* wohl aber nicht, wie man es vermuten könnte, eine Begutachtung trotz Untersuchungsverweigerung, vgl. *Burgsmüller* in: Opferrechte, S. 21, 49).

557 Vgl. BGHZ 184, 269, 281.

558 Vgl. aber *Janetzke* NJW 1958, 534, 536, nach dem die Erteilung der Einwilligung des Zeugen ein Anhaltspunkt für eine wahrheitsgemäße Aussage sein kann.

559 Vgl. etwa *Blau* StV 1991, 406, 407 mit seinem Hinweis auf erheblichere Belastungen.

gewertet werden, dass die Regelungen der §§ 80 Abs. 2, 68a Abs. 2 S. 1 StPO in Verbindung mit der Aussagepflicht des Zeugen offenbar nicht im nötigen Maße für Rechtsklarheit sorgen, für eine spezifische Rechtsgrundlage folglich ein Bedürfnis bestünde. Letztlich ist es aber wohl hauptsächlich die beschriebene Umgehungsgefahr, die gegen diese Vorgehensweise angebracht werden kann.[560] Diese kann man aber durch eine entsprechende Praxis vor Gericht – Sachverständige dürfen die versagte Einwilligung nicht umgehen und Richter haben dies im Rahmen ihrer Leitungspflicht[561] zu kontrollieren – in den Griff bekommen. Gewiss bedarf es hierfür einer genauen Kenntnis, was nach derzeitiger Rechtslage erlaubt ist und was nicht.

Zwar stellt auch die Vornahme dieser Art der Glaubwürdigkeitsbegutachtung einen Eingriff in den Schutzbereich des allgemeinen Persönlichkeitsrechts, Art. 2 Abs. 1 GG in Verbindung mit Art. 1 Abs. 1 GG[562], dar. Dies gilt sowohl für die bloße Beobachtung[563] durch den Sachverständigen als auch erst recht für die Beantwortung von Fragen des Sachverständigen[564]. Durch dieses Vorgehen, das darauf abzielt, die Glaubhaftigkeit der Zeugenaussage zu beurteilen, werden nämlich sehr persönliche Einblicke in den Zeugen ermöglicht, was für diesen stark belastend sein wird. Ein entsprechendes Gutachten kann zudem über

560 Vgl. etwa *Blau* StV 1991, 406, 407.

561 Diesbezüglich skeptisch KK/*Herdegen*[5] § 244 Rn. 16.

562 Vgl. BVerfGK 18, 260, 263 („Dieses Recht schützt die aus dem Gedanken der Selbstbestimmung folgende Befugnis des Einzelnen, grundsätzlich selbst zu entscheiden, wann und innerhalb welcher Grenzen persönliche Lebenssachverhalte offenbart werden [...]. Hierzu zählt auch der Schutz vor der Erhebung und Weitergabe von Befunden über den Gesundheitszustand, die seelische Verfassung und den Charakter des Einzelnen [...]."); siehe auch BVerfG NJW 2002, 283, 284; BVerfGK 1, 167, 169 m.w.N.; siehe auch den Hinweis auf das informationelle Selbstbestimmungsrecht von *Blau* StV 1991, 406, 408; *Janetzke* NJW 1958, 534, 536 (Beschluss des OLG Hamm JMBlNW 1957, 45 f. hebe die Persönlichkeitsrechte des Zeugen hervor).

563 Vgl. hierzu BGHZ 184, 269, 279 („Zwar ist auch mit einer Erzwingung des persönlichen Erscheinens vor Gericht zum Zwecke der Anhörung in Anwesenheit eines Sachverständigen ein Eingriff in grundrechtlich geschützte Positionen des Betroffenen – insbesondere in dessen Allgemeines Persönlichkeitsrecht – verbunden."; dort, BGHZ 184, 269, 281, heißt es aber auch: „Der mit der Würdigung einhergehende Eingriff in die Rechte des Beteiligten wird durch die Hinzuziehung des Sachverständigen nicht intensiviert.").

564 BGHZ 184, 269, 280 (dort ohne Befragung durch den Sachverständigen; kein Zwang zur Äußerung während der gerichtlichen Anhörung).

den Prozess hinaus negative Folgen mit sich bringen.[565] Dem Sachverständigen werden im Übrigen aufgrund seiner Sachkunde regelmäßig tiefere Einblicke als dem Richter ermöglicht; außerdem bedeutet schon die Hinzuziehung des Sachverständigen mit dem Auftrag der Gutachtenerstellung an sich eine Belastung für den Zeugen. Dieser Eingriff ist damit regelmäßig intensiver als die normale, regelmäßig vorgenommene Glaubwürdigkeitsbeurteilung durch den Richter. Das allgemeine Persönlichkeitsrecht ist jedoch nicht absolut geschützt; jeder muss „staatliche Maßnahmen hinnehmen, die im überwiegenden Interesse der Allgemeinheit auf gesetzlicher Grundlage unter Wahrung des Verhältnismäßigkeitsgebots getroffen werden, soweit sie nicht den unantastbaren Bereich privater Lebensgestaltung beeinträchtigen".[566] Eingriffe in das allgemeine Persönlichkeitsrecht setzen „eine klare und unmissverständliche gesetzliche Grundlage" voraus.[567] Die Aussagepflicht des Zeugen gemäß § 48 Abs. 1 S. 2 StPO[568], mit der, wie erläutert, auch eine Pflicht zur Duldung der Glaubwürdigkeitsprüfung einhergeht, in Verbindung mit § 80 Abs. 2 StPO, der die dem Sachverständigen zur Verfügung stehenden Mittel festlegt, stellt nun eben eine solche verfassungsgemäße Rechtsgrundlage dar, durch die das allgemeine Persönlichkeitsrecht eingeschränkt werden kann. Es bleibt sodann noch die Frage nach der Verhältnismäßigkeit dieses Vorgehens zu klären. Nur dann, wenn der erfolgte Eingriff in die Grundrechte des Zeugen zum Zwecke der Wahrheitserforschung unbedingt notwendig ist, so richtig *Granderath*, ist dieser mit dem Grundsatz der Verhältnismäßigkeit zu vereinbaren.[569] In einschlägigen Fällen wird aber auch die Verhältnismäßigkeit dieses Vorgehens zu bejahen sein,[570] sodass im Ergebnis keine Verletzung des allgemeinen Persönlichkeitsrechts gegeben sein wird.

Im Ergebnis bedeutet dies, dass es keiner speziellen Normierung dieser zweiten Art der Glaubwürdigkeitsbegutachtung bedarf.[571]

---

565 Vgl. *Peters*, Strafprozeß, S. 327, der auf die „unter Umständen weitreichenden Folgen für die Persönlichkeit des Zeugen" aufmerksam macht; *Janetzke* NJW 1958, 534, 536.

566 BVerfGK 18, 260, 264.

567 BGHZ 184, 269, 276; siehe auch *Jarass*/Pieroth Art. 2 Rn. 58a.

568 Zur Neuregelung etwa BeckOK-StPO/*Huber* § 48 Rn. 1.

569 *Granderath* MDR 1983, 797, 798; siehe auch *Jarass*/Pieroth Art. 2 Rn. 60.

570 Vgl. BGHZ 184, 269, 281 (kein Verstoß gegen den Verhältnismäßigkeitsgrundsatz, insbesondere auch nicht wegen fehlender Eignung – dort allerdings nur persönliches Erscheinen und Anhörung in Anwesenheit des Sachverständigen, hingegen kein Zwang zur Äußerung); siehe hingegen BVerfGK 18, 260, 266 (Zwang zur Fortsetzung der Psychotherapie sei nicht verhältnismäßig).

571 Auch *Otte* S. 237 ff. hält das Vorgehen nach § 80 Abs. 2 für zulässig.

3. Freiwilligkeit der Teilnahme an einer Glaubwürdigkeitsuntersuchung – entgegengesetzte Situation bei fehlender Einwilligung

Weil man in der StPO keine Rechtsgrundlage für eine Glaubwürdigkeitsuntersuchung des Zeugen findet, muss eine solche nach einhelliger Ansicht „auf der Basis strikter Freiwilligkeit“ erfolgen.[572] Mit der begrüßenswert klaren Aussage des BGH, dass ein Zeuge „überhaupt keinen Grund dafür nennen“ muss, „wenn er sich nicht begutachten lassen will“[573], wird dieses Verlangen nach Freiwilligkeit noch zusätzlich bekräftigt. Eine Art Rechtfertigungserfordernis ließe sich im Übrigen auch gar nicht begründen.

Schlussendlich muss hier aber auch festgehalten werden: Bei der Glaubwürdigkeitsbegutachtung trotz Untersuchungsverweigerung kann von einer solchen „Basis strikter Freiwilligkeit“ mitnichten die Rede sein. Vielmehr ist das Gegenteil der Fall: Was hier im Rahmen der Begutachtung vorgenommen wird, steht dem erklärten Willen des Zeugen entgegen. Dessen muss man sich sowohl für die Frage nach der Zulässigkeit – hier darf nur nach § 80 Abs. 2 StPO vorgegangen und eine Umgehung dessen muss verhindert werden – als auch hinsichtlich des Beweiswerts eines solchen Gutachtens – zweifelsohne ist dieser hier eingeschränkt – klar sein.

4. Erfordernis einer Einwilligung

Erst dann, wenn die Grenzen des geschilderten gesetzlichen Rahmens erreicht sind, so hat dies *Panhuysen* zutreffend herausgestellt, besteht das Erfordernis einer Einwilligung des Zeugen.[574] Ist die Vorgehensweise hingegen von der StPO gedeckt, handelt es sich also nicht um eine Glaubwürdigkeitsuntersuchung im eigentlichen Sinne, bedarf es seiner Einwilligung nicht. Ein solches Vorgehen verstößt dann auch nicht gegen § 81c StPO.[575]

Für die Durchführung einer Glaubwürdigkeitsuntersuchung bedarf es – mangels entsprechender Rechtsgrundlage – aber, das ist unstrittig, einer solchen Einwilligung.[576] Unter einer Einwilligung wird „die freiwillige, ernstliche und in Kenntnis der Sachlage und des Weigerungsrechts erteilte ausdrückliche

---

572 *Weigend* JZ 1990, 48 m.w.N.; ausführlich zur Freiwilligkeit auch *Panhuysen* S. 78 ff.

573 BGH BeckRS 2004, 00866.

574 *Panhuysen* S. 65.

575 BGH, Urteil vom 23.11.1969 – 1 StR 309/69.

576 Etwa KK/*Hannich* Einleitung Rn. 355 unter Verweis auf BGHSt 14, 21, 23; BGH NStZ 1982, 432; *Eisenberg* Rn. 1661; *Panhuysen* S. 81; *Janetzke* NJW 1985, 534, 535.

Zustimmung“ verstanden.[577] Nach hier vertretener, gleichwohl umstrittener Ansicht ist bei einem Verstandesunreifen nicht nur die Einwilligung dessen gesetzlichen Vertreters, sondern auch die des Verstandesunreifen selbst erforderlich, da es bei einer Glaubwürdigkeitsuntersuchung, wie erläutert, um sehr Persönliches geht.[578] Zwar kann die Einwilligung zu jeder Zeit widerrufen werden; allerdings kann das, was bis zum Zeitpunkt des Widerrufs festgestellt worden ist, vom Sachverständigen durchaus verwertet werden.[579]

Wie bereits dargelegt, ist aber auch im Falle der versagten Einwilligung eine Glaubwürdigkeitsbegutachtung nach herrschender Ansicht nicht von vornherein ausgeschlossen. Die nicht ganz sorgfältig gewählten Worte von *Kett-Straub*, dass „diese Restriktion [die erteilte Einwilligung] vielfach legal umgangen“ werde,[580] ermahnen einmal mehr zu der Überprüfung der Zulässigkeit dieses Vorgehens.

5. Belehrungspflicht über Freiwilligkeit der Teilnahme an einer Glaubwürdigkeitsuntersuchung

Nicht alle sind der Ansicht, dass jeder Zeuge über die Freiwilligkeit der Teilnahme an einer Glaubwürdigkeitsuntersuchung zu belehren ist. Bei der Duldung der Glaubwürdigkeitsuntersuchung ginge es nämlich „nicht um eine Erfüllung der Zeugenpflicht“.[581] Hier sei grundsätzlich keine „Konfliktslage“ zu verzeichnen.[582] Etwas anderes gelte nur dann, wenn die betroffene Person ein Zeugnisverweigerungsrecht hätte.[583] Hier müsse – in entsprechender Anwendung von §§ 81c Abs. 3 S. 2, 2. Halbs., 52 Abs. 3 S. 1 StPO – belehrt werden.[584]

---

577 LR/*Krause* § 81c Rn. 5.

578 So *Otte* S. 249 ff. m.w.N. auch zur gegenteiligen Auffassung des BGH, nach dem dies „ohne praktische Bedeutung und sinnlos“ ist (BGHSt 40, 336, 338); auch *Kett-Straub* ZStW 117 (2005), 354, 372 hält entgegen der herrschenden Meinung das „Modell des Mitentscheidens“ und dementsprechend auch eine Belehrung beider für vorzugswürdig; so auch *Schuster* S. 89; vgl. auch *Peters* JR 1970, 68 (Abhängigkeit auch vom „faktischen Willen des Kranken“).

579 AK/*Wassermann* § 81c Rn. 13.

580 *Kett-Straub* ZStW 117 (2005), 354, 355.

581 BGHSt 13, 394, 398 f.

582 KK/*Senge* § 81c Rn. 11 (gleichwohl sei ein Hinweis in dem Fall, dass der zu Begutachtende meine, an der Untersuchung teilnehmen zu müssen, sehr wohl erforderlich); AnwK-StPO/*Walther* § 81c Rn. 13.

583 KK/*Senge* § 81c Rn. 11.

584 BGHSt 36, 217, 220; sehr kritisch hinsichtlich einer analogen Anwendung von §§ 81c Abs. 3 S. 2, 2. Halbs., 52 Abs. 3 S. 1 StPO etwa *Eisenberg* StV 1995, 625 f.

Nachdem die Teilnahme an einer Glaubwürdigkeitsuntersuchung, wie gesehen, einen Eingriff in das allgemeine Persönlichkeitsrecht des Zeugen darstellt, ist nach hier vertretener Ansicht ein jeder Zeuge (also nicht nur der Zeugnisverweigerungsberechtigte) darüber zu belehren, dass eine Glaubwürdigkeitsuntersuchung nur mit seiner Einwilligung durchgeführt werden darf. Damit die Einwilligung – die mangels entsprechender Rechtsgrundlage vorliegen muss – tatsächlich auf einem freien Entschluss basiert, bedarf es einer solchen Belehrung.[585] Die andere Ansicht lässt sich damit nicht halten.

Die rechtliche Grundlage für diese Belehrungspflicht ist mangels entsprechender gesetzlicher Normierung den Grundsätzen des fairen Verfahrens (Art. 6 Abs. 1 EMRK; Rechtsstaatsprinzip, Art. 20 Abs. 3 GG, in Verbindung mit dem allgemeinen Freiheitsrecht nach Art. 2 Abs. 1 GG)[586] zu entnehmen;[587] diese können nach höchstrichterlicher Rechtsprechung auch beim Zeugen herangezogen werden.[588]

Der Zeuge muss sämtliche Umstände, welche die Glaubwürdigkeitsbegutachtung betreffen, kennen. Dementsprechend muss er, etwa *Wassermann* zufolge, dahingehend belehrt werden, dass diese Untersuchung nur mit seiner Einwilligung zulässig ist, und es muss ihm darüber hinaus auch mitgeteilt werden, was vom Sachverständigen auf welche Weise untersucht werden soll.[589] Wenn aus dieser Belehrung demnach auch hervorgeht, wie eine solche Glaubwürdigkeitsuntersuchung vonstattengeht, so wird dem Zeugen dadurch auch klar werden müssen, was die Folgen der Untersuchungsverweigerung sind: Er muss auf diesem Weg erfahren, dass die mangels Einwilligung unzulässige Untersuchung nun nicht einfach im Rahmen einer Begutachtung ohne seine Einwilligung

---

585 LR/*Krause* § 81c Rn. 5 m.w.N.; siehe auch *Kett-Straub* ZStW 117 (2005), 354, 367 m.w.N.; *Schlüchter*, Das Strafverfahren, Rn. 203.1; *Heinitz* in: FS für Engisch, S. 692, 700; *Peters*, Strafprozeß, S. 327; nach SK-StPO/*Rogall* § 81c Rn. 64 läuft die a.A. auf eine „äußerst bedenkliche Beeinträchtigung der Mitwirkungsfreiheit des Betroffenen" hinaus; *Kühne* Rn. 492 (informed consent); vgl. auch *Bockelmann* GA 1955, 321, 333 (Belehrung als „nobile officium des Richters").

586 KK/*Hannich* Einleitung Rn. 134 m.w.N.

587 *Otte* S. 231 ff.; in diesem Sinne wohl auch KMR/*Bosch* § 81c Rn. 5; *Meier* JZ 1991, 638, 642.

588 *Otte* S. 231 unter Verweis auf BVerfGE 38, 105 ff. (zum Recht des Zeugen auf einen Rechtsbeistand); siehe auch KMR/*Neubeck* § 68a Rn. 1.

589 AK/*Wassermann* § 81c Rn. 13; siehe auch KMR/*Bosch* § 81c Rn. 5; *Müller* Rn. 609b (Belehrung über Methoden und Bedeutung der Untersuchung).

vorgenommen werden kann. Er muss durch diese Belehrung also insbesondere auch erkennen, dass im Falle der Versagung der Einwilligung im Wege des Fragerechts gemäß § 80 Abs. 2 StPO keine Umgehung seines ausgeübten Weigerungsrechts vollzogen werden darf.

a) Keine Belehrungspflicht des Sachverständigen/Belehrung durch zuständige Stelle

Diese Belehrung erfolgt dabei durch das die Untersuchung anordnende Strafverfolgungsorgan, also nicht durch den Sachverständigen.[590]

Zwar besteht keine Pflicht des Sachverständigen, den Zeugen über die Freiwilligkeit der Teilnahme an einer Glaubwürdigkeitsuntersuchung zu belehren.[591] Allerdings muss er nach der Rechtsprechung des BGH, „wenn er feststellt, daß die Belehrung unterblieben ist, ihre Nachholung durch die zuständige Stelle [...] veranlassen".[592] Kommt er dem nicht nach, kann der Verdacht der Parteilichkeit des Sachverständigen aufkommen, wobei der BGH diesbezüglich zwischen einem Irrtum des Sachverständigen und einem bewussten Verschweigen differenziert.[593]

Zudem habe der Sachverständige es zu vermeiden, beim Zeugen den Eindruck entstehen zu lassen, dass er zur Mitwirkung verpflichtet sei:[594] Der Zeuge kann die Untersuchung zu jedem Zeitpunkt verweigern und er darf die Einwilligung auch widerrufen, so dass die Untersuchung abgebrochen werden muss; und „es liegt auf der Hand, daß diese Rechte nicht wahrgenommen werden können, wenn Befragung und Untersuchung bewußt so gestaltet werden, daß der Zeuge die Vernehmungs- und Untersuchungssituation gar nicht erkennt".[595] Deswegen sollte der Sachverständige nach *Volbert* den Zeugen

590 LR/*Krause* § 81c Rn. 5, 35.

591 *Jansen* Rn. 316.

592 BGH NStZ 1997, 349, 350.

593 *Jansen* Rn. 317; BGH NStZ 1997, 349, 350.

594 *Schlothauer* in: Psychologie der Zeugenaussage, S. 143, 145; *Jansen* Rn. 318; zu einem Beispiel aus der Praxis *Burgsmüller* PdR November 2000, 48, 50 (Untersuchungsverweigerung der Zeugin habe die Sachverständige dazu veranlasst, sie zur Mitarbeit zu drängen); abzulehnen ist von daher auch die Ansicht von *Langelüddeke/Bresser* S. 327, wonach „es eine Frage des persönlichen Geschicks" sein soll, „die Aussagewilligkeit doch noch zu wecken".

595 BGH NStZ 1997, 349, 350.

vor einer Glaubwürdigkeitsuntersuchung auch auf seinen Auftraggeber und den erhaltenen Auftrag aufmerksam machen und in diesem Zuge sowohl die Untersuchungsbedingungen als auch die Rechte des Zeugen – zumindest kurz – erklären.[596] Dies ist aus der Sicht des Sachverständigen auch der Autonomie des zu begutachtenden Zeugen geschuldet, was bereits im Rahmen der Betrachtung der ethischen Richtlinien[597] erläutert worden ist. *Greuel* formuliert das treffend so:

> *„Verantwortliche Begutachtung kann nur auf der Basis freiwilliger Teilnahme erfolgen. Freiwillig einer Begutachtung zustimmen kann eine Person aber nur dann, wenn sie sich über den tatsächlichen psychologischen Sachgehalt der anstehenden Begutachtung bewußt ist, das hierauf gründende Begutachtungsverfahren antizipieren und damit letztlich auch die etwaigen Konsequenzen der Begutachtung einschätzen kann.“*[598]

Es ist naheliegend, dass eine ausreichende Information des Zeugen über die Freiwilligkeit der Teilnahme an einer Glaubwürdigkeitsuntersuchung, die Umstände einer Untersuchung und auch die etwaigen Folgen einer fehlenden Einwilligung, im Eigentlichen die Möglichkeit der Begutachtung ohne seine Einwilligung, dem zu Begutachtenden auch die Angst vor einer Glaubwürdigkeitsuntersuchung[599] nehmen kann. Auf diesem Wege kann somit eventuell auch eine Untersuchungsverweigerung vermieden werden. Demnach ist eine umfassende Belehrung bzw. Aufklärung auch eine Chance, auf den zweiten Weg der Begutachtung verzichten zu können.

---

596 *Volbert* in: Forensisch-psychologische Diagnostik im Strafverfahren, S. 9, 12 f.; vgl. auch *Eisenberg* Rn. 1867a; siehe auch *Boetticher* in: Verfahrensgerechtigkeit und Zeugenbeweis, S. 55, 64 (Aufklärung über methodisches Vorgehen).

597 Siehe dazu Kapitel I. D.

598 *Greuel* in: Verfahrensgerechtigkeit und Zeugenbeweis, S. 67, 73.

599 Vgl. *Staake* in: Die Erhebung von Zeugenaussagen im Strafprozess, S. 213, 215 (eine Information über den Ablauf der Verhandlung könne Ängste abbauen); auch nach *Wegener* S. 7 ist die Aufklärung eine Möglichkeit, bestimmte Fehlvorstellungen zu minimieren; etwaiges Misstrauen könne im Wege einer Aufklärung bezüglich des Untersuchungsablaufs meistens aus dem Weg geräumt werden, S. 24; vgl. auch *Foerster/Winckler* in: Psychiatrische Begutachtung, S. 17, 19 (Information über Untersuchungsablauf könne auch Verlangen nach Anwesenheit Dritter reduzieren) und S. 30 (Aufklärung als Möglichkeit, dass sich der zu Begutachtende zur Untersuchung bereit erkläre).

b) Ausgebliebene Belehrung über Untersuchungsverweigerungsrecht – Konsequenzen für weitere Glaubwürdigkeitsbegutachtung trotz Untersuchungsverweigerung

Hat die Revision[600] des Angeklagten mit einer Verfahrensrüge wegen der Nichtbelehrung des Zeugen gemäß §§ 81c Abs. 3 S. 2, 2. Halbs., 52 Abs. 3 S. 1 StPO analog über das Untersuchungsverweigerungsrecht Erfolg, wirkt sich dies auch auf eine weitere Glaubwürdigkeitsbegutachtung, welcher der Zeuge dann nicht zustimmt, aus. Zu folgendem Hinweis fühlte sich der BGH in einem Beschluss so veranlasst:

> *„Sollte der neu entscheidende Tatrichter wiederum die Einholung eines Glaubwürdigkeitsgutachtens für erforderlich halten und die Zeugin nach Belehrung [...] ihre Mitwirkung verweigern, so wäre die Vernehmung eines [...] Sachverständigen zu der Frage der Glaubwürdigkeit dennoch zulässig. Dieser hätte sein Gutachten allerdings nur aufgrund solcher Beweismittel zu erstatten, die trotz einer Aussage- und Mitwirkungsverweigerung der Zeugin verwertbar bleiben [...].“*[601]

Auch dieser Beschluss steht in der Linie der BGH-Rechtsprechung, die eine Glaubwürdigkeitsbegutachtung auch im Falle der Untersuchungsverweigerung des Zeugen zulässt. Dass dieser Weg auch nach der Vornahme einer Glaubwürdigkeitsuntersuchung und der darauf basierenden Erstattung eines nicht verwertbaren Glaubwürdigkeitsgutachtens gangbar ist,[602] kann nicht weiter überraschen. Erfreulicherweise wird hier aber auch ausdrücklich klargestellt, dass das neue Gutachten dann nur noch auf Grundlage trotz einer Aussage- und Untersuchungsverweigerung verwertbarerer Beweismittel erstattet werden

---

600 Dazu etwa LR/*Krause* § 81c Rn. 64 (ohne Einwilligung durchgeführte Untersuchung habe kein Verwertungsverbot zur Folge; Rechtskreis des Angeklagten sei hier nicht berührt), Rn. 65 (bei freiwilliger Teilnahme an der Untersuchung ohne Belehrung über die erforderliche Einwilligung könne Revision hierauf nicht gestützt werden; bei fehlender Belehrung des Zeugen bzw. seines gesetzlichen Vertreters über das Weigerungsrecht nach §§ 81c Abs. 3 S. 2, 2. Halbs., 52 Abs. 3 S. 1 StPO sei Revision hingegen begründet, sofern ein ursächlicher Zusammenhang zwischen unterlassener Belehrung und Erlangung der Untersuchungsergebnisse vorhanden sei und Urteil darauf beruhe; es sei denn Heilung, Rn. 36); vgl. auch *Weigend* JZ 1990, 48, 49; *Rogall* JZ 1996, 944, 953 (Angeklagter könne, anders als bei einem angehörigen Zeugen, kein Verwertungsverbot geltend machen); *Wüst* S. 67 ff.; für ein Verwertungsverbot unabhängig vom Zeugnisverweigerungsrecht aber *Panhuysen* S. 86 ff. und *Otte* S. 234 ff.

601 BGH StV 1993, 563.

602 Vgl. auch *Schlüchter*, Das Strafverfahren, Rn. 203.2.

kann. Diese Abschnitte in der Begutachtungsgrundlage müssen dann konsequent hingenommen werden.

c) Keine Belehrungspflicht bei Vorgehen nach § 80 Abs. 2 StPO?

Für den Fall des Vorgehens nach § 80 Abs. 2 StPO scheint man sich über Folgendes einig zu sein:

> *„Eine die Belehrungspflicht […] auslösende Untersuchung liegt nicht vor, wenn […] der Sachverständige die Zeugin während der Hauptverhandlung beobachtet und ein Gutachten erstattet hat […]".*[603]

Erst jüngst wurde in einem Beschluss des OLG Köln bezüglich der Kritik der Verteidigung, „die Angaben der Geschädigten seien nicht verwertbar, weil die Geschädigte bei der polizeilichen Vernehmung […] nicht auf ihr Recht zur Aussageverweigerung sowie zur Ablehnung an der Mitwirkung an der Glaubwürdigkeitsbegutachtung im Verhältnis zu der bei der Vernehmung anwesend gewesenen Sachverständigen Dr. K [die im Übrigen auch eine Befragung vorgenommen hat] belehrt worden sei", Stellung genommen. Sowohl ein Verwertungsverbot als auch ein Verstoß gegen das Gebot der Verfahrensfairness wurden hier verneint.[604] Das OLG Köln begründet dies folgendermaßen:

> *„Die Verwertbarkeit der Angaben der Geschädigten im Rahmen der Gutachtenerstellung wäre auch ohne entsprechenden Hinweis nicht zweifelhaft, wenn die Vernehmung […] in Abwesenheit der Sachverständigen durchgeführt worden wäre und diese insoweit auf das Vernehmungsprotokoll hätte zurückgreifen müssen. Dass die Anwesenheit der Sachverständigen, die gerade bei einer aussagepsychologischen Begutachtung eine ungleich breitere Beurteilungsgrundlage bietet, zur Unverwertbarkeit führen soll, ergibt keinen Sinn."*[605]

Weiter heißt es in dem Beschluss ausdrücklich:

> *„Gesetzliche Belehrungspflichten treffen den Sachverständigen, der gem. § 80 Abs. 2 StPO einer Vernehmung beiwohnt, nicht."*[606]

---

603 BGH StV 1995, 622; siehe auch KK/*Senge* § 81c Rn. 9; LR/*Krause* § 81c Rn. 34; *Kett-Straub* ZStW 117 (2005), 354, 373; Meyer-Goßner/*Schmitt* § 81c Rn. 24; *Detter* in: Handbuch des Fachanwalts Strafrecht, S. 1526, 1543 (Rn. 31); auch *Schmidt* § 81c Rn. 8 zufolge muss eine Belehrung nur dann erfolgen, wenn es sich um „eine wirkliche Untersuchung" handelt; vgl. auch *Eisenberg* Rn. 1829 zu § 246a (Beobachtung während der Hauptverhandlung sei keine Untersuchung).

604 OLG Köln StraFo 2011, 504, 505.

605 OLG Köln StraFo 2011, 504, 505.

606 OLG Köln StraFo 2011, 504, 505.

Argumentiert wird hier mit einem Erst-Recht-Schluss:

> *„Der Sachverständige ist selbst im Rahmen von Explorationen […] befugt, aber nicht verpflichtet, Zeugen über ihre Weigerungsrechte zu belehren […].“*[607]

Richtig ist: Die Beobachtung und auch die Befragung im Rahmen des § 80 Abs. 2 StPO stellen keine Untersuchung im eigentlichen Sinne dar. Es muss bei dieser Art der Begutachtung mithin keine Einwilligung des Zeugen vorliegen. Dies sagt aber noch nichts über eine etwaige Belehrungspflicht (nicht des Sachverständigen, sondern der zuständigen Stelle) aus. Wie gesehen[608], liegt sowohl bei einer Glaubwürdigkeitsuntersuchung im eigentlichen Sinne als auch bei dem Vorgehen nach § 80 Abs. 2 StPO ein Eingriff in das allgemeine Persönlichkeitsrecht des Zeugen vor. Und wie erläutert, bedarf es einer Belehrung über die Freiwilligkeit der Teilnahme an einer Glaubwürdigkeitsuntersuchung, die auch über das Procedere einer solchen informiert, so dass der Zeuge nach hier vertretener Ansicht auch erfährt, was im Falle der versagten Einwilligung nicht vorgenommen werden darf. Nur durch eine solche Belehrung erhält der Zeuge für den Fall des Vorgehens nach § 80 Abs. 2 StPO die Kenntnis, was auch ohne seine Einwilligung geschehen darf, wozu er mitzuwirken verpflichtet ist. Mithin ist der Zeuge über die Funktion des anwesenden Sachverständigen zu informieren – was im dargestellten Fall letztlich auch geschehen war – und durch die zuständige Stelle entsprechend zu belehren. Diese Belehrung muss aus den genannten Gründen vor Stattfinden der Glaubwürdigkeitsbegutachtung egal welcher Art erfolgen, also bereits zu dem Zeitpunkt, in dem der Sachverständige zum ersten Mal[609] zum Zwecke der Begutachtung in Erscheinung tritt. Dies muss auch gerade wegen der berechtigten Forderung nach einer frühzeitigen Hinzuziehung des Sachverständigen[610] der Fall sein.

Von daher wird hier vorgeschlagen, die von *Otte* entworfene Regelung der rechtlichen Voraussetzungen der Anordnung und Durchführung von Glaubwürdigkeitsuntersuchungen[611] um folgenden vierten Absatz zu ergänzen bzw. zu modifizieren:

---

607 OLG Köln StraFo 2011, 504, 505 unter Verweis auf KK/*Senge* § 80 Rn. 2 m.w.N.

608 Kapitel II. A. II. 2. a) und c).

609 Vgl. hierzu *Wegener* S. 24, nach dem bereits das erste Aufeinandertreffen für die Mitwirkungsbereitschaft des zu Begutachtenden entscheidend sein soll, weswegen sich der Sachverständige gleich nach der Begrüßung vorstellen und seinen Auftrag erklären sollte; S. 58 (Aufklärung über Zweck und Ablauf der geplanten Begutachtung vor Untersuchungsbeginn).

610 Vgl. dazu etwa *Burgsmüller* in: Opferrechte, S. 21, 36; *Eisenberg* Rn. 1872; *Aymans* S. 45 f. zur frühzeitigen fachlichen Unterstützung bei Vernehmungen von Seiten der Sachverständigen; siehe auch Nr. 222 Abs. 1 S. 2 RiStBV.

611 *Otte* S. 263.

Mit der Belehrung über das Einwilligungserfordernis hat eine Information über die Art und Weise der Glaubwürdigkeitsuntersuchung zu erfolgen. Damit ist auch ein Hinweis auf die Folgen einer fehlenden Einwilligung, das mögliche Vorgehen nach § 80 Abs. 2 StPO, zu verbinden. Diese Belehrung ist zu Beginn der Glaubwürdigkeitsbegutachtung des Sachverständigen durch die zuständige Stelle zu erteilen.

In seinem ersten Satz regelt dieser Absatz den Inhalt einer solchen Belehrung: Der zu Begutachtende muss Kenntnis davon erlangen, was auf welche Weise untersucht wird. Nur nach Erlangung dieser Kenntnis kann von einer freiwillig erteilten Einwilligung gesprochen werden.

Der zweite Satz beinhaltet den erforderlichen Hinweis des Zeugen auf die Folgen einer etwaig versagten Einwilligung. Auch hier gilt: Erst wenn er darüber informiert ist, was die Konsequenzen einer nicht erteilten Einwilligung sind, kann im Falle deren Erteilung von einer vollumfänglichen Freiwilligkeit dieser die Rede sein. Dadurch erfährt der Zeuge auch, wie das Vorgehen nach § 80 Abs. 2 StPO im Hinblick auf eine Glaubwürdigkeitsuntersuchung vonstattengeht, welche Pflichten für ihn auch unabhängig von seiner Einwilligung in eine Untersuchung bestehen.

Der dritte Satz regelt zunächst den Zeitpunkt der Belehrung. Was diesen anbelangt, so muss die Belehrung deswegen gleich zu Beginn der ersten Begutachtungstätigkeit gleich welcher Art, genauer beim ersten Kontakt zwischen Sachverständigem und Zeugen, nicht also erst vor einer Glaubwürdigkeitsuntersuchung im eigentlichen Sinne, erfolgen, weil schon zu diesem Zeitpunkt das Persönlichkeitsrecht des Zeugen betroffen ist und weil der Zeuge nur so weiß, welche Rechte und Pflichten ihn bei einer Glaubwürdigkeitsbegutachtung treffen. Wird der Sachverständige schon zur polizeilichen Vernehmung hinzugezogen, erfolgt diese Belehrung durch den zuständigen Polizeibeamten. Ansonsten sind der Staatsanwalt bzw. der Richter für die Belehrung zuständig, nicht hingegen der Sachverständige.[612] Allerdings muss auch dieser „den Grundsatz der absoluten Aufrichtigkeit“[613] gegenüber dem Zeugen beachten, weswegen auch durch ihn eine Aufklärung über die Begutachtungstätigkeit erfolgen sollte.

612 Siehe *Otte* S. 264 f.

613 *Wegener* S. 8.

III. Glaubwürdigkeitsbegutachtung bei Untersuchungsverweigerung

„Aus § 81c StPO ergibt sich indessen nur das Verbot der Beweiserhebung durch Untersuchung. Andere Wege sind nicht verschlossen.“[614]

Mit anderen Worten: Nur für eine Glaubwürdigkeits*untersuchung* im eigentlichen Sinne bedarf es einer Einwilligung des Zeugen. Eine Versagung der Einwilligung soll aber nicht zur Folge haben, dass eine Glaubwürdigkeits*begutachtung* durch den Sachverständigen von vorneherein ausgeschlossen ist. Die Behauptung, im Falle der Untersuchungsverweigerung des Zeugen sei eine Glaubwürdigkeitsbegutachtung generell und nicht nur die Untersuchung als eine Art der Begutachtung passé, geht nach herrschender Meinung also fehl.

In diesem Abschnitt liegt der Schwerpunkt auf der Erörterung der Fragen, ob es tatsächlich zulässig ist, diesen anderen Weg zu wählen, und wie dieser andere Weg konkret aussehen könnte. Diese Thematik wurde bislang, verglichen mit der Diskussion über den Wert einer solchen Begutachtung, von der Literatur eher in den Hintergrund gestellt.

1. Amtsaufklärungspflicht nach § 244 Abs. 2 StPO: Muss der Zeuge trotz Untersuchungsverweigerung durch einen Sachverständigen begutachtet werden?

„Das Prinzip der Erforschung der materiellen Wahrheit (§ 244 Abs. 2 StPO) erfordert es, alle zulässigen Erkenntnismöglichkeiten auszuschöpfen.“[615]

Dass die Beurteilung der Glaubhaftigkeit von Zeugenaussagen „zum Wesen richterlicher Rechtsfindung“ gehört[616] und dass die Hinzuziehung eines Sachverständigen nur im Falle des Vorliegens von Besonderheiten angeordnet werden soll,[617] wurde bereits weiter oben erläutert. Die hier entscheidende Frage lautet:

---

614 BGHSt 23, 1, 2; BGHZ 184, 269, 285 (möglicherweise hätte sich ein Sachverständiger auch ohne die Durchführung einer Exploration zu der Frage der Kindeswohlgefährdung gutachterlich äußern können).

615 *Janetzke* NJW 1958, 534, 536.

616 Etwa KK/*Krehl* § 244 Rn. 49 m.w.N.; vgl. auch *Hamm* Rn. 609 („Proprium“).

617 Etwa KK/*Krehl* § 244 Rn. 51 m.w.N. zu solchen Besonderheiten und Rn. 53 zur Kritik daran; nach ständiger Rechtsprechung verletze ein Gericht seine Aufklärungspflicht, wenn es trotz fehlender eigener Sachkunde keinen sachverständigen Rat einhole, *Conen/Tsambikakis* GA 2000, 372, 376 unter Verweis auf BGHSt 2, 163 ff.

Verlangt es die Amtsaufklärungspflicht[618] nach § 244 Abs. 2 StPO im Falle des Vorliegens einer Situation, die an sich eine Einholung eines Glaubwürdigkeitsgutachtens erforderlich macht,[619] auch eine Glaubwürdigkeitsbegutachtung trotz Untersuchungsverweigerung vorzunehmen?

Vorab soll hier zur Beantwortung dieser Frage ein Beschluss des BGH zur Ablehnung der Mitwirkung an einer Begutachtung im Sorgerechtsverfahren durch einen Elternteil zum Vergleich herangezogen werden. Der Fall wies folgende Parallelen auf: Bedarf es in Strafverfahren mangels einschlägiger Rechtsgrundlage einer Einwilligung des Zeugen in die Glaubwürdigkeitsuntersuchung, so kann auch in Verfahren nach § 1666 BGB ein Elternteil mangels entsprechender Rechtsgrundlage nicht zur Untersuchung durch einen psychiatrischen oder psychologischen Sachverständigen gezwungen werden.[620] Weiterhin kommt nicht nur im Strafverfahren auch ohne Einwilligung des Zeugen eine Glaubwürdigkeitsbegutachtung durch den Sachverständigen in Betracht; auch im Sorgerechtsverfahren ist zu erwägen, den Elternteil, der die Begutachtung verweigert, in Anwesenheit eines Sachverständigen vor Gericht anzuhören und hierfür das persönliche Erscheinen dieses Elternteils anzuordnen.[621] Entscheidend ist hier, dass das Unterlassen der Glaubwürdigkeitsbegutachtung trotz Untersuchungsverweigerung auch im Strafprozess einen Verstoß gegen die Amtsaufklärungspflicht zur Folge haben könnte, denn im zugrunde liegenden Sorgerechtsfall hat der BGH festgestellt, dass durch das Versäumnis von Seiten des Gerichts, die Mutter in Anwesenheit eines Sachverständigen anzuhören, „nicht alle gebotenen Ermittlungsansätze ausgeschöpft" worden seien und folglich eine Verletzung der Amtsermittlungspflicht vorläge.[622] Nicht nur in Kindschaftsverfahren sind die Anforderungen an die Sachverhaltsaufklärung erhöht,[623] auch im Strafverfahren ist die Wahrheitsermittlung das „verfassungsrechtlich vorgegebene beherrschende Prinzip".[624] Wörtlich heißt es in dem Beschluss auch, dass „die Weigerung eines Beteiligten [gemeint ist des Elternteils], an der Aufklärung des Sachverhalts mitzuwirken, nicht ohne Konsequenzen für das Verfahren bleiben" könne;[625] auch

---

618 Zur Reichweite der Amtsaufklärungspflicht *Hamm* Rn. 555 ff.

619 Zu den Fällen der Hinzuziehung eines Sachverständigen Kapitel I. B. I.

620 BGHZ 184, 269.

621 BGHZ 184, 269.

622 BGHZ 184, 269, 277 ff.

623 BGHZ 184, 269, 278.

624 LR/*Kühne* Einl. Abschn. H Rn. 23; vgl. auch *Pfister* FPPK 2008, 3, 4; BVerfGE 57, 250, 275.

625 BGHZ 184, 269, 278.

der Zeuge soll nach herrschender Ansicht mit seiner Weigerung im Hinblick auf eine Glaubwürdigkeitsbegutachtung nicht aus dem Schneider sein. Somit müsste die Amtsaufklärungspflicht nach § 244 Abs. 2 StPO, überträgt man den Inhalt des BGH-Beschlusses zum Sorgerechtsverfahren auf den Fall einer anstehenden Glaubwürdigkeitsbegutachtung im Strafverfahren, zumindest grundsätzlich, in geeigneten Konstellationen, auch die Vornahme einer Glaubwürdigkeitsbegutachtung trotz Untersuchungsverweigerung des zu Begutachtenden verlangen.[626]

Damit die Frage, ob das Gebot der bestmöglichen Sachaufklärung die Einholung eines solchen Gutachtens erfordert, abschließend beantwortet werden kann, müssen im Folgenden die Zulässigkeit und die wissenschaftliche Fundiertheit[627] und damit der Wert eines solchen Vorgehens genau untersucht werden.

2. Neuer Beweisantrag im Falle der Untersuchungsverweigerung

Dass die Glaubwürdigkeitsbegutachtung mit und ohne Einwilligung des Zeugen nicht dasselbe ist, diese also auch nicht einfach die Umgehung jener sein kann, zeigt auch die Rechtsprechung hinsichtlich der diesbezüglichen Beweisanträge: Das Gericht dürfe den Vorschlag der Verteidigung, eine fundierte Glaubwürdigkeitsuntersuchung des Zeugen in Auftrag zu geben, ablehnen, falls diese Untersuchung im eigentlichen Sinne aufgrund der verweigerten Einwilligung des Zeugen nicht durchgeführt werden könne.[628] Wolle die Verteidigung in diesem Fall, dass eine Glaubwürdigkeitsbegutachtung trotz Untersuchungsverweigerung vorgenommen werde, so läge es in ihrem Aufgabenbereich, „ihr Verlangen dem Gericht zu erläutern oder ggf. einen neuen Beweisantrag zu stellen“.[629] Auch

626 In diesem Sinne auch BGH NStZ 2002, 656, 658 (wegen Tods der Zeugin konnte keine Exploration durchgeführt werden); *Janetzke* NJW 1958, 534, 536; vgl. auch BGH NStZ 1994, 95, 96 (zur Sicherungsverwahrung ohne Untersuchung des Angeklagten).

627 § 244 Abs. 2 StGB erfordere auch die Untersuchung der Fundiertheit eines Gutachtens, *Conen/Tsambikakis* GA 2000, 372, 376.

628 BGH StV 1991, 405 (5 StR 184/90).

629 BGH StV 1991, 405 (5 StR 184/90); siehe auch *Zwiehoff* S. 85 (Fn. 5); zustimmend auch *Eisenberg* Rn. 1867 (im Falle der Untersuchungsverweigerung könne das Gericht einen nur darauf abzielenden Beweisantrag ablehnen) und LR/*Krause* § 80 Rn. 11; vgl. im Unterschied dazu BGH StV 1991, 405 f. (5 StR 401/90) m. Anm. *Blau* StV 1991, 406 ff.: Anders als bei BGH StV 1991, 405 f. (5 StR 401/90), wo die Verteidigung von der Darlegungslast befreit und das Erfordernis sachverständiger Hilfe den Gründen des angefochtenen Urteils entnommen werde, werde dem Verteidiger

Krause meint, dass das Verlangen, eine Glaubwürdigkeitsbegutachtung auch ohne Einwilligung vornehmen zu lassen, „nicht etwa als Minus zum Antrag nach § 81c" StPO betrachtet werden könne.[630] Sicherheitshalber sollten Verteidiger von daher klarstellen, dass notfalls auch eine Begutachtung trotz Untersuchungsverweigerung in Betracht gezogen werden sollte.

Im Übrigen differenziert der BGH bei der Frage nach der Zulässigkeit einer entsprechenden Verfahrensrüge, wenn der Verteidiger eine Einwilligung des zu Begutachtenden nicht dargelegt hat: Er fordert unmissverständlich, dass grundsätzlich „das Vorliegen einer entsprechenden Zustimmung der zu begutachtenden Person [...] von der Revision dargetan werden" müsse.[631] Anders soll dies nur dann sein, „wenn einem Sachverständigen ersichtlich unabhängig von einer Einwilligung des Zeugen die erforderlichen Erkenntnisse auch ohne persönliche Begutachtung verschafft werden können".[632] Hierbei gibt der BGH zwar ältere Rechtsprechungsnachweise[633], bei denen von der Möglichkeit einer Glaubwürdigkeitsbegutachtung trotz Untersuchungsverweigerung ausgegangen wird, an. Wann aber ein solcher Fall „ersichtlich" sein soll, wird dadurch nicht wirklich geklärt. Wird das Kriterium der Ersichtlichkeit bejaht, hat der Verteidiger *Burhoff* zufolge auch einfach nur „Glück gehabt".[634]

Das Bestehen der Amtsaufklärungspflicht nach § 244 Abs. 2 StPO, das muss an dieser Stelle betont werden, ist nicht von einem entsprechenden Beweisantrag abhängig.[635] Wenn die Amtsaufklärungspflicht also eine solche Begutachtung gebieten sollte, so muss diese unabhängig von einem diesbezüglichen Beweisantrag in Auftrag gegeben werden.[636] Gehe man mit der herrschenden Meinung davon aus, dass die Erstellung eines Glaubwürdigkeitsgutachtens trotz

---

bei BGH StV 1991, 405 (5 StR 184/90) auferlegt, auf den Weg der Begutachtung ohne Einwilligung hinzuweisen. Vgl. auch BGH StV 1990, 246 (Verteidigung habe „erkennbar nicht allein auf eine solche Untersuchung abgestellt"); zur Problematik dieser Pflicht der Verteidigung *Schlothauer* StV 1989, 466 f.

630 LR/*Krause* § 81c Rn. 8.

631 BGH NStZ 2013, 672; BGH BeckRS 2004, 09886.

632 BGH StV 2013, 483.

633 BGH StV 1990, 246 f.; BGH StV 1991, 405 f.; BGH NStZ 2009, 346; ausführlich zu diesen Rechtsprechungsnachweisen Kapitel II. A. III. 3. a) aa).

634 *Burhoff* StRR 7/2013, 261.

635 *Hamm* Rn. 562; vgl. auch *Deckers*, Der strafprozessuale Beweisantrag, Köln 2013, Rn. 243.

636 So auch *Eschke* NJW 1975, 354; im BGH StV 1991, 405 (5 StR 184/90) zugrunde liegenden Fall wurde kein Verstoß gegen die Aufklärungspflicht angenommen, weil eine weitere Aufklärung nicht notwendig gewesen sei.

Untersuchungsverweigerung des Zeugen möglich sei, so müsse, so argumentiert *Hamm* schlüssig, konsequenterweise eine Aufklärungsrüge auch dann als zulässig zu betrachten sein, wenn sie keine Erklärung dahingehend, dass sich der Zeuge zur Teilnahme an einer Glaubwürdigkeitsuntersuchung bereit erklärt hätte, enthalte.[637]

3. Rechtsprechungsfälle: Glaubwürdigkeitsbegutachtungen im Falle der Untersuchungsverweigerung

Im Folgenden werden Rechtsprechungsfälle zu Glaubwürdigkeitsgutachten, die entweder aufgrund der Untersuchungsverweigerung des Zeugen oder aus anderen Gründen ohne eine Untersuchung im eigentlichen Sinne erstellt worden sind, dargestellt.

a) Glaubwürdigkeitsbegutachtungen ohne Untersuchung im eigentlichen Sinne aufgrund Untersuchungsverweigerung

Nach ganz herrschender Ansicht ist eine Glaubwürdigkeitsbegutachtung auch im Falle der Untersuchungsverweigerung des Zeugen möglich. An dieser Stelle soll nun eine Betrachtung einiger Beispiele aus der Rechtsprechung[638] erfolgen.

aa) Beispiele aus der Rechtsprechung

Das älteste Beispiel, das von der herrschenden Meinung immer wieder als Beleg für die Zulässigkeit der Glaubwürdigkeitsbegutachtung trotz Untersuchungsverweigerung angeführt wird, ist ein Urteil des 2. Strafsenats des BGH vom 11. November 1959.[639] Die zu begutachtende Zeugin war hier die zur Tatzeit 15 bis 16 Jahre alte Tochter des Angeklagten, der wegen fortgesetzter Unzucht mit dieser vor Gericht stand. Entscheidend ist hier der letzte Satz des Urteils:

> *„Möglicherweise wird aber ein Sachverständiger, selbst wenn keine Untersuchung stattfinden kann, doch in der Lage sein, aus dem Gesamtverlauf der Hauptverhandlung die Grundlagen für ein Gutachten über die Glaubwürdigkeit zu gewinnen.“*[640]

---

637 *Hamm* Rn. 610.

638 Eine Übersicht mit einigen Beispielen findet sich auch bei *Jansen* Rn. 776.

639 BGHSt 14, 21 ff. = NJW 1960, 586.

640 BGH NJW 1960, 586.

Dieser Aussage ist zu entnehmen, dass die Unmöglichkeit einer Glaubwürdigkeitsuntersuchung im eigentlichen Sinne nach Ansicht des BGH nicht zwingend bedeutet, dass die Erstellung eines Glaubwürdigkeitsgutachtens von vornherein ausgeschlossen ist. Vielmehr könne ein solches auch „aus dem Gesamtverlauf der Hauptverhandlung" zu erstellen sein. Die Minderjährigkeit des Opfers eines Sexualdelikts steht diesem Vorgehen nach Ansicht des BGH damit nicht entgegen. Auf welche Weise genau ein Sachverständiger hier zu den nötigen Grundlagen kommen soll, geht aus dem Urteil jedoch nicht hervor. Gleichwohl handelt es sich hier damit entgegen *Blau* nicht um eine unbrauchbare Belegstelle[641].

Ein Urteil des 1. Strafsenats des BGH aus dem Jahre 1965 spricht auf den ersten Blick gegen die Zulässigkeit eines solchen Vorgehens. Darin wird im konkreten Fall die Pflicht zur Hinzuziehung eines Sachverständigen im Falle der Untersuchungsverweigerung verneint.[642] Der 1. Strafsenat des BGH begründet dies wie folgt:

> *„Zur Verwendung eines Gutachtens, das auf einer so schmalen Grundlage und keinen anderen Beobachtungen als denen beruht hätte, die sie selbst während der Hauptverhandlung machen konnte, brauchte sich die in der Beurteilung von Kinderaussagen erfahrene Jugendkammer nicht gedrängt zu sehen."*[643]

Damit spricht sich der BGH letztlich aber nicht gegen die Zulässigkeit einer Glaubwürdigkeitsbegutachtung im Falle der Untersuchungsverweigerung aus. Vielmehr haben ihn lediglich die beschränkten Erkenntnismöglichkeiten im konkreten Fall eine Pflicht zur Einholung sachverständiger Hilfe, § 244 Abs. 2 StPO, verneinen lassen.

Nur vier Jahre später hat der 2. Strafsenat des BGH in einem Urteil vom 13. Mai 1969 dann auch ganz grundlegend festgehalten:

> *„Die Weigerung des Zeugen, sich einer Untersuchung zum Zweck der Prüfung seiner Glaubwürdigkeit zu unterziehen, schließt die Zuziehung des Sachverständigen zur Vernehmung des Zeugen in der Hauptverhandlung nicht aus."*[644]

Der Angeklagte stand wegen einer Entführung wider Willen in Tateinheit mit Beleidigung vor Gericht. Verteidiger und Staatsanwaltschaft stellten den Antrag, ein Glaubwürdigkeitsgutachten über die verletzte Zeugin erstellen zu lassen. Der Vertreter der Nebenklage machte aber deutlich, dass eine Einwilligung in die Untersuchung nicht erteilt werde, weswegen der Beweisantrag

---

641 *Blau* StV 1991, 406, 407.
642 BGH BeckRS 1965, 00057.
643 BGH BeckRS 1965, 00057.
644 BGHSt 23, 1.

abgelehnt wurde. Der Ansicht, „daß die fehlende Einwilligung den Sachverständigenbeweis über die Glaubwürdigkeit schlechthin und nicht nur eine bestimmte Art der Beweiserhebung ausschließe", wird an dieser Stelle vom BGH aber entgegengesetzt, dass sich § 81c StPO nur ein Untersuchungsverbot entnehmen lasse, „andere Wege" hingegen nicht versperrt seien.[645] Hier wird auf folgenden anderen Weg als Alternative zur Glaubwürdigkeitsuntersuchung im eigentlichen Sinne hingewiesen: Zur Zeugenvernehmung in der Hauptverhandlung könne man einen Sachverständigen heranziehen und die Gutachtenerstattung könne nach § 80 StPO „gefördert werden".[646] Der Beschluss des OLG Hamm vom 29. Juni 1956[647], der diese Möglichkeit verneine, sei zu Recht bei allen auf Widerspruch gestoßen.[648] Wirklich gehaltvoll ist diese Beschreibung des einzuschlagenden anderen Weges freilich nicht. Gleichwohl stellt dieses Urteil für sämtliche Vertreter der herrschenden Meinung die zentrale, wenngleich mehr oder weniger unreflektierte, Belegstelle für die Zulässigkeit dieser Vorgehensweise dar.

Schon wenige Monate später wurde dieses Urteil vom 1. Strafsenat des BGH bestätigt:

> *„Untersuchungen zur Prüfung seiner Glaubwürdigkeit braucht ein Zeuge freilich nicht zu dulden [...]. Damit ist jedoch der Sachverständigenbeweis als solcher über diese Frage nicht ausgeschlossen; die fehlende Zustimmung steht nur einer bestimmten Art der Beweiserhebung (der Untersuchung) entgegen [...]. Der Sachverständige durfte also in der Hauptverhandlung der Vernehmung des Zeugen beiwohnen und gemäß § 80 StPO selbst Fragen an diesen stellen [...]. Die auf diese Weise ohne Zustimmung des Zeugen gewonnenen Erkenntnisse durfte der Sachverständige in seinem Gutachten verwerten."*[649]

Bei diesen Ausführungen handelt es sich lediglich um eine Wiedergabe der beiden zuvor erörterten Urteile. Besondere Aufmerksamkeit verdient aber die folgende Bemerkung:

> *„[...]; daß das Urteil hierfür die Bezeichnung wählt, er habe den Zeugen ‚exploriert', ist unschädlich."*[650]

---

645 BGHSt 23, 1 f.

646 BGHSt 23, 1, 2.

647 OLG Hamm JMBlNW 1957, 45; dem zustimmend etwa *Schnetz* S. 167.

648 BGHSt 23, 1, 2 m.w.N.

649 BGH, Urteil vom 23.11.1969 – 1 StR 309/69.

650 BGH, Urteil vom 23.11.1969 – 1 StR 309/69; ebenfalls unschön ist insofern auch die Formulierung „die eingeschränkten Möglichkeiten einer Exploration" von *Greuel/Offe/Fabian/Wetzels/Fabian/Offe/Stadler* S. 272.

Zumindest ein Stirnrunzeln sollte dieser Satz verursachen. Erst erklärt der BGH, dass es für eine Exploration einer Einwilligung bedürfe, diese bei fehlender Einwilligung also nicht zulässig sei, der Sachverständige in diesem Fall folglich anders vorgehen müsse, um sodann hinzuzufügen, dass man dieses andere Vorgehen aber durchaus als Explorieren bezeichnen dürfe. Eine solche Formulierung schreit geradezu nach einer von den Gegnern einer Begutachtung trotz Untersuchungsverweigerung angemahnten drohenden Umgehungsgefahr. Dafür spricht auch die „Rüge der Revision, der Sachverständige habe mehrfach sein Fragerecht überschritten"[651]. Umso erstaunlicher ist es, dass dieses Urteil in diesem Zusammenhang, soweit ersichtlich, im Schrifttum keine Erwähnung gefunden hat. Letztlich handelt es sich zwar nur um eine formale Bezeichnung; aus Gründen der Rechtssicherheit und -klarheit sollte sie im Zusammenhang mit einer Begutachtung trotz Untersuchungsverweigerung aber tunlichst vermieden werden.

Ein weiteres Urteil des BGH[652] wird hingegen immer wieder als Beleg herangezogen. Dessen Auswertung ist allerdings nicht weiter ergiebig.

Auch ein Urteil des 1. Strafsenats des BGH aus dem Jahre 1982, in dem es um die Beurteilung der Glaubwürdigkeit einer erwachsenen Zeugin, die Geschädigte eines fortgesetzten Betruges war, ging, spricht sich deutlich für die Zulässigkeit des zweiten Wegs der Glaubwürdigkeitsbegutachtung, der hier nun, soweit ersichtlich, zum ersten Mal etwas näher beschrieben wird, aus:

> *„Doch ist die Untersuchung des Zeugen nicht der einzige Weg, seine Glaubwürdigkeit und Aussagetüchtigkeit zu überprüfen. Der Sachverständige kann die sonst niedergelegten Angaben und Äußerungen des Zeugen verwerten, er kann insb. bei dessen Vernehmung in der Hauptverhandlung anwesend sein und die hierbei gewonnenen Eindrücke verwenden […]."*[653]

Weiterhin sind drei Verfahren aus dem Jahre 1990 interessant, die den BGH erreichten. Zunächst erging ein Beschluss des 5. Strafsenats des BGH, wonach die Untersuchungsverweigerung den Sachverständigen, der sich hier dazu äußern sollte, dass die Verhaltensstörungen der Zeugin nicht durch sexuellen Missbrauch von Seiten des Stiefvaters hervorgerufen worden seien, „nicht zu einem völlig ungeeigneten Beweismittel" werden lasse, wenn dieser über

651 BGH, Urteil vom 23.11.1969 – 1 StR 309/69.

652 BGH, bei *Holtz*, MDR 1979, 988 f.; nach *Blau* StV 1991, 406, 407 ist dieses – er verweist hierbei auf sämtliche bei LR/*Gollwitzer*[24] § 244 Rn. 89 (Fn. 165) aufgeführten Rechtsprechungsnachweise – eine nicht brauchbare Belegstelle.

653 BGH NStZ 1982, 432.

„andere Erkenntnisse“, die es ihm ermöglichten, „die Beweisbehauptung mehr oder weniger wahrscheinlich zu machen“, verfüge.[654] Hier werden die anderen Erkenntnisquellen auch benannt: So hätte man dem Sachverständigen aus unterschiedlichen Behandlungen hervorgegangene Erkenntnisse zur Verfügung stellen und die Befragung von anderen Zeugen gemäß § 80 Abs. 2 StPO wiederholen und vervollständigen können.[655] Wenngleich es hier nicht um eine Glaubwürdigkeitsuntersuchung ging, so steht dieser Beschluss dennoch in der Linie der die Glaubwürdigkeitsbegutachtung trotz fehlender Einwilligung des Zeugen bejahenden Meinung und kann somit aufgrund der Vergleichbarkeit auch als Bestätigung dieser gewertet werden.

Im Zusammenhang mit der Erörterung des Erfordernisses, einen neuen Beweisantrag zu stellen, wurden bereits das Urteil des BGH vom 18. September 1990 und ein Beschluss desselben vom 25. September 1990 besprochen. Aus ersterem geht zumindest indirekt, indem es gegebenenfalls die Stellung eines dahingehenden Beweisantrags verlangt,[656] hervor, dass eine Glaubwürdigkeitsbegutachtung auch ohne Einwilligung des Zeugen möglich sein kann. In dem etwas später ergangenen Beschluss heißt es:

> *„Die Vernehmung eines psychiatrischen Sachverständigen macht diesen nicht deshalb zu einem völlig ungeeigneten Beweismittel, weil die auf ihre Glaubwürdigkeit zu untersuchende Zeugin ihre Einwilligung in eine Untersuchung verweigert, wenn der Sachverständige sich erfolgversprechend darum bemühen kann, sich Anknüpfungstatsachen für seine Begutachtung zu verschaffen.“*[657]

Hier wird erfreulicherweise explizit aufgeführt, was dem Sachverständigen zur Grundlage eines Gutachtens gereichen könnte: So hätte dieser unter Umständen Einsicht in ein Gutachten eines Nervenarztes, in Berichte eines Kinderheims und eines Jugendgerichtshelfers, in Unterlagen unterschiedlicher Kliniken und in Strafverfahrensakten nehmen können.[658]

Im Rahmen der Erörterung der Konsequenzen einer ausgebliebenen Belehrung über das Untersuchungsverweigerungsrecht für eine weitere Glaubwürdigkeitsbegutachtung trotz Untersuchungsverweigerung wurde auch schon der Beschluss des BGH vom 16. Juli 1993 besprochen, in dem die Zulässigkeit einer Glaubwürdigkeitsbegutachtung trotz fehlender Einwilligung

---

654 BGH StV 1990, 246 f.

655 BGH StV 1990, 246 f.

656 BGH StV 1991, 405 (5 StR 184/90).

657 BGH StV 1991, 405 (5 StR 401/90).

658 BGH StV 1991, 405, 406.

der Zeugin – wiederum handelte es sich bei dem Tatopfer um die Tochter eines wegen Sexualdelikten Angeklagten – auch ausdrücklich bejaht wird.[659]

In einem bereits im Zusammenhang mit der Auswahl des Sachverständigen erörterten Beschluss – in dem zugrunde liegenden Fall hatte der gesetzliche Vertreter des minderjährigen Opfers einer Sexualstraftat der Untersuchung durch einen bestimmten Sachverständigen nicht zugestimmt – wurde ebenfalls die Zulässigkeit des Weges, „Erkenntnisse über die Glaubwürdigkeit [...] dadurch zu gewinnen, daß ein Sachverständiger in der Hauptverhandlung deren richterlicher Vernehmung beiwohnt, unmittelbar Fragen an sie stellt (§ 80 Abs. 2 StPO) und sich anschließend gutachterlich äußert", angenommen.[660] Allerdings wurde hier gleich in zweifacher Hinsicht eine Einschränkung gemacht. Zum einen sei dieses Vorgehen nur „notfalls" zulässig.[661] Zu bevorzugen ist danach also die Glaubwürdigkeitsuntersuchung im eigentlichen Sinne. Zum anderen könne erst nach der Hauptverhandlung gesagt werden, ob die auf diese Weise erlangten Erkenntnisse für eine Glaubwürdigkeitsbeurteilung genügten.[662] Angesprochen wird hier somit auch der möglicherweise eintretende Fall, dass „auch diese Möglichkeit zusätzlichen Erkenntnisgewinnes sicher ausgeschlossen werden kann".[663] Alles in allem bejaht von daher auch das Kammergericht die Zulässigkeit dieses Vorgehens; es weist aber auch klar dessen vorhandene Schranken auf.

Auch nach dem Grundsatzurteil des BGH zu Glaubhaftigkeitsgutachten vom 30. Juli 1999[664] sind trotz der dort aufgestellten hohen Anforderungen an ein wissenschaftlich fundiertes Gutachten Judikate des BGH ergangen, welche die bisherige Rechtsprechung bestätigen. In einem Beschluss aus dem Jahre 2002 hat der 1. Strafsenat des BGH sich etwa dahingehend geäußert, dass „selbst ohne ein solches Einverständnis [...] eine Begutachtung aufgrund der verbleibenden Erkenntnisquellen nicht von vornherein aussichtlos gewesen" wäre.[665] Auch hier war die minderjährige Zeugin angeblich Opfer von Sexualdelikten.

Zu den jüngsten Beispielen gehört ein Beschluss des BGH vom 28. Oktober 2009. Dort widerspricht der BGH dem Landgericht Hannover, dem zufolge das

659 BGH StV 1993, 563; siehe Kapitel II. A. II. 5. b).
660 KG StV 1997, 65, 66.
661 KG StV 1997, 65, 66.
662 KG StV 1997, 65, 66.
663 KG StV 1997, 65, 66; kritisch wegen der nicht möglichen Erhebung von Befundtatsachen BGH NStZ 1997, 355, 356, wo aber auch von der Zulässigkeit dieses Vorgehens ausgegangen wird.
664 BGHSt 45, 164 ff.
665 BGH StV 2002, 637, 639.

Beweismittel aufgrund der Weigerung der Zeugin, die Opfer eines Sexualdelikts geworden sein soll, „sich der für ein Glaubwürdigkeitsgutachten erforderlichen Exploration“ zu stellen, ungeeignet wäre.[666] So heißt es darin auch:

> *„Die Zeugin konnte zwar ohne ihre Einwilligung nicht psychiatrisch untersucht werden (§ 81c StPO). Es ist jedoch nicht ausgeschlossen, dass der Sachverständige auf andere Weise, etwa durch das Studium der Akten und die Beobachtung der Zeugin in der Hauptverhandlung ausreichende Anknüpfungstatsachen hätte ermitteln und auf deren Basis zumindest Wahrscheinlichkeitsaussagen zu der Beweisbehauptung machen können.“*[667]

Damit sieht auch dieser Beschluss einer Glaubwürdigkeitsbegutachtung trotz Untersuchungsverweigerung des Zeugen keine Hinderungsgründe entgegenstehen.

Unlängst hat sich der BGH anlässlich der Frage, ob die Verfahrensrüge im konkreten Fall nicht deswegen unzulässig war, weil darin das Vorhandensein der Einwilligung des zu begutachtenden Zeugen nicht dargelegt worden war, folgendermaßen geäußert:

> *„Entgegen der Auffassung des GBA ist die Rüge zulässig […]. Zwar bedarf es hierfür […] grundsätzlich des Vortrags der Einwilligung der zu begutachtenden Person in die beantragte Untersuchung […]. Das kann aber dann nicht gelten, wenn einem Sachverständigen ersichtlich unabhängig von einer Einwilligung des Zeugen die erforderlichen Erkenntnisse auch ohne persönliche Begutachtung verschafft werden können […]. So liegt es hier.“*[668]

Auch hier geht der BGH davon aus, dass eine Glaubwürdigkeitsbegutachtung trotz Untersuchungsverweigerung des Zeugen grundsätzlich möglich ist.

bb) Gegenläufige Rechtsprechung

Die Gegenansicht kann sich kaum auf gegenläufige Rechtsprechung berufen. So wird hauptsächlich ein Beschluss des OLG Hamm aus dem Jahre 1956 herangezogen, um die eigene Meinung zu stützen. In dessen Leitsatz konstatiert dieses:

> *„Es ist unzulässig, über die Glaubwürdigkeit eines Zeugen in der Weise Beweis zu erheben, daß der Zeuge gegen seinen Willen in Gegenwart eines Sachverständigen Fragen über seinen Werdegang, seine Krankheiten, nervenärztliche Behandlungen, Therapien usw. zu beantworten und auf diese Weise eine Beobachtung seines Geisteszustandes zu ermöglichen hat.“*[669]

---

666 BGH NStZ 2009, 346, 347.
667 BGH NStZ 2009, 346, 347.
668 BGH StV 2013, 483.
669 OLG Hamm JMBlNW 1957, 45.

Anders als die bislang erwähnten Judikate befasst sich dieser Beschluss recht ausführlich mit dem Problem, welcher Art die Fragen des Sachverständigen an den zu Begutachtenden sein dürfen.

Ein deutlich jüngeres Exempel aus dem Jahre 2006 lieferte das Amtsgericht Euskirchen. Dort wurde die Auffassung vertreten, dass eine Glaubwürdigkeitsbegutachtung nicht möglich gewesen sei, „da die Zeugin ihre Mitarbeitungsbereitschaft jetzt und in Zukunft verneint hat".[670] Die Möglichkeit, eine Begutachtung auch ohne Einwilligung der Zeugin vorzunehmen, wurde hier noch nicht einmal in Erwägung gezogen, zumindest wurde dies nicht mitgeteilt. Der Grund dafür bleibt offen. In Betracht kommt, dass das Gericht keine Kenntnis von dieser Möglichkeit hatte, oder aber, dass dieses Vorgehen mangels ausreichender Grundlagen keinen Erkenntnisgewinn versprochen hätte, oder dass ein dahingehender Beweisantrag nicht gestellt worden war, oder auch, dass es – im Sinne der Gegenmeinung – diese zweite Art der Glaubwürdigkeitsbegutachtung ablehnte. Auch hier wird man jedenfalls den Verdacht nicht los, dass diese Begutachtungsmöglichkeit – nicht ohne Grund – von den Instanzgerichten gerne außer Betracht gelassen wird.

b) Glaubwürdigkeitsbegutachtungen ohne Exploration aus anderen Gründen

Glaubwürdigkeitsbegutachtungen werden zuweilen auch aus anderen Gründen als einer fehlenden Einwilligung des Zeugen ohne Exploration vorgenommen. Dazugehörige Judikate sprechen zwar nicht direkt für die Zulässigkeit einer Glaubwürdigkeitsbegutachtung, die wegen der fehlenden Einwilligung des Zeugen ohne eine Untersuchung im eigentlichen Sinne vorgenommen werden muss. Daraus kann aber auf jeden Fall entnommen werden, dass nach Ansicht der Rechtsprechung auch ohne Exploration eine ausreichende Grundlage für die Erstellung eines Glaubwürdigkeitsgutachtens vorhanden sein kann.

Zur Beurteilung möglicherweise vorhandener suggestiver Einflüsse etwa ist nach der Rechtsprechung des BGH eine Exploration nicht unbedingt erforderlich: Im Rahmen der sogenannten „Wormser Missbrauchsverfahren" beispielsweise seien die zu begutachtenden kindlichen Zeugen von keinem der in der Hauptverhandlung herangezogenen Sachverständigen exploriert worden; vielmehr hätte

670 AG Euskirchen StraFo 2006, 493 mit Anm. *Deckers*.

man die suggestiven Einflüsse auf die Zeugen schon deren Ausführungen in der Hauptverhandlung entnehmen können.[671]

Auch in einem Urteil aus dem Jahre 1997 hält der BGH fest, dass man „für die Beurteilung möglicher suggestiver Einflüsse auf kindliche Zeugen im Rahmen eines Sachverständigengutachtens [...] nicht notwendig einer Exploration" bedürfe.[672] Hier wird auch ausführlich beschrieben, was der Sachverständige zur Glaubwürdigkeitsbeurteilung heranziehen kann: Namentlich waren das im konkreten Fall „das Studium der Verfahrensakten einschließlich des vorbereitenden schriftlichen Gutachtens eines anderen Sachverständigen, der von dem Kind in der Hauptverhandlung vermittelte Eindruck und die Aussagen der für eine suggestive Beeinflussung des Kindes in Betracht kommenden Zeugen".[673]

Wenn das Tatopfer verstorben ist und somit weder im Ermittlungsverfahren noch im Hauptverfahren als Zeuge auftreten konnte, erklärt es sich von selbst, dass auch keine Exploration stattfinden konnte. Wie bereits erwähnt, steht das der Erstellung eines Glaubwürdigkeitsgutachtens nach Ansicht des BGH aber nicht entgegen: So könne ein Richter „auch dann, wenn die betreffende Auskunftsperson selbst weder für eine unmittelbare Aussage noch für eine Exploration oder Untersuchung zur Verfügung" stünde, zur Einholung sachverständigen Rats verpflichtet sein.[674] Zwar sei „die tatsächliche Grundlage für Anknüpfungen dann möglicherweise eher schmal", das stehe der Hinzuziehung eines Sachverständigen aber nicht entgegen.[675] Auch wird hier auf die Pflicht des Sachverständigen hingewiesen, „mit zu beurteilen, ob die gegebene Anknüpfungsgrundlage für eine Bewertung ausreicht und wie verlässlich und aussagekräftig diese sein kann".[676]

c) Fazit

Im Ergebnis bleibt festzuhalten: Es gibt eine ganze Reihe von Rechtsprechungsfällen, in denen die Zulässigkeit der Glaubwürdigkeitsbegutachtung auch im Falle der Untersuchungsverweigerung des Zeugen angenommen worden ist.

---

671 *Jansen* Rn. 778 (Fn. 796), Rn. 788 ff.; dazu *Schade/Harschneck* PdR November 2000, 28 ff. und *Burgsmüller* PdR November 2000, 48, 49; zur Möglichkeit einer Gutachtenerstellung in diesem Fall auch *Aymans* S. 184 (Einzelfallabhängigkeit).

672 BGH StV 1998, 116; vgl. dazu auch *Steller/Böhm* FPPK 2008, 37, 43 f. (zu Glaubhaftigkeitsbegutachtungen im Falle von Persönlichkeitsstörungen).

673 BGH StV 1998, 116.

674 BGH NStZ 2002, 656, 658.

675 BGH NStZ 2002, 656, 658.

676 BGH NStZ 2002, 656, 658 f.

Wenn es sich in diesem Fall beim Sachverständigen auch nicht um ein völlig ungeeignetes Beweismittel handeln soll, so scheint letzten Endes doch immer wieder durch, dass die Glaubwürdigkeitsbegutachtung, die mit der Einwilligung des Zeugen erfolgt, also auf einer ausführlichen Untersuchung basiert, dem „anderen Weg“ vorzuziehen ist. Dies ist wohl aus zweierlei Gründen so: Zum einen ist der Erkenntnisgewinn bei dieser Art der Begutachtung ein geringerer und zum anderen erfolgt sie eindeutig gegen den Willen des Zeugen.

Obwohl es sich in vielen Fällen um (minderjährige) Opfer von Sexualdelikten handelt, wird der Gesichtspunkt des Opferschutzes im Zusammenhang mit einer unfreiwilligen Glaubwürdigkeitsbegutachtung leider in keinem der erwähnten Fälle problematisiert. Auch den anderen Argumenten der Gegenansicht wird im Grunde genommen keine Aufmerksamkeit geschenkt.

Gegenläufige Judikatur findet sich auch nur vereinzelt. Die ganz herrschende Meinung innerhalb der Rechtsprechung, vornehmlich die des BGH, befürwortet die Zulässigkeit eines solchen Vorgehens. Diese Rechtsprechung kann als gefestigt beschrieben werden.[677]

Hin und wieder wird auch erläutert, auf welcher Grundlage ein solches Gutachten basieren könne. Die Analyse der Rechtsprechung ergibt insgesamt aber leider nur relativ wenige Anhaltspunkte, anhand derer Sachverständige und auch Tatrichter eine Art Leitfaden für eine solche Vorgehensweise ableiten könnten.

4. Vorgehen bei Glaubwürdigkeitsbegutachtungen trotz Untersuchungsverweigerung

Kann ein Sachverständiger in einem Fall, in dem keine Einwilligung des Zeugen vorliegt, etwa einem Hellseher gleich,[678] allein aufgrund von Beobachtungen in der Hauptverhandlung eine Glaubwürdigkeitsbegutachtung vornehmen? Diesen Eindruck könnte man zuweilen tatsächlich bekommen. Die Antwort versteht sich aber von selbst: Selbstverständlich muss auch hier ein entsprechendes Gutachten eine wissenschaftliche Fundiertheit vorweisen. Auch hier darf die Glaubhaftigkeitsbeurteilung keinesfalls „auf dem Niveau einer laienhaften

677 So auch *Schmoll* S. 37; KK/*Herdegen*[5] § 244 Rn. 16.

678 Vgl. *Lempp* S. 331, der im Zusammenhang mit einer Begutachtung ohne vorangegangene Untersuchung von „einer noch weit verbreiteten magischen Vorstellung von den Fähigkeiten der Psychologen und Psychiater“ spricht.

Eindruckspsychologie" erfolgen.[679] Im Folgenden Abschnitt soll erörtert werden, wie das Vorgehen bei einer Glaubwürdigkeitsbegutachtung trotz Untersuchungsverweigerung nun konkret aussehen kann.

Eine solche Begutachtungstätigkeit ist dabei nicht nur in Gegenwart des Richters möglich. Grundsätzlich ist dieses Vorgehen auch während der Vernehmung durch einen Staatsanwalt denkbar – auch hier besteht eine Erscheinens- und Aussagepflicht des Zeugen, auch bei einer staatsanwaltschaftlichen Vernehmung[680] ist § 80 StPO anwendbar. Dies sollte aber nicht zuletzt wegen der Sensibilität dieses Themas, der anderen Funktion der Staatsanwaltschaft[681] und des Erfordernisses der richterlichen Leitung gemäß § 78 StPO nicht praktiziert werden.[682] Anders ist dies nur dann, wenn der zu Begutachtende in die Untersuchung einwilligt, weil das Verfahren nach § 80 Abs. 2 StPO so gesehen ein Minus darstellt. Im Folgenden wird von daher aber nur auf die Begutachtung im Rahmen der richterlichen Vernehmung eingegangen.

a) Unterschiede zwischen der Glaubwürdigkeitsbegutachtung mit und ohne Einwilligung des Zeugen

Wie gesehen, erfolgt eine Glaubwürdigkeitsbegutachtung im Falle der Einwilligung des Zeugen insbesondere anhand psychologischer Testverfahren und einer Exploration.[683] Wenn von Seiten des Zeugen keine Einwilligung in die Glaubwürdigkeitsuntersuchung erteilt wurde, scheidet eine Untersuchung im eigentlichen Sinne in seinen Räumlichkeiten jedoch gerade aus und der Sachverständige muss auf andere Mittel zurückgreifen, um ein Gutachten gegebenenfalls erstatten zu können. Die Glaubwürdigkeit des Zeugen bzw. die Glaubhaftigkeit seiner Aussage wird dann zwangsweise auf der Grundlage von

---

679 *Aymans* StraFo 2007, 364, 366, 368 (in einzelnen Fällen sei eine Glaubhaftigkeitsbeurteilung auch ohne eigene Untersuchung möglich).

680 Vgl. dazu LR/*Krause* § 80a Rn. 4 (auch eine Vernehmung durch den Staatsanwalt in Anwesenheit des Sachverständigen komme im Rahmen der Hinzuziehung nach § 80a StPO im Falle der Untersuchungsverweigerung in Betracht).

681 Zu anderem Inhalt und veränderter Befragungsweise während der Hauptverhandlung *Wendler* in: Die Erhebung von Zeugenaussagen im Strafprozess, S. 188, 195.

682 Auch bei *Greuel/Offe/Fabian/Wetzels/Fabian/Offe/Stadler* S. 272 etwa ist nur die Rede von einer Begutachtung während der Hauptverhandlung oder während der richterlichen Vernehmung.

683 LR/*Krause* § 81c Rn. 8; *Eisenberg* StV 1995, 625 f.; *Eisenberg* Rn. 1864 zur Exploration und Rn. 1865 zum Test.

solchen Anknüpfungstatsachen, die auch ohne eine Untersuchung im eigentlichen Sinne erhoben werden können, geprüft.[684]

b) Der „andere Weg"

Im Folgenden gilt es, den Hinweis des BGH auf offenstehende „andere Wege"[685] mit Inhalt zu füllen, so dass – im Falle der Zulässigkeit dieses Vorgehens – sowohl Sachverständige als auch Richter wissen, wie im Falle der Untersuchungsverweigerung des Zeugen konkret vorgegangen werden kann und darf, wie sich der Sachverständige also „erfolgversprechend darum bemühen kann, sich Anknüpfungstatsachen für seine Begutachtung zu verschaffen".[686] Hierbei kann zwischen Anknüpfungstatsachen, die mit oder ohne Mitwirkung des Zeugen verfügbar sind, unterschieden werden.

Wenn der BGH meint, dass es in einem solchen Fall durchaus möglich sei, „zur Vernehmung der Zeugin in der Hauptverhandlung einen Sachverständigen zuzuziehen, wobei die Erstattung des Gutachtens nach Maßgabe des § 80 StPO gefördert werden" könne,[687] ist das eine zwar zutreffende, gleichwohl aber äußerst dürftige und keinesfalls ausreichende Erläuterung dieses Procederes. Auch die stetig von allen Vertretern der herrschenden Meinung so oder so ähnlich formulierte Aussage, „Erkenntnisse über [...] die Glaubwürdigkeit [dürfen] in der Weise gewonnen werden, dass der Zeuge richterlich vernommen wird, ein Sachverständiger ihn dabei unmittelbar befragt (§ 80 II) und sich anschließend gutachtlich äußert",[688] kann dabei nur im Ansatz, als Ausgangspunkt einer Erläuterung, weiterhelfen.

aa) Akten und weitere ohne die Mitwirkung des Zeugen verfügbare Anknüpfungstatsachen

Der Sachverständige muss in eine Vernehmung des Zeugen im Falle der Untersuchungsverweigerung nicht immer vollkommen unvorbereitet hineingehen.[689] Neben dem Zeugen, der sich während der Vernehmung bzw. in der Hauptverhandlung präsentiert, gibt es weitere Anknüpfungstatsachen, die der Sachverständige für sein Gutachten heranziehen kann. So vermag der Sachverständige „die

684 KK/*Herdegen*[5] § 244 Rn. 16 m.w.N.
685 BGHSt 23, 1, 2.
686 BGH StV 1991, 405 (5 StR 401/90).
687 BGHSt 23, 1, 2.
688 Etwa Meyer-Goßner/*Schmitt* § 81c Rn. 8.
689 *Zwiehoff* S. 85 (Fn. 6).

sonst niedergelegten Angaben und Äußerungen des Zeugen verwerten",[690] etwa vorhandene Briefe,[691] sofern vorhanden kann er Einsicht in ein Gutachten eines Nervenarztes, in Berichte eines Kinderheims und eines Jugendgerichtshelfers und in Unterlagen unterschiedlicher Kliniken nehmen,[692] Strafverfahrensakten können ihm ausgehändigt werden,[693] zuweilen gibt es Gutachten eines anderen Sachverständigen,[694] auch Aussagen von Zeugen, die auf den zu begutachtenden Zeugen suggestiv eingewirkt haben könnten, können relevant sein[695]. Bei alledem kann es sich um möglicherweise „glaubwürdigkeitsrelevante Unterlagen"[696] handeln. Was Gutachten anderer Sachverständiger anbelangt, ist es natürlich von deren Qualität abhängig, wie wertvoll sie für eine Begutachtung trotz Untersuchungsverweigerung sein können.

Der Aktenanalyse kommt hier eine maßgebliche Rolle zu. Dadurch können *Volbert* zufolge der Tatvorwurf in der vom Zeugen dargestellten Form, Informationen bezüglich der Aussagegenese, etwaige Indizien für eine Motivation zur Falschbeschuldigung und auch persönlichkeitsspezifische Besonderheiten überblickt und verarbeitet werden.[697] Wenn man bereits den vorliegenden Akten immense suggestive Einflüsse entnehmen kann, bedarf es möglicherweise sogar gar keiner Glaubwürdigkeitsuntersuchung.[698] Was den Umfang der Akteneinsicht anbelangt, so sollte diese hier deswegen so umfangreich wie möglich gewährt werden.[699]

---

690 BGH NStZ 1982, 432; siehe auch KMR/*Bosch* § 81c Rn. 13; *Deckers*, Der strafprozessuale Beweisantrag, Köln 2013, Rn. 253.

691 *Ulrich* Rn. 433.

692 BGH StV 1991, 405, 406.

693 BGH StV 1991, 405, 406; siehe auch BGH NStZ 2009, 346, 347; BGH StV 1998, 116; *Loddenkemper* S. 15.

694 BGH StV 1998, 116; siehe auch *Zwiehoff* S. 85 (Fn. 6); *Jansen* Rn. 778; *Aymans* StraFo 2007, 364, 366; *Aymans* S. 51; zu den Konsequenzen für eine weitere Glaubwürdigkeitsbegutachtung trotz Untersuchungsverweigerung, wenn zuvor eine Belehrung über das Untersuchungsverweigerungsrecht ausgeblieben ist BGH StV 1993, 563.

695 BGH StV 1998, 116.

696 HK-StPO/*Julius* § 244 Rn. 82.

697 So die Aufzählung von *Volbert* in: Forensisch-psychologische Diagnostik im Strafverfahren, S. 18, 62 f. (mit dem Hinweis auf weitere möglicherweise relevante Unterlagen) und ferner S. 9, 15; siehe auch *Jansen* Rn. 300 ff., 742 ff.; auch *Meyer-Goßner* § 244 Rn. 59b verweist auf das mögliche Studium der Akten im Falle der Untersuchungsverweigerung; allgemein zum Aktenstudium auch *Eisenberg* Rn. 1872.

698 Etwa *Volbert* in Forensisch-psychologische Diagnostik im Strafverfahren, S. 9, 14 f.

699 Zum Akteneinsichtsrecht Kapitel II. A. II. 1. a) aa) (2); zu den sonstigen Beweiserhebungen sachbeweislicher Art Kapitel II. A. II. 1. a) aa) (7).

Nachdem hier keine aktive Mitwirkung bezüglich der Glaubwürdigkeitsbegutachtung von Seiten des Zeugen erwartet wird, können diese Anknüpfungstatsachen im Hinblick auf eine etwaige Umgehungsgefahr der Untersuchungsverweigerung als unbedenklich betrachtet werden. Die Akten sollten von daher so umfassend wie möglich bei einer solchen Gutachtenerstellung zu Nutzen gezogen werden; wenngleich die besprochenen Gefahren der Aktenanalyse[700] gerade hier im Auge zu behalten sind.

Fest steht damit auch: Es ist keinesfalls so, dass ein solches Gutachten zwingend nur auf der Basis der in der Hauptverhandlung gewonnenen Erkenntnisse erstellt werden kann und muss, wenngleich dies, wie sogleich zu sehen sein wird, in den meisten Fällen die zentrale Erkenntnisquelle für die Gutachtenerstattung darstellen wird.

bb) Gesamtverlauf der Hauptverhandlung als Datenbasis

Was genau hat man sich darunter vorzustellen, wenn dem BGH zufolge „aus dem Gesamtverlauf der Hauptverhandlung die Grundlagen für ein Gutachten über die Glaubwürdigkeit“ gezogen werden können?[701]

(1) Inhalt der Vernehmung und der Hauptverhandlung

Der Sachverständige kann in oder außerhalb der Hauptverhandlung der richterlichen Vernehmung des Zeugen beiwohnen.[702] Von allem, was Inhalt der Vernehmung bzw. der Hauptverhandlung ist, erlangt er auf diese Weise Kenntnis. Zu denken ist hier an die Vorschrift des § 69 StPO. Nach § 69 Abs. 1 S. 1 StPO ist der Zeuge *zu veranlassen, das, was ihm von dem Gegenstand seiner Vernehmung bekannt ist, im Zusammenhang anzugeben.*[703] In die Hände dieser Informationen kann der Sachverständige also auch auf diesem Wege gelangen. Klar sein muss dabei aber auch: Er ist hier von einer fachgerechten Vernehmung[704] des Vernehmungsbeamten abhängig. Auch die Befragung des Zeugen durch die

---

700 Dazu bereits S. 95.

701 BGH NJW 1960, 586.

702 Etwa LR/*Krause* § 81c Rn. 9.

703 Zu einem Negativbeispiel in der Praxis *Thom-Eben*/*Deckers* StV 2012, 566 ff.

704 *Deckers* in: Die Erhebung von Zeugenaussagen im Strafprozess, S. 89, 91 ff. zu den Fehlerquellen in einer Vernehmung.

Verteidigung[705] kann hier aufschlussreich sein. Gerade dieses Fragerecht, darauf macht *Toepel* aufmerksam, kann aber wiederum auch zur Einschüchterung des Zeugen führen.[706]

Es bietet sich für den Sachverständigen aber nicht nur die Möglichkeit, der Vernehmung des zu begutachtenden Zeugen beizuwohnen. Vielmehr stehen ihm die Mittel des § 80 Abs. 2 StPO auch bezüglich anderer Zeugen[707] und bezüglich des Angeklagten zu.

Letztlich kann und sollte ihm, wie gesehen, auch die Anwesenheit während der gesamten Hauptverhandlung gestattet werden. Auf diese Weise kann der Sachverständige den gesamten Hauptverhandlungsinhalt[708] in sein Analysematerial mit aufnehmen.

Das Anwesenheitsrecht des Sachverständigen und damit seine Beobachtungsmöglichkeit allein sind im Übrigen mit keiner weiteren Aktivität des Zeugen, die über diejenige bei einer Vernehmung durch den Richter hinausgeht, verbunden. Problematisch im Hinblick darauf ist erst sein Fragerecht, das es im übernächsten Abschnitt zu untersuchen gilt.

(2) Beobachtung als Erkenntnisquelle?

Jansen hat folgende Beobachtung gemacht: Je dürftiger das vorhandene Aussagematerial ist, desto eher wird in vielen Gutachten, notgedrungen, das Ausdrucksverhalten des Zeugen berücksichtigt.[709] Dementsprechend gewinnt dieses auch im Falle der Glaubwürdigkeitsbegutachtung trotz Untersuchungsverweigerung an Bedeutung. Kann ein Vernehmungsbeamter oder ein Sachverständiger allein aufgrund seiner Beobachtung als eine Art Lügendetektor fungieren?

Bis auf *Kraft*, nach dem sogar die einfache Beobachtung des Zeugen bei der richterlichen Vernehmung unzulässig sein soll,[710] sind keine Stimmen zu finden,

---

705 Dazu *Deckers* in: Die Erhebung von Zeugenaussagen im Strafprozess, S. 89, 105; *Püschel* in: Die Erhebung von Zeugenaussagen im Strafprozess, S. 223, 226 macht darauf aufmerksam, dass es auch Ziel der Vernehmung durch die Verteidigung sei, so viel Aussagematerial wie nur möglich zu erhalten.

706 *Toepel* S. 356 (Fn. 315).

707 Was auch insofern wichtig ist, als dass nach hier vertretener Auffassung eine informatorische Befragung unzulässig ist, siehe zu dieser Kapitel II. A. II. 1. a) aa) (4); auf diese Möglichkeit weist LR/*Becker* § 244 Rn. 89 hin.

708 Vgl. *Eschke* NJW 1975, 354; dazu auch *Aymans* S. 51.

709 *Jansen* StV 2000, 224, 228.

710 *Kraft* S. 90; vgl. wohl auch *Jessnitzer* S. 136 (mittlerweile aber a.A. *Jessnitzer/Ulrich* Rn. 296 bzw. *Ulrich* Rn. 433).

die sich explizit gegen die Zulässigkeit einer solchen Beobachtung von Seiten des Sachverständigen richten. Sogar *Peters*, ein vehementer Gegner der Glaubwürdigkeitsbegutachtung trotz Untersuchungsverweigerung, hält das schlichte Beobachten an sich für zulässig.[711] Dies mag auch daran liegen, dass eine etwaige Umgehungsgefahr der Untersuchungsverweigerung im Grunde genommen nur im Zusammenhang mit dem Frage-, nicht aber mit dem Anwesenheitsrecht des Sachverständigen besteht.

Folglich muss hier nicht die Zulässigkeit, sondern vielmehr der mögliche Erkenntnisgewinn in Zweifel gezogen werden. In einem kritischen Artikel konnte man hierzu in der Süddeutschen Zeitung unter der Überschrift „Nichtssagende Augen" mit dem Untertitel „Die Blickrichtung eines Menschen verrät nicht, ob er lügt" vor geraumer Zeit lesen, dass es letztlich kaum möglich sei, anhand der Körpersprache zu sehen, ob ein Mensch die Wahrheit sage.[712]

Was überhaupt kann beobachtet werden? Es gibt letztlich ein ganzes Potpourri an zu gewinnenden Eindrücken. *Panhuysen* nennt „das Verhalten des Zeugen während der Vernehmung, seine Sicherheit oder Unsicherheit im Auftreten bei bestimmten, seine Beziehung zu Tat und Täter berührenden Aussagepunkten, sein Erröten, Erbleichen, Zittern, sein Gesichtsausdruck, seine Mimik und Gesten".[713] *Kargl/Kirsch* zählen „ungewöhnliche Körperreaktionen wie Schwitzen, Errötung, Vermeidung eines Blickkontakts oder Veränderung der Stimmlage" als möglicherweise relevante Reaktionen auf.[714] Diese Kriterien ließen sich zwar nicht absichern, es handle sich also um „subjektive Gewissheiten", aber auch dem Richter sei das Entdecken von solchen „Wahrheitszeichen und Lügensymptomen wohl vertraut".[715]

---

711 *Peters*, Strafprozeß, S. 327; unter den Vertretern der herrschenden Meinung explizit etwa auch *Meyer-Goßner* § 244 Rn. 59b; *Pfeiffer* § 244 Rn. 42; siehe auch *Kölbel* GA 2006, 469, 483 m.w.N. (von Zeugnispflicht umfasst).

712 *Herrmann* SZ vom 12.7.2012, 16 (insbesondere zu Augenbewegungen); sehr kritisch zur „Deutung des Blickverhaltens" auch *Köhnken* in: Münchener Anwaltshandbuch Strafverteidigung, § 62 Rn. 14.

713 *Panhuysen* S. 73; kritisch zur Brauchbarkeit von körperlichen Symptomen und Verhaltensauffälligkeiten sowie von non- und paraverbalen Verhaltensweisen für die Glaubwürdigkeitsbegutachtung *Köhnken* in: Forensische Psychiatrie und Psychologie des Kindes- und Jugendalters, S. 341, 343 f.

714 *Kargl/Kirsch* JuS 2000, 537, 538; von Laien herangezogene nonverbale und paraverbale Merkmale zählt auch *Oswald* in: Verfahrensgerechtigkeit und Zeugenbeweis, S. 181, 186 auf.

715 *Kargl/Kirsch* JuS 2000, 537, 538; siehe hingegen *Jansen* Rn. 270 f. m.w.N. (es gebe keine typischen Lügensignale); kritisch auch *Hohlweck* JuS 2012, 1207, 1208 f.

Auch der EGMR scheint der Beobachtung von Zeugen für die Glaubwürdigkeitsbeurteilung (die allgemeine Glaubwürdigkeit scheint für ihn im Übrigen durchaus eine Rolle zu spielen) eine Bedeutung beizumessen. So führte er erst jüngst im Fall *Sievert* im Hinblick auf die Beobachtung durch die Verfahrensbeteiligten aus:

> *„Thus, the court, the prosecution as well as the accused and their respective counsel were in a position to observe the witnesses' demeanour under questioning and to form their own impression of their probity and credibility […].“*[716]

Allerdings machte er schon im nächsten Satz die Einschränkung, dass eine direkte Befragung des Zeugen durch die Verteidigung „eindeutig besser gewesen wäre".[717] Das Gesagte dürfte sich auch auf die Begutachtung durch den Sachverständigen übertragen lassen: Zwar kann die Beobachtung durchaus eine Erkenntnisquelle für die Sachverständigentätigkeit darstellen, eine Befragung des Zeugen durch den Sachverständigen ist gleichwohl als gewinnbringender, effektiver zu erachten.

Jansen spricht im Zusammenhang mit der Beurteilung des Ausdrucksverhaltens während der Aussage kritisch von einer Einschätzung „aus dem Bauch heraus".[718] Als Beispiel nennt sie Zeuginnen[719] in Vergewaltigungsprozessen, die während ihrer Aussage zuweilen weinten, was oftmals zur Einstufung der Aussage als glaubhaft führen würde, was aber ebenso in die andere Richtung interpretiert werden könnte, nämlich als Betonung der Aussage oder als Ausweichmöglichkeit; es könnte sich also auch um ein „gezielt eingesetztes emotionsgesteuertes Aussageverhalten" handeln.[720] Zweifelsohne könne man ein Ausdrucksverhalten

---

716 EGMR Sievert ./. Deutschland, 19.7.2012, Nr. 29881/07, §§ 59, 63, JR 2013, 170, 174 f.

717 EGMR Sievert ./. Deutschland, 19.7.2012, Nr. 29881/07, §§ 60, 63, JR 2013, 170, 174 f.

718 Insgesamt sehr kritisch zum Stellenwert des Ausdrucksverhaltens *Jansen* Rn. 264 ff. m.w.N. und Rn. 169; vgl. auch *Oswald* in: Verfahrensgerechtigkeit und Zeugenbeweis, S. 181, 191 zum Problem der sogenannten „overconfidence"; kritisch bezüglich des persönlichen Eindrucks des Richters *Brause* NStZ 2013, 129; kritisch zur „Körperlektüre" auch *Kölbel* GA 2006, 469 ff.

719 Dass die Meinung, Aussagen von Frauen seien weniger glaubhaft als solche von Männern, (selbstverständlich) nicht vertretbar ist, kann etwa einem Beschluss des Landgerichts Dortmund, das sich mit der Fähigkeit einer Muslima zur Bekleidung des Schöffenamtes auseinandersetzen musste, entnommen werden (LG Dortmund NStZ 2007, 360).

720 *Jansen* Rn. 264.

stets unterschiedlich interpretieren.[721] Man müsse sich auch bewusst machen, dass sich auch der Lügende durchaus Mühe gebe, sich während seiner Aussage entsprechend zu verhalten.[722] Letzten Endes gebe es auch keine Untersuchungen, welche die zuweilen zu vernehmende Behauptung bestätigten, dass bestimmte bei einer Aussage in Erscheinung tretende Emotionen auf den Wahrheitsgehalt einer Aussage hindeuten könnten.[723]

Wahrscheinlich ist es auch tatsächlich deutlich leichter, ein bestimmtes Ausdrucksverhalten (etwa vor dem Spiegel) einzuüben[724] als eine der Glaubhaftigkeitsprüfung standhaltende erfundene Aussage zu konstruieren. Ersteres setzt nur eine gewisse Schauspielkunst voraus, Letzteres einen hohen Intelligenzquotienten und wohl auch eine entsprechende Lernphase.

Im Übrigen darf *Barbey* zufolge auch der unter Umständen immense Einfluss der in einem Gerichtssaal vorherrschenden Atmosphäre auf das Ausdrucksverhalten nicht vergessen werden.[725]

Köhnken verweist auf über hundert experimentelle Studien, die sich mit dem Zusammenhang zwischen Täuschungen und non- sowie paraverbalen Verhaltensweisen auseinandergesetzt haben, wonach zwar durchaus bestimmte Zusammenhänge zwischen der Täuschung des Zeugen und seiner Verhaltensweise bestünden, diese allerdings in den seltensten Fällen für eine Glaubhaftigkeitsbeurteilung ausreichend seien.[726] Zusammen mit *Sporer* hält er fest, „dass es keine einfachen Patentrezepte für die Entdeckung von Lügen aufgrund nonverbaler oder paraverbaler Verhaltensweisen“ gebe und „dass eine unreflektierte Konzentration auf vermeintliche ‚Lügensymptome‘ angesichts der heterogenen Befundlage wenig Erfolg versprechend“ sei, „vielmehr einzelfalldiagnostische Strategien mit systematischen Hypothesenprüfungen“ angezeigt wären.[727]

Auch in dem dem Grundsatzurteil des BGH vom 30. Juli 1999 zu Glaubhaftigkeitsbegutachtungen zugrunde liegenden Gutachten von *Steller/Volbert* wird klargestellt, dass „für Merkmale des Sprechverhaltens und für frei zu beobachtende

721 *Jansen* Rn. 264; auf die Mehrdeutigkeit der Körpersprache weisen auch *Bender/Nack/Treuer* Rn. 217 hin.

722 *Jansen* StV 2000, 224, 229.

723 *Jansen* Rn. 264; vgl. auch *Greuel/Offe/Fabian/Wetzels/Fabian/Offe/Stadler* S. 155.

724 Vgl. *Jansen* Rn. 164.

725 *Barbey* S. 59 (zum Angeklagten).

726 *Köhnken* in: Münchener Anwaltshandbuch Strafverteidigung, § 62 Rn. 14; nicht ganz so kritisch aber *Hermanutz/Litzcke* in: Neue Wege und Konzepte in der Rechtspsychologie, S. 447, 450 f., 452 ff.; zum Aufdecken von Täuschungen *Jansen* Rn. 388 ff.

727 *Sporer/Köhnken* in: Handbuch der Rechtspsychologie, S. 353, 359, 361.

Ausdruckserscheinungen" konstatiert werden müsse, „daß [...] ein diagnostisch verwertbarer Zusammenhang zur Glaubhaftigkeit einer Aussage nicht hinreichend gesichert" sei.[728]

Ein eindeutiger Beweiswert kann dem Ausdrucksverhalten also letztlich keinesfalls zugesprochen werden.[729] Von daher ist im Ergebnis festzuhalten: Was die Berücksichtigung des Ausdrucksverhaltens anbelangt, ist trotz einer bzw. gerade (wegen der geringeren Datenbasis) im Falle einer Untersuchungsverweigerung äußerste Zurückhaltung geboten; wenngleich der Sachverständige aufgrund seiner Sachkunde hier im Zweifel sicherlich bessere Schlüsse ziehen kann als der Richter. Wenn das Beobachtete aber mit anderen Erkenntnisquellen zusammengeführt werden kann, vermag es zuweilen vielleicht als ergänzendes, also als bekräftigendes oder die Annahme erschütterndes, Beurteilungskriterium dienen. Es handelt sich bei der Sammlung von „Verhaltensbeobachtungsdaten"[730] schlussendlich also um einen weiteren möglichen, wenn auch schwachen Hilfsfaktor[731] für die Beurteilung der Glaubhaftigkeit der Zeugenaussage (im Falle der Untersuchungsverweigerung).

cc) Fragerecht des Sachverständigen

Neben das bloße Anwesenheitsrecht, das es dem Sachverständigen ermöglicht, den Zeugen zu beobachten und den Inhalt der Vernehmung bzw. der Hauptverhandlung zu analysieren, tritt das Fragerecht des Sachverständigen. Dieses wird durch die Untersuchungsverweigerung des Zeugen nach herrschender Meinung nicht ausgeschlossen.[732]

(1) Grundlegendes

Hier wird also trotz fehlender Einwilligung ein aktives Verhalten des Zeugen zur Erstellung eines Glaubwürdigkeitsgutachtens verlangt. Damit ist dieses Instrumentarium besonders kritisch zu betrachten. Vielleicht wird es auch deswegen

---

728 *Steller/Volbert* PdR November 1999, 46, 50; siehe auch *Steller/Volbert* in: Psychologie im Strafverfahren, S. 12, 16; *Greuel/Offe/Fabian/Wetzels/Fabian/Offe/Stadler* S. 156.

729 *Jansen* Rn. 295; siehe hingegen *Oswald* in: Verfahrensgerechtigkeit und Zeugenbeweis, S. 181, 187 ff., 192.

730 *Greuel/Offe/Fabian/Wetzels/Fabian/Offe/Stadler* S. 254.

731 Vgl. *Peters* S. 406 („Eindruck kann bestenfalls das letzte i-Tüpfelchen sein"); *Deckers*, Der strafprozessuale Beweisantrag, Köln 2013, Rn. 176.

732 Siehe nur für alle Vertreter der herrschenden Meinung LR/*Becker* § 244 Rn. 89 m.w.N.; *Schmidt* § 81c Rn. 8; *Heinitz* JR 1960, 226, 227; *Pfeiffer* § 244 Rn. 42.

nicht in allen Judikaten erwähnt. Womöglich ist deshalb zuweilen auch in der Literatur eine vorsichtige Formulierung, etwa dahingehend, dass „ggf. auch befragt werden" könne,[733] zu finden. Bereits im Rahmen der Erläuterung des Inhalts von § 80 StPO wurde das Problem des fraglichen Umfangs des Fragerechts des Sachverständigen nach § 80 Abs. 2 StPO aufgeworfen.[734] Die Klärung dieser Frage ist sowohl für den Richter bedeutsam, der, wie gesehen, entscheiden muss, ob der Sachverständige eine bestimmte Frage überhaupt stellen darf, als auch für den Sachverständigen, der wissen muss, welche Erkenntnismöglichkeiten er aufgrund seines Fragerechts für eine solche Gutachtenerstattung haben kann.

Zuvörderst muss beiden klar sein, dass eine Befragung durch den Sachverständigen nach § 80 Abs. 2 StPO nicht auf eine *Untersuchung* im eigentlichen Sinne hinauslaufen darf,[735] da eine solche nur mit Einwilligung des Zeugen vorgenommen werden kann. Wie bereits geschildert, ist hier eine Exploration aber schon aufgrund der äußeren Gegebenheiten – sprich Ort, Atmosphäre und Zeitrahmen – und wegen der nicht von Vertrauen geprägten Beziehung zum Sachverständigen unmöglich. Die Befragungsweise nach § 80 Abs. 2 StPO kann nicht mit einer fachgerecht durchgeführten Exploration, bei der eine „offene Gesprächsführung" erforderlich ist,[736] gleichlaufen. Somit trifft auch die Feststellung von *Schlothauer*, dass eine solche Befragungsweise kein Ersatz für eine Exploration sein könne,[737] vollkommen zu.

Wie kann also einer solchen Umgehungsgefahr Einhalt geboten werden? Ist dies überhaupt möglich?

(2) Begrenzung in quantitativer Hinsicht

Es muss hier in möglichst striktem Maße – in Zahlen lässt sich dies freilich nicht festlegen – eine Begrenzung in quantitativer Hinsicht[738] erfolgen. Der Wortlaut des § 80 Abs. 2 StPO ermöglicht es dem Sachverständigen nur, „Fragen zu stellen", keineswegs also ein ganzes Gespräch zu führen. Es darf dem Sachverständigen von daher nie die gesamte Befragung in die Hände gegeben werden.[739]

---

733 KK/*Krehl* § 244 Rn. 55.

734 Siehe Kapitel II. A. II. 1. a) aa) (6).

735 Vgl. *Panhuysen* S. 74; *Wüst* S. 55; *Peters*, Strafprozeß, S. 327.

736 *Steller* in: Handbuch der Rechtspsychologie, S. 300, 304.

737 *Schlothauer* in: Psychologie der Zeugenaussage, S. 143, 145; vgl. auch *Zwiehoff* S. 215.

738 Dagegen *Schuster* S. 81 (auf die Frage nach einer möglichen quantitativen oder qualitativen Begrenzung eingehend).

739 OLG Köln StraFo 2011, 504, 505.

Insofern wird auch die Aussage von *Köhnken*, dass eine Befragung durch den Sachverständigen in der Hauptverhandlung „nur sehr eingeschränkt tauglich [sei], weil sich der Ablauf dieser Befragung weitgehend der Kontrolle des Sachverständigen" entziehe[740], verständlich: Eine Befragung in der Hauptverhandlung, die unter der Leitung des Richters erfolgen muss, ist und kann mit einer Untersuchung im eigentlichen Sinne, bei der der Sachverständige ausreichend Zeit und Raum hat, nicht gleichgesetzt werden.

Und es ist ihm auch nur gestattet, „aus psychologisch/psychiatrischer Sicht relevante Fragen" an den Zeugen zu richten,[741] er darf also keinesfalls die gesamte Befragung an sich reißen.[742] Wenn der Sachverständige eine ausführlichere Befragung und damit eine Untersuchung im eigentlichen Sinne für unentbehrlich hält, muss er ein solches Vorgehen notgedrungen ablehnen.

Schuster hat sich die Frage gestellt, ob es sich bei einem solchen Vorgehen noch um eine richterliche Vernehmung handelt; er ist zu dem Ergebnis gekommen, dass sogar dann noch eine solche vorliege, wenn das aktive Vorgehen des Sachverständigen „überwiegen" würde.[743] Seiner Ansicht nach kann es für den Zeugen keine Rolle spielen, „ob er eine Frage aus dem Mund des Richters oder des SV unter Kontrolle des Richters" zu beantworten habe, „zumal da der SV vor der Vernehmung dem Richter die einzelnen Fragepunkte an die Hand geben könnte".[744] Letztlich kommt er zu dem Schluss, dass ein Zeuge auch eine solche Vernehmung, „bei der die wesentlichen Fragen vom Sachverständigen gestellt werden", dulden müsse.[745] Dieser Ansicht muss größtenteils widersprochen werden. Wenn der Sachverständige derjenige ist, der die Vernehmung letztlich in den Händen hält, kann es leicht zu einer Art Gespräch zwischen Zeugen und Sachverständigem kommen, das einer Exploration im eigentlichen Sinne zu nahe kommen kann. Auch wird der Richter so einer Kontrolle des Fragerechts kaum noch Herr werden können. Dieser darf bei dem Ganzen aber nicht nur anwesend sein, sondern muss es leiten.[746] Es besteht ein grundlegender Unterschied zwischen einem Fragerecht, wie es § 80 Abs. 2 StPO erlaubt, und einer

---

740 *Köhnken* in: Forensische Psychiatrie und Psychologie des Kindes- und Jugendalters, S. 341, 356.

741 *Jansen* Rn. 173.

742 Vgl. OLG Köln StraFo 2011, 504, 505; LR/*Krause* § 80 Rn. 6.

743 *Schuster* S. 79 ff.

744 *Schuster* S. 81.

745 *Schuster* S. 83.

746 Vgl. auch *Wüst* S. 56 (Leitung zur Verhinderung eines missbräuchlich eingesetzten Fragerechts); kritisch KK/*Herdegen*[5] § 244 Rn. 16 und *Blau* StV 1991, 406, 407.

Gesprächsführung, wie sie in einer Untersuchung stattfinden kann. Wenn in einem Extremfall der Sachverständige die komplette Befragung übernimmt, dabei im tatsächlichen Sinn sowohl Zeit als auch Ort vergessen werden, ist der Schritt zur Untersuchung im eigentlichen Sinne, die ansonsten in den Räumlichkeiten des Sachverständigen vorgenommen wird, tatsächlich nur noch – wenn überhaupt – verschwindend gering. Daneben wird es dem Zeugen auch nicht egal sein, von wem die Fragen gestellt werden; nicht umsonst hat dieser zuvor seine Einwilligung in die Glaubwürdigkeitsuntersuchung verweigert.[747] *Deckers* meint auch, dass eine Befragung des Zeugen durch den Richter oftmals nicht so intensiv geführt werde, deswegen auch selten eine wirklich fundierte Glaubhaftigkeitsüberprüfung möglich mache.[748] Der Sachverständige hingegen vermag aufgrund seiner Sachkunde ganz andere Fragen zu stellen. Das Argument, dass der Sachverständige dem Richter schließlich ja vorab die Fragen geben könnte, zieht ebenfalls nicht vollumfänglich: Für einen Sachverständigen werden sich viele Fragen, zumindest deren genaue Ausrichtung, erst aus der Vernehmung des Zeugen ergeben.[749]

Damit bleibt es also dabei, dass in quantitativer Hinsicht eine Beschränkung vorgenommen werden muss. Nur auf diese Weise kann auch eine von den Kritikern prophezeite „Frage-Antwort-Exploration"[750] zumindest weitestgehend verhindert werden.

(3) Begrenzung in qualitativer Hinsicht

Welcher Art dürfen nun die vom Sachverständigen gestellten Fragen sein? Muss und kann auch eine Begrenzung des Fragerechts in qualitativer Hinsicht vorgenommen werden?

In dem bereits erwähnten Fall des OLG Hamm sollte der Sachverständige dem Landgericht zufolge dazu berechtigt sein, dem Zeugen „sowohl Fragen über seinen Werdegang, Krankheiten, nervenärztliche Behandlungen und Therapien als auch sonstige Fragen, die er zur Beurteilung der Glaubwürdigkeit für erforderlich

---

747 Vgl. auch *Dippel* S. 178; eingehend zu der unterschiedlichen Ausgestaltung von einer richterlichen Vernehmung und von einer ärztlichen Befragung *Cabanis* MMW 111 (1969), 2234, 2235.

748 *Deckers* in: Verfahrensgerechtigkeit und Zeugenbeweis, S. 97, 102.

749 Vgl. *Köhnken* in: Forensische Psychiatrie und Psychologie des Kindes- und Jugendalters, S. 341, 358 („hohes Maß an Flexibilität").

750 KK/*Herdegen*[5] § 244 Rn. 16.

hält, zu stellen".[751] Die Vernehmung sollte sich seiner Ansicht nach „auf alle Fragen erstrecken […], die die allgemeine und die besondere Glaubwürdigkeit des Beschwerdeführers betreffen" und der Sachverständige sollte „die wesentlichen Fragen der Vernehmung stellen".[752] Dem ist das OLG Hamm entgegengetreten.[753] Seiner Ansicht nach braucht ein Zeuge lediglich „über Wahrnehmungen eine Aussage zu machen".[754] Auch *Panhuysen* ist der Ansicht, dass der Zeuge nicht zu antworten brauche, „wenn er nach seiner geistig-seelischen Entwicklung, nach Krankheiten oder anderen nur seine Person betreffenden Tatsachen […], die in keiner unmittelbaren Beziehung zum Tatkomplex stehen", gefragt werde.[755] *Peters* zufolge ist es ebenfalls so, dass der Zeuge solche Fragen, „die der Glaubwürdigkeitsbegutachtung, damit der Untersuchung, dienen (z.B. nach dem Verlauf der Erkrankung, nach der erblichen Belastung, nach Geschlechtsverkehr usw.)", nicht beantworten muss, und zwar unabhängig davon, ob sie vom Richter oder vom Sachverständigen gestellt worden sind.[756]

Die Ansicht, dass ein Zeuge nur über seine Wahrnehmungen eine Aussage machen müsse, steht aber im Widerspruch zu § 68a Abs. 2 S. 1 StPO.[757] Nach § 68a Abs. 1 StPO sollen *Fragen nach Tatsachen, die dem Zeugen zur Unehre gereichen können oder deren persönlichen Lebensbereich betreffen*, gleichwohl nur für den Fall, dass dies *unerlässlich* ist, gestellt werden.[758]

Der Richter kann also im Ergebnis an den Zeugen solche Fragen richten, „die für die Beobachtung und Stellungnahme des Sachverständigen bedeutsam sind";[759] und auch „der Sachverständige darf […] an den […] Zeugen alle Fragen stellen, die zur Beurteilung seiner Glaubwürdigkeit erforderlich sind".[760] Der Zeuge hat diese aufgrund seiner Aussagepflicht zu beantworten. Damit kann der Sachverständige auch Fragen an den Zeugen richten, die der Richter

---

751 OLG Hamm JMBlNW 1957, 45, 46.

752 OLG Hamm JMBlNW 1957, 45, 46.

753 OLG Hamm JMBlNW 1957, 45 f.

754 OLG Hamm JMBlNW 1957, 45, 46; diesem Beschluss zustimmend etwa *Panhuysen* S. 76 und *Schnetz* S. 167; vgl. auch *Peters*, Der Strafprozeß in der Fortentwicklung, S. 28.

755 *Panhuysen* S. 75; vgl. auch *Wüst* S. 55.

756 *Peters* JR 1970, 68, 69.

757 Vgl. etwa LR/*Krause* § 81c Rn. 9; dazu Kapitel II. A. II. 1. c).

758 Kritisch *Blau* StV 1991, 406, 407 (regelmäßig keinen Schutz bietend); vgl. auch *Rogall* S. 166 f. (Betonung der Unerlässlichkeit).

759 *Schmidt* § 81c Rn. 8.

760 *Eschke* NJW 1975, 354; siehe auch *Jessnitzer/Ulrich* Rn. 296 bzw. *Ulrich* Rn. 143, 433 (entgegen der früher vertretenen Auffassung, *Jessnitzer* S. 136).

mangels vorhandener Sachkunde eben nicht stellen kann.[761] Im Übrigen ist „eine Unterscheidung von ‚wesentlichen' und ‚unwesentlichen' Fragen" kaum möglich.[762]

Völlig zu Recht wurde auch schon früh auf Folgendes aufmerksam gemacht: Würde man der Auffassung des OLG Hamm folgen, könnte auch ein Richter, der zusätzlich zur juristischen auch eine psychologische oder psychiatrische Ausbildung absolviert habe, derartige Fragen nicht stellen.[763] Es ist jedoch kein Grund ersichtlich, einen Zeugen vor solchen Zusatzkenntnissen des Richters zu schützen. Im Gegenteil: Das Erlangen von aussagepsychologischen Kenntnissen wird vom Richter gerade verlangt. Es ist gerade Aufgabe des Richters, die Glaubhaftigkeit der Zeugenaussage möglichst gut beurteilen zu können. Somit wäre es geradezu absurd, auf der einen Seite zu fordern, dass Richter sich entsprechend fortzubilden haben,[764] die beste Art einer solchen Fortbildung, ein entsprechendes Studium, den Richter aber ausscheiden lassen würde.

Sehr kritisch hat sich hierzu *Blau* geäußert, der auf diese Weise „die ‚Exploration' zu den für die Glaubwürdigkeit relevanten, für den Zeugen sicher oft peinlichen Einzelheiten seiner Biographie [...] de facto in die Hauptverhandlung verlegt" sieht, wobei die Fragen „nicht in der gleichsam therapeutischen Atmosphäre des ungestörten Gesprächs [...] mit dem Sachverständigen in dessen Ordinationsraum, sondern in aller Öffentlichkeit gestellt" würden.[765] Dagegen wiederum hat *Krause* nicht ganz zu Unrecht eingewandt, dass sich in der Hauptverhandlung die Lage desjenigen Zeugen, der die Untersuchung verweigere, nicht von derjenigen eines anderen Zeugen, dessen Aussage der Richter würdigen müsse, unterscheide.[766] Zwar wird es vom Zeugen anders

761 *Janetzke* NJW 1958, 534, 536; *Deckers* in: FS für Hamm, S. 53, 56 weist darauf hin, dass die richterliche Vernehmung des Zeugen zur Sache (§ 69 StPO) in der Regel das Aussagematerial für eine Qualitätsbeurteilung hergebe, der Richter daraus jedoch nicht die Kompetenz des Zeugen ableiten könne.

762 *Kraft* S. 90.

763 *Janetzke* NJW 1958, 534, 536.

764 Vgl. etwa *Boetticher* in: Verfahrensgerechtigkeit und Zeugenbeweis, S. 55, 65; zum Projekt ALiBi *Hermanutz/Litzcke* in: Neue Wege und Konzepte in der Rechtspsychologie, S. 447 ff.

765 *Blau* StV 1991, 406, 407; *Wegener* S. 8 stellt den Kontrast zwischen der Situation während einer Untersuchung und derjenigen während der Gutachtenerstattung in der Hauptverhandlung heraus; *Arntzen*[4] S. 133 spricht von einer „Exploration am Gerichtsort".

766 LR/*Krause* § 81c Rn. 9.

empfunden werden, ob die Fragen von einem Richter oder von einem Sachverständigen gestellt werden, was nicht zuletzt daran liegt, dass jener im Rahmen seines Gutachtenauftrags aufgrund seiner Sachkunde andere Fragen zu stellen vermag. Auf der anderen Seite kann seine Ausbildung und Sachkunde aber auch zu einer einfühlsameren Befragungsweise führen. Letztlich wird auch der Richter den Zeugen eingehend befragen müssen, was zwar durchaus zu einer großen Belastung für diesen führen kann, allerdings meistens – im Sinne der Wahrheitserforschung – notwendig sein wird.[767] Es bleibt jedoch dabei, dass die Hinzuziehung des Sachverständigen an sich und seine Befragung für den Zeugen eine über die „normale" Vernehmung durch den Richter hinausgehende Mehrbelastung bedeuten.

(4) Umgrenzung des Fragerechts – Fazit

Im Ergebnis kann der Umfang des Fragerechts des Sachverständigen so beschrieben werden: Grundsätzlich darf der Sachverständige, was die Art der Fragen anbelangt, alle Fragen stellen, die für sein Gutachten – im Hinblick auf die Glaubwürdigkeit des Zeugen und die Glaubhaftigkeit seiner Aussage – erforderlich sind. Der Richter darf den Fragen des Sachverständigen aber nicht einfach ihren Lauf lassen. Der – wenn auch geringe – Schutz, den § 68a StPO beinhaltet, muss dabei gewährt werden. Auch *Kohlhaas* macht deutlich, „daß derartige Befragungen durch einen Sachverständigen vor Gericht ihre Grenzen dort finden, wo sie etwa unzumutbar wären".[768] Welche Frage gestellt werden darf und welche nicht, muss von Fall zu Fall entschieden werden; dies entzieht sich einer pauschalen Beschreibung. Hier sollte es etwa auch auf die körperliche und seelische Verfassung des Zeugen, zumal wenn es sich um einen (kindlichen) Opferzeugen handelt, seine individuelle Belastbarkeit, sein Leistungsvermögen, seine Reaktionen auf die Fragen, deren Relevanz, deren Formulierung, deren Intensität oder deren Bezug zur Person oder zum Tatgeschehen ankommen. Verlangt werden muss also eine individuell abgestimmte Befragungsweise. In diesem Sinne meint beispielsweise *Wendler*:

---

767 *Nack* in: Verfahrensgerechtigkeit und Zeugenbeweis, S. 33 f.

768 *Kohlhaas* LM StPO § 80 Rn. 9 (seiner Ansicht nach ist dies bei Ausschluss der Öffentlichkeit nicht der Fall, weil hier jegliche Bloßstellung verhindert sei); zu Problemen bezüglich der Gutachtenerstattung in der öffentlichen Hauptverhandlung eingehend *Bellavić* in: Kriminalbiologische Gegenwartsfragen, S. 72 ff., 76, der bei der Erstattung von Persönlichkeitsgutachten einen generellen Ausschluss der Öffentlichkeit vorschlägt.

„Dennoch liegt es auf der Hand, dass die Zeugin, die angibt, Opfer einer Vergewaltigung geworden zu sein, von vornherein anders, sorgsamer und schonender behandelt und befragt werden muss als der Zeuge eines Kaufhausdiebstahls.“[769]

Hinsichtlich der Art der Fragen und der Art und Weise des Fragenstellens muss dem Befragenden ein hohes Einfühlungsvermögen abverlangt werden können. Entgegen der Ansicht von *Panhuysen* handelt es sich hier damit sehr wohl auch um eine Frage des „Takts“[770] und zwar sowohl des Sachverständigen als auch – im Rahmen des § 78 StPO – des Richters. Dieser ist auch „für ein angemessenes menschliches Klima der Sitzung“ verantwortlich.[771] Immer muss sich der Befragende vor Augen halten, dass eine möglichst angenehme Befragungsweise zu einer größeren Aussagebereitschaft führen kann, was eben wiederum auch eine bessere Beurteilungsmöglichkeit mit sich bringt.

Was den Umfang der Fragen anbelangt, so darf es sich nur um einzelne Fragen handeln, was auch der Gefahr einer Umgehung der Untersuchungsverweigerung[772] geschuldet ist. Es kann und darf in der Hauptverhandlung nicht zu einer Exploration im eigentlichen Sinne, die ansonsten in den Räumlichkeiten des Sachverständigen vorgenommen wird, kommen, sondern eben nur zu einem bloßen Befragen. Somit darf den Fragen des Sachverständigen im Rahmen der richterlichen Vernehmung nur ein ergänzender Charakter zukommen. Wenn die gängige Kommentierung zu § 80 Abs. 2 StPO bezüglich der Vorbereitung des Sachverständigen eine derartige Einschränkung in quantitativer Hinsicht verlangt,[773] muss das aufgrund der Sensibilität dieses speziellen Themas erst recht im Rahmen der Glaubwürdigkeitsbegutachtung trotz Untersuchungsverweigerung gelten.

Zwischen Richter und Sachverständigem ist summa summarum also, das muss stets bewusst gemacht werden, „ein abgestimmtes Vorgehen“ angezeigt.[774] Beide Seiten müssen an einem Strang ziehen. Dabei muss beachtet werden, dass aufgrund der Versagung der Einwilligung des Zeugen im Hinblick auf die Glaubwürdigkeitsbegutachtung durch den Sachverständigen vom Zeugen nur

769 *Wendler* in: Die Erhebung von Zeugenaussagen im Strafprozess, S. 188, 200 f.

770 A.A. *Panhuysen* S. 74; siehe aber *Kröber* in: Psychologische Begutachtung im Strafverfahren, S. 205, 210 („Neben der oft unzumutbaren Belastung für die Zeugen peinigen diese Befragungen durch die sich offenbarende Inkompetenz des Fragestellers, wobei diese Inkompetenz hier und da durch einen erstaunlichen Mangel an Takt und Fairness ergänzt wird.“).

771 *Wegener* S. 186.

772 Vgl. *Kraft* S. 90 (Vernehmung als „getarnte Untersuchung der Glaubwürdigkeit“).

773 Siehe etwa die Nachweise in Fn. 508, 509.

774 *Kett-Straub* ZStW 117 (2005), 354, 373.

im geringstmöglichen Umfang ein aktives Mitwirken – in Form des Beantwortens von Fragen – erfordert werden darf. Einer zu intensiven Befragung muss in jedem Fall Einhalt geboten werden. Insofern kann die Formulierung des BGH, dass eine solche Gutachtenerstattung „nach Maßgabe des § 80 StPO gefördert werden" könne,[775] auch als Ausdruck einer gebotenen Zurückhaltung verstanden werden. Denn ein Fördern ist zweifelsohne von geringerer Intensität als etwa eine Durchführung, jenes ist vielmehr im Sinne eines Unterstützens zu verstehen. Mit der auf diese Weise weniger intensiven Frageweise stehen dann im Regelfall auch weniger ertragreiche Antworten in Korrelation.

dd) Begutachtung im Falle eines Zeugnis- beziehungsweise Auskunftsverweigerungsrechts

Fraglich ist nun weiterhin, wie es um die Glaubwürdigkeitsbegutachtung trotz Untersuchungsverweigerung im Falle eines ausgeübten Zeugnis- oder Auskunftsverweigerungsrechts steht. Während das Auskunftsverweigerungsrecht nach § 55 StPO es dem Zeugen nur ermöglicht, bei einzelnen Fragen schweigen zu dürfen, gestattet das Zeugnisverweigerungsrecht nach § 52 StPO eine komplette Auskunftsverweigerung.[776] Dies gilt auch gegenüber dem Sachverständigen: Wie bereits dargelegt, leitet man die Pflicht zur Duldung der Beurteilung der Glaubwürdigkeit sowohl durch den Richter als auch durch den Sachverständigen aus der Aussagepflicht des Zeugen ab;[777] besteht aber keine Aussagepflicht, entfällt damit im Umkehrschluss denknotwendig auch diese Duldungspflicht. Die Befragung des Zeugen ist dann also nicht (umfassend) möglich.[778] Damit verkleinert sich die Beurteilungsgrundlage natürlich wesentlich. Der Extremfall, dass der Zeuge tot ist, eine aussagepsychologische Begutachtung aber dennoch für möglich gehalten wird,[779] zeigt aber, dass die Ausübung eines Zeugnis- bzw. Auskunftsverweigerungsrechts (und damit die Unmöglichkeit bzw. zumindest Erschwernis einer Befragung in der Hauptverhandlung) die Glaubwürdigkeitsbegutachtung trotz Untersuchungsverweigerung nicht vollends ausschließt. Auch hier muss der Sachverständige vielmehr im Einzelfall entscheiden, ob er sich aufgrund etwaig vorhandener anderer Beurteilungsgrundlagen zu einer fundierten Äußerung fähig erachtet oder ob er dazu verpflichtet ist, den Gutachtenauftrag abzulehnen.

---

775 BGHSt 23, 1, 2.

776 Etwa *Otte* S. 181.

777 Siehe Kapitel II. A. I. 3. c) cc) (1).

778 Vgl. auch *Schlüchter*, Das Strafverfahren, Rn. 203.2, 547.

779 BGH NStZ 2002, 656, 658; *Pfister* FPPK 2008, 3, 6; *Maier* NStZ 2005, 246, 248.

Weiterhin ist auch daran zu denken, dass man zwischen einer Zeugnis- und Untersuchungsverweigerung strikt differenzieren muss.[780] Macht ein Zeuge von seinem Zeugnisverweigerung Gebrauch, liegt nicht automatisch eine Untersuchungsverweigerung vor; vielmehr muss diese gesondert erklärt werden.[781] Wenn sich der Zeuge nur weigert, sich zum Tatgeschehen zu äußern, verhindert dies eine Untersuchung seiner Glaubwürdigkeit oder der Glaubhaftigkeit seiner Aussage nicht zwingend.[782]

c) Fazit

Klar geworden ist, dass es sich bei diesem „anderen Weg" verglichen mit der Glaubwürdigkeitsuntersuchung im eigentlichen Sinn tatsächlich um einen ganz anderen Begutachtungsvorgang handelt. Dennoch stehen auch hier – zumindest in manchen Fällen – durchaus Anknüpfungstatsachen bereit, die insgesamt, in ihrem Zusammenspiel, eine Datenbasis zu bilden vermögen, die es dem Sachverständigen ermöglichen können, ein Gutachten zu erstatten, das dem Richter bei seiner Beurteilung zur Hilfe gereichen kann. Jedenfalls steht im Falle der Untersuchungsverweigerung des Zeugen nicht nur eine bloße Beobachtung des Zeugen während der Hauptverhandlung im Raum. Auch muss bedacht werden, dass dem Richter für die Glaubwürdigkeitsprüfung keine größere Beurteilungsgrundlage zur Verfügung steht.

Auch hat es sich gezeigt, dass es vom Einzelfall – je nachdem, wie erfolgversprechend die Bemühungen um anderweitige Anknüpfungstatsachen waren – abhängt, welcher Beweiswert einem solchen Gutachten zukommen kann. Zweifelsohne kann ein auf diese Weise erstelltes Gutachten nicht den gleichen Beweiswert wie ein aufgrund einer ausführlichen Glaubwürdigkeitsuntersuchung erstelltes Gutachten haben. Schon deswegen sollte nach Möglichkeit versucht werden, dass der Zeuge die Einwilligung – selbstverständlich freiwillig – erteilt.

Wichtig sind bei diesem Vorgehen auch die Verständigung zwischen Richter und Sachverständigem. Ist eine solche schon allgemein von größter Wichtigkeit, weil nur so ein ideales, fachgerechtes Gutachten erstellt werden können soll,[783] so gilt dies erst recht im Rahmen der Glaubwürdigkeitsbegutachtung trotz Untersuchungsverweigerung. Nur so kann der gesetzliche Rahmen eingehalten

---

780 *Schlüchter*, Das Strafverfahren, Rn. 203.2, 547.

781 KK/*Senge* § 81c Rn. 9.

782 KK/*Senge* § 81c Rn. 9 unter Verweis auf BGH, bei *Holtz*, MDR 1979, 988, 989; BGH, bei *Pfeiffer*, NStZ 1981, 93.

783 *Heer* in: Forensische Kinder-, Jugend- und Erwachsenenpsychiatrie, S. 199, 201.

werden und zugleich eine möglichst umfängliche Bereitstellung der erforderlichen Anknüpfungstatsachen erfolgen.

5. Zulässigkeit der Glaubwürdigkeitsbegutachtung trotz Untersuchungsverweigerung des Zeugen

In diesem Abschnitt sollen alle Argumente, die für und gegen die Zulässigkeit der Glaubwürdigkeitsbegutachtung trotz Untersuchungsverweigerung sprechen, erörtert werden, so dass am Ende eine abschließende Antwort auf die Frage nach der Zulässigkeit dieses Vorgehens gegeben werden kann.

a) Argumente gegen die Vornahme einer solchen Begutachtung

Die Argumente der Mindermeinung, welche die Glaubwürdigkeitsbegutachtung im Falle der Untersuchungsverweigerung für unzulässig erachtet, belaufen sich hauptsächlich, aber nicht nur, auf die Umgehungsgefahr. Im Folgenden sollen alle Aspekte, die gegen die Vornahme einer solchen Begutachtung sprechen könnten, untersucht werden.

aa) Sachverständiger als Befragender

Dass das Gegenargument der Mindermeinung, der Sachverständige sei keine Vernehmungsperson,[784] keinen Bestand haben kann, wurde bereits oben[785] dargelegt: Der Wortlaut des § 80 Abs. 2 StPO zeigt vielmehr ganz eindeutig, dass der Sachverständige sehr wohl auch eine Befragung vornehmen darf.[786] Von daher hat der Gesetzgeber mit § 80 Abs. 2 StPO für eine solche Begutachtung „die entsprechenden Weichen gestellt".[787]

bb) Art der Fragen

Auch wurde oben[788] bereits die Behauptung, dass der Zeuge nur verpflichtet sei, über Wahrnehmungen auszusagen, aber nicht gezwungen werden könne, Fragen zu beantworten, die sich auf seine Glaubwürdigkeit oder Glaubhaftigkeit seiner

---

784 *Peters* JR 1970, 68, 69.
785 S. 105.
786 LR/*Krause* § 81c Rn. 9.
787 *Kett-Straub* ZStW 117 (2005), 354, 374.
788 S. 105.

Aussage beziehen, durch die Betrachtung des § 68a Abs. 2 S. 1 StPO, demzufolge die Aussagepflicht des Zeugen auch eine Duldung der Glaubwürdigkeitsprüfung beinhaltet,[789] widerlegt.

cc) Umgehungsgefahr

Blau hat aber herausgearbeitet, dass sich die Gegenmeinung nicht nur auf diese beiden – auch seiner Ansicht nach zu Recht widerlegten – Argumente stützt; beachtenswert sei vielmehr die Befürchtung, dass man durch dieses Vorgehen die Untersuchungsverweigerung des Zeugen umgehe.[790] Eine ganze Reihe von Stimmen[791] sieht in der drohenden Umgehungsgefahr – die wegen der versagten Einwilligung unzulässige Untersuchung würde nun schlichtweg während der Hauptverhandlung vorgenommen – das wohl größte Problem. Hierin ist tatsächlich eines der gewichtigsten Argumente zu erblicken. Anlass zur Überprüfung geben hier auch bestimmte Formulierungen, etwa die, dass eine fehlende Einwilligung „legal umgangen" werden könne[792]. Dies ist zweifelsohne mehr als unglücklich ausgedrückt, lässt dies doch die Verkennung der bestehenden Problematik vermuten, zumal es doch gerade zu keiner Umgehung kommen darf. Weiter findet sich auch die ebenso kritikwürdige Aussage, dass diese Vorgehensweise ein „Trick [sei], mit dem das Fehlen einer gesetzlichen Ermächtigungsgrundlage umgangen" werde[793]. Hier zu verorten ist auch der Aspekt, dass in Bezug auf die Glaubwürdigkeitsuntersuchung im eigentlichen Sinne, die nur mit der Einwilligung des Zeugen vorgenommen werden darf, die „Basis strikter Freiwilligkeit" gefordert wird[794], im Falle der Glaubwürdigkeitsbegutachtung trotz Untersuchungsverweigerung aber eine Begutachtung trotz des erklärten entgegenstehenden Willens des Zeugen vorgenommen wird.

Die im Raum stehende Umgehungsgefahr wird nur dann aus der Welt zu schaffen sein, wenn man zum einen erkennt, dass hier weder Ort, noch Atmosphäre,

789 LR/*Krause* § 81c Rn. 9.

790 *Blau* StV 1991, 406, 407.

791 OLG Hamm JMBlNW 1957, 45, 46; *Panhuysen* S. 75 f.; *Blau* StV 1991, 406, 407; *Dippel* S. 178; *Eisenberg* Rn. 1868; *Jansen* Rn. 315; früher vertretene Ansicht von *Jessnitzer* S. 136; KK/*Herdegen*[5] § 244 Rn. 16; *Kraft* S. 90 im Gegensatz zu *Schuster* S. 78; *Peters* JR 1970, 68, 69; *Peters*, Strafprozeß, S. 327; *Peters*, Der Strafprozeß in der Fortentwicklung, S. 28; *Schmoll* S. 38; *Wüst* S. 56; neuerdings auch *Brause* NStZ 2013, 129, 132 (Fn. 27).

792 *Kett-Straub* ZStW 117 (2005), 354, 355.

793 *Meier* JZ 1991, 638, 642.

794 *Weigend* JZ 1990, 48.

noch Zeitrahmen faktisch die Möglichkeit darbieten, eine Exploration im eigentlichen Sinne sowie Tests durchzuführen[795] – gerade auch die Tatsache, dass Kritiker wie Befürworter hier von einer geringeren Datenbasis für ein Glaubwürdigkeitsgutachten ausgehen, zeigt doch, dass diese Form der Begutachtung weniger intensiv als eine Untersuchung im eigentlichen Sinne ist –, und wenn man zum anderen einer versuchten Umgehung gegebenenfalls Einhalt gebietet. Von daher muss darauf geachtet werden, dass bei Beschreiten des „anderen Weges" nur die oben beschriebenen Begutachtungsmöglichkeiten[796] zugelassen werden (wobei, wie erläutert, insbesondere das Fragerecht eine potentielle Einbruchstelle darstellen kann) und ein Abweichen von diesem im Rahmen der richterlichen Leitung nach § 78 StPO verhindert wird. Zudem wurde herausgearbeitet, dass nur durch ein professionelles Zusammenwirken von Richter und Sachverständigem eine zulässige und sinnvolle Begutachtung trotz Untersuchungsverweigerung möglich sein kann. Von beiden wird hierfür das nötige Maß an Takt abverlangt. Zur Eindämmung dieser potentiellen Umgehungsgefahr dient auch die geforderte umfassende Information des Zeugen[797] über das geplante Vorgehen.

Letztlich ist es also so, dass der Sachverständige im Rahmen des § 80 Abs. 2 StPO all das vornimmt, was ansonsten der Richter, wenn er die entsprechende Sachkunde hat, im Rahmen der Vernehmung macht: Er beobachtet und befragt. Somit hat er „nur" die Funktion, das fehlende Wissen des Richters zu überbrücken, hilft ihm also mit den durch § 80 Abs. 2 StPO bereitgestellten Mitteln nur bei seiner Beurteilung. Deswegen ist der Zeuge auch dazu verpflichtet, die Beobachtung und die Befragung durch den Sachverständigen zu dulden.

dd) Zeugenschutz

Zweifelsohne steht eine durchgeführte Glaubwürdigkeitsbegutachtung trotz Untersuchungsverweigerung, die im Rahmen einer Hauptverhandlung durchgeführt wird, auch im Spannungsverhältnis mit wachsenden Opferrechten, bzw. allgemein mit dem Zeugenschutz. Hier muss der Zeuge, abgesehen von der Konstellation, in der es wegen einer bewussten Falschaussage des betroffenen Zeugen zu einem

795 Vgl. *Otte* S. 238; siehe ferner bezüglich des kindlichen Zeugen *Michaelis-Arntzen* in: Psychologie der Zeugenaussage, S. 205, 207.

796 Siehe Kapitel II. A. III. 4. b).

797 Siehe zur Belehrung Kapitel II. A. II. 5.

Strafprozess gekommen ist,[798] unverschuldet[799] und gegen seinen Willen[800] die Glaubhaftigkeit seiner Aussage durch einen Sachverständigen überprüfen und sämtliche damit einhergehende „Unannehmlichkeiten"[801] über sich ergehen lassen. *Lempp* etwa weist darauf hin, dass gerade für Kinder, die Opfer von Sexualdelikten geworden seien, ein Strafprozess mit sehr großen Belastungen verbunden sein könne.[802] Auch an den meisten erwachsenen Zeugen wird ein solcher häufig nicht ganz spurlos vorbeigehen. Unschwer kann man sich vorstellen, dass allein schon die Vernehmung des Zeugen in einem Gerichtssaal für diesen eine mit Stress verbundene, unangenehme Situation darzustellen vermag.[803] Wenn der Zeuge dann auch noch gegen seinen Willen durch einen Sachverständigen vor Gericht im Hinblick auf die Glaubhaftigkeit seiner Aussage überprüft und diese in Zweifel gezogen wird, kann dies für ihn eine umso größere Belastung bedeuten. Eine solche Begutachtung führt tendenziell also eher zu „stärkeren psychischen Belastungen";[804] sie muss es aber nicht.

Diese Belastungen können nämlich durch einen behutsamen Umgang von Seiten des Sachverständigen und des Richters zumindest verringert werden. Sämtliche Maßnahmen, die eine Erleichterung für den Zeugen bedeuten können, insbesondere der Ausschluss der Öffentlichkeit,[805] müssen von daher, wenn dies nottut, ergriffen werden. Etwaigen Belastungen muss hier aktiv entgegengewirkt

---

798 Falschaussagen kommen nicht immer durch ein bewusstes Lügen zustande, etwa *Köhnken* in: Forensische Psychiatrie und Psychologie des Kindes- und Jugendalters, S. 341; vgl. diesbezüglich treffend auch OLG Frankfurt a.M. NJW-RR 2013, 664 („Deshalb kann auch bei noch so wahrheitsliebenden und objektiven Zeugen – wie zum Beispiel auch Polizeibeamten – nicht von vornherein davon ausgegangen werden, dass der bekundete Sachverhalt mit der Realität übereinstimmt.").

799 *Blau* StV 1991, 406, 408 spricht den Zeugenschutz von Zufallszeugen an.

800 *Kraft* S. 92 plädiert unter anderem aufgrund der Bedeutsamkeit des Untersuchungsverweigerungsrechts für die Unzulässigkeit dieses Vorgehens.

801 In Bezug auf den Fall der Glaubwürdigkeitsuntersuchung im eigentlichen Sinne *Dauer* in: Psychologie der Zeugenaussage, S. 261.

802 *Lempp* S. 331 f.; zu belastenden Umständen während der Hauptverhandlung *Otte* S. 159 ff.

803 *Jansen* Rn. 168; anschaulich dazu auch *Wendler* in: Die Erhebung von Zeugenaussagen im Strafprozess, S. 188, 194.

804 *Blau* StV 1991, 406, 407; *Peters*, Strafprozeß, S. 327 spricht von „unter Umständen weitreichenden Folgen für die Persönlichkeit des Zeugen".

805 Siehe dazu ausführlich etwa *Otte* S. 163 ff. (im Zusammenhang mit der Glaubwürdigkeitsbegutachtung von Kindern, die Opfer sexuellen Missbrauchs geworden sind); siehe auch *Kohlhaas* LM StPO § 80 Rn. 9.

werden. Gesundheitsschäden im Sinne des § 223 Abs. 1 Alt. 2 StGB dürfen nicht entstehen. Einmal mehr muss hier darauf hingewiesen werden, dass der Sachverständige darauf bedacht sein muss, auch die ethischen Richtlinien einzuhalten, und dass dem Richter die Leitung der Begutachtung zukommt, er jenem also nicht freie Hand lassen darf. Um es etwas drastischer zu formulieren: Der Zeuge darf keiner willkürlich ausufernden Begutachtung vor Gericht ausgeliefert werden, diese muss vielmehr stets verhältnismäßig sein. Des Weiteren haben diffamierende, den Zeugen nur unnötig belastende Bemerkungen, die etwa *Peters* kritisiert,[806] in einem Glaubwürdigkeitsgutachten nichts zu suchen.[807] Erfreulich ist in diesem Zusammenhang der allgemeine Hinweis von *Wegener*, dass ein psychologischer Sachverständiger immer „den Grundsatz der weitmöglichen Schonung der Persönlichkeit" des zu Begutachtenden befolgen sollte.[808]

Die Tatsache, dass die Begutachtung hier im Grunde genommen, darauf weisen einige Kritiker dieser Vorgehensweise völlig zu Recht hin, in die Gerichtsverhandlung verlegt wird,[809] kann nach hier vertretener Auffassung ebenfalls nicht zur Annahme der Unzulässigkeit dieses Vorgehens führen. Vielmehr wurde herausgearbeitet, dass es sich bei dieser Begutachtungsart um eine anders ausgestaltete, weniger intensive handelt. Im Übrigen wurde auch schon darauf hingewiesen, dass auch die Vernehmung des Zeugen durch den Richter für jenen ähnliche Auswirkungen haben kann.

Zu denken ist hier auch an die Auswirkungen für den Zeugen außerhalb des Prozesses[810], wenn nämlich die Zeugenaussage durch das Gutachten als unglaubhaft bescheinigt wird.[811] Wer möchte schon in der Tageszeitung lesen, dass die eigene Aussage durch einen Sachverständigen als unglaubhaft attestiert worden ist? Was mag erst der Nachbar denken? Was der Volksmund daraus macht, ist geläufig: Wer einmal lügt, dem glaubt man nicht, und wenn er auch die Wahrheit spricht. Im Falle der Hinzuziehung eines Sachverständigen müsste es dann obendrein genauer heißen: Wer einmal lügt, was sogar ein Sachverständiger bestätigt hat, dem glaubt man nicht. Dabei muss allerdings bedacht werden, dass sich auch ohne ein eingeholtes Sachverständigengutachten im Rahmen der Beweiswürdigung durchaus herausstellt, ob dem Zeugen geglaubt wird oder nicht.

---

806 *Peters*, Strafprozeß, S. 327.

807 Vgl. *Aymans* S. 174 (Ausdrucksweise spiegle auch den Umgang mit dem Begutachteten wider).

808 *Wegener* S. 9.

809 *Blau* StV 1991, 406, 407; *Eisenberg* Rn. 1868.

810 Darauf verweist etwa auch *Janetzke* NJW 1958, 534, 536.

811 *Otte* S. 233.

Im Ergebnis bedeutet dies, dass zwar auch das Argument des Zeugenschutzes nicht zur Annahme einer generellen Unzulässigkeit der Begutachtung trotz Untersuchungsverweigerung führen kann, dieses aber dem begutachtenden Sachverständigen und dem leitenden Richter deutliche Schranken weisen muss. Bedenkt man die hervorgerufenen Belastungen für den Zeugen und den ohnehin geringeren Beweiswert eines solchen Gutachtens, so drängt sich einem die Erkenntnis auf, dass eine derartige Begutachtung nur dann vorgenommen werden sollte,

- wenn der Richter der Sachkunde eines Sachverständigen bedarf,
- wenn es sich um eine geeignete Fallkonstellation handelt (der Sachverständige muss entscheiden, ob er sich zu einer solchen Begutachtung für fähig erachtet),
- wenn eine Einwilligung des Zeugen in die Glaubwürdigkeitsuntersuchung nicht vorliegt und auf freiwilliger Basis auch nicht erreicht werden kann
- und wenn die Begutachtung des Zeugen notwendig ist (es muss auf die Aussage des Zeugen entscheidend ankommen).

Wird eine solche Begutachtung in Auftrag gegeben, muss sie unter größtmöglicher Rücksichtnahme, also so schonend wie nur möglich, erfolgen.

ee) Faktischer Zwang zur Einwilligung?

Weiterhin muss man sich Gedanken darüber machen, ob für den Zeugen nicht ein faktischer Zwang zur Einwilligung in die Glaubwürdigkeitsuntersuchung besteht.

Zum einen befindet er sich in folgendem Dilemma: Wenn er sich nicht untersuchen lässt, muss er gegebenenfalls die Glaubwürdigkeitsbegutachtung mit den Mitteln des § 80 Abs. 2 StPO über sich ergehen lassen. Egal wie er sich entscheidet, eine Glaubwürdigkeitsbegutachtung kann also vorgenommen werden. Da eine Begutachtung trotz fehlender Einwilligung jedoch mit der Untersuchung im eigentlichen Sinne bezüglich der Intensität nicht vergleichbar ist, kann von keinem Zwang zur Einwilligung gesprochen werden. Vielmehr besteht letztlich eine Wahl.

Zum anderen kann er aber auch befürchten, dass ihm im Falle der versagten Einwilligung eher nicht geglaubt wird.[812] Man könnte ihm unterstellen, dass er

812 Vgl. *Erb* in: FS Stöckel, S. 181, 186; siehe auch *Janetzke* NJW 1958, 534, 536, nach dem die Erteilung der Einwilligung „ein wesentliches Indiz für seine Wahrheitsliebe" sein kann.

sich ansonsten, wenn er nichts zu verbergen hätte, ja untersuchen lassen würde. Dies ist jedoch unzulässig. Würde ein solcher Schluss gezogen werden, hätte dies die Torpedierung der Freiwilligkeit, die für die Einwilligung erforderlich ist, zur Folge. Außerdem kann es zahlreiche zu akzeptierende[813] Gründe, angefangen vom schlichten Unwillen, eine derartige Untersuchung vornehmen zu lassen, bis hin zur Schadensabwendung, dafür geben, die Einwilligung zu versagen. Auch über diesen Aspekt sollte der Zeuge im Rahmen der Informierung über das Procedere einer Glaubwürdigkeitsbegutachtung unterrichtet werden, da nur so von einer freiwilligen Einwilligung gesprochen werden kann.

ff) Keine Wahrheitserforschung „um jeden Preis"

Auf der einen Seite stellt „die Wahrheitsermittlung das beherrschende Prinzip des Strafverfahrens" dar, auf der anderen Seite darf es aber nicht dessen Ziel sein, „die Wahrheit um jeden Preis zu erforschen".[814] Diese beiden Grundsätze spielen auch für die Betrachtung der Begutachtung trotz Untersuchungsverweigerung eine Rolle. Eine solche Begutachtung darf wegen der damit einhergehenden Belastungen nur dann vorgenommen werden, wenn man sich dadurch unter Einhaltung der beschriebenen Vorgehensweise und unter Beachtung der zu gewährenden Maßstäbe auch wirklich einen Erkenntnisgewinn für die Wahrheitserforschung erhofft.

gg) Gutachten zur allgemeinen Glaubwürdigkeit?

> *„Diskutiert wird, in einem solchen Fall den Gutachter nur zur allgemeinen Glaubwürdigkeit anzuhören."*[815]

Jansen verweist hinsichtlich dieser Diskussion auf die Nachweise bei *Eisenberg*[816]. Sie meint damit wohl die Konstellation der Begutachtung trotz Untersuchungsverweigerung; allerdings bezieht sich diese Diskussion nur auf die Frage nach dem grundsätzlichen Verhältnis von der allgemeinen Glaubwürdigkeit zur Glaubhaftigkeit der Aussage.

---

813 Siehe etwa *Peters* JR 1970, 68, 69 (Persönlichkeitsschutz).

814 LR/*Kühne* Einl. Abschn. H Rn. 29 unter Verweis auf BGHSt 14, 358, 365; vgl. auch *Burgsmüller* PdR November 2000, 48, 50 (zu achtendes Persönlichkeitsrecht); vgl. auch *Schaefer* NJW 2000, 928 (Wahrheitsermittlung auf der einen und Schutz vor Traumatisierungen und weiteren Schäden auf der anderen Seite).

815 *Jansen* Rn. 315.

816 *Eisenberg* Rn. 1869.

Letztlich hält auch sie fest, dass *Steller/Volbert* klarstellten, dass man bei der Forderung nach einer allein die allgemeine Glaubwürdigkeit erfassenden Begutachtung nicht beachten würde, „daß das personale Konzept einer allgemeinen Glaubwürdigkeit nicht nur Definitionsprobleme“ mit sich bringe, „sondern auch keinen praktisch bedeutsamen Bezug zur Glaubhaftigkeit einer konkreten Aussage“ habe.[817]

b) Argumente für die Zulässigkeit einer solchen Begutachtung

Die Gegenargumente können nicht nur – zumindest grundsätzlich – widerlegt werden, vielmehr gibt es auch eine ganze Reihe von Gründen, die klar für die Annahme der Zulässigkeit einer Glaubwürdigkeitsbegutachtung trotz Untersuchungsverweigerung sprechen.

aa) Wahrheitserforschungspflicht

Wenn es auf die Beurteilung der Glaubhaftigkeit einer Zeugenaussage ankommt und der Richter sich zu dieser ohne sachverständige Hilfe nicht fähig erachtet, der Zeuge aber nicht in die Glaubwürdigkeitsuntersuchung einwilligt, bleibt zur Erforschung der Wahrheit innerhalb des Strafprozesses nur das Mittel der Begutachtung trotz Untersuchungsverweigerung. Wie gesehen, werden gerade in Aussage-gegen-Aussage-Konstellationen besonders hohe Anforderungen an die Beweiswürdigung gestellt.[818] Hier etwa könnten auch auf solche Weise erstellte Gutachten zuweilen eine Aufklärungshilfe für den Richter darstellen. Dabei muss nicht nur der Opferschutz Beachtung finden, sondern auch der Unschuldsvermutung (Art. 6 Abs. 2 EMRK) genüge getan werden.[819]

Hinsichtlich der Frage nach der erforderlichen Hinzuziehung eines Sachverständigen wegen unzureichender eigener Sachkunde hat der BGH folgenden Appell[820] formuliert:

> *„In Grenzfällen wird er [der Richter] daher eher ein Zuviel als ein Zuwenig tun müssen.“*[821]

---

817 *Steller/Volbert* in: Psychologie im Strafverfahren, S. 12, 36, *Fischer* NStZ 1994, 1, 5 widersprechend; gegen diese Ansicht etwa auch *Steller/Böhm* in: Neue Wege und Konzepte in der Rechtspsychologie, S. 37, 39.

818 Dazu etwa *Maier* NStZ 2005, 246 ff., *Pfister* FPPK 2008, 3, 9 f. und *Schmandt* StraFo 2010, 446 ff.; siehe etwa BGH NStZ 2013, 55.

819 Vgl. *Deckers* StV 2010, 372.

820 *Pfister* in: Die Erhebung von Zeugenaussagen im Strafprozess, S. 42, 47.

821 BGHSt 23, 8, 12.

Wenn das Gericht sodann kundtut, dass es sachverständiger Hilfe bedarf, eine Glaubwürdigkeitsuntersuchung wegen der fehlenden Einwilligung des Zeugen aber ausscheidet, so entfällt dadurch nicht das Bedürfnis, ein Glaubwürdigkeitsgutachten in Auftrag zu geben. Vielmehr besteht das Erfordernis sachverständiger Hilfe in einem solchen Fall unabhängig von der Einwilligung des Zeugen. *Peters* drückt dies so aus:

> *„Hält das Gericht eine Untersuchung für erforderlich und zeigt es damit an, daß ihm die hinreichende Sachkunde fehlt, so kann es, nachdem die Untersuchung sich als unmöglich erweist, nicht dennoch selbst die Frage, über die der Sachverständige sich äußern sollte, entscheiden."*[822]

Muss der Richter sodann auf die Hilfe eines Sachverständigen komplett verzichten? Oder gibt es nicht einen Ausweg[823], einen Ersatz[824]? *Peters* verneint dies. Zur Konsequenz hat das seiner Ansicht nach, „daß, soweit es auf eine Untersuchung ankommt, eine Überführung nicht möglich ist, falls sich die Untersuchung aus Rechtsgründen nicht durchführen läßt"[825]. Dies sei auch „im Interesse des Zeugen, der dadurch vor den zuweilen recht tief greifenden Belastungen der Untersuchung [...] und vor schwerwiegenden, nicht abwehrbaren Unwerturteilen bewahrt" werde.[826] Er scheint aber nicht genügend zu berücksichtigen, dass insbesondere dann, wenn der Zeuge zugleich Opfer der Tat ist, dieser wohl in den meisten Fällen auch ein großes Interesse daran haben wird, dass der Täter überführt wird. Wenngleich es natürlich, das stellt etwa *Burgsmüller* heraus, aufgrund des Persönlichkeitsrechts des Zeugen „keine Verurteilung ‚um jeden Preis' geben" darf.[827] Auch *Blau* verneint die selbst aufgeworfene Frage, ob wegen „der Einzelgerechtigkeit die prinzipiellen Bedenken gegen den vom BGH empfohlenen Weg" verworfen werden sollten.[828] Er bezieht sich hierbei – anders als *Peters*, der an die Nichtnachweisbarkeit des Verschuldens des Angeklagten denkt – allerdings auf das Interesse des Angeklagten, welcher die Glaubhaftigkeit der Aussagen des Belastungszeugen gerade in Frage stellen möchte.

Anderer Ansicht zufolge kann man hingegen auf die Glaubwürdigkeitsbegutachtung mit den Mitteln des § 80 Abs. 2 StPO zurückgreifen und so gegebenenfalls doch noch ein Glaubwürdigkeitsgutachten erstatten und damit zumindest

---

822 *Peters* JR 1970, 68, 69.
823 *Fezer* S. 71; kritisch auch *Fezer* JuS 1978, 765, 766 (Fn. 18).
824 *Schlüchter*, Das Strafverfahren, Rn. 547.
825 *Peters* JR 1970, 68, 69; vgl. auch *Peters*, Der Strafprozeß in der Fortentwicklung, S. 28.
826 *Peters*, Strafprozeß, S. 327.
827 *Burgsmüller* PdR November 2000, 48, 50.
828 *Blau* StV 1991, 406, 408.

versuchen, das zur Aufklärung Notwendige zu erhalten. Wenn ein solches Gutachten in qualitativer Hinsicht auch nicht an ein Gutachten, das auf Grundlage einer eingehenden Untersuchung erstattet werden konnte, heranreichen kann, so kann die Mitwirkung des Sachverständigen für den Richter doch zumindest eine Hilfe darstellen. Die Aufgabe des Sachverständigen muss es immer sein, „relevante Informationen aus psychologischer Perspektive beizusteuern, damit eine fundierte rechtliche Entscheidung getroffen werden kann."[829] Wenn bei verweigerter Einwilligung auch weniger Informationen zu erlangen sind, so können diese eventuell doch, je nach den Umständen des Einzelfalls, ausreichend sein, dem Richter die Beweiswürdigung zu erleichtern, so dass dieser letztlich ein gerechtes Urteil fällen kann.

Dieses Vorgehen dient also nicht dem Zweck, die Weigerung des Zeugen zu umgehen, sondern auch ohne eine Glaubwürdigkeitsuntersuchung im eigentlichen Sinne eine gutachterliche Hilfe in rechtmäßiger Weise ermöglichen zu können.

bb) Kein Verbot dieses Vorgehens

Zuweilen liest man, dass es keine Norm gebe, die ein solches Vorgehen verbiete,[830] was von Seiten der Befürworter dieser Art der Begutachtung als Argument für die Zulässigkeit dieser gewertet wird. Eine nicht vorhandene gesetzliche Verbotsvorschrift allein kann aber nicht für die Zulässigkeit dieser Begutachtung sprechen. Vielmehr bedarf es, nachdem es sich dabei um einen Eingriff in das Persönlichkeitsrecht des Zeugen handelt, einer Vorschrift, die dieses Vorgehen erlaubt.

Letztlich ist es ein Zusammenspiel der Aussagepflicht des Zeugen und der §§ 80 Abs. 2, 68a Abs. 2 S. 1 StPO, das dieses Vorgehen erlaubt und das den Zeugen zur Duldung der Glaubwürdigkeitsprüfung verpflichtet. Dadurch können ohne Untersuchung im eigentlichen Sinne Anknüpfungstatsachen erlangt werden, die unter Umständen auch „nützliche Dienste leisten"[831] und im Ergebnis auch die Erstellung eines fachmännischen[832] Gutachtens ermöglichen können.

---

829 *Volbert* in: Forensisch-psychologische Diagnostik im Strafverfahren, S. 18, 50.

830 BGHSt 23, 1, 2; LR/*Krause* § 81c Rn. 9; *Eisenberg* Rn. 1868; HK-StPO/*Brauer* § 81c Rn. 5; KMR/*Bosch* § 81c Rn. 13 (allerdings kritisch wegen der Umgehungsgefahr).

831 *Erb* in: FS Stöckel, S. 181, 186 (Fn. 25) mit folgender Einschränkung: „stark eingeschränkte Aussagekraft".

832 *Kühne* Rn. 492 (Fn. 70); vgl. etwa auch *Müller* Rn. 609b.

cc) Kein Schutz vor Sonderwissen

Im Rahmen der Erörterung der Weite des Fragerechts ist bereits die Frage, ob der Zeuge vor gewissermaßen Sonderwissen des Richters geschützt werden muss, angeklungen.[833] Das ist zu verneinen, weil sich der Richter in aussagepsychologischer Hinsicht sogar fortbilden muss,[834] um Zeugenaussagen möglichst gut würdigen zu können.

Es stellt sich von daher unweigerlich die Frage, welchen Unterschied es machen kann, ob nun ein in dieser Weise perfekter Richter, der sich bestmöglich fortgebildet hat, die Aussage des Zeugen beurteilt oder ob er sich, um fehlendes Wissen zu kompensieren, der Hilfe eines Sachverständigen bedient. *Fischer* hat folgenden Fall gebildet:

> *„StrK-Vorsitzender R, der auch Psychologie studiert hat, vernimmt in der Hauptverhandlung gegen A den Entlastungszeugen B. In einer Verhandlungspause begibt er sich mit B in sein Dienstzimmer und führt tiefenpsychologische Tests sowie Befragungen durch. Nach der Sitzungspause teilt er den übrigen Verfahrensbeteiligten mit, B sei ein zur Hysterie neigender Psychopath, der Wahrheit und Fantasie nicht durchgängig trennen könne; seine Glaubwürdigkeit sei nach objektiven wissenschaftlichen Erkenntnissen als katastrophal einzuschätzen.“*[835]

Er kommt zu dem Schluss, dass der Richter im Falle der Einwilligung des Zeugen eigentlich so tätig werden dürfen müsste, wenn es lediglich um die Reichweite der Sachkunde ginge, in den §§ 68 ff. StPO ein solches Vorgehen aber nicht enthalten sei.[836]

Es soll hier aber gar nicht um die Konstellation gehen, in der ein Richter das täte, was ein Sachverständiger sonst im Falle der Einwilligung des Zeugen im Rahmen der Glaubwürdigkeitsuntersuchung im eigentlichen Sinne vornehmen kann. Vielmehr geht es hier darum, dass der Richter im Rahmen der Hauptverhandlung die Zeugenaussage sozusagen ganz normal, aber eben mit der Sachkunde eines Sachverständigen beurteilt. Wenn der Richter dies darf, warum sollte

---

833 Siehe oben S. 147.

834 Vgl. etwa *Kröber* in: Psychologische Begutachtung im Strafverfahren, S. 205, 210; siehe auch BGH NStZ 2013, 55 (Beachtung aussagepsychologischer Glaubwürdigkeitskriterien durch das Gericht).

835 *Fischer* NStZ 1994, 1; vgl. hierzu auch den Vorschlag von *Dippel* in: FS für Tröndle, S. 599, 623 zur Ausbildung von Richtern zu Psychologen.

836 *Fischer* NStZ 1994, 1, 4 unter Verweis auf *Krauß* ZStW 85 (1973), 320, 330 (Fn. 24; daran müsse man angesichts der §§ 68 ff. StPO „Anstoß nehmen“); ablehnend auch *Erb* in: FS Stöckel, S. 181, 182 (weder aus rechtlichen noch aus tatsächlichen Gründen dürfe dieser eine Exploration durchführen) und *Brause* NStZ 2013, 129, 132.

es der Sachverständige nicht tun können? Der Richter befragt und beobachtet doch auch. Dieses Argument scheint zunächst sehr schlüssig. Bei genauerer Betrachtung macht es aber natürlich sehr wohl einen Unterschied, ob auch ein Sachverständiger hinzugezogen wird. Der Verantwortungs- und Aufgabenbereich des Richters[837] unterscheidet sich grundlegend von dem Tätigkeitsfeld des Sachverständigen. Jener ist für die Einhaltung des rechtlich Erlaubten zuständig, während dieser auf die Leitung des Richters angewiesen sein wird.

Folglich besteht zwar ein deutlicher Unterschied, ob allein der in dieser Weise perfekte Richter die Glaubhaftigkeit der Zeugenaussage während der Hauptverhandlung beurteilt, oder ob er einen Sachverständigen hinzuzieht. Allerdings drängt sich folgende Erkenntnis nahezu auf: Wenn der Richter den Sachverständigen hinzuzieht, so dass dieser die fehlende Sachkunde von jenem ausgleichen kann, und der Richter den Sachverständigen so leitet, dass dieser tatsächlich nur eine Hilfsfunktion im rechtlichen Rahmen ausübt, so wird der Unterschied verschwindend gering. Dann fällt nur noch der Aspekt ins Gewicht, dass der Zeuge im Falle der Hinzuziehung des Sachverständigen, über die er nach hier vertretener Ansicht zu Beginn der Begutachtungstätigkeit informiert werden muss, schon diese an sich als Mehrbelastung erfahren kann, zumal er seine Glaubwürdigkeit in Frage gestellt sehen wird. Dies allein kann aber nicht gegen die Zulässigkeit der Glaubwürdigkeitsbegutachtung trotz Untersuchungsverweigerung angebracht werden, sondern geht nach hier vertretener Ansicht mit der Zeugnispflicht einher. Dieser Aspekt kann vielmehr nur die Art und Weise des Vorgehens (zu fordern ist ein möglichst schonender Umgang mit dem Zeugen) betreffen.

Die gewählte Überschrift dieses Abschnitts, kein Schutz vor Sonderwissen, wird einem Aspekt nicht gerecht: der auf diese Weise gewährten Chance auf Sonderwissen. Geht man davon aus, dass der Sachverständige dem Richter bei der Beurteilung der Zeugenaussage mittels seiner Sachkunde hilft, ist eine sachgerechtere Einschätzung der gemachten Bekundungen die Folge. Daran aber muss ein jeder Zeuge ein Interesse haben, wird er doch die Glaubhaftigkeit seiner Aussage bestätigt wissen wollen. Die Sachkunde des Sachverständigen müsste ihm von daher gerade willkommen sein. So gesehen ist der Sachverständige eben gerade keine dem Richter trotz versagter Einwilligung des zu Begutachtenden zugeordnete Figur, sondern vielmehr eine (lediglich) das Fachwissen des Richters ergänzende, dessen Beurteilungstätigkeit in diesem Falle nicht überschreitende Hilfsperson.

837 Dazu *Wegener* S. 186 ff.

c) Fazit

Tatsächlich gibt es einige, teilweise gewichtige Gründe, die gegen die Zulässigkeit der Glaubwürdigkeitsbegutachtung trotz Untersuchungsverweigerung vorgebracht werden können. Letztlich lassen sich zwar alle Bedenken aus dem Weg räumen und es gibt auch einige Gründe, die eindeutig für die Vornahme einer solchen Begutachtung sprechen; dennoch kann ein solches Vorgehen, auch wenn der Richter sachverständigen Rat für notwendig hält, nicht immer angebracht sein.

Es wurde vielmehr herausgearbeitet, dass eine Begutachtung im Falle der fehlenden Einwilligung des Zeugen nur unter folgenden Voraussetzungen vorgenommen werden sollte: Zunächst muss der Richter der Sachkunde des Sachverständigen überhaupt bedürfen. Weiterhin muss es sich um eine geeignete Konstellation handeln, sprich: Es müssen genügend Erkenntnisquellen vorhanden sein, so dass sich der Sachverständige zu einer fundierten Äußerung fähig erachtet. Darüber hinaus darf die Einwilligung des Zeugen nicht durch eine geeignete Auswahl und umfassende Information über das Vorgehen bei einer Glaubwürdigkeitsbegutachtung, die dem Zeugen auch die Angst davor nehmen soll, erlangt werden können; eine Begutachtung mit Einwilligung ist einer solchen trotz Untersuchungsverweigerung nämlich immer vorzuziehen. Schließlich muss die Begutachtung des Zeugen auch notwendig sein, es muss auf die Beurteilung der Glaubhaftigkeit seiner Aussage für die Wahrheitsermittlung also ankommen. Kommt es tatsächlich zu einer solchen Begutachtung, darf die beschriebene Vorgehensweise nicht überschritten werden und es muss auf die Verfassung des Zeugen bestmöglich Rücksicht genommen werden.

Im Ergebnis kann somit von einer Zulässigkeit dieses Vorgehens unter Einschränkungen gesprochen werden. Von daher wird es auch verständlich, warum *Krause* wohl von einem Grundsatz[838], der immer Ausnahmen impliziert, spricht. Die Einzelfallabhängigkeit[839] steht einer pauschalen Bejahung der Zulässigkeit somit entgegen.

Von daher kann auch dem „Vorschlag für einen neu einzufügenden § 68 b StPO (Glaubwürdigkeitsgutachten)" der Strafrechtskommission des *Deutschen Juristinnenbundes* nicht zugestimmt werden. Nach dessen ersten Satz sollte gelten:

---

838 LR/*Krause* § 81c Rn. 9, 10.

839 Siehe auch *Volbert* in: Forensisch-psychologische Diagnostik im Strafverfahren, S. 9, 15.

„Gutachten, die der Beurteilung der Glaubwürdigkeit von Zeuginnen und Zeugen dienen, sind nur zulässig, wenn die zu begutachtende Person nach Belehrung einwilligt.“[840]

Gutachten, die ohne Durchführung einer Exploration des Zeugen erstellt werden, sollten dieser Ansicht nach nicht zulässig,[841] die Erstellung von Glaubwürdigkeitsgutachten „nur auf freiwilliger Basis“ möglich sein.[842]

6. Beweisantrag: Unerreichbarkeit oder völlige Ungeeignetheit dieses Beweismittels?

„Wie hoch mag danach die Überzeugungskraft eines aussagepsychologischen Gutachtens zu veranschlagen sein, das auf solche professionellen Erkenntnisquellen und -methoden verzichtet?“[843]

Nachdem die Zulässigkeit dieses Vorgehens (unter den genannten Voraussetzungen) festgestellt worden ist, muss man sich nun also der Frage nach dessen Geeignetheit widmen. Kann eine solche Begutachtung zur Wahrheitserforschung beitragen, zumal doch nicht einmal Glaubwürdigkeitsgutachten, die auf einer ausführlichen Untersuchung basieren, hundertprozentig richtige Aussagen treffen können? Auf diese Problematik hat die Literatur bislang ihr Augenmerk gelegt.

a) Beweiswert dieser Gutachten

Dass es sich bei einem Glaubwürdigkeitsgutachten, das wegen der fehlenden Einwilligung des Zeugen nicht auf der Grundlage einer eingehenden Glaubwürdigkeitsuntersuchung durch den Sachverständigen erstellt werden konnte, um ein auf einer geringeren Datenbasis beruhendes und folglich im Beweiswert geschwächtes Gutachten handelt, muss nach dem zuvor Gesagten klar geworden sein. Die bereits mehrfach angesprochene eingeschränkte Aussagekraft eines solchen Gutachtens ist dabei durchaus auch ein Aspekt, der von sämtlichen Befürwortern der Glaubwürdigkeitsbegutachtung trotz Untersuchungsverweigerung eingeräumt und von Juristen sowie von Sachverständigen gesehen wird.

---

840 *Nelles/Oberlies* S. 41.

841 *Nelles/Oberlies* S. 21; siehe aber *Steller/Volbert* PdR November 1999, 46, 97 f., nach denen die Zweitgutachter in den „Wormser Missbrauchsverfahren“ auch ohne eine (selbst durchgeführte) Exploration der Zeugen tätig werden konnten, weil das für die Gutachtenerstattung erforderliche Material bereits vorhanden gewesen sei.

842 *Nelles/Oberlies* S. 14.

843 *Blau* StV 1991, 406, 408.

aa) Sicht der Sachverständigen

Wenn nun die Sicht der Sachverständigen dargestellt wird, muss einem bei Betrachtung dieser bewusst sein, dass es zunächst entscheidend auf diese ankommt. Der Sachverständige ist derjenige, der entscheiden muss, ob er ein Gutachten erstellen kann oder nicht, der den Auftrag womöglich also auch ablehnen (müssen) wird.[844]

Schon *Undeutsch* brachte zum Ausdruck, allerdings nicht im Zusammenhang mit der Untersuchungsverweigerung, dass die „auf Grund der Aktenlage oder bestenfalls auf Grund der in der Hauptverhandlung gewonnenen Eindrücke" keine zureichende Basis für eine Gutachtenerstellung darstellen würden.[845] Damit wollte er aber wohl nur den Mehrwert einer Glaubwürdigkeitsuntersuchung im eigentlichen Sinne herausstellen.

Sehr kritisch sieht dies auch *Lempp*, der aber ebenfalls nicht – zumindest nicht ausdrücklich – die Konstellation der Untersuchungsverweigerung anspricht: Zwar könne sich der Sachverständige so oftmals zu der Frage, ob eine Falschaussage möglich sei, äußern, ein vollständiges Glaubwürdigkeitsgutachten könne auf diese Weise jedoch nicht erstellt werden, weil es dafür eines intensiven Studiums der Akten, einer umfassenden Exploration und gegebenenfalls auch Testuntersuchungen bedürfe.[846]

Auch *Arntzen* zufolge kann ein solches Gutachten „extrem selten den Anspruch auf wissenschaftlichen Charakter" beanspruchen, da ein Sachverständiger während der Hauptverhandlung bedeutende Aspekte nicht ermitteln könne; allerdings könne dies bei einer Begutachtung von Gruppenaussagen anders sein.[847] Dabei geht er jedoch nicht darauf ein, dass auch andere Quellen als die Hauptverhandlung zur Verfügung stehen können.

Volbert, nach der ein Gericht die Erstellung eines Glaubwürdigkeitsgutachtens auch unter diesen Umständen in Auftrag geben kann,[848] ist für eine differenzierte Betrachtung, verweist auf die jeweiligen Umstände des Einzelfalls:

> *„Ob unter diesen Bedingungen sachverständige Schlussfolgerungen gezogen werden können oder ob das nur eingeschränkt möglich ist, hängt von den Umständen des Einzelfalls ab."*[849]

---

844 Etwa LR/*Krause* § 81c Rn. 10.

845 *Undeutsch* in: Handbuch der Psychologie, S. 26, 40 f.

846 *Lempp* S. 331.

847 *Arntzen*[4] S. 133.

848 *Volbert* in: Forensisch-psychologische Diagnostik im Strafverfahren, S. 18.

849 *Volbert* in: Forensisch-psychologische Diagnostik im Strafverfahren, S. 9, 15.

Dabei differenziert sie weiter danach, ob es darum geht, die Suggestionshypothese zu überprüfen, wo dies kein Problem darstelle, oder ob Einflüsse von Persönlichkeitsdispositionen auf die Zeugenaussage zu bewerten seien, wo dies kaum möglich sei.[850]

Damit bringt sie es auf den Punkt: Es muss bei jedem einzelnen Fall gesondert entschieden werden, ob ein solches Gutachten erstellt werden und welchen Beweiswert es haben kann; wobei keiner in Frage stellen wird, dass hier kein gleichwertiger Informationsgewinn[851] zu erreichen sein kann.

Aymans hält in einem solchen Fall zwar die Mitteilung von Hypothesen zum Entstehen der betreffenden Aussage sowie aussagepsychologischen Wissens für möglich; „die originäre Einschätzung der Glaubhaftigkeit einer Zeugenaussage alleine aus der Hauptverhandlung heraus“ betrachtet sie hingegen deutlich kritischer.[852] Gleichwohl ist sie der Ansicht, dass Sachverständige auch in diesen Fällen dem Richter bei seiner Aufgabe unterstützen sollten.[853]

Auch *Greuel et al.* zufolge sollen in solchen Fällen letztlich nur „vorsichtige psychologische Schlußfolgerungen gezogen werden“ können und dürfen. Die „sachlichen und möglicherweise auch berufsethischen Bedenken“ seien ausdrücklich darzulegen, „auf unzureichende Erhebungsmöglichkeiten“ sei aufmerksam zu machen.[854]

bb) Juristische Ansicht

Das Gericht hat letzten Endes mit Bedacht zu entscheiden, ob ein auf diese Weise erstelltes Gutachten eine ausreichende Beurteilungsgrundlage darstellt,[855] und bei Würdigung des Gutachtens etwaige auf der Untersuchungsverweigerung beruhende Defizite entsprechend einzuberechnen.[856]

---

850 *Volbert* in: Forensisch-psychologische Diagnostik im Strafverfahren, S. 9, 15.

851 Vgl. im Zusammenhang mit der Befragung Dritter *Offe* NJW 2000, 929, 930; zu den begrenzten Möglichkeiten einer psychiatrischen Untersuchung bei entgegenstehendem Willen des zu Begutachtenden *Foerster/Winckler* in: Psychiatrische Begutachtung, S. 17, 29 f. (ohne Gespräch mit dem zu Begutachtenden sei eine Begutachtung „nur auf der Basis rudimentärer Informationen“ oder sogar überhaupt nicht möglich) und S. 30.

852 *Aymans* S. 73, 183 („heikler“).

853 *Aymans* S. 73 f.

854 *Greuel/Offe/Fabian/Wetzels/Fabian/Offe/Stadler* S. 272.

855 Meyer-Goßner/*Schmitt* § 81c Rn. 8; KG StV 1997, 65, 66; HK-StPO/*Brauer* § 81c Rn. 5; AK/*Wassermann* § 81c Rn. 14; HK-GS/*Neuhaus* § 81c Rn. 5.

856 LR/*Krause* § 81c Rn. 9.

Interessant ist an dieser Stelle der Blick auf die Frage nach der Möglichkeit einer Kontrolle der Exploration im Rahmen einer Glaubwürdigkeitsuntersuchung durch die Verfahrensbeteiligten. „Weil nach gesicherter Erfahrung bestimmte Befragungen, zu denen die Exploration bei der Untersuchung eines Zeugen auf seine Glaubwürdigkeit gehört, regelmäßig nur in der besonderen Atmosphäre des ungestörten Gesprächs erfolgreich sind, eine verfahrensrechtliche Kontrolle daher dem Verzicht auf sachgerechte psychologische oder psychiatrische Gutachten gleichkäme", darf eine solche Kontrolle *Dippel* zufolge, der ein Gegner der Glaubwürdigkeitsbegutachtung trotz Untersuchungsverweigerung ist, nicht durchgeführt werden.[857] Bedeutet die Erkenntnis, dass der Erfolg einer Glaubwürdigkeitsuntersuchung im eigentlichen Sinne auch von einer bestimmten Atmosphäre abhängig ist, nun, dass eine Begutachtung des Untersuchungsverweigerers von vorneherein nicht sachgerecht ist?

Auch den Juristen ist durchaus bewusst, dass ein solches Vorgehen keinen Ersatz für eine Glaubwürdigkeitsuntersuchung im eigentlichen Sinne darzustellen vermag.[858] Allerdings formuliert es keiner so drastisch wie *Kraft*, nach dem ein solches Gutachten sogar „eine Gefahr für die Wahrheitsfindung im Prozeß" darstellen soll.[859] Ähnlich kritisch sieht dies aber letztlich *Bosch*, der auf die Gefahr, dass einem solchen Gutachten „ein schwer überprüfbarer und tatsächlich nicht vorhandener Erkenntniswert" zuteilwerden kann, aufmerksam macht.[860] Diese durchaus bestehende Gefahr kann aber relativ leicht durch die Ehrlichkeit des Sachverständigen und die Kontrolle von Seiten des Gerichts eingedämmt werden. Nach *Meier* soll es so sein, „daß der Sachverständige bei dieser Art der Begutachtung zur Beurteilung der Glaubwürdigkeit des Zeugen kaum besser in der Lage ist als der Richter".[861] Das sollte aber nicht so allgemeingültig formuliert werden. Dies hängt nämlich wiederum auch von der Sachkunde des Richters ab: Ist diese nicht annähernd so umfassend wie die des Experten, wird dieser aufgrund seines Fachwissens, seiner Erfahrungswerte und der ihm zur Verfügung

---

857 *Dippel* in: FS für Tröndle, S. 599, 622.

858 Etwa *Schlothauer* in: Psychologie der Zeugenaussage, S. 143, 145; dass nicht immer eine zureichende Datenbasis vorhanden ist, kann etwa auch SK/*Rogall* § 81c Rn. 20, BeckOK-StPO/*Ritzert* § 81c Rn. 4.2, HK-GS/*Neuhaus* § 81c Rn. 5, KK/*Krehl* § 244 Rn. 55, KK/*Herdegen*[5] § 244 Rn. 16, Meyer-Goßner/*Schmitt* § 81c Rn. 8, *Eisenberg* Rn. 1661, LR/*Krause* § 81c Rn. 9 f. und *Peters* JR 1970, 68, 69 entnommen werden.

859 *Kraft* S. 93.

860 KMR/*Bosch* § 81c Rn. 13.

861 *Meier* JZ 1991, 638, 643; kritisch etwa auch *Schmoll* S. 37 f.

stehenden Mittel des § 80 Abs. 2 StPO[862] unter Umständen deutlich bessere Ergebnisse erzielen können als ein (juristischer) Laie. Beachtung verdient aber der Aspekt, dass dem Sachverständigen hier nur die Begutachtungsmittel zur Verfügung stehen, die auch der Richter im Rahmen der Vernehmung anwendet, vornehmlich die der Beobachtung und der Befragung, nicht aber eine eingehende Untersuchung. Die von *Meier* in diesem Kontext sodann aufgeworfene Frage, ob die Heranziehung eines Sachverständigen in einem solchen Fall nicht bloß überflüssige Kosten verursachen würde,[863] beantwortet er nicht abschließend. Er weist vielmehr nur darauf hin, dass dies davon abhängig sei, inwiefern ein Sachverständiger mit seiner Sachkunde hier zur Glaubwürdigkeitsbeurteilung wirklich besser befähigt sei als der Richter.[864] Wie dargelegt, hängt das von der Sicht des Sachverständigen ab, der beurteilen muss, ob er ein solches Gutachten – abhängig von den Umständen eines jeden Falles – erstellen kann. In diesem Sinne geht auch *Pfister* davon aus, dass eine Untersuchungsverweigerung nicht zwingend zum Scheitern einer Glaubwürdigkeitsbegutachtung führe, sondern zunächst die Sicht des Sachverständigen maßgeblich sei.[865] *Schlüchter* spricht im Übrigen, zwar auch eher vage, aber immerhin, von einem Versuch, „ein Bild über die Glaubwürdigkeit“ erlangen zu können.[866]

Im Ergebnis bleibt festzuhalten, dass auch hinsichtlich des Beweiswerts eines solchen Gutachtens letzten Endes immer der jeweilige Einzelfall betrachtet werden muss.[867] Obgleich hier im Regelfall, das bestreitet soweit ersichtlich keiner, eine deutlich geringere Aussagekraft gegeben sein soll.[868]

b) Unerreichbarkeit dieses Beweismittels?

Handelt es sich beim Sachverständigen im Falle der Untersuchungsverweigerung des zu Begutachtenden um ein unerreichbares Beweismittel im Sinne des § 244 Abs. 3 S. 2, 5. Var. StPO? Die selbst aufgeworfene Frage, ob unter „dem Begriff der

---

862 Vgl. *Janetzke* NJW 1958, 534, 536 (zumindest könnten von Sachverständigem gestellte Fragen Glaubwürdigkeitsbeurteilung „erleichtern“).

863 *Meier* JZ 1991, 638, 643.

864 *Meier* JZ 1991, 638, 643.

865 *Pfister* FPPK 2008, 3, 6 unter Verweis auf BGH NStZ 2002, 656, 658 und BGH StraFo 2004, 209, 210.

866 *Schlüchter*, Das Strafverfahren, Rn. 203.2.

867 Vgl. etwa *Schlüchter*, Das Strafverfahren, Rn. 203.2.

868 *Erb* in: FS für Stöckel, S. 181, 186 (Fn. 25); vgl. auch Kurzanmerkung der *Redaktion* StV 1997, 66 im Zusammenhang mit Schuldfähigkeitsgutachen.

Unerreichbarkeit des Beweismittels nicht nur tatsächliche, sondern auch rechtliche Hindernisse" zu verstehen sind, hat man bei BGHSt 23, 1 offen stehen lassen.[869] Dies kann auch dahinstehen, da der Sachverständige – als das Beweismittel – unabhängig von der Einwilligung des Zeugen erreichbar ist.[870] Sind keine Anknüpfungstatsachen vorhanden, ist der Sachverständige nicht unerreichbar, unter Umständen aber, das soll im Folgenden geklärt werden, ungeeignet.[871]

c) Völlige Ungeeignetheit dieses Beweismittels?

Es muss also dazu Stellung genommen werden, ob es sich beim Sachverständigen im Falle der Untersuchungsverweigerung des zu Begutachtenden nicht um ein völlig ungeeignetes Beweismittel im Sinne des § 244 Abs. 3 S. 2, 4. Var. StPO handelt. Einige betrachten diese Art der Begutachtung als weder sach- noch fachgerecht, weswegen der Sachverständige hier als Beweismittel in der Regel tatsächlich völlig ungeeignet sein solle,[872] anderen zufolge müssen hier wenigstens vorhandene Defizite offengelegt werden.[873]

Weil die richterliche Beweiswürdigung mithilfe des Sachverständigen zumindest eine Verbesserung erfahren könne, ist auch *Blau* zufolge, der mit der Mindermeinung von der Unzulässigkeit einer Begutachtung bei Untersuchungsverweigerung ausgeht, nicht von einem völlig ungeeigneten Beweismittel auszugehen.[874]

Dem ist zuzustimmen: Damit von einem solchen „völlig" ungeeigneten Beweismittel gesprochen werden kann, muss es sich nach schlüssiger Auffassung des BGH „um ein Beweismittel handeln, dessen Inanspruchnahme von vornherein gänzlich aussichtslos wäre, so dass sich die Erhebung des Beweises in einer reinen Förmlichkeit erschöpfen würde".[875] Für den Sachverständigenbeweis hat das zur Konsequenz, dass man die Beauftragung eines Sachverständigen mit der Erstattung eines Gutachtens nur dann ablehnen darf, „wenn auszuschließen ist, dass es sich zu der vorgelegten Beweisfrage sachlich überhaupt äußern kann".[876]

---

869 BGHSt 23, 1.

870 *Peters* JR 1970, 68, 69; *Eschke* NJW 1975, 354; *Fincke* ZStW 86 (1974), 656, 661 (Fn. 21).

871 KK/*Krehl* § 244 Rn. 157.

872 Etwa *Müller* JZ 2000, 267, 268.

873 Etwa *Eisenberg* Rn. 1868.

874 *Blau* StV 1991, 406, 408.

875 BGH NStZ 2009, 346.

876 BGH NStZ 2009, 346.

Sofern dem Sachverständigen die für die Gutachtenerstattung notwendigen Grundlagen nicht gegeben werden können, ist er als völlig ungeeignetes Beweismittel einzustufen.[877] Wenn nun aber letzten Endes nicht sicher auszuschließen ist, dass der Sachverständige auf die beschriebene Art und Weise doch ausreichende Anknüpfungstatsachen erhalten kann, um zumindest Wahrscheinlichkeitsaussagen[878] machen zu können, ist ergo auch nicht von einer völligen Ungeeignetheit dieses Beweismittels auszugehen,[879] zumal allgemein von einer eher restriktiven Heranziehung dieses Ablehnungsgrundes ausgegangen werden muss.[880]

d) Vergleich zum Einsatz von Polygraphen

Wenn hier auch keine Bewertung der Rechtsprechung des BGH zum Lügendetektor erfolgen soll, so ist doch ein kurzer Vergleich hinsichtlich des Beweiswerts einerseits des Einsatzes von Polygraphen beim Angeklagten und andererseits der Glaubwürdigkeitsbegutachtung trotz Untersuchungsverweigerung des Zeugen zu ziehen.

Während der BGH in seiner Grundsatzentscheidung zum Lügendetektor kundgetan hat, dass eine „polygraphische Untersuchung nach dem mit den Sachverständigen erörterten wissenschaftlichen Kenntnisstand ein völlig ungeeignetes Beweismittel i.S.d. § 244 Abs. 3 Satz 2 4. Alt. StPO" darstelle,[881] handelt es sich nach herrschender Meinung im Falle der Glaubwürdigkeitsbegutachtung

---

877 BGH NStZ 1995, 97, 98 (zu einem technischen Sachverständigen); BGH NStZ 2012, 345 (zu einem anthropologischen Gutachten).

878 Dazu *Hamm* Rn. 712; *Schlothauer/Weider* Rn. 1497; *Deckers*, Der strafprozessuale Beweisantrag, Berlin 2007, S. 53 und insbesondere S. 80 (ausdrücklich für den Fall der Untersuchungsverweigerung des Zeugen oder des Angeklagten).

879 *Meyer-Goßner* § 244 Rn. 59b; BGH NStZ 2009, 346, 347; BGH StV 1990, 246; *Schlothauer/Weider* Rn. 1498 (für Glaubwürdigkeits- und Schuldfähigkeitsgutachten im Falle der Untersuchungsverweigerung); *Deckers*, Der strafprozessuale Beweisantrag, Berlin 2007, S. 82; *Deckers*, Der strafprozessuale Beweisantrag, Köln 2013, Rn. 247 (in Bezug auf Zeugen und auf Angeklagte), Rn. 253; *Burhoff* Rn. 812; *Detter* in: Handbuch des Fachanwalts Strafrecht, S. 1526, 1536 (Rn. 15); siehe aber HK-StPO/*Julius* § 244 Rn. 46; BGH BeckRS 2004, 00866 (Ablehnung der Gutachtenerstattung von Seiten der Jugendkammer wegen Ungeeignetheit).

880 *Junker* StRR 6/2012, 225, 226; vgl. auch *Deckers*, Der strafprozessuale Beweisantrag, Köln 2013, Rn. 175.

881 BGHSt 44, 308, 312 f.; vgl. auch *Schlothauer/Weider* Rn. 1497; *Jansen* Rn. 95; kritisch im Hinblick auf die Frage nach der völligen Ungeeignetheit auch im Vergleich zu Glaubwürdigkeitsgutachten *Putzke* ZJS 2011, 557, 559.

durch den Sachverständigen trotz Untersuchungsverweigerung des zu Begutachtenden, wie gesehen, gerade nicht um ein völlig ungeeignetes Beweismittel. Während also „unter Einsatz des polygraphischen Verfahrens […] nicht gemessen werden [kann], ob der Untersuchte die Wahrheit sagt“[882], kann im Falle der Glaubwürdigkeitsbegutachtung trotz fehlender Einwilligung durch den Sachverständigen für den Richter zumindest möglicherweise eine Hilfestellung bei der Beurteilung der Glaubwürdigkeit des Zeugen bzw. der Glaubhaftigkeit seiner Aussage erfolgen.

Anlässlich dieses Vergleichs kritisiert *Meyer-Mews*, dass in diesem Grundsatzurteil nicht festgehalten werde, „ob die Ergebnisse des Polygraphentests denn signifikant unzuverlässiger [seien] als die Ergebnisse durchschnittlicher Glaubwürdigkeitsgutachten“.[883] Noch kritischer muss folgerichtig der Vergleich mit Glaubwürdigkeitsgutachten, die ohne Untersuchung des zu Begutachtenden und damit ohne die bestmögliche Vorgehensweise entstanden sind, ausfallen. Der Einwand des BGH, dass möglicherweise vorhandene Vorbehalte gegenüber anderen Testverfahren nicht für die Geeignetheit des Einsatzes von Polygraphen sprächen,[884] erfolgte jedoch zu Recht. Auch weist *Schoreit* zutreffend darauf hin, dass sich der Einsatz von Polygraphen und das Vorgehen bei einer Glaubwürdigkeitsbegutachtung in ganz grundsätzlicher Weise voneinander unterscheiden.[885]

Aus der Tatsache, dass der BGH dem Polygraphen keinerlei Beweiswert zuspricht, kann im Ergebnis also auch nicht geschlussfolgert werden, dass ein solcher auch im Falle der Glaubwürdigkeitsbegutachtung trotz Untersuchungsverweigerung des zu Begutachtenden kategorisch verneint werden muss. Im Übrigen kann von daher die Tatsache, dass sich das Amtsgericht Bautzen entgegen der Haltung des BGH unlängst für die Verwendung eines Lügendetektors unter bestimmten Bedingungen ausgesprochen hat,[886] konsequenterweise auch nicht als Argument für die Heranziehung von Glaubwürdigkeitsgutachtern (im Falle der Untersuchungsverweigerung des zu Begutachtenden) gewertet werden.

---

882 BGHSt 44, 308, 316.

883 *Meyer-Mews* NJW 2000, 916, 917; vgl. hierzu *Boetticher* in: Verfahrensgerechtigkeit und Zeugenbeweis, S. 55, 59 (aufgrund dieser Kritik sei Qualität aussagepsychologischer Gutachten geprüft worden).

884 BGHSt 44, 308, 319.

885 *Schoreit* StV 2004, 284.

886 AG Bautzen BeckRS 2013, 08655; dort wird auch auf die aussagepsychologische Begutachtung eingegangen; für diese gebe es ebenfalls keine „belastbare Zahlen“.

e) Einholung eines weiteren Gutachtens

Die Anhörung eines weiteren Sachverständigen kann abgelehnt werden, wenn durch das frühere Gutachten das Gegenteil der behaupteten Tatsache bereits erwiesen ist, was aber unter anderem dann nicht gilt, *wenn der neue Sachverständige über Forschungsmittel verfügt, die denen eines früheren Gutachters überlegen erscheinen* (§ 244 Abs. 4 S. 2, 2. Halbs. StPO). Fraglich ist, ob der Sachverständige auch dann über ein überlegenes Forschungsmittel verfügt, wenn sich der Zeuge von ihm – anders als von dem bislang ausgewählten Sachverständigen – untersuchen lässt.

Diskutiert wird dies im Rahmen von Schuldfähigkeitsbegutachtungen.[887] Wenn sich der Angeklagte vom durch das Gericht ausgesuchten Sachverständigen nicht untersuchen lässt, verfügt ein anderer Sachverständiger nach Ansicht des BGH nicht über überlegene Forschungsmittel, wenn der Angeklagte bereit ist, sich von diesem anderen Sachverständigen untersuchen zu lassen.[888] Unter Forschungsmitteln seien nicht die Exploration, nicht die Untersuchung, nicht „die Verfügung über besonders reichhaltiges Beobachtungsmaterial" zu verstehen.[889] Im Schrifttum ist diese Auffassung stark kritisiert worden.[890]

Die Diskussion lässt sich 1:1 auf die Glaubwürdigkeitsbegutachtung übertragen. Auch im Falle der Einwilligung des Zeugen in die Glaubwürdigkeitsbegutachtung durch einen anderen Sachverständigen dürfte dieser nach Ansicht des BGH gegenüber einem solchen, von dem sich der Zeuge nicht untersuchen lässt, nicht über überlegene Forschungsmittel im Sinne des § 244 Abs. 4 S. 2, 2. Halbs. StPO verfügen. Wie bereits dargelegt, kann durch eine entsprechende Auswahl des Sachverständigen und eine umfassende, Ängste abbauende Belehrung eine solche Situation aber unter Umständen ohnehin vermieden werden. Dies sollte wegen der aufgrund des Zeugenschutzes und des geringeren Beweiswerts wünschenswerten Vermeidung einer Begutachtung auf unfreiwilliger Basis nach Kräften versucht werden.

---

887 Siehe dazu ausführlich Kapitel III. B. II.

888 BGHSt 44, 26, 29.

889 BGHSt 44, 26, 29 f. m.w.N.

890 Kritisch etwa *Tondorf/Tondorf* Rn. 306, 320; *Ziegert* NStZ 2000, 105; *Konrad/Rasch* S. 207; *Zieschang* StV 1999, 467, 469; *Barton* StV 2003, 537, 538; *Deckers*, Der strafprozessuale Beweisantrag, Berlin 2007, S. 89.

f) Fazit

Schlussendlich handelt es sich hier nach alledem um eine „Glaubwürdigkeitsbegutachtung 2. Klasse“[891]. Dass dieses Vorgehen „nicht gleichwertig“[892] ist, wird von niemandem in Zweifel gezogen. Deswegen – und aufgrund der mit der Unfreiwilligkeit zweifelsohne verbundenen Probleme – kommt ihr im Vergleich zur Glaubwürdigkeitsbegutachtung mit Einwilligung des Zeugen auch eine nachrangige Stellung zu.

Wenn es sich hierbei auch um Gutachten mit einem geringeren Beweiswert handelt, so muss dennoch der möglicherweise gegebene Hilfsaspekt gesehen werden: Zuweilen kann der Sachverständige hier den Richter bei der Beurteilung der Glaubhaftigkeit der Zeugenaussage mit seinen Erkenntnissen sehr wohl sachkundig unterstützen – wenn auch weniger gut als bei einer Begutachtung mit Einwilligung des Zeugen. Es geht hier letztendlich um eine „Möglichkeit zusätzlichen Erkenntnisgewinnes“[893].

Wenn eine Zeugenaussage nicht durch ein anderes Beweismittel bestätigt wird, kann der Zeuge kein sicheres Beweismittel darstellen; vielmehr ist dann nur eine Wahrscheinlichkeitsaussage über den Wahrheitsgehalt möglich. Ziel muss es von daher sein, den Wahrheitsgehalt so gut wie möglich herausfiltern zu können. Auch die Glaubwürdigkeitsbegutachtung trotz Untersuchungsverweigerung kann ein Schritt in diese Richtung sein.

7. Standpunkt des Bundesministeriums der Justiz

Auch das *Bundesministerium der Justiz* hat in seiner Bundeseinheitlichen Handreichung zum Schutz kindlicher (Opfer-) Zeugen im Strafverfahren zur Glaubwürdigkeitsbegutachtung trotz Untersuchungsverweigerung des Zeugen Stellung genommen:

> *„Liegt eine wirksame Zustimmung nicht vor, kann es sich dennoch empfehlen, zur Hauptverhandlung einen Sachverständigen hinzuzuziehen. Dieser kann während der Verhandlung anwesend sein, einige Fragen stellen und sich so ein Bild von dem kindlichen Zeugen und den vorhandenen Aussagen machen, das es ihm ermöglicht, ein zwar eingeschränktes, gleichwohl aber verwertbares Gutachten zu erstatten.“*[894]

---

891 *Kett-Straub* ZStW 117 (2005), 354, 374.

892 *Schneider/Frister/Olzen* S. 322, den Beweiswert eines auf diese Weise zustande gekommenen Glaubwürdigkeitsgutachtens bezweifelnd.

893 KG StV 1997, 65, 66; siehe auch *Zieschang* StV 1999, 467, 469 (Fn. 10).

894 *Bundesministerium der Justiz* S. 45 (unter Hinweis auf das mögliche Abspielen einer Bild-Ton-Aufzeichnung), dazu auch S. 27.

Auf die bestehenden rechtlichen Probleme und das genaue Vorgehen eines Sachverständigen in einer solchen Situation[895] geht das *Bundesministerium der Justiz* hier aber nicht ein. Insbesondere wird, was man wegen des Titels durchaus hätte vermuten dürfen, nicht auf die diesbezüglich bestehenden Zeugenschutzprobleme eingegangen. Letztlich handelt es sich hier nur um eine kurze Wiedergabe der herrschenden Meinung.

IV. Resümee: Gutachten zur Glaubwürdigkeit von Zeugen

Nach dieser aus der Sicht von Sachverständigen, Juristen und nicht zuletzt von Zeugen erfolgten Betrachtung der Glaubwürdigkeitsbegutachtung von Zeugen trotz deren Untersuchungsverweigerung ist klar geworden, dass sich die Lösung dieser problematischen Konstellation wegen deren Vielschichtigkeit nicht in einem Satz formulieren lässt.

1. Lösungsstränge

Zunächst ist abschließend festzuhalten, ob eine Begutachtung trotz Untersuchungsverweigerung nun grundsätzlich durchgeführt werden darf oder nicht.

a) Verbot der Begutachtung trotz Untersuchungsverweigerung?

Der Mindermeinung zufolge soll die Begutachtung des Zeugen im Falle der versagten Einwilligung ohne Ausnahme unzulässig sein. Erläutert wurde, dass tatsächlich einige Aspekte für diese Ansicht sprechen, aber letztlich keiner davon zwingend zur Annahme der Unzulässigkeit dieser Vorgehensweise führt, die Rechtslage diese vielmehr ermöglicht. Nach hier vertretener Ansicht ist mithin von einer grundsätzlichen Zulässigkeit der Begutachtung trotz Untersuchungsverweigerung auszugehen, wobei aber bestimmte Voraussetzungen vorliegen und die Möglichkeiten und Grenzen dieser beachtet werden müssen.

Nachdem die Zulässigkeit dieser Begutachtungsweise nun bejaht worden ist, kann auch die im ersten Kapitel aufgeworfene Frage, ob ein Sachverständiger verpflichtet ist, eine solche Gutachtenerstattung abzulehnen,[896] abschließend beantwortet werden: Er darf eine solche Begutachtung grundsätzlich

---

895 *Aymans* S. 74.
896 Siehe Kapitel I. A. III.

vornehmen, wenn nicht von vorneherein klar ist, dass es ihm aufgrund der nicht durchführbaren eingehenden Untersuchung des Zeugen unmöglich ist, ein fundiertes Gutachten zu erstatten, wobei diese Entscheidung in seinem Ermessen steht.

b) Wenn möglich: Vermeidung der Begutachtung trotz Untersuchungsverweigerung

Wenn diese Art der Begutachtung auch zulässig ist, so sollte sie aufgrund des belastenden Charakters für den Zeugen und wegen des vergleichsweise geringen Beweiswerts nach Möglichkeit vermieden werden. Von Seiten der Justiz kann hierbei in dreierlei Hinsicht vorgegangen werden:

aa) Bessere Richterausbildung

Damit der Richter seiner (ureigenen) Aufgabe, die Aussagen von Zeugen umfassend würdigen zu können, nachkommen kann, bedarf er entsprechenden aussagepsychologischen Wissens.[897] Würden sich Richter in aussagepsychologischer Hinsicht (noch besser fort)bilden,[898] müssten Sachverständige seltener hinzugezogen werden; denn der Richter bedarf keines sachverständigen Rates bzw. er vermag den Sachverständigen zu ersetzen, wenn er ausreichend sachkundig ist.[899]

Das hätte denknotwendig auch zur Konsequenz, dass es dann seltener zu einer Glaubwürdigkeitsbegutachtung trotz Untersuchungsverweigerung des zu Begutachtenden kommen müsste. Hier ist es nämlich so, dass der Sachverständige im Grunde genommen genau die Mittel zur Verfügung hat, die auch dem Richter zustehen, namentlich die Befragung und die Beobachtung. Letztlich unterscheidet sie also insofern nur die Sachkunde, nicht aber die Begutachtungsmethode voneinander.

897 *Nack* StraFo 2001, 1, 2 f.

898 Der an sich begrüßenswerte Vorschlag von *Dippel* in: FS für Tröndle, S. 599, 623, bei kindlichen Zeugen, bei denen eine Glaubwürdigkeitsuntersuchung anstehe, gleich solche Richter, die zu Psychologen ausgebildet worden sind, hinzuzuziehen, kann in der Praxis, realistisch gesehen, wohl nicht umgesetzt werden; ablehnend auch *Wegener* S. 187.

899 *Peters*, Strafprozeß, S. 343.

bb) Auswahl des Sachverständigen

Mehrfach wurde zudem schon darauf hingewiesen, dass die Auswahl eines geeigneten und zugleich konsensfähigen Sachverständigen angestrebt werden sollte. Wenn sich der zu Begutachtende (aus unter Umständen gut nachvollziehbaren Gründen) gegen die Begutachtung durch einen bestimmten, von Seiten des Gerichts bzw. der Staatsanwaltschaft hinzugezogenen Sachverständigen, nicht aber gegen eine Glaubwürdigkeitsuntersuchung an sich verwehrt, sollte eine Glaubwürdigkeitsbegutachtung trotz Untersuchungsverweigerung nicht durchgeführt werden.

cc) Information über Ablauf der Begutachtung

Nach hier vertretener Ansicht soll in Verbindung mit der gegenüber jedem Zeugen zu Beginn der Begutachtungstätigkeit durch die zuständige Stelle zu erteilenden Belehrung über die Freiwilligkeit der Teilnahme an einer Glaubwürdigkeitsuntersuchung eine Information über die Art und Weise der Glaubwürdigkeitsuntersuchung erfolgen, die auch einen Hinweis auf die Folgen einer fehlenden Einwilligung, das mögliche Vorgehen nach § 80 Abs. 2 StPO, enthält. Diese Unterrichtung soll dem Zeugen auch etwaig bestehende Ängste oder Vorbehalte vor einer Glaubwürdigkeitsuntersuchung nehmen, so dass er sich, umfassend – auch über die Alternative – informiert, vielleicht eher zu einer freiwilligen Teilnahme bereit erklärt.[900]

2. Ergebnisse

Nach umfassender Betrachtung dieses Problemfeldes ist zu konstatieren, dass dieses Vorgehen keine Umgehung der fehlenden Einwilligung des Zeugen darstellt, sondern es sich vielmehr um ein aliud zur Glaubwürdigkeitsuntersuchung im eigentlichen Sinne[901] handelt, und zwar sowohl im Hinblick auf die Vorgehensweise als auch bezüglich des Werts dieses Vorgehens. Folgende Ergebnisse können festgehalten werden:

---

900 Vgl. *Wegener* S. 39, dem zufolge die Untersuchung regelmäßig nicht verweigert werden würde, wenn zuvor eine entsprechende Aufklärung bezüglich der Ziele und des Inhalts der Tätigkeit des Sachverständigen erfolgt wäre.

901 Vgl. *Schuster* S. 78, nach dem durch die fehlende Einwilligung nicht das Beweisthema Glaubwürdigkeit, sondern lediglich die Untersuchung als eine Art der Begutachtung ausgeschlossen wird.

a) Pflicht des Zeugen zur Duldung

Das Zusammenspiel der Aussagepflicht des Zeugen, insbesondere seiner Wahrheitspflicht, und der §§ 80 Abs. 2, 68a Abs. 2 S. 1 StPO erlaubt diese Art der Begutachtung des Zeugen durch den Sachverständigen.

Der Richter ist zur Glaubwürdigkeitsprüfung verpflichtet; der Sachverständige macht im Falle der Glaubwürdigkeitsbegutachtung trotz Untersuchungsverweigerung als eine Art verlängerter Arm mit einer reinen Hilfsfunktion das, was auch der Richter darf, er beobachtet und befragt den Zeugen. Hätte der Richter die gleiche Sachkunde, was zumindest grundsätzlich möglich wäre, würde sich das Vorgehen also nicht unterscheiden. Hierfür ist freilich die Leitung und Kontrolle von Seiten des Richters von Nöten.

Mithin ist der Zeuge zur Duldung der Glaubwürdigkeitsbegutachtung durch den Sachverständigen auch im Falle seiner Untersuchungsverweigerung im Rahmen des gesetzlich Erlaubten verpflichtet.

b) Beachtung der Möglichkeiten und Grenzen

Herausgearbeitet wurde, dass die Begutachtung im Falle der Untersuchungsverweigerung im Rahmen des § 80 Abs. 2 StPO tatsächlich einige Möglichkeiten zur Unterstützung bei der Wahrheitserforschung[902] bietet, diese Vorgehensweise aber auch ihre Grenzen hat, und zwar in zweierlei Hinsicht. Zum einen muss der eingeschränkte Wert einer solchen Begutachtung berücksichtigt werden: Gleiche Arbeitsbedingungen wie bei einer eingehenden Glaubwürdigkeitsuntersuchung im Falle der Einwilligung des Zeugen sind mitnichten vorhanden. Der eingeschränkte Wert ist auch kein Geheimnis. Für die Beurteilung, ob ein solches Vorgehen zu einem fundierten Gutachten führen kann, ist die Betrachtung des jeweiligen Einzelfalls von Nöten. Zum anderen sind die Maßstäbe und Grenzen bei der Durchführung an sich zu beachten, was die Leitung von Seiten des Richters – insbesondere im Hinblick auf die Umgehungsgefahr und den Zeugenschutz – erforderlich macht.

Die Untersuchung hat gezeigt, dass es zu einer solchen Begutachtung wegen der bestehenden Probleme nur in den erforderlichen und zugleich geeigneten Fällen kommen sollte. Dies wiederum hat mehrere Voraussetzungen:

---

902 Vgl. *Steller/Böhm* in: Neue Wege und Konzepte der Rechtspsychologie, S. 37, 49 (Aussagepsychologie sei eine „Hilfswissenschaft" für die Justiz).

- Zunächst muss dem Richter die Sachkunde für eine eigenständige Glaubwürdigkeitsbeurteilung fehlen.
- Weiterhin muss es sich um eine geeignete Konstellation handeln: Der Sachverständige muss entscheiden, ob ihm nach den Umständen des Einzelfalles eine fundierte Beurteilung der Glaubhaftigkeit der Zeugenaussage möglich erscheint. Er muss sich dahingehend erklären, wenn aus seiner Sicht eine solche Begutachtung keinen Sinn macht. Nimmt er eine solche Begutachtung aber vor, muss er den Wert seiner Ergebnisse offen darlegen.
- Zum Dritten sollte zumindest, ohne die Freiwilligkeit dieser Entscheidung zu gefährden, versucht werden, die Einwilligung des Zeugen zu erhalten. Eine Begutachtung trotz Untersuchungsverweigerung gilt es, wenn möglich, zu vermeiden.
- Daneben sollte es auf die Aussage des Zeugen ankommen, die Beurteilung des Wahrheitsgehalts der Zeugenaussage sollte also für die Wahrheitsfindung von entscheidender Bedeutung sein.
- Schließlich ist von Seiten des Sachverständigen, über die Einhaltung der rechtlichen Grenzen hinaus, während des gesamten Begutachtungsverfahrens auf einen möglichst sorgsamen Umgang mit dem Begutachteten zu achten, damit dieser keinen unverhältnismäßigen, nicht vertretbaren Schaden – einfachere psychische Belastungen sind in Kauf zu nehmen – nimmt und seine Autonomie weitestgehend geachtet wird.

c) Amtsaufklärungspflicht, § 244 Abs. 2 StPO

Nachdem die Zulässigkeit der Glaubwürdigkeitsbegutachtung bejaht worden ist, kann nun auch abschließend zu der Frage, ob die Amtsaufklärungspflicht eine solche Begutachtungsweise verlangen kann, abschließend Stellung genommen werden: Immer dann, wenn diese Vorgehensweise einen Erkenntnisgewinn für die Wahrheitssuche verspricht, was zunächst von der Einschätzung des Sachverständigen bezüglich des vorhandenen und zu erlangenden Materials in jedem Einzelfall abhängt, verlangt die Amtsaufklärungspflicht die Beauftragung eines Sachverständigen mit der Glaubwürdigkeitsbegutachtung auch im Falle der Untersuchungsverweigerung des Zeugen.

B. Gutachten zur Glaubwürdigkeit des Angeklagten

Auch Aussagen von Angeklagten sind auf ihre Glaubhaftigkeit hin zu überprüfen. Auch hier muss man sich folgende Frage stellen: „Hat der Beschuldigte das von ihm Vorgebrachte selbst erlebt oder nicht erlebt?“[903] Dabei geht es sowohl um die Glaubhaftigkeit der Aussage im Allgemeinen als auch um Geständnisse[904] bzw. deren Widerruf im Speziellen. Auch hinsichtlich dieser kann es angebracht sein, einen Sachverständigen zu konsultieren.[905] Auch hier kann der – soweit ersichtlich – noch nicht explizit erörterte Fall einer Glaubwürdigkeitsbegutachtung trotz Untersuchungsverweigerung auftauchen.

I. Pflichten des Angeklagten im Hinblick auf die Wahrheitsfindung

Einleitend sollen die Pflichten des Angeklagten im Hinblick auf die Wahrheitsfindung und damit auch bezüglich einer Glaubwürdigkeitsbegutachtung in den Blick genommen werden. Ein Vergleich mit den entsprechenden Pflichten des Zeugen[906] wird deutliche Unterschiede zum Vorschein bringen:

1. Allgemeine Pflichten

Zwar besteht für den Angeklagten – anders als für den Zeugen – aufgrund des nemo tenetur-Prinzips im Grundsatz gerade keine Pflicht, einen aktiven Beitrag zur Sachaufklärung zu leisten, gleichwohl ist er sehr wohl dazu verpflichtet, bestimmte Belastungen im Zusammenhang mit dem gegen ihn gerichteten Strafverfahren zu erdulden.[907] Zu nennen sind hier etwa die Duldung von Zwangsmaßnahmen, die Pflicht zum Erscheinen zu Vernehmungen vor dem Ermittlungsrichter und der Staatsanwaltschaft im Ermittlungsverfahren (§ 133 Abs. 1 StPO bzw. § 163a Abs. 3 S. 1 StPO) sowie die Anwesenheitspflicht

903 *Jansen* in: FS für Hamm, S. 227, 232.

904 Ausführlich *Bender/Nack/Treuer* Rn. 1057 ff.

905 *Deckers*, Der strafprozessuale Beweisantrag, Köln 2013, Rn. 264; *Fischer* NStZ 1994, 1, 3 (Fall 1); BeckOK-StPO/*Eschelbach* § 261 Rn. 13.4; restriktiv LR/*Becker* § 244 Rn. 90; bezüglich Geständnissen *Volbert* in: FS für Eisenberg, S. 205, 211 und *Steller* in: FS für Eisenberg, S. 213, 217 (Fall *Pascal*).

906 Siehe Kapitel II. A. I. 3. c).

907 *Beulke* Rn. 127.

des Angeklagten in der Hauptverhandlung (§ 230 Abs. 1 StPO)[908].[909] Diese Pflichten können und sollen allesamt zur Wahrheitsfindung im Strafprozess beitragen.

2. Pflichten bezüglich einer Glaubwürdigkeitsbegutachtung

Die vorgenannten Pflichten können auch alle zur Überprüfung der Glaubhaftigkeit der Aussage des Angeklagten dienen. Verneint der Angeklagte etwa, mit dem Opfer Geschlechtsverkehr gehabt zu haben, bringt eine Blutentnahme nach § 81a StPO aber ein anderes Ergebnis zum Vorschein, so spricht dies für die Unglaubhaftigkeit der Aussage.[910]

Von Interesse ist hier aber insbesondere die Frage, wie es um die Pflichten bezüglich einer Glaubwürdigkeitsbegutachtung durch den Sachverständigen, insbesondere also bezüglich der Verpflichtung zur Teilnahme an Explorationen und Tests, steht.

a) Keine Aussage- und Wahrheitspflicht

Im Rahmen der Betrachtung der Glaubwürdigkeitsbegutachtung des Zeugen im Falle dessen Untersuchungsverweigerung wurde herausgearbeitet, dass dessen Aussagepflicht im Zusammenspiel mit § 80 Abs. 2 StPO Grundlage einer solchen Begutachtungsmöglichkeit ist.[911] Fraglich ist, wie es sich diesbezüglich mit dem Angeklagten verhält.

aa) Bedeutung der Aussagefreiheit

Bei der Erörterung der Glaubwürdigkeitsbegutachtung bei Zeugen wurde deutlich, dass entsprechendes Aussagematerial die wesentliche Grundlage für eine sachverständige Beurteilung darstellt. Dies stellt sich auch bei einer Begutachtung bezüglich der Aussage eines Angeklagten nicht anders dar.

---

908 Vgl. zu dieser aus menschenrechtlicher Perspektive, Art. 6 Abs. 3 *lit.* c EMRK, zu einem möglichen Recht auf Vertretung, *Esser* StV 2013, 331, 339 (§ 230 StPO nach § 329 Abs. 1 S. 1 StPO als das möglicherweise „nächste Bollwerk der StPO"); siehe auch schon *Püschel* StraFo 2012, 493, 495, nach dem „eine überzeugende Rechtfertigung der Präsenzpflicht des Angeklagten gem. § 230 Abs. 1 StPO" noch aussteht.

909 *Beulke* Rn. 127.

910 Vgl. dazu LG Heilbronn NStZ 1990, 353.

911 Siehe Kapitel II. A. II. 2. c).

Allerdings ist hierbei ein grundlegender und folgewirksamer Unterschied zwischen dem Zeugen und dem Angeklagten zu verzeichnen: „Während dem Beschuldigten vollständige Freiheit eingeräumt ist, ob und wie er sich äußern will“[912] – nach § 136 Abs. 1 S. 2 StPO ist er *darauf hinzuweisen, daß es ihm nach dem Gesetz freistehe, sich zu der Beschuldigung zu äußern oder nicht zur Sache auszusagen*, nach § 243 Abs. 5 S. 1 StPO darauf, *daß es ihm freistehe, sich zu der Anklage zu äußern oder nicht zur Sache auszusagen* –, besteht für den Zeugen eine Aussagepflicht. Während also der Zeuge dazu verpflichtet ist, Aussagematerial, das auch für eine sachverständige Begutachtung verwendet werden kann, abzuliefern, kann der Angeklagte dies aufgrund seines Schweigerechts[913], aufgrund seiner Aussagefreiheit[914] gerade verwehren.

Entscheidet sich der Angeklagte im Übrigen dazu, komplett oder in einzelnen Verfahrensabschnitten zu schweigen, so dürfen daraus, weil es sein gutes Recht ist, auch keine negativen Schlüsse gezogen werden.[915] Wie es sich diesbezüglich mit einem sog. Teilschweigen verhält, sprich mit einem „Schweigen eines nicht vollständig schweigenden Angeklagten“[916], ist hingegen strittig, wobei die herrschende Meinung eine Verwertung „der Tatsache der teilweisen Aussageverweigerung“ im Rahmen der Beweiswürdigung für zulässig erachtet.[917]

bb) Keine Wahrheitspflicht

Für den Angeklagten gibt es, anders als für den Zeugen, „keine gesetzliche Verpflichtung, die Wahrheit zu sagen“[918], wenn er sich dazu entschließt, auszusagen.[919] Gleichwohl wird das Gericht die Glaubwürdigkeit des Angeklagten zumindest bezweifeln dürfen, wenn sich eine Aussage des Angeklagten als Lüge herausstellt.[920]

---

912 *Panhuysen* S. 97.

913 *Eisenberg* Rn. 899.

914 *Jansen* Rn. 40.

915 *Rogall* S. 247 ff. m.w.N.; *Miebach* NStZ 2000, 234 unter Verweis auf BGH, bei *Pfeiffer/Miebach*, NStZ 1986, 206, 208.

916 *Miebach* NStZ 2000, 234, 236.

917 Dazu *Rogall* S. 250 ff. (er lehnt diese Ansicht wegen eines Verstoßes gegen das Verbot der Selbstbelastung jedoch ab, S. 254 f.); ablehnend auch *Eisenberg* Rn. 907; umfassend zur Verwertung des Teilschweigens *Miebach* NStZ 2000, 234 ff.

918 BGHSt 3, 149, 152.

919 *Beulke* Rn. 125, auch zur sanktionsfreien Lüge; siehe aber auch LR/*Gleß* § 136 Rn. 64 zur möglichen Strafbarkeit.

920 Vertreten von *Beulke* Rn. 125; siehe aber LR/*Gleß* § 136 Rn. 64 (nur ausnahmsweise).

cc) Zwischenfazit

Festzuhalten bleibt somit, dass es für den Angeklagten weder eine Aussage- noch eine Wahrheitspflicht gibt. Die Auswirkungen für die Möglichkeit einer Begutachtung trotz Mitwirkungsverweigerung sind, wie sogleich zu sehen sein wird, immens. Von zentraler Bedeutung für die Glaubwürdigkeitsbegutachtung können hier somit im Eigentlichen nur die Anwesenheitspflicht des Angeklagten in der Hauptverhandlung (§ 230 Abs. 1 StPO) und bestimmte Duldungspflichten sein.

b) Konflikt mit dem nemo tenetur-Grundsatz

Zudem könnte es dem nemo tenetur-Grundsatz widersprechen, wenn sich ein Angeklagter einer Glaubwürdigkeitsbegutachtung widersetzt und gleichwohl ein Sachverständiger damit beauftragt wird, den Wahrheitsgehalt seiner Aussagen zu überprüfen.

Wie gesehen, bestehen auch für den Angeklagten Pflichten, deren Erfüllung im Ergebnis der Wahrheitsfindung dient. Er kann als „Beweismittel gegen sich selbst" so „in den Dienst der Wahrheitsfindung gestellt werden".[921] Diese Tatsache könnte jedoch mit dem aus dem allgemeinen Persönlichkeitsrecht des Angeklagten (Art. 2 Abs. 1 GG in Verbindung mit Art. 1 Abs. 1 GG) und dem Rechtsstaatsprinzip (Art. 20 Abs. 3 GG) abgeleiteten[922] nemo tenetur-Grundsatz, der im Übrigen auch vom Sachverständigen strikt einzuhalten ist,[923] konfligieren.

Nach dem nemo tenetur-Grundsatz ist der Angeklagte gerade „nicht verpflichtet, zur Wahrheitserforschung beizutragen",[924] d.h., dass für den Angeklagten keine Pflicht besteht, „durch aktives Tun an seiner eigenen Strafverfolgung mitzuwirken"[925]. Vielmehr besteht nur eine Pflicht zur „passiven Duldung von Zwangsmaßnahmen", und zwar sowohl gegenüber den Strafverfolgungsbehörden als auch gegenüber den mit der Begutachtung beauftragten Sachverständigen.[926] *Rogall* bringt es auf den Punkt:

> *„Nemo tenetur ist ein Recht zur Passivität, es befreit den Menschen davon, selbst aktiv zur eigenen Überführung beitragen zu müssen."*[927]

---

921 *Rogall* S. 31.
922 *Beulke* Rn. 125 m.w.N.; siehe auch Kapitel IV. C. I. 1. c) aa) (1) (i).
923 *Tondorf*/*Tondorf* Rn. 282.
924 LR/*Kühne* Einl. Abschn. H Rn. 31.
925 LR/*Gleß* § 136 Rn. 27.
926 *Detter* NStZ 2003, 375, 376.
927 *Rogall* S. 158; ausführlich auch SK-StPO/*Rogall* Vor § 133 Rn. 142.

Übertragen auf die Prüfung der Glaubwürdigkeit – gleich, ob durch den Richter oder den Sachverständigen – müsste dies bedeuten: Der Angeklagte muss diese „passiv“ dulden (insbesondere das Beiwohnen nach § 80 Abs. 2 StPO wird hier eine Rolle spielen), aber nicht „aktiv“ an ihr mitwirken. Dabei hat Letzteres zur Konsequenz, dass der Angeklagte (wegen seiner Aussagefreiheit) nicht auf Fragen des Sachverständigen zu antworten hat, geschweige denn zur Teilnahme an einer Exploration – das Recht des Angeklagten „zur Verweigerung der Mitarbeit an Explorationen seiner Psyche“ bezeichnet *Fischer* als ein Beispiel „für die den Strafprozess prägende normative Beschränkung der Wahrheits-Ermittlung“[928] – gezwungen werden kann.

II. Keine Rechtsgrundlage für eine Glaubwürdigkeitsuntersuchung

Eine Rechtsgrundlage für eine Glaubwürdigkeitsuntersuchung findet sich in der StPO, ebenso wie für den Zeugen, auch für den Angeklagten nicht. Von daher kann es an sich auch hier nur zwei Möglichkeiten geben, an ein entsprechendes Glaubwürdigkeitsgutachten zu gelangen: entweder auf Grundlage einer mit der Einwilligung des Angeklagten erfolgenden Glaubwürdigkeitsuntersuchung[929] oder mittels einer Glaubwürdigkeitsbegutachtung trotz Untersuchungsverweigerung des Angeklagten.

Dabei muss der Angeklagte, ebenso wie der Zeuge[930] auch, keinen Grund für die Untersuchungsverweigerung nennen, da man andernfalls dem Freiwilligkeitserfordernis nicht gerecht werden kann, dieses vielmehr aushebeln würde. Aus dieser Verweigerung dürfen keine negativen Schlüsse bezüglich der Glaubwürdigkeit des Angeklagten bzw. bezüglich der Glaubhaftigkeit seiner Aussage gezogen werden.

III. Zulässigkeit einer Glaubwürdigkeitsbegutachtung trotz Mitwirkungsverweigerung?

„Dass überhaupt erwogen wird, die Anwendung von außergewöhnlicher Sachkunde bei der ‚Glaubwürdigkeitsdiagnose‘ könne verboten sein, wenn sie den

928 *Fischer* in: FS für Widmaier, S. 191, 209.
929 Vgl. *Wüst* S. 55, 57, 59.
930 BGH BeckRS 2004, 00866.

Beschuldigten betrifft", hält *Fischer* für „bemerkenswert".[931] Soweit ersichtlich werden gegen eine Glaubwürdigkeitsbegutachtung beim Angeklagten an sich auch keine rechtlichen Einwände erhoben.[932] Man muss sich aber die Frage stellen, ob auch eine Glaubwürdigkeitsbegutachtung beim Angeklagten, der nicht einwilligt, zulässig ist.

1. Standpunkt des BGH

Der BGH äußerte sich bezüglich einer den Angeklagten betreffenden Glaubwürdigkeitsbegutachtung folgendermaßen:

> *„Auch soweit hiervon der Angekl. betroffen ist, stehen der Hinzuziehung eines Sachverständigen, jedenfalls wenn der Angekl. umfassende Angaben gemacht hat, keine strafverfahrensrechtlichen Hinderungsgründe entgegen. Das Gericht ist jedenfalls nicht gehindert (§ 244 II StPO), sich insoweit sachverständiger Hilfe zu bedienen."*[933]

Leider lässt sich diesem Beschluss des BGH nicht entnehmen, ob sich der Angeklagte zur Mitwirkung an einer Glaubwürdigkeitsbegutachtung bereit erklärt hat. Aus dem vorhergehenden Urteil des Landgerichts Hof kann jedoch ersehen werden, dass sich der Angeklagte dem mit einem Gutachten über die Glaubhaftigkeit des Geständnisses beauftragten Sachverständigen *Kröber* gegenüber zur Aussage bereit erklärt und an einem Explorationsgespräch teilgenommen hat.[934] Eine Rückfrage beim mit dem Wiederaufnahmeverfahren betrauten Rechtsanwalt *Euler* ergab ebenfalls, dass der Sachverständige im Fall *Ulvi* sein Gutachten auf Grundlage einer Exploration, eines Teils der Akten und der Hauptverhandlung erstattet hat. Somit bezieht sich diese Äußerung des BGH auf die Glaubwürdigkeitsbegutachtung beim Angeklagten im Allgemeinen und nicht speziell auf den Fall einer Glaubwürdigkeitsbegutachtung trotz Mitwirkungsverweigerung.

In jedem Falle tauchen an dieser Stelle aber zwei Fragen auf. Was bedeutet die Einschränkung „umfassende Angaben"? Und an welche „strafverfahrensrechtlichen Hinderungsgründe" denkt der BGH hier?

---

931 *Fischer* in: FS für Widmaier, S. 191, 209 (Fn. 82).

932 LR/*Becker* § 244 Rn. 90 unter Verweis auf BGH NStZ 2005, 394; siehe auch *Schneider/Frister/Olzen* S. 322 f. (die durch einen Sachverständigen vorgenommene Glaubwürdigkeitsbegutachtung verletze insbesondere auch nicht die Aussagefreiheit des Angeklagten).

933 BGH NStZ 2005, 394.

934 LG Hof, Urteil vom 30.4.2004 – 1 KLs 22 Js 12451/01 jug.; siehe auch *Holzhaider* SZ vom 18.8.2012, V 2/4–V 2/5.

a) Einschränkung: „umfassende Angaben“

Es sind wohl drei Aspekte, auf die der BGH mit der Einschränkung „jedenfalls wenn der Angekl. umfassende Angaben gemacht hat“ hingewiesen haben könnte.

Zum einen könnte er damit die Bereitschaft zur Mitwirkung an der Glaubwürdigkeitsbegutachtung – sofern der Angeklagte gegenüber dem Sachverständigen umfassende Angaben macht, müsste er auch zur Mitwirkung an einer Begutachtung bereit sein – meinen. Das würde gegen die Zulässigkeit einer Glaubwürdigkeitsbegutachtung bei fehlender Mitwirkungsbereitschaft sprechen. Gegen diese Auslegung spricht aber, dass nicht – zumindest nicht explizit – von Angaben gegenüber dem Sachverständigen, sondern nur allgemein von Angaben die Rede ist.

Zum anderen könnte der BGH an die Aussagefreiheit des Angeklagten gedacht haben: Der Angeklagte darf schweigen, muss also keine auf ihre Glaubhaftigkeit hin zu überprüfenden Angaben machen. Sofern er aber Angaben macht, dürfen und müssen diese auch gewürdigt werden. Eine Beurteilung der Glaubhaftigkeit – und zwar sowohl durch den Richter als auch durch den Sachverständigen – muss in diesem Fall also zulässig sein. Fraglich ist dann nur, warum es sich um „umfassende“ Angaben handeln muss.

Dies legt die Vermutung nahe, dass er damit die oben erläuterte Tatsache, dass im Regelfall erst das Vorliegen entsprechenden Aussagematerials eine Gutachtenerstattung mit dem größtmöglichen Beweiswert ermöglicht, angesprochen haben könnte. Dafür spricht eben das verwendete Adjektiv „umfassend“. Allein das Fehlen von umfassenden Angaben kann in dieser Hinsicht eine Glaubwürdigkeitsbegutachtung zwar nicht unzulässig machen. Lediglich die Aussagekraft des Gutachtens, die Geeignetheit des Beweismittels, ist hierdurch betroffen.[935] Der BGH spricht hier allerdings von Hinderungs- und nicht von Unzulässigkeitsgründen. Zumindest die völlige Ungeeignetheit (siehe § 244 Abs. 3 S. 2, 4. Var. StPO) eines Beweismittels wird man nun unproblematisch als Hinderungsgrund einordnen können.

b) „Keine strafverfahrensrechtlichen Hinderungsgründe“

Letztlich sind es wohl vier Punkte, die strafverfahrensrechtlich gegen eine Glaubwürdigkeitsbegutachtung – mit oder ohne Mitwirkungsbereitschaft des zu Begutachtenden – beim Angeklagten sprechen könnten.

---

935 Diesbezüglich kann auf die entsprechenden Ergebnisse bezüglich einer Glaubwürdigkeitsbegutachtung beim Zeugen verwiesen werden, siehe Kapitel II. A. III. 6. a).

Zunächst könnte man denken, dass der BGH einer Glaubwürdigkeitsbegutachtung beim Angeklagten § 136a StPO entgegenstehen sieht. Dies ist jedoch zu verneinen.[936]

Weiterhin könnte der BGH – an die erste Interpretationsmöglichkeit der Einschränkung „umfassende Angaben" anknüpfend – von einer Unzulässigkeit einer Glaubwürdigkeitsbegutachtung bei fehlender Mitwirkung des Angeklagten ausgehen. Hinderungsgrund wäre demnach also die fehlende Einwilligung. Die Passage könnte dann folgendermaßen ausgelegt werden: Wenn der Angeklagte keine Angaben macht (und nach dieser Auslegung nicht zur Mitwirkung bereit ist), darf auch keine Glaubwürdigkeitsbegutachtung durch den Sachverständigen vorgenommen werden. Dagegen spricht aber eben das oben angeführte Argument, dass nicht von Angaben gegenüber einem Sachverständigen die Rede ist.

Der BGH könnte auch – an die zweite Interpretationsmöglichkeit der Einschränkung „umfassende Angaben" anschließend – das nemo tenetur-Prinzip angesprochen haben: Der Angeklagte ist nicht dazu verpflichtet, aktiv an seiner Strafverfolgung mitzuwirken. Er muss also keine Angaben machen. Sofern der Angeklagte aber Angaben macht, steht es dem nemo tenetur-Prinzip nicht entgegen, wenn er passiv die Beurteilung der Glaubhaftigkeit seiner Angaben erdulden muss. Fraglich ist dann aber eben, warum es sich um „umfassende" Angaben handeln muss. Zudem steht das nemo tenetur-Prinzip auch dann, was an späterer Stelle noch zu erläutern sein wird, wenn der Angeklagte von seinem Schweigerecht Gebrauch macht, der Hinzuziehung eines Sachverständigen nicht entgegen.[937]

Von daher ist im Ergebnis davon auszugehen, dass der BGH an den Hinderungsgrund der völligen Ungeeignetheit (siehe § 244 Abs. 3 S. 2, 4. Var. StPO) gedacht hat. Dies steht freilich im Widerspruch zu seiner Haltung im Hinblick auf eine Schuldfähigkeitsbegutachtung trotz Untersuchungsverweigerung des Angeklagten.[938]

c) Fazit

Dieser Rechtsprechung ist leider kein eindeutiges Statement im Hinblick auf die Glaubwürdigkeitsbegutachtung trotz Mitwirkungsverweigerung des Angeklagten zu entnehmen (soweit ersichtlich gibt es keine eindeutige

---

936 Siehe *Meyer-Mews* NJW 2000, 916, 918; siehe aber zu projektiven psychologischen Tests LR/*Gleß* § 136a Rn. 54 m.w.N.

937 Siehe Kapitel II. B. III. 2. a) dd) (2) (ii).

938 Zur Schuldfähigkeitsbegutachtung im Falle der Untersuchungsverweigerung Kapitel III. B.

Stellungnahme des BGH zu dieser Konstellation). Sie schließt ein solches Vorgehen aber auch nicht aus.

Die soeben erörterte Aussage des BGH ist letzten Endes folgendermaßen zu deuten: Wenn der Angeklagte Angaben macht, eine auf ihre Glaubhaftigkeit hin zu überprüfende Aussage also vorliegt, muss er deren Überprüfung – sowohl durch einen Richter als auch durch einen Sachverständigen – zumindest passiv erdulden. Zumindest dann, wenn seine Angaben umfassend sind, ist nicht von der völligen Ungeeignetheit (siehe § 244 Abs. 3 S. 2, 4. Var. StPO) des Sachverständigenbeweises auszugehen.

Wie diese Überprüfung durch den Sachverständigen im Falle der Mitwirkungsverweigerung des Angeklagten aussehen kann, gilt es nun im Folgenden zu untersuchen.

2. Rechtlicher Rahmen

Worauf kann sich eine Glaubwürdigkeitsbegutachtung im Falle der fehlenden Mitwirkungsbereitschaft des Angeklagten stützen? Zur Beantwortung dieser Frage sind die §§ 80 Abs. 2, 81 und 81a StPO in den Blick zu nehmen.

a) Vorgehen nach § 80 Abs. 2 StPO

Als zentrale Vorschrift ist hier, genau wie bei der Glaubwürdigkeitsbegutachtung trotz Untersuchungsverweigerung des Zeugen auch, § 80 Abs. 2 StPO zu nennen: Der Sachverständige darf danach Akten einsehen, nicht nur Zeugen-, sondern auch Beschuldigtenvernehmungen beiwohnen und nicht nur an Zeugen, sondern auch an Beschuldigte unmittelbar Fragen richten.

aa) Kein Einwilligungserfordernis

Zu beidem, sowohl zum Beiwohnen als auch zum Stellen von Fragen, ist der Sachverständige unabhängig von der Einwilligung des Angeklagten berechtigt. Selbiges gilt auch für das Akteneinsichtsrecht nach § 80 Abs. 2 StPO.

bb) Fehlende Aussage- und Wahrheitspflicht

Im Rahmen der Untersuchung der Glaubwürdigkeitsbegutachtung trotz versagter Einwilligung des Zeugen wurde herausgearbeitet, dass es letztlich ein Zusammenspiel der Aussagepflicht des Zeugen und der §§ 80 Abs. 2, 68a Abs. 2

S. 1 StPO ist, das dieses Vorgehen erlaubt und das den Zeugen zur Duldung der Glaubwürdigkeitsprüfung verpflichtet.

Anders als der Zeuge ist der Angeklagte aber gerade keiner Aussage- und Wahrheitspflicht unterworfen. Auch § 68a Abs. 2 S. 1 StPO bezieht sich nur auf Fragen an den Zeugen. Bedeutet das nun das Aus für eine Glaubwürdigkeitsbegutachtung trotz Mitwirkungsverweigerung des Angeklagten?

cc) Anwesenheitspflicht des Angeklagten und Anwesenheitsrecht des Sachverständigen

Die Anwesenheitspflicht des Angeklagten in der Hauptverhandlung (§ 230 Abs. 1 StPO) dient unter anderem auch dazu, dem Gericht „einen unmittelbaren sinnlichen Eindruck" von diesem zu ermöglichen.[939] Von dieser Anwesenheitspflicht, die auch zur Wahrheitserforschung beitragen soll,[940] kann aber nicht nur das Gericht, sondern auch der hinzugezogene Sachverständige aufgrund seines Anwesenheitsrechts nach § 80 Abs. 2 StPO profitieren.

An dieser Stelle gelangt man auch zu der Frage, ob der Angeklagte ein Recht darauf haben muss, über die Anwesenheit des Sachverständigen in Kenntnis gesetzt zu werden. Dies wird man im Ergebnis bejahen müssen.[941]

dd) Konsequenzen für die Begutachtung bei versagter Mitwirkung

Fraglich ist, welche Konsequenzen daraus für eine Begutachtung mit den Mitteln des § 80 Abs. 2 StPO zu ziehen sind.

(1) Akteneinsichtsrecht

Unproblematisch ist das Akteneinsichtsrecht des Sachverständigen nach § 80 Abs. 2 StPO: Es kann ihm unabhängig von der Einwilligung des Angeklagten gewährt werden und ist unabhängig von dessen Mitwirkung umzusetzen.

(2) Beiwohnen des Sachverständigen – Konflikt mit der Selbstbelastungsfreiheit des Angeklagten?

Gegenstück des Anwesenheitsrechts des Sachverständigen ist die Anwesenheitspflicht des Angeklagten in der Hauptverhandlung (§ 230 Abs. 1 StPO). Der

---

939 Kritisch *Eisenberg* Rn. 755.

940 Etwa *Pfeiffer* § 230 Rn. 1; KK/*Gmel* § 230 Rn. 1; *Meyer-Goßner* § 230 Rn. 3.

941 Ausführlich zum Belehrungserfordernis Kapitel II. B. III. 2. d).

Möglichkeit des Sachverständigen, einer Vernehmung des Angeklagten beizuwohnen (§ 80 Abs. 2 StPO), kann der Angeklagte an sich also ebenfalls nichts entgegensetzen. Die Pflicht des Angeklagten zur Anwesenheit in der Hauptverhandlung stellt insbesondere keinen Verstoß gegen das nemo tenetur-Prinzip dar.[942]

(i) Beim nicht schweigenden Angeklagten

Macht der Angeklagte von seinem Schweigerecht keinen Gebrauch, macht er sich dadurch also selbst zum Beweismittel, muss seine Aussage vom Richter auch auf ihre Glaubhaftigkeit hin überprüft werden können. Hierbei ist nicht nur der Inhalt der Aussage von Relevanz – wenngleich hierauf das Hauptaugenmerk zu legen ist. Vielmehr sind hier auch die „Begleitumstände einer Aussage", beispielsweise das Erröten des Angeklagten, an sich unproblematisch verwertbar.[943] Bezüglich Letzterem ist aber wegen der Unzuverlässigkeit der hierdurch gewonnenen Ergebnisse äußerste Zurückhaltung geboten.[944]

Einem Beiwohnen bzw. der Verwertung des in diesem Rahmen Wahrnehmbaren (Beobachtbaren und Hörbaren) zum Zwecke der Glaubwürdigkeitsbegutachtung durch den Sachverständigen sind insofern dann auch keinerlei Zulässigkeitsbedenken entgegenzusetzen. Der Sachverständige hat hier keine Befugnisse, die über die des Richters hinausgehen. Dem Angeklagten werden hierdurch keine zusätzlichen Pflichten – es handelt sich hierbei lediglich um die Duldung der Beobachtung durch eine weitere (allenfalls sachkundigere) Person – auferlegt.

(ii) Beim schweigenden Angeklagten

Was aber, wenn sich der Angeklagte gar nicht vernehmen lässt, folglich also streng genommen auch keiner Vernehmung (so der Wortlaut des § 80 Abs. 2 StPO) des Angeklagten beigewohnt werden kann, wenn es sich also nicht um Begleitumstände der Aussage, sondern vielmehr um solche des Schweigens handelt?

---

942 LR/*Esser* Art. 6 Rn. 925.

943 *Rogall* S. 252; *Keiser* StV 2000, 633, 636; siehe auch *Verrel* S. 207, 208, der dies als „allgemeines Lebensrisiko" des (teilweise) aussagenden Angeklagten auffasst; vgl. auch *Wüst* S. 55 (dem wahrnehmbaren „Ausdrucksgebaren" könne der Sachverständige zumindest Anhaltspunkte entnehmen).

944 Vgl. dazu die hierauf übertragbaren Ausführungen hinsichtlich der Beurteilung der Glaubhaftigkeit einer Zeugenaussage, Kapitel II. A. III. 4. b) bb) (2).

Es muss an dieser Stelle demnach erörtert werden, inwiefern man auf die Mimik und die Gestik eines Angeklagten, der von seinem ihm zustehenden Schweigerecht in vollständiger Weise Gebrauch macht, verwerten kann[945]. Der Ansicht von *Miebach*, dass im Grundsatz „nonverbales Verhalten eines sonst schweigenden Angeklagten (z.B. abfälliges Lachen, Aufstöhnen, Handbewegungen) verwertet werden dürfen [müsste], wenn es in seiner Äußerungsform in der (darzustellenden) Verfahrenssituation eindeutig und erheblich" sei,[946] ist im Grundsatz zuzustimmen. Die so geforderte Erheblichkeit setzt wohl voraus, dass sich der Angeklagte in gewisser Weise aktiv, bewusst und damit auch aus freien Stücken zum Beweismittel macht. So haben alle von *Miebach* genannten Beispiele – Lachen, Aufstöhnen und Handbewegungen – gemeinsam, dass der Angeklagte über diese Verhaltensweisen frei verfügen kann. Ein abfälliges Lachen etwa kann problemlos unterlassen, verstärkt oder auch wiederholt werden.

Nach der Auffassung von *Dahs/Langkeit* aber – der letztlich auch *Miebach* zustimmt – stellen Mimik und Gestik im Falle des Schweigens keine Einlassung dar, da „der schweigende Angeklagte seine Persönlichkeit insgesamt in prozessordnungsgemäßer Weise der Urteilsfindung des Gerichts" entziehe und „diese Entscheidung [...] nicht durch die Wertung einer spontanen, unreflektierten und in ihrer Bedeutung unklaren Körpersprache unterlaufen werden" dürfe.[947]

Diese Ausführungen bedürfen einer korrigierenden bzw. klarstellenden Erläuterung. So handelt es sich bei dem Geschilderten – im Gegensatz zu dem von *Miebach* beschriebenen Verhalten geht es hier eher um ein nicht steuerbares, nicht kontrollierbares Verhalten[948] – zwar tatsächlich um keine Einlassung des Angeklagten. Er möchte sich in diesem Fall gerade nicht zu einem Beweismittel machen. Das ist aber von der Frage der Zulässigkeit einer bloßen Wahrnehmung und Wertung des durch den Richter (und auch durch den Sachverständigen)

945 *Miebach* NStZ 2000, 234, 235 (dies sei nicht klar) unter Hinweis auf BGH, bei *Kusch*, NStZ 1994, 23, 24 (besorgte Verwertung des Schweigens zum Nachteil des Angeklagten).

946 *Miebach* NStZ 2000, 234, 235.

947 *Dahs/Langkeit* NStZ 1993, 213, 215; ähnlich schon *Roschmann* S. 123 f.; siehe auch *Kölbel* GA 2006, 469, 483 m.w.N., der eine Befugnis zur Deutung des Verhaltens im Falle der Auskunftsverweigerung verneint; vgl. auch *Keiser* StV 2000, 633, 636 (handle es sich um Begleitumstände des Schweigens, so müssten diese „als Annex zu diesem betrachtet werden und dürf[t]en schon mit Blick auf die insoweit vorrangige Komponente der Aussagefreiheit nicht verwertet werden").

948 *Dahs/Langkeit* NStZ 1993, 213, 215 machen nicht zu Unrecht auf eine diesbezüglich schwierige Abgrenzung aufmerksam.

wahrnehmbaren Verhaltens während des Schweigens des Angeklagten unabhängig.

Durch die Anwesenheit des Angeklagten in der Hauptverhandlung (§ 230 Abs. 1 StPO) soll dem Richter „im Interesse der Wahrheitsermittlung ein unmittelbarer Eindruck von der Person des Angeklagten, seinem Auftreten und seinen Erklärungen vermittelt werden".[949] Das Verhalten und das Erscheinungsbild des Angeklagten zählen zum für den Richter zu berücksichtigenden Gesamteindruck der Hauptverhandlung (§ 261 StPO), auch wenn jener von seinem Schweigerecht Gebrauch macht.[950] Gleiches gilt im Übrigen auch bezüglich eines von seinem Aussageverweigerungsrecht Gebrauch machenden Zeugen.[951]

Der Angeklagte wird hier, wenn er beobachtet wird, nur einer passiven Duldung[952] unterworfen. Mangels einer Verpflichtung zu einem aktiven Tätigwerden ist kein Verstoß gegen die Selbstbelastungsfreiheit feststellbar. Die Tätigkeit des Sachverständigen geht hier in keiner Weise über die des Richters hinaus. Folglich darf auch der Sachverständige – geht man mit der hier vertretenen Auffassung davon aus, dass der Richter dies darf – den schweigenden Angeklagten bzw. den von seinem Aussageverweigerungsrecht Gebrauch machenden Zeugen beobachten und das Beobachtete an sich in seine Wertung miteinbeziehen.

---

949 *Meyer-Goßner* § 230 Rn. 3 m.w.N.; vgl. auch *Keiser* StV 2000, 633, 636 (Anwesenheitspflicht führe dazu, dass das Verhalten des Angeklagten „automatisch dem richterlichen Augenschein" unterfalle; von daher bejaht sie auch eine Verwertbarkeit der verhaltensunabhängigen körperlichen Beschaffenheit).

950 KK/*Ott* § 261 Rn. 18; LR/*Sander* § 261 Rn. 16; *Kleinknecht* JR 1966, 270 („wenngleich nur mit Zurückhaltung"); ausdrücklich auch *Günther* GA 1978, 193, 196 (es handle sich um die ganz herrschende Meinung) und LR/*Gleß* § 136 Rn. 36; siehe auch LR/*Esser* Art. 6 Rn. 914 (Fn. 2304) unter Verweis auf EGMR (GK) John Murray ./. Vereinigtes Königreich, 8.2.1996, Nr. 18731/91, Rep. 1996-I, § 54 = EuGRZ 1996, 587, 591; vgl. auch *Kühl* JuS 1998, 115, 118 (Verwertbarkeit unbewusster Reaktionen des Angeklagten; offengelassen, ob dies auch im Falle des Schweigens gelten soll); siehe aber *Keiser* StV 2000, 633, 636 zur umstrittenen Verwertbarkeit des wahrnehmbaren Verhaltens des Angeklagten im Falle des Schweigens; *Schurig* S. 53 plädiert für einen Hinweis von Seiten des Verteidigers an den Angeklagten bezüglich der nur in faktischer Hinsicht möglicherweise nachteiligen Auswirkungen seines gezeigten Verhaltens.

951 KK/*Ott* § 261 Rn. 18; BGH GA 1965, 108 (hinsichtlich des äußeren Erscheinungsbildes).

952 A.A. aber *Verrel* S. 200, 208 („Form der Selbstbelastungsaktivität"), der zudem auf den Einsatz von Polygraphen und den hier angenommenen Verstoß gegen die Aussagefreiheit hinweist; zu der sich ergebenden Widersprüchlichkeit, auf die auch er verweist, Kapitel II. B. III. 3.

Vergegenwärtigen muss man sich an dieser Stelle aber einmal mehr, dass man sich auf das so Wahrnehmbare ohnehin nur schwerlich (wenn überhaupt) beziehen kann, ist dieses doch – wie im Rahmen der Betrachtung der Zeugenaussage gesehen[953] – zumeist mehrdeutig interpretierbar und somit keine zuverlässige Grundlage für die Glaubwürdigkeitsbeurteilung. Dies ist auch den Ausführungen von *Miebach*, der die Eindeutigkeit voraussetzt, und *Dahs/Langkeit*, die gerade die Unklarheit herausstellen, zu entnehmen. Eine Eindeutigkeit des durch den Richter bzw. den Sachverständigen wahrnehmbaren Verhaltens liegt eben gerade fast nie vor.[954] Sowohl ein (aktives) Lachen als auch ein (passives) Erröten können so etwa die unterschiedlichsten Bedeutungen und Hintergründe haben. Wer lacht, kann damit seine Zustimmung aber auch sein Missfallen ausdrücken. Wer rot wird, kann sich ertappt fühlen, aber auch einfach aufgeregt oder berührt sein. Das wahrnehmbare Verhalten kann also bestenfalls – genauso wie beim Zeugen auch – die Datenbasis für eine Glaubwürdigkeitsbeurteilung des Sachverständigen ergänzen. Und das darf dann auch wirklich nur mit der gebotenen Zurückhaltung geschehen. Dies gilt sowohl für die Beurteilung durch den Sachverständigen als auch für diejenige durch den Richter. Alles andere hätte mit einer rationalen Entscheidungsfindung definitiv nichts mehr zu tun.

(3) Fragerecht

Beim Fragerecht des Sachverständigen nach § 80 Abs. 2 StPO tauchen erneut Schwierigkeiten auf: Zwar ist der Sachverständige, sofern ihm das Gericht dies gestattet, nicht gehindert, eine oder mehrere Fragen an den Angeklagten zu richten. Anders als der Zeuge muss der Angeklagte diese aber nicht beantworten.[955] Dies resultiert unzweifelhaft aus seinem Schweigerecht.[956] Der nemo tenetur-Grundsatz steht einer Pflicht zur aktiven Mitwirkung an der eigenen Strafverfolgung, wie gesehen, gerade entgegen. Nach hier vertretener Ansicht dürfen daraus von Seiten des Richters auch keine negativen Schlussfolgerungen gezogen werden.[957] Zum einen widerspräche dies dem nemo tenetur-Grundsatz.

953 Siehe Kapitel II. A. III. 4. b) bb) (2).

954 Radtke/Hohmann/*Pegel* § 261 Rn. 48; *Keiser* StV 2000, 633, 636 nennt das Erröten, das Herumrutschen auf einem Stuhl und das Ausweichen mit dem Blick als Beispiele für nicht eindeutiges Verhalten, wobei sie aus der Mehrdeutigkeit die Konsequenz der Unverwertbarkeit zieht.

955 Etwa LR/*Krause* § 80 Rn. 12; *Eisenberg* Rn. 1590.

956 Etwa *Dahs* Rn. 613.

957 Auf diese Gefahr weist *Dahs* Rn. 613 hin.

Zum anderen wäre dies auch mit der Tatsache, dass eine Exploration gerade die freiwillige Mitwirkung des Angeklagten voraussetzt, unvereinbar. Vielmehr hat das Gericht die Weigerung des Angeklagten, Fragen des Sachverständigen zu beantworten, zu akzeptieren.[958]

Diese fehlende Pflicht zur Beantwortung der durch den Sachverständigen gestellten Fragen hat Zweierlei zur Folge: Einerseits führt dies zu einer deutlich geringer ausfallenden Grundlage für die Gutachtenerstattung, andererseits beseitigt es das sich im Rahmen der Begutachtung von Zeugen stellende Problem der durch das Fragerecht drohenden Umgehungsgefahr. Insofern ist die Glaubwürdigkeitsbegutachtung trotz versagter Einwilligung des Angeklagten im Vergleich zu der Glaubwürdigkeitsbegutachtung des Zeugen im Falle dessen Untersuchungsverweigerung deutlich unproblematischer.

ee) Fazit

§ 80 Abs. 2 StPO gewährt dem Sachverständigen – unabhängig von der Einwilligung des Angeklagten – ein Akteneinsichtsrecht, das Recht, dessen Vernehmung beizuwohnen, und ein Fragerecht. Somit stellt sich die Situation grundsätzlich wie beim Zeugen dar, allerdings mit dem bedeutenden Unterschied, dass der Angeklagte aufgrund seiner Aussagefreiheit gerade nicht zur Beantwortung der an ihn gerichteten Fragen verpflichtet ist.

Letztlich verpflichtet § 80 Abs. 2 StPO (in Verbindung mit der Anwesenheitspflicht des Angeklagten in der Hauptverhandlung, § 230 Abs. 1 StPO) diesen also nur dazu, die Überprüfung seiner Glaubwürdigkeit bzw. der Glaubhaftigkeit seiner Aussagen – sofern vorhanden – passiv zu dulden. Er muss, abgesehen davon, dass er sich wegen dieser Anwesenheitspflicht an einen bestimmten Ort begeben muss, in keiner Weise aktiv werden.

Damit bleibt im Ergebnis festzuhalten: Über § 80 Abs. 2 StPO (in Verbindung mit der Anwesenheitspflicht des Angeklagten in der Hauptverhandlung, § 230 Abs. 1 StPO) wird es dem Sachverständigen ermöglicht, mit denselben Mitteln, die auch dem Richter zur Verfügung stehen, eine Beurteilung der Glaubwürdigkeit bzw. der Glaubhaftigkeit vorzunehmen. Der Sachverständige geht hier im Grunde genommen genauso vor, wie der Richter auch, nur eben (zumindest in der Regel) mit mehr Sachverstand: Er sieht Akten ein, beobachtet und befragt.

---

958 Vgl. auch allgemein in Bezug auf die Ausübung des Schweigerechts LR/*Esser* Art. 6 Rn. 913.

b) Unanwendbarkeit von § 81 StPO

§ 81 StPO hingegen gibt keine Handhabe für eine Glaubwürdigkeitsbegutachtung des Angeklagten. Schon 1955 erklärte der BGH unmissverständlich, dass eine Anordnung nach dieser Vorschrift nur zur Klärung der Schuldfrage, nicht aber der Glaubwürdigkeit zulässig sei.[959] Im Rahmen der Erörterung der Schuldfähigkeitsbegutachtung trotz Mitwirkungsverweigerung des zu Begutachtenden spielt diese Vorschrift hingegen durchaus eine Rolle.[960]

c) Zwangsweise körperliche Untersuchung, § 81a StPO

Fraglich ist sodann, ob der Sachverständige durch § 81a StPO, der die zwangsweise körperliche Untersuchung regelt,[961] eine Hilfestellung für die Erstellung eines Glaubwürdigkeitsgutachtens erhalten kann. Dabei wurde schon darauf hingewiesen, dass ein Vorgehen nach der Vorschrift des § 81a StPO, die dem Angeklagten eine passive Duldung körperlicher Untersuchungen, nicht aber eine aktive Teilnahme abverlangt,[962] sehr wohl Material für eine Glaubwürdigkeitsbegutachtung hervorbringen kann. Allerdings bietet diese Vorschrift keine Möglichkeit, den Angeklagten zur Teilnahme an Tests oder Explorationen, die für eine Glaubwürdigkeitsbegutachtung ja gerade wesentlich sind, zu zwingen.[963] Auch *Krause* weist ganz in diesem Sinne darauf hin, dass eine körperliche Untersuchung zur Glaubwürdigkeitsbeurteilung grundsätzlich nicht zulässig sei, eine solche also nur dann angeordnet werden dürfe, wenn „Behauptungen des Beschuldigten über körperliche Zustände zu bestätigen oder zu widerlegen" seien.[964]

---

959 BGH JR 1955, 472; siehe auch OLG Celle StV 1987, 518 f.; BeckOK-StPO/*Monka* § 81 Rn. 1; LR/*Krause* § 81 Rn. 8 m.w.N.; *Wüst* S. 57 m.w.N.

960 Siehe Kapitel III. A. II.

961 Zu verfassungsrechtlichen Bedenken der Literatur und der Handhabung des BVerfG Meyer-Goßner/*Schmitt* § 81a Rn. 1.

962 Etwa Meyer-Goßner/*Schmitt* § 81a Rn. 10 f.

963 Vgl. *Wüst* S. 57.

964 LR/*Krause* § 81a Rn. 16 unter Verweis auf *Dzendzalowski* S. 20 (Unzulässigkeit der Glaubwürdigkeitsuntersuchung).

d) Belehrung über Aussage- und Mitwirkungsverweigerungsrecht

Mit dem Recht des Angeklagten zur Aussage- und Mitwirkungsverweigerung in Bezug auf die Glaubwürdigkeitsuntersuchung[965] muss auch eine entsprechende Belehrungspflicht einhergehen.

aa) Grundlage der Belehrungspflicht

Auf das Belehrungsbedürfnis hat bereits *Rogall* in aller Deutlichkeit hingewiesen, indem er auf die Gefahr, dass der zu Begutachtende fälschlicherweise von einer Aussage- oder Mitwirkungspflicht gegenüber dem Sachverständigen ausgeht, aufmerksam gemacht hat.[966] Ihm zufolge muss eine entsprechende Belehrungspflicht sogar selbstverständlich sein, damit der Betroffene von seinem Recht auch wirklich Gebrauch machen kann.[967]

Im Rahmen der Erörterung des Belehrungserfordernisses beim Zeugen wurde deutlich herausgestellt, dass es einer entsprechenden Belehrung bedarf, um die Freiwilligkeit der erforderlichen Einwilligung garantieren zu können. Selbiges muss nun auch für den Angeklagten gelten:[968] Wird er nicht explizit über sein Aussage- und Mitwirkungsverweigerungsrecht im Hinblick auf die Glaubwürdigkeitsuntersuchung durch den Sachverständigen belehrt, kann man sich bezüglich des Vorliegens einer freiwilligen Einwilligung nämlich nicht sicher sein.

Dass eine solche Belehrungspflicht des zuständigen Strafverfolgungsorgans besteht, wird nicht in Abrede gestellt. Darüber, woraus diese entnommen werden kann, ist man sich jedoch nicht einig. Vertreten wird diesbezüglich eine Ableitung aus dem nemo tenetur-Grundsatz[969] und eine Heranziehung von § 136 Abs. 1 S. 2 StPO analog.[970] *Rogall* zufolge rührt die Pflicht des zuständigen Strafverfolgungsorgans, den Betroffenen über sein Aussage- und Mitwirkungsverweigerungsrecht

965 Siehe auch zur Schuldfähigkeitsbegutachtung Kapitel III. A. IV. und zu den entsprechenden Belehrungspflichten beim Zeugen Kapitel II. A. II. 5.

966 *Rogall* S. 192 unter Verweis auf *Fincke* ZStW 86 (1974), 656, 657 f.

967 *Rogall* S. 193; siehe auch S. 229.

968 *Toepel* S. 380.

969 Ausführlich *Rogall* S. 186 f. und speziell im Hinblick auf die Mitwirkungsfreiheit S. 191 f. (aufgrund des nemo tenetur-Grundsatzes müsse dies in der StPO geregelt werden, S. 195, 259); allgemein zur Belehrungspflicht auch LR/*Esser* Art. 6 Rn. 919 ff.

970 *Toepel* S. 382.

gegenüber dem Sachverständigen zu belehren, aus dem Gebot eines fairen Verfahrens her.[971]

bb) Inhalt der Belehrung

Inhalt der Belehrung muss zuvörderst das Aussage- und Mitwirkungsverweigerungsrecht gegenüber dem Sachverständigen sein.[972] Andernfalls ist nicht gewährleistet, dass der zu Begutachtende dieses kennt. Ebenso wie beim Zeugen muss die Belehrung auch eine Information über die Funktion des Sachverständigen und über das Vorgehen bei der anstehenden Untersuchung beinhalten.[973]

Fraglich ist, ob der Angeklagte auch darüber informiert werden muss, wenn der Sachverständige ihn – unabhängig von seiner Einwilligung – zur Erkenntniserlangung lediglich beobachten soll. Will man dem nemo tenetur-Prinzip gerecht werden, muss auch dies bejaht werden. Nur auf diese Weise kann der Angeklagte frei entscheiden, inwiefern er sich zum Objekt des Verfahrens machen möchte, sprich, ob, was, wie und gegenüber wem er aussagt, wie er sich verhalten soll. Es muss ihm klar sein, dass nicht nur der Richter, sondern eine weitere Person zugegen ist, die mit der Prüfung seiner Glaubwürdigkeit beauftragt ist.

cc) Zeitpunkt der Belehrung

Die Belehrung über die Mitwirkungsfreiheit muss unmittelbar vor der Begutachtung erfolgen und gegebenenfalls auch wiederholt werden,[974] so dass sichergestellt ist, dass der Angeklagte bezüglich der Begutachtung durch den Sachverständigen von seinem Aussage- und Mitwirkungsverweigerungsrecht Kenntnis hat.

dd) Zuständigkeit

Fraglich ist, ob neben dem zuständigen Strafverfolgungsorgan auch der Sachverständige den Angeklagten über sein Aussage- und Mitwirkungsverweigerungsrecht belehren muss. Dies wird unterschiedlich beantwortet: Während der BGH eine Belehrungspflicht des Sachverständigen verneint und im juristischen

---

971 SK-StPO/*Rogall* § 136 Rn. 27.

972 *Eisenberg/Kopatsch* NStZ 1997, 297, 298; *Konrad/Rasch* S. 315.

973 Eine umfassende Auflistung des Inhalts einer entsprechenden Aufklärung findet man bei *Nedopil* NStZ 1999, 433, 437; siehe auch *Schneider/Frister/Olzen* S. 7.

974 *Eisenberg/Kopatsch* NStZ 1997, 297, 298; siehe auch *Dörig* NStZ 1988, 143, 144.

Schrifttum diesbezüglich Uneinigkeit herrscht, nimmt man im psychiatrischen wiederum eine entsprechende Informationspflicht des Sachverständigen an.[975]

Auch wenn man davon ausgeht, dass die StPO dem Sachverständigen keine Belehrungspflicht auferlegt, so muss sich der Sachverständige letztlich, das unterstreichen *Konrad/Rasch* zu Recht, vor Durchführung der Untersuchung zumindest darüber vergewissern, ob der zu Begutachtende seine Rechte kennt.[976] Dazu gehört es nach der etwa von *Gleß* richtigerweise vertretenen Auffassung auch, dass der Sachverständige die Belehrung wiederholt, sofern der zu Begutachtende nicht mehr um seiner Rechte wissen sollte.[977] Eine neben die durch die zuständige Strafverfolgungsbehörde erteilte Belehrung tretende Information durch den Sachverständigen sichert so das Aussage- und Mitwirkungsverweigerungsrecht des Betroffenen ab.

e) Fazit

Die Untersuchung des rechtlichen Rahmens einer Glaubwürdigkeitsbegutachtung des Angeklagten ergab, dass es für die Durchführung einer Glaubwürdigkeitsuntersuchung im eigentlichen Sinne der Einwilligung des Betroffenen bedarf. Willigt dieser nicht ein, ist eine Glaubwürdigkeitsbegutachtung nur in sehr eingeschränktem Umfang möglich. Die §§ 80 Abs. 2 und 81a StPO geben dem Sachverständigen zwar Mittel an die Hand, um an eine gewisse Datenbasis gelangen zu können. Letztlich ist der Sachverständige aber von einer freiwilligen Mitwirkung und der Kooperationsbereitschaft des Angeklagten abhängig, möchte er ein möglichst fundiertes Gutachten erstatten.

Um das Aussage- und Mitwirkungsverweigerungsrecht des Angeklagten gegenüber dem Sachverständigen gewähren zu können, bedarf es vor der Begutachtung einer eingehenden Belehrung durch das zuständige Strafverfolgungsorgan und einer entsprechenden Information von Seiten des Sachverständigen.

---

975 *Foerster/Foerster* in: FS für Schöch, S. 1007, 1009 ff. mit ausführlichen Ausführungen zu den unterschiedlichen Ansichten (in Bezug auf Schuldfähigkeitsbegutachtungen).

976 *Konrad/Rasch* S. 201 (S. 27: Information über Auftrag, Rolle und Folgen der Mitwirkungsverweigerung); für eine Belehrungspflicht nicht nur der zuständigen Strafverfolgungsbehörde, sondern auch des Sachverständigen, die schon „aus der Beziehung *sui generis*" abzuleiten sei *Foerster/Foerster* in: FS für Schöch, S. 1007, 1023, 1026 (Hervorhebung im Original); ebenso für eine „umfassende Pflicht zur Aufklärung des Probanden über sein Recht, jede aktive Mitwirkung zu verweigern" *Tondorf/Tondorf* Rn. 276, 384; LR/*Gleß* § 136 Rn. 3 (Belehrung sei „in irgendeiner Form" notwendig).

977 LR/*Gleß* § 136 Rn. 3.

3. Vergleich mit Einsatz eines Lügendetektors bei fehlender Einwilligung

Ein Vergleich der Glaubwürdigkeitsbegutachtung im Falle der fehlenden Einwilligung des Angeklagten mit dem Einsatz eines Lügendetektors, der bei fehlender Einwilligung gegen § 136a StPO analog[978] und auch gegen den nemo tenetur-Grundsatz verstößt[979], im Falle des entgegenstehenden Willens des Angeklagten drängt sich hier geradezu auf.

Hier wie dort wird die Begutachtung der Glaubwürdigkeit mit fremder Hilfe trotz fehlender Einwilligung des Angeklagten vorgenommen: Beim Lügendetektor ist es eine Apparatur, bei der Glaubwürdigkeitsbegutachtung ein Sachverständiger, der dem Richter bei der Beurteilung zu Diensten stehen soll. Muss daraus nicht der Schluss gezogen werden, dass eine Glaubwürdigkeitsbegutachtung trotz Untersuchungsverweigerung unzulässig ist?

Bei näherer Betrachtung ist dieser Rückschluss nicht möglich. Bei der Glaubwürdigkeitsbegutachtung trotz Mitwirkungsverweigerung des Angeklagten wird nämlich im Grunde genommen lediglich das Expertenwissen des Richters durch die Hilfe eines Sachverständigen aufgestockt. Wenn also der Richter die Glaubhaftigkeit der Aussage des Angeklagten beurteilen darf (bzw. sogar muss), so darf dies auch ein Sachverständiger, ist er doch nur eine Art verlängerter Arm des nicht ausreichend sachkundigen Richters.

Allerdings darf an dieser Stelle eines nicht unter den Tisch gekehrt werden: der sich auftuende, sicherlich nicht ganz von der Hand zu weisende Widerspruch zwischen der angenommenen Unzulässigkeit des Einsatzes von Polygraphen bei fehlender Einwilligung und der andererseits zu konstatierenden „‚Sorglosigkeit', mit der die unmittelbar wahrzunehmende, aber ebenfalls nicht kontrollierbare Körpersprache des Beschuldigten seit jeher der richterlichen Beweiswürdigung unterworfen wird".[980] Auf die Beobachtung durch den Sachverständigen lässt sich dies entsprechend übertragen. *Verrel* kritisiert, dass eine Erklärung, „warum der Beschuldigte die [...] Freiheit hat, die Mitwirkung an einem technischen Wahrheitstest zu verweigern, sich aber die nachteilige Verwertung seiner offen hervortretenden, deswegen jedoch nicht minder ungewollten Körperreaktionen gefallen lassen muß", noch ausstehe.[981] Dabei geht er von einer „weitgehende[n]

978 KK/*Diemer* § 136a Rn. 34 m.w.N.

979 *Beulke* Rn. 141.

980 *Verrel* S. 200 f. m.w.N.; auf diesen Widerspruch hat etwa auch schon *Hamm* NJW 1999, 922 hingewiesen.

981 *Verrel* S. 201.

Austauschbarkeit von technischer Messung und intensiver Beobachtung“ durch einen Richter oder einen, von ihm explizit aufgeführten, hierfür hinzugezogenen Sachverständigen aus.[982] Auf die Frage, ob eine solche Austauschbarkeit tatsächlich besteht oder ob es sich hier nicht doch um eine durch den Einsatz eines technischen Hilfsmittels weitergehende Maßnahme – bei BGHSt 5, 332, 335 f. war noch von einem „Einblick in die Seele des Beschuldigten“[983] zu lesen, der von den „recht groben Sinneseindrücken des täglichen Lebens“ unterschieden wurde – handelt, soll hier nicht näher eingegangen werden. Geht man von der Zulässigkeit der Wertung des Verhaltens des Angeklagten durch den Richter aus, so muss jedenfalls selbiges auch für den Sachverständigen, der sich nur durch ein Mehr an Sachkunde (welche sich jener ja gerade jederzeit aneignen könnte) vom Richter unterscheidet, gelten.

IV. Vorgehen bei einer Begutachtung trotz Untersuchungsverweigerung und möglicher Beweiswert

Verweigert der Angeklagte die Mitwirkung an der Glaubwürdigkeitsuntersuchung, erschwert sich das Vorgehen des Sachverständigen immens: Die Betrachtung der §§ 80 Abs. 2, 81a StPO hat gezeigt, dass der Sachverständige letztlich von der Kooperationsbereitschaft des Angeklagten abhängig ist. Anders als der Zeuge muss der Angeklagte im Rahmen des Vorgehens nach § 80 Abs. 2 StPO noch nicht einmal auf Fragen des Sachverständigen antworten, was die Schwierigkeit einer solchen Begutachtung – vergleicht man dies mit der Begutachtung des Zeugen – noch zusätzlich verschärft.

Wenn keine Aussage vorliegt, kann denknotwendig auch keine Aussage analysiert werden. Liegt aber eine verwertbare Aussage des Angeklagten vor, so kann der Sachverständige diese zur Grundlage seiner Bewertung machen. Möglicherweise ist auch ein Geständnis bzw. der Widerruf eines solchen vorhanden. Aber auch dann, wenn der Angeklagte keine Aussage macht, kann er – durch sein Aussehen, seine Mimik und seine Gestik – ein Beweismittel darstellen, wenngleich dies, wie gesehen, durchaus umstritten ist.[984] Auf den geringen bis zweifelhaften Wert einer bloßen Beobachtung wurde aber schon im Rahmen der Betrachtung der Begutachtung des Zeugen hingewiesen.[985] Daneben sind auch

982 *Verrel* S. 205 (Fn. 1211).
983 Siehe dagegen ausdrücklich BGHSt 44, 308, 315.
984 LR/*Gleß* § 136 Rn. 36; zum Streit siehe Kapitel II. B. III. 2. a) dd) (2) (ii).
985 Siehe Kapitel II. A. III. 4. b) bb) (2).

eine Befragung von Dritten sowie eine Aktenanalyse[986] unabhängig von der Mitwirkung des Angeklagten möglich.

Dass einer Glaubwürdigkeitsbegutachtung trotz Untersuchungsverweigerung des Angeklagten keine Zulässigkeits-, sondern vielmehr Geeignetheitsbedenken entgegengesetzt werden können, ist auch einem Beschluss des OLG Celle, der einen „Beweisantrag auf sachverständige Begutachtung des Geisteszustandes eines Mitangeklagten im Hinblick auf dessen Glaubwürdigkeit" zum Gegenstand hatte, zu entnehmen. Dieser hatte seine Mitwirkung verweigert. Im Leitsatz heißt es dazu:

> *„Eine ‚psychopathologische Erkrankung' kann durch einen Sachverständigen dann nicht festgestellt werden, wenn dieser die tatsächlichen Grundlagen für sein Gutachten ausschließlich aus dem Anblick des Mitangeklagten und aus dessen körperlicher Untersuchung gewinnen kann."*[987]

Von daher kann im Ergebnis festgehalten werden, dass der Beweiswert eines Glaubwürdigkeitsgutachtens im Falle der Untersuchungsverweigerung des Angeklagten regelmäßig, abhängig von den Umständen des Einzelfalls, (wenn überhaupt) äußerst gering[988] sein wird.

V. Resümee: Gutachten zur Glaubwürdigkeit von Angeklagten

Nachdem sich in der StPO keine Rechtsgrundlage für eine Glaubwürdigkeitsuntersuchung des Angeklagten findet, ist man für die Durchführung einer solchen auf die Einwilligung des zu Begutachtenden angewiesen. Versagt dieser seine Mitwirkungsbereitschaft – was er grundlos darf – so kommt nur eine Glaubwürdigkeitsbegutachtung ohne Durchführung einer Exploration in Betracht. Dabei darf eine Mitwirkungsverweigerung ebenso wie das Schweigen des Angeklagten nicht zu negativen Rückschlüssen im Hinblick auf die Glaubwürdigkeit bzw. die Glaubhaftigkeit der Aussage führen. Eine Belehrung durch das zuständige Strafverfolgungsorgan über das Aussage- und Mitwirkungsverweigerungsrecht des

986 *Zieschang* StV 1999, 467, 469; siehe näher dazu, im Hinblick auf die Schuldfähigkeit, Kapitel III. B. I. (die dortigen Ausführungen lassen sich übertragen); speziell zur Überprüfung von Geständnissen im Falle eines Widerrufs *Volbert* in: FS für Eisenberg, S. 205, 211 f. unter Betonung der Bedeutung umfassender Aufzeichnungen.

987 OLG Celle StV 1987, 518 f.

988 Vgl. dazu auch die übertragbaren Ausführungen bezüglich eines Schuldfähigkeitsgutachtens, das trotz Untersuchungsverweigerung erstellt wird, insbesondere auch zur Frage nach einem überlegenen Forschungsmittel Kapitel III. B. II.

Angeklagten gegenüber dem Sachverständigen und eine entsprechende Information von Seiten des Sachverständigen müssen vor Beginn der Glaubwürdigkeitsbegutachtung erteilt werden.

Betrachtet man den für die Begutachtung trotz Untersuchungsverweigerung vorhandenen rechtlichen Rahmen, so kommt man zu dem Ergebnis, dass der Sachverständige, will er ein fundiertes Gutachten erstatten, letztlich auf die freiwillige Mitwirkung des Angeklagten angewiesen ist.[989] Die §§ 80 Abs. 2 und 80a StPO verpflichten den Angeklagten zu keinerlei aktiven Mitwirkung, geben dem Sachverständigen von daher für eine Gutachtenerstellung nur wenig an die Hand. Auch hier gilt jedoch: Je umfassender das Begutachtungsmaterial, je umfassender die Angaben des Angeklagten sind, desto leichter wird es dem Sachverständigen fallen, ein aussagekräftiges Gutachten erstellen zu können.

Im Ergebnis sind es keine Zulässigkeits-, sondern vielmehr Geeignetheitsbedenken, die gegen eine Glaubwürdigkeitsbegutachtung trotz Untersuchungsverweigerung des Angeklagten sprechen. Von daher gilt es auch hier, eine solche Begutachtung nach Möglichkeit zu vermeiden.

C. Gutachten zur Glaubwürdigkeit des Mitangeklagten

Zum Dritten sind nunmehr Gutachten zur Glaubwürdigkeit des Mitangeklagten in den Blick zu nehmen. Auch Aussagen von Mitangeklagten müssen daraufhin überprüft werden, ob diese auf tatsächlichem Erleben beruhen oder auch anders erklärt werden können.[990]

I. Funktion des Mitangeklagten

Im Rahmen der Erläuterung der Zeugnisfähigkeit wurde bereits auf die Funktion des Mitangeklagten eingegangen.[991] Zusammenfassend lässt sich festhalten: Abhängig davon, ob eine sogenannte „Klammer der prozessualen Gemeinsamkeit" vorhanden ist, kann er nach unserer nationalen Dogmatik (die den folgenden Ausführungen zugrunde gelegt werden soll) – im Falle deren Fehlens – als

---

989 Vgl. auch *Wüst* S. 58.

990 Vgl. *Jansen* Rn. 73 unter Verweis auf BGH StV 2000, 243 (Annaberg Fall); zur Überprüfung des Geständnisses des Mitangeklagten unter Verweis auf BGHSt 48, 161 und BGHSt 52, 78 *Jansen* Rn. 73.

991 Siehe Kapitel II. A. I. 1.

Zeuge zu Gunsten oder zu Lasten eines Mitangeklagten aussagen oder muss er – wenn eine solche vorhanden ist – als Zeuge ausscheiden.

II. Konstellation: fehlende „Klammer der prozessualen Gemeinsamkeit"

Ist keine „Klammer der prozessualen Gemeinsamkeit" vorhanden, kann ein Mitangeklagter die Zeugenrolle einnehmen.

1. Vorgehen bei einer Glaubwürdigkeitsbegutachtung

Folgerichtig gilt bezüglich einer Glaubwürdigkeitsbegutachtung dann im Grundsatz das oben[992] zur Glaubwürdigkeitsbegutachtung des Zeugen Ausgeführte: Willigt der Mitangeklagte ein, darf eine Glaubwürdigkeitsuntersuchung im eigentlichen Sinne durchgeführt werden, verweigert er die Untersuchung, kommt nur das Vorgehen nach § 80 Abs. 2 StPO in Betracht; was das Vorgehen nach § 80 Abs. 2 StPO anbelangt, so muss der Mitangeklagte hier, da er als Zeuge fungiert, aufgrund seiner Aussagepflicht auch Fragen des Sachverständigen beantworten, es sei denn, er kann von seinem (freilich unter Umständen auch umfassend ausfallenden) Auskunftsverweigerungsrecht nach § 55 StPO[993] Gebrauch machen. Übt er dieses Recht aus, kann dies durchaus mit deutlichen Einbußen für die Erhebung des Materials für die Glaubwürdigkeitsbegutachtung einhergehen.

2. Erhöhte Anforderungen an die Beweiswürdigung – Erfordernis sachverständiger Hilfe?

Gerade wenn ein Mitangeklagter (bzw. mangels „Klammer der prozessualen Gemeinsamkeit" ein Zeuge) gegen einen Mitangeklagten aussagt und es sich um eine Aussage-gegen-Aussage-Konstellation handelt, müssen an die Beweiswürdigung nach ständiger höchstrichterlicher Rechtsprechung besonders hohe Anforderungen gestellt werden.[994] Der BGH führt diesbezüglich aus:

---

992 Siehe Kapitel II. A.

993 Siehe beispielsweise (allerdings jeweils zum Konfrontationsrecht) BGH NStZ 2004, 691, 692 (dort Zugestehen „eines verdichteten Auskunftsverweigerungsrechts"), BGH NStZ-RR 2009, 212 und BGH NStZ-RR 2012, 52, 53.

994 *Zwiehoff* S. 213 unter Verweis auf BGH StV 1991, 451, BGH StV 1992, 98 und BGH StV 1997, 172 (keine „Klammer der prozessualen Gemeinsamkeit"); kritisch auch *Jansen* in: FS für Hamm, S. 227 ff.

„Stützt der Tatrichter die Verurteilung allein auf die Aussage des einzigen (tatbeteiligten) Belastungszeugen, müssen die Urteilsgründe erkennen lassen, dass er alle Umstände, welche die Entscheidung beeinflussen können, in seine Überlegung einbezogen hat. Insbesondere ist die Aussage des Zeugen einer besonders sorgfältigen Glaubwürdigkeitsprüfung zu unterziehen.“[995]

Insofern sollte es hier auch oftmals angezeigt sein, sachverständige Hilfe für die Beurteilung der entsprechenden Aussage in Anspruch zu nehmen,[996] gleich ob eine Einwilligung des Mitangeklagten vorliegt oder nicht. So wird doch kaum ernsthaft bestritten werden können, dass eine Glaubwürdigkeitsprüfung, zumindest im Regelfall, dann am sorgfältigsten ausfallen wird, wenn hierfür ein Sachverständiger zu Rate gezogen wurde. Dennoch ist (nicht nur) diesem Beschluss kein Hinweis bezüglich einer gegebenenfalls erforderlichen Hinzuziehung eines Sachverständigen zu entnehmen. Dies wird letzten Endes einmal mehr der Einordnung der Glaubwürdigkeitsbeurteilung als „ureigene Aufgabe“ des Richters zuzuschreiben sein.

III. Konstellation: vorhandene „Klammer der prozessualen Gemeinsamkeit“

Ist eine „Klammer der prozessualen Gemeinsamkeit“ hingegen vorhanden, kann der Mitangeklagte nach deutscher Dogmatik nicht zugleich Zeuge sein.

1. Vorgehen bei einer Glaubwürdigkeitsbegutachtung

Was die Prüfung seiner Glaubwürdigkeit bzw. gegebenenfalls der Glaubhaftigkeit seiner Aussage anbelangt, muss der Mitangeklagte also genauso wie jeder andere Angeklagte auch behandelt werden.

Dementsprechend gilt das oben[997] bezüglich der Glaubwürdigkeitsbegutachtung des Angeklagten Gesagte: Die Betrachtung des rechtlichen Rahmens hat gezeigt, dass der Sachverständige wegen der Geltung des nemo tenetur-Prinzips weitgehend auf die freiwillige Mitwirkung des (Mit-) Angeklagten angewiesen ist; was das Vorgehen nach § 80 Abs. 2 StPO anbelangt, so muss der Mitangeklagte hier insbesondere aufgrund seines Schweigerechts keine Fragen (des Sachverständigen) beantworten. Das bedeutet schlussendlich: Durch sein (Teil)schweigen kann der

995 BGH NStZ-RR 2002, 146; vgl. aus der neueren Rechtsprechung etwa auch BGH BeckRS 2009, 21881.

996 *Zwiehoff* S. 213; *Jansen* in: FS für Hamm, S. 227, 228 macht auf eine mögliche aussagepsychologische Prüfung aufmerksam.

997 Siehe Kapitel II. B.

Mitangeklagte eine Überprüfung der Glaubhaftigkeit seines Vorbringens mittels des Stellens von Fragen (durch den Sachverständigen) verhindern.[998] Dabei stellt die Möglichkeit des Fragenstellens – nach dem Explorieren – zumindest im Regelfall das effektivste Instrument des Sachverständigen zur Glaubwürdigkeitsbeurteilung dar.

2. Hinzuziehung eines Sachverständigen im Falle der Konstellation „Mitangeklagter gegen Mitangeklagten"?

Auch hier kann die Hinzuziehung eines Sachverständigen zur Glaubwürdigkeitsbegutachtung erforderlich sein. So hat der BGH in einem Fall, in dem die Verurteilung der Angeklagten hauptsächlich auf Angaben einer Mitangeklagten gestützt wurde, festgestellt:

> *„Liegen tatsächliche Anhaltspunkte dafür vor, daß die Aussagetüchtigkeit eines Zeugen bei seiner polizeilichen Vernehmung beeinträchtigt war, kann es im Einzelfall nicht ausreichen, die Glaubwürdigkeit allein auf den persönlichen Eindruck der Vernehmungsperson zu stützen. Vielmehr kann die Einholung eines Sachverständigengutachtens erforderlich sein."*[999]

Dem aufmerksamen Leser entgeht nicht, dass in diesem Leitsatz nicht auf einen zu begutachtenden Angeklagten, sondern auf einen zu begutachtenden Zeugen Bezug genommen wird. *Zwiehoff* hält diese Formulierung für „bemerkenswert".[1000] Letztlich dürfte es sich – von einer Bezeichnung nach internationaler Dogmatik[1001] ist eher nicht auszugehen – jedoch um ein bloßes Versehen handeln.

Interessant ist letztlich vielmehr, dass der BGH hier das Erfordernis, einen Sachverständigen hinzuzuziehen, an der Aussagetüchtigkeit, also an den besonderen Umständen des Einzelfalles, festmacht,[1002] und nicht an der Konstellation „Mitangeklagter gegen Mitangeklagten" an sich. Genau das Gleiche ist auch dem im Zusammenhang mit der Geeignetheit von Sachverständigengutachten zur Glaubwürdigkeit des Angeklagten im Falle dessen Mitwirkungsverweigerung besprochenen Beschluss des OLG Celle[1003] zu entnehmen.

Letztlich scheint diese Konstellation an sich für die Rechtsprechung damit keine Besonderheit[1004] darzustellen, welche die Hinzuziehung eines Sachverständigen

---

998 Vgl. BGH NStZ 2001, 440.
999 BGH StV 1990, 532.
1000 *Zwiehoff* S. 212 (Fn. 276).
1001 Dazu Kapitel II. C. III. 3. b).
1002 *Zwiehoff* S. 212.
1003 OLG Celle StV 1987, 518 f.
1004 Siehe *Meyer-Goßner* § 261 Rn. 4; a.A. *Zwiehoff* S. 213 (sie kritisiert in diesem Zuge völlig zu Recht eine fehlende Auseinandersetzung des BGH mit dieser Problematik).

erforderlich machen könnte. Die im Rahmen der Darstellung des Anwendungsbereichs von Glaubwürdigkeitsbegutachtungen angeführte Fallgruppe „Verhältnis zwischen Zeugen und Beschuldigten" hätte gleichwohl anderes vermuten lassen, weil doch gerade das Verhältnis zwischen Mitangeklagten (bzw. zwischen Mitangeklagtem und nun Zeugen im Falle der fehlenden „Klammer prozessualer Gemeinsamkeit") oftmals besondere Eigentümlichkeiten[1005] in sich birgt. Vielmehr wird aber auch hier auf die konkreten Umstände des jeweiligen Einzelfalls mit all seinen Besonderheiten abgestellt.

3. Recht auf konfrontative Befragung eines Mitangeklagten als Zeuge im Sinne des Art. 6 Abs. 3 lit. d EMRK und dessen Schweigerecht

Weigert sich der Mitangeklagte (nach dem Gesagten berechtigterweise), auf Fragen des Belasteten oder dessen Verteidigers zu antworten, stößt man auf das Problem, ob und gegebenenfalls inwiefern sich die auf diese Weise ergebenden „elementaren Beschränkungen des Fragerechts"[1006] nach Art. 6 Abs. 3 *lit.* d EMRK auswirken.

Dabei geht es hier um den Konflikt[1007] zwischen der Wahrung des Rechts des Angeklagten auf eine konfrontative Befragung eines Zeugen nach Art. 6 Abs. 3 *lit.* d EMRK auf der einen Seite und der Gewährung des Schweigerechts, welches „zum Kernbereich des von Art. 6 MRK garantierten Rechts auf ein faires Strafverfahren" zählt[1008], auf der anderen Seite.

a) Konfrontationsrecht nach Art. 6 Abs. 3 lit. d EMRK

Nach Art. 6 Abs. 3 *lit.* d EMRK hat der Angeklagte das Recht, *Fragen an Belastungszeugen zu stellen oder stellen zu lassen*; wobei dem Passus *oder stellen zu lassen* entnommen wird, dass grundsätzlich auch die Ausübung des Befragungsrechts durch einen Verteidiger ausreichend sein kann.[1009] Insgesamt handelt es sich dabei im Ergebnis um ein „Recht auf Infragestellung",[1010] so dass die

---

1005 Zur Situation des aussagenden Mitangeklagten etwa *Jansen* Rn. 672 ff.

1006 *Deckers* StraFo 2010, 372, 379 unter Verweis auf BGH NStZ 2009, 581.

1007 *Dehne-Niemann* HRRS 2010, 189, 191.

1008 BGH NStZ 2009, 581 unter Verweis auf EGMR Allan ./. Vereinigtes Königreich, 5.11.2002, Nr. 48539/99, Rep. 2002-IX, § 44 („lie at the heart of a fair procedure"), StV 2003, 257, 259.

1009 LR/*Esser* Art. 6 Rn. 775 m.w.N.

1010 *Walther* GA 2003, 204, 215.

Glaubwürdigkeit des Zeugen bzw. die Glaubhaftigkeit seiner Aussage geprüft werden können[1011].

b) Mitangeklagter als Zeuge im Sinne des Art. 6 Abs. 3 lit. d EMRK

Nach der Rechtsprechung des EGMR, der einen autonomen Zeugenbegriff verwendet, gilt dabei auch ein gegen einen Mitangeklagten aussagender Mitangeklagter als Belastungszeuge im Sinne des Art. 6 Abs. 3 *lit.* d EMRK und zwar auch im Falle einer vorhandenen „Klammer der prozessualen Gemeinsamkeit".[1012]

c) Schweigerecht als „relevanter Grund"

Weigert sich der gegen den Mitangeklagten aussagende Mitangeklagte, auf Fragen des belasteten Mitangeklagten bzw. auf solche dessen Verteidigers zu antworten, so hat das Gericht „diese Entscheidung des Mitangekl. zu respektieren und sich insbesondere auch einer Einflussnahme auf sein Aussageverhalten zu enthalten", da es mit der Selbstbelastungsfreiheit des Angeklagten nicht zu vereinbaren wäre, „dem Staat die Pflicht aufzuerlegen, die Aussagebereitschaft einer verweigerungsberechtigten Auskunftsperson fortlaufend zu prüfen und schon auf diese Weise auf deren Willensentschließung einzuwirken".[1013] In diesem Fall liegt der nicht möglichen Gewährung des Konfrontationsrechts ein sogenannter „relevanter Grund" zugrunde.[1014]

Weitere in dieser Hinsicht relevante Gründe können beispielsweise auch die Ausübung des Zeugnisverweigerungsrechts nach § 52 StPO[1015] und die Ausübung

---

1011 LR/*Esser* Art. 6 Rn. 773; *Schmitt* in: FS für Rissing-van Saan, S. 617, 618; SK-StPO/*Paeffgen* Art. 6 Rn. 155b.

1012 Etwa EGMR Haas ./. Deutschland (E), 17.11.2005, Nr. 73047/01, NJW 2006, 2753; BGH NStZ 2009, 581; BGH JR 2005, 247, 248; *Esser* JR 2005, 248, 249; siehe auch LR/*Esser* Art. 6 Rn. 771 m.w.N.; zum Zeugenbegriff in der Rechtsprechung des EGMR auch *Esser*, Auf dem Weg zu einem europäischen Strafverfahrensrecht, S. 630 f.

1013 BGH NStZ 2009, 581.

1014 BGH NStZ 2009, 581; BVerfGK 10, 125, 127 („tragfähigen Grund"); dabei handelt es sich bei der Prüfung des Vorliegens eines solchen Grundes um die erste Stufe der herkömmlichen sogenannten Drei-Stufen-Prüfung (dazu etwa LR/*Esser* Art. 6 Rn. 789 ff.; *Dehne-Niemann* HRRS 2010, 189, 190), die sich nach der aktuellen Rechtsprechung des EGMR, eingeleitet durch EGMR (GK) Al-Khawaja u. Tahery ./. Vereinigtes Königreich, 15.12.2011, Nr. 26766/05, 22228/06, Rep. 2011 allerdings gerade im Wandel befindet; zur sogenannten Drei-Stufen-Prüfung Kapitel IV. C. I. 2. a).

1015 EGMR Hümmer ./. Deutschland, 19.7.2012, Nr. 26171/07, § 41, NJW 2013, 3225, 3226.

des Auskunftsverweigerungsrechts nach § 55 StPO – nach Auffassung des EGMR sind das Schweigerecht und das Recht auf Selbstbelastungsfreiheit „allgemein anerkannte internationale Normen [...], die zum Kernbestand des Begriffs des fairen Verfahrens nach Artikel 6 gehören" –[1016] eines Zeugen darstellen. Bezüglich der Einflussnahme auf die Ausübung dieser Rechte muss hier Entsprechendes gelten: Das Gericht muss die Wahrnehmung dieser, auch wenn dies für die Ermittlung der Wahrheit hinderlich sein mag, schlichtweg akzeptieren.

d) Übertragung dieser Maxime auf die Befragung durch den Sachverständigen (§ 80 Abs. 2 StPO)

Diese Maxime müsste sich auch auf die Ausübung des Fragerechts nach § 80 Abs. 2 StPO durch den Sachverständigen zum Zwecke der Glaubwürdigkeitsprüfung übertragen lassen können, nachdem dieses ebenso wie das Konfrontationsrecht nach Art. 6 Abs. 3 *lit.* d EMRK der Infragestellung der belastenden Aussage dienen soll.

Zum einen würde dies bedeuten: Der Sachverständige kann den Mitangeklagten, der nach internationaler Dogmatik als Zeuge einzustufen ist, zwar befragen (§ 80 Abs. 2 StPO). Dessen Schweigerecht stellt aber einen „relevanten Grund" für die Nichtbeantwortung der gestellten Fragen dar. Damit wirkt es sich hier also nicht aus, ob der Mitangeklagte als Zeuge (nach internationaler Dogmatik) oder als Angeklagter eingestuft wird: Das nemo tenetur-Prinzip gewährt ihm unabhängig von dieser Einordnung das Recht auf Nichtbeantwortung der gestellten Fragen.

Zum anderen würde dies auch heißen: Gewährt das Gericht dem Sachverständigen, Fragen an den zu begutachtenden Mitangeklagten zu stellen, möchte dieser aber von seinem Schweigerecht Gebrauch machen, so darf das Gericht dessen Bereitschaft hierzu aufgrund des nemo tenetur-Prinzips in keiner Weise beeinflussen.

Entsprechendes müsste wiederum auch für den Fall gelten, dass der Sachverständige einem Zeugen, der von seinem Zeugnis- bzw. Auskunftsverweigerungsrecht Gebrauch machen will, Fragen stellen möchte: Beide Rechte berechtigen zur (teilweisen) Nichtbeantwortung der Fragen des Sachverständigen und werden zudem von dem Gebot einer unzulässigen Beeinflussung von Seiten der Justiz flankiert.

1016 EGMR Sievert ./. Deutschland, 19.7.2012, Nr. 29881/07, § 61, JR 2013, 170, 174 f.; BGH NStZ 2004, 691; BGH NStZ-RR 2009, 212; BGH NStZ-RR 2012, 52, 53.

IV. Resümee: Gutachten zur Glaubwürdigkeit von Mitangeklagten

Legt man unsere nationale Dogmatik zugrunde, lässt sich die Funktion des Mitangeklagten wie folgt ermitteln: Für den Fall, dass eine sogenannte „Klammer der prozessualen Gemeinsamkeit" fehlt, kann der Mitangeklagte zu Gunsten oder zu Lasten eines anderen Mitangeklagten als Zeuge aussagen; liegt eine solche hingegen vor, so muss er als Zeuge gerade ausscheiden. Bezüglich der ersten Konstellation lässt sich im Hinblick auf eine Glaubwürdigkeitsbegutachtung Folgendes festhalten: Im Grunde genommen kann auf die Ausführungen zur Glaubwürdigkeitsbegutachtung des Zeugen verwiesen werden; für den Fall der verweigerten Einwilligung aber kann das Vorgehen nach § 80 Abs. 2 StPO insofern erschwert werden, als dass der Mitangeklagte gegebenenfalls von seinem Auskunftsverweigerungsrecht nach § 55 StPO Gebrauch machen kann. Liegt jedoch eine solche Klammer vor, so sind im Hinblick auf die Glaubwürdigkeitsbegutachtung des Mitangeklagten die Ausführungen bezüglich der Glaubwürdigkeitsbegutachtung des Angeklagten entsprechend übertragbar.

Nach internationaler Dogmatik jedoch gilt der Mitangeklagte – auch im Falle des Vorhandenseins einer sogenannten „Klammer der prozessualen Gemeinsamkeit" – als Zeuge im Sinne des Art. 6 Abs. 3 *lit.* d EMRK. Das Schweigerecht des (Mit-) Angeklagten ist dabei als „relevanter Grund" für die Nichtgewährung des nach dieser Bestimmung gewährten Konfrontationsrechts einzuordnen. Die Ausübung des Zeugnisverweigerungsrechts nach § 52 StPO sowie des Auskunftsverweigerungsrechts nach § 55 StPO können ebenfalls einen solchen Grund darstellen. Das Gericht hat nicht nur die Ausübung des Schweigerechts, sondern auch die der letztgenannten Rechte zu akzeptieren. Dies lässt sich auch auf die Ausübung des Fragerechts durch den Sachverständigen (§ 80 Abs. 2 StPO) zum Zwecke der Glaubwürdigkeitsprüfung übertragen: Das Schweigerecht, das Zeugnis- und das Auskunftsverweigerungsrecht berechtigen zur (teilweisen) Nichtbeantwortung der vom Sachverständigen gestellten Fragen und verbieten eine Beeinflussung von Seiten des Gerichts.

Im Ergebnis macht es hier von daher keinen Unterschied, ob der Mitangeklagte unter Rückgriff auf den autonomen Zeugenbegriff des EGMR als Zeuge eingeordnet wird.

Kapitel III. Gutachten zur Schuldfähigkeit des Angeklagten

„Eine psychiatrische Begutachtung haben Jörg Kachelmanns Verteidiger verweigert; nun sitzt im Auftrag des Gerichts der Psychiater Hartmut Pleines im Gerichtssaal, der jede Regung und jedes Mienenspiel des Angeklagten beobachtet, um sich ein fachlich begründetes Urteil über dessen Schuldfähigkeit zu bilden. Es lässt sich leicht absehen, dass dabei nichts Verwertbares herauskommen wird.“[1017]

Nicht nur im Fall *Kachelmann* konnte der Schuldfähigkeitsgutachter den Angeklagten wegen dessen Weigerung nicht persönlich explorieren.[1018] Genannt werden können weitere prominente Beispiele wie etwa der Fall *Mollath*[1019] oder die Causa *Zschäpe*[1020]. Diese aktuellen Fälle, die es auch in die Medien geschafft haben, zeigen: Nicht nur im Bereich der Glaubwürdigkeitsbegutachtung werden Sachverständige trotz der Mitwirkungsverweigerung des zu Begutachtenden von Seiten des Gerichts herangezogen; auch bei Schuldfähigkeitsgutachten wird diese Option wahrgenommen. Wenn eine Untersuchung des Angeklagten aufgrund der Mitwirkungsverweigerung des zu Begutachtenden nicht möglich ist, „so bedeutet dies [nämlich] nicht ohne weiteres, daß deshalb die Notwendigkeit sachverständiger Beratung insgesamt wegfällt.“[1021] Hierauf soll in diesem Kapitel ergänzend eingegangen werden.

1017 *Holzhaider* SZ vom 16.12.2010, 3.

1018 Zum Fall *Kachelmann* siehe *Holzhaider* SZ vom 6.5.2011, 12.

1019 *Przybilla/Ritzer* SZ vom 28.11.2012, 33; kritisch zum Fall *Mollath* etwa auch *Prantl* DRiZ 2013, 20; siehe auch *Widmann* SZ vom 30.9.2011 zum Mörder des zehnjährigen *Mirco*, der die Mitwirkung an Untersuchungen ebenfalls ablehnte.

1020 Siehe etwa *Schultz* SZ vom 2.5.2013, 2.

1021 BGH NStZ 1994, 95, 96 (zur Sicherungsverwahrung ohne Untersuchung des Angeklagten, § 246a StPO); zu den Fällen, in denen die Hinzuziehung eines Sachverständigen für die Beurteilung der Schuldfähigkeit erforderlich ist, siehe Kapitel I. C. I.; speziell zu § 246a StPO etwa LR/*Becker* § 246a Rn. 9, wonach im Falle der Verweigerung der Exploration ein Verzicht auf eine gutachterliche Stellungnahme nicht möglich ist; BGH NStZ 2004, 263, 264 (auch hier ist wohl das Argument ausschlaggebend, dass eine Beurteilung mit sachverständiger Hilfe einer solchen ohne vorzuziehen ist).

A. Rechtlicher Rahmen

Bezüglich des möglichen Vorgehens bei einer Schuldfähigkeitsbegutachtung sind die §§ 80, 81 und 81a StPO von Relevanz. Der Schlüssel für eine fachgerechte Vorgehensweise ist wegen der Mitwirkungsfreiheit[1022] des Angeklagten auch hier, wie sogleich zu sehen sein wird, die Teilnahmebereitschaft des zu Begutachtenden.

I. Vorgehen nach § 80 Abs. 2 StPO

Was das Vorgehen nach der Vorschrift des § 80 Abs. 2 StPO bezüglich der Schuldfähigkeitsbegutachtung[1023] anbelangt, kann grundsätzlich auf die entsprechenden Ausführungen zur Glaubwürdigkeitsbegutachtung beim Angeklagten[1024] verwiesen werden: Der Angeklagte ist anders als der Zeuge aufgrund des auch gegenüber dem Sachverständigen geltenden Schweigerechts[1025] gerade nicht zur Beantwortung der an ihn gerichteten Fragen[1026] verpflichtet.[1027] Ansonsten gilt auch hier, dass dieses Vorgehen, insbesondere die Beobachtung während des Beiwohnens gemäß § 80 Abs. 2 StPO[1028], von der Einwilligung des Angeklagten unabhängig ist.

II. Stationäre Beobachtung nach § 81 StPO

Nach § 81 Abs. 1 StPO kann der Beschuldigte zur Vorbereitung eines Gutachtens über seinen psychischen Zustand in ein psychiatrisches Krankenhaus gebracht und dort beobachtet werden, wobei dies hauptsächlich die Schuldfähigkeitsprüfung, aber nicht die Glaubwürdigkeitsbegutachtung, betrifft.[1029] Angesichts der Tatsache, dass es regelmäßig möglich ist, den Angeklagten in ausreichender Weise auch ambulant zu untersuchen, bedarf es eines solchen Vorgehens letztlich aber

---

1022 *Rogall* S. 191.

1023 Vgl. dazu *Konrad/Rasch* S. 314 f.; kritisch bezüglich der schlechteren Rahmenbedingungen *Eisenberg* Rn. 1797.

1024 Siehe Kapitel II. B. III. 2. a).

1025 *Dahs* Rn. 613; *Ziegert* S. 308; *Fincke* ZStW 86 (1974), 656, 657.

1026 Der Sachverständige könne das Gericht auch darum bitten, dem Angeklagten bestimmte Fragen zu stellen, BGH NStZ 1994, 95, 96 (zu § 246a StPO).

1027 Etwa LR/*Krause* § 80 Rn. 12.

1028 *Schlothauer* in: Münchener Anwaltshandbuch Strafverteidigung, § 3 Rn. 85.

1029 Etwa BeckOK-StPO/*Monka* § 81 Rn. 1; Meyer-Goßner/*Schmitt* § 81 Rn. 5; KK/*Senge* § 81 Rn. 1; LR/*Krause* § 81 Rn. 8.

eher selten.[1030] Die Anordnung einer Unterbringung zur Schuldfähigkeitsbeurteilung nach § 81 StPO ist wegen des Verhältnismäßigkeitsgrundsatzes auch nur dann zulässig, wenn sie nach Ausschöpfung aller ambulanten Möglichkeiten notwendig ist.[1031] In diesem Rahmen darf der Sachverständige den Angeklagten zwar zu seinem Befinden befragen, er darf ihn jedoch auch hier nicht zu Antworten zwingen.[1032] Auch sämtliche körperliche Untersuchungen können nur dann vorgenommen werden, wenn der Angeklagte in diese einwilligt oder wenn eine Anordnung nach § 81a StPO vorliegt.[1033] Wenn der Angeklagte von daher ankündigt, dass er die Teilnahme an einem Explorationsgespräch verweigern wird und etwa aufgrund der bloßen Beobachtung des Angeklagten keine verwertbaren Erkenntnisse erwartet werden können, scheidet eine Unterbringung aus.[1034] Eine Unterbringung zum Zweck der Einwirkung auf die Aussagefreiheit des Angeklagten wird dabei von Seiten der Rechtsprechung zu Recht als unstatthaft gewertet.[1035] Eine solche ist also nur dann zulässig, „wenn es nicht von vornherein fernliegt, dass sich der Beschuldigte vor Ort – und zwar freiwillig – vielleicht doch noch anders besinnen könnte."[1036] Es darf keinesfalls der Versuch unternommen werden, die verweigerte Teilnahme an einer Exploration auf diesem Wege zu umgehen.[1037] Wenn also der Angeklagte die Mitwirkung an einer für erforderlich gehaltenen Exploration verweigert, folglich verwertbare Ergebnisse „nur bei Anwendung verbotener Vernehmungsmethoden (§ 136a StPO)

1030 *Eisenberg* Rn. 1797.

1031 BGHSt 48, 4, 11; BVerfG NJW 2002, 283, 284; KK/*Senge* § 81 Rn. 5; vgl. auch *Schneider/Frister/Olzen* S. 19.

1032 OLG Celle StV 1991, 248; OLG Celle StV 1985, 224; Meyer-Goßner/*Schmitt* § 81 Rn. 20; LR/*Krause* § 81 Rn. 31.

1033 LR/*Krause* § 81 Rn. 31 m.w.N.; siehe zu § 246a StPO BGH NStZ 1994, 95, 96 und BGH NStZ-RR 1997, 166, 167; LR/*Becker* § 246a Rn. 12 (grundsätzlich zwangsweise Durchführung nach §§ 81, 81a StPO im Falle der Verweigerung); kritisch bezüglich des Werts eines solchermaßen erlangten Ergebnisses *Eisenberg* Rn. 1829.

1034 Meyer-Goßner/*Schmitt* § 81 Rn. 8, 20; OLG Düsseldorf StV 2005, 490 f.; OLG Oldenburg StV 2008, 128; LG Hagen StraFo 2008, 157 f.; OLG Celle StV 1991, 248; OLG Celle StV 1985, 224; *Ziegert* S. 308; *Rzepka* R&P 2002, 122, 123; *Ulrich* Rn. 424 (Einzelfallabhängigkeit); *Baer* in: PraxisHdb. SachverständigenR, § 53 Rn. 59 (wenn sich zu Begutachtender überhaupt nicht äußern möge, sei eine ambulante Begutachtung nicht möglich; in Betracht käme dann nur noch eine stationäre Beobachtung).

1035 OLG Celle StV 1991, 248; OLG Düsseldorf StV 2005, 490, 491; OLG Celle StV 1985, 224; zur unzulässigen Totalbeobachtung BGHSt 48, 4 ff.

1036 *Duttge* NStZ 2003, 375, 377.

1037 Vgl. auch *Duttge* NStZ 2003, 375, 378.

oder einer sonstigen Einflussnahme auf die Aussagefreiheit" erwartet werden können, so darf eine Unterbringung nicht angeordnet werden.[1038]

Insofern muss man sich an dieser Stelle die Frage stellen, warum die Rechtsprechung einer Beobachtung während eines längeren, bis zu sechs Wochen andauernden stationären Aufenthalts keinen, der Beobachtung während der Hauptverhandlung aber sehr wohl einen möglichen Erkenntnisgewinn für die Schuldfähigkeitsbeurteilung zuzuschreiben scheint. Dies kann man an sich nur als widersprüchlich bezeichnen. Verständlich wird diese Haltung aber insofern, als dass die bloße Möglichkeit eines (geringen) Erkenntnisgewinns während der stationären Unterbringung aufgrund des Verhältnismäßigkeitsprinzips für die Anordnung einer solchen nicht ausreichend ist. Das bedeutet: Es ist davon auszugehen, dass sowohl während der Hauptverhandlung als auch während der stationären Unterbringung eine bloße Beobachtung, wenn überhaupt, nur in sehr eingeschränktem Umfang die Erhebung verwertbarer Erkenntnisse ermöglichen kann. Die Anordnung der Unterbringung bedarf aber im Gegensatz zu der schlichten Beobachtung während der Hauptverhandlung wegen des Verhältnismäßigkeitsprinzips der Einhaltung sehr hoher rechtlicher Anforderungen.

III. Zwangsweise körperliche Untersuchung, § 81a StPO

§ 81a StPO erlaubt die zwangsweise körperliche Untersuchung von Beschuldigten, was das Bundesverfassungsgericht[1039], anders als Teile der Literatur,[1040] nicht zu verfassungsrechtlichen Bedenken, aber immerhin zur berechtigten Forderung nach einer besonderen Beachtung des Verhältnismäßigkeitsgrundsatzes veranlasst.[1041] Während der Angeklagte zur passiven Duldung körperlicher Untersuchungen verpflichtet ist, muss er sich nicht aktiv an solchen beteiligen, muss also etwa keine Fragen beantworten oder sich einer Prüfung unterziehen.[1042]

1038 BVerfG NJW 2002, 283, 284.

1039 BVerfGE 47, 239, 248 f. (Veränderung der Haar- und Barttracht).

1040 Sehr kritisch etwa *Eisenhardt* S. 212 (Verstoß gegen den nemo tenetur-Grundsatz); zur Kritik des Schrifttums auch LR/*Krause* § 81a Rn. 3.

1041 Meyer-Goßner/*Schmitt* § 81a Rn. 1 etwa unter Verweis auf BVerfGE 27, 211.

1042 Meyer-Goßner/*Schmitt* § 81a Rn. 10 f. m.w.N.; KK/*Senge* § 81a Rn. 4; LR/*Krause* § 81a Rn. 23 f.; *Dahs* Rn. 398.

Auch der EGMR hatte bereits Gelegenheit, sich zu § 81a StPO zu äußern. So hat er im Fall *Schmidt* entschieden, dass die Blutentnahme nach § 81a StPO kein Verstoß gegen Art. 8 EMRK und auch keine Verletzung des durch Art. 6 Abs. 1 EMRK garantierten nemo tenetur-Prinzips bedeutete.[1043]

IV. Belehrung über Aussage- und Mitwirkungsverweigerungsrecht

Der zu Begutachtende muss schlussendlich, aufgrund einer Belehrung durch die zuständige Strafverfolgungsbehörde und einer Information des Sachverständigen, wissen, welche Funktion dem Sachverständigen zukommt, dass er diesem gegenüber nicht zur Aussage und auch nicht zur Mitwirkung verpflichtet ist und wie eine Untersuchung vonstattengeht; verweigert er die Mitwirkung an der Untersuchung und soll dennoch ein Gutachten erstattet werden, muss er über die Anwesenheit des Sachverständigen informiert werden.[1044]

V. Fazit

Festzuhalten bleibt im Ergebnis, dass für den Angeklagten – wegen der Geltung des nemo tenetur-Grundsatzes – keine Verpflichtung zu einer aktiven Teilnahme an einer Untersuchung, sondern nur zu einer passiven Duldung von Zwangsmaßnahmen besteht.[1045] Weder § 80 Abs. 2 StPO noch § 81 StPO oder § 81a StPO können als Rechtsgrundlage für eine Exploration herangezogen werden. Es kann also – ebenso wie bei der Glaubwürdigkeitsuntersuchung – auch im Rahmen der Schuldfähigkeitsbegutachtung nur dann zu einer Exploration durch den Sachverständigen kommen, wenn der Angeklagte freiwillig zur Mitwirkung an dieser bereit ist. Dieser hat – ebenso wie bei der Glaubwürdigkeitsbegutachtung[1046] – das

1043 EGMR Schmidt ./. Deutschland (E), 5.1.2006, Nr. 32352/02.

1044 Siehe zur Belehrung des Angeklagten über sein Mitwirkungsverweigerungsrecht betreffend die Glaubwürdigkeitsbegutachtung Kapitel II. B. III. 2. d); die dort gemachten Ausführungen sind entsprechend übertragbar.

1045 *Duttge* NStZ 2003, 375, 376 m.w.N.; siehe auch *Deckers*, Anwaltsstation Strafrecht, Rn. 138; *Deckers* in: Münchener Anwaltshandbuch Strafverteidigung, § 81 Rn. 42; *Barbey* S. 34 (psychiatrische Interviews und Tests seien im Falle der Verweigerung ausgeschlossen).

1046 BGH BeckRS 2004, 00866; siehe dazu schon Kapitel II. B. II.

Recht, die Mitwirkung an einer Exploration grundlos zu verweigern.[1047] Gerade diese Exploration dient aber als „Grundlage der Diagnosestellung“[1048] und wird von daher von Seiten der Sachverständigen als unbedingt notwendig erachtet.[1049] Dreh- und Angelpunkt ist somit auch hier die freiwillige Mitwirkung des Angeklagten. Insofern ist es nicht verwunderlich, dass auf die Anordnung einer psychiatrischen Untersuchung zuweilen auch dann nicht verzichtet wird, wenn der Angeklagte seine Mitwirkungsverweigerung schon im Vorhinein bekannt gemacht hat, weil ja immerhin nicht ausgeschlossen werden könne, dass dieser seine Mitwirkung nach einem Gespräch mit dem Sachverständigen doch noch erklären würde.[1050]

B. Vorgehen bei einer Begutachtung trotz verweigerter Mitwirkung

„Es ist schon bedenklich, daß sich das Landgericht auf Ausführungen eines psychiatrischen Sachverständigen stützt, der ohne eigene Exploration oder ärztliche Beobachtung eine ‚Diagnose‘ gestellt und einen ‚Handlungsspielraum‘ des Angeklagten bejaht, also nicht nur abstrakte Erfahrungssätze mitgeteilt hat.“[1051]

Grundsätzlich scheint man sich von Seiten der Sachverständigen eigentlich dahingehend einig zu sein, dass auch für die Erstellung eines fundierten Schuldfähigkeitsgutachtens eine Exploration von Nöten ist.[1052] Gleichwohl sei, so *Deckers*,

---

1047 *Toepel* S. 327; verständlich sei so beispielsweise die Erklärung, nach einer lang andauernden Untersuchungshaft aus physischen und psychischen Gründen kein weiteres Mal an einer Exploration durch einen weiteren Sachverständigen teilnehmen zu wollen (BGHSt 48, 4, 11).

1048 *Nedopil* NStZ 1999, 433, 435.

1049 *Tondorf/Tondorf* Rn. 320; zum Ablauf einer forensisch-psychiatrischen Untersuchung *Foerster* in: Münchener Anwaltshandbuch Strafverteidigung, § 60 Rn. 24 ff.

1050 OLG Nürnberg NStZ-RR 1998, 242, 243; siehe aber *Roggenwallner/Herrmann/Jansen* Rn. 813.

1051 BGHR StPO § 261, Sachverständiger 3, Grundlagen des Gutachtens (Sachverständiger hatte hier nur die Gerichtsakten, ein in einer anderen Sache von einem anderen Sachverständigen erstattetes Gutachten und eine Zusammenfassung des Sachverständigen, der den Angeklagten untersucht hatte, gelesen); vgl. auch BGH NStZ 2012, 103, 104: „Anwesenheit des Sachverständigen in der Hauptverhandlung vermag die eigene Exploration nicht zu ersetzen“; Delegation der Exploration (die „zentrale Untersuchungsmethode“) an Hilfsperson sei nicht zulässig.

1052 Vgl. etwa *Tondorf/Tondorf* Rn. 279, 320, 384 (Empfehlung); siehe auch BGHSt 43, 171, 173, 176; *Konrad/Rasch* S. 313 (ansonsten zumindest „schwierige Situation“).

die aufgrund „der Weigerung vieler gewissenhafter Sachverständiger“ in der Praxis „verbannte“ Vorgehensweise, Sachverständigengutachten auch ohne Durchführung einer Exploration zu erstellen, nach Ergehen eines Urteils des BGH[1053] zwischenzeitlich „wieder ‚salonfähig‘ geworden“.[1054] Der Sachverständige soll in diesem Fall kein völlig ungeeignetes Beweismittel im Sinne des § 244 Abs. 3 S. 2, 4. Var. StPO sein.[1055] In dem eingangs angeführten Zitat des BGH[1056] hatte sich das noch ganz anders angehört.

Fraglich ist nun, wie das Vorgehen bei einer Schuldfähigkeitsbegutachtung trotz Mitwirkungsverweigerung des zu begutachtenden Angeklagten überhaupt aussehen kann. Dieses ist, so viel kann vorweggenommen werden, auf jeden Fall mit großen Einschränkungen verbunden: Wenn der zu Begutachtende seine Mitwirkung verweigert, ist eine Schuldfähigkeitsbegutachtung „entweder überhaupt nicht oder nur auf der Basis sehr reduzierter Informationen“ möglich.[1057]

I. Unterlagen für die Gutachtenerstattung

„Weder der Staatsanwalt noch der Richter kann die Schuldfähigkeit eines Menschen allein vom Ansehen her beurteilen […].“[1058]

Der Sachverständige hingegen schon? Oder anders gefragt: Woraus kann eine solche „Basis rudimentärer Informationen“[1059] bestehen?

1053 BGHSt 44, 26 ff.

1054 *Deckers*, Der strafprozessuale Beweisantrag, Berlin 2007, S. 81; *Deckers*, Der strafprozessuale Beweisantrag, Köln 2013, Rn. 249 ff. (dies sei wegen der Amtsaufklärungspflicht „vorprogrammiert“).

1055 *Schlothauer/Weider* Rn. 1498 (für Glaubwürdigkeits- und Schuldfähigkeitsgutachten im Falle der Verweigerung); *Deckers*, Der strafprozessuale Beweisantrag, Köln 2013, Rn. 248 hält die Stellung eines Beweisantrags in diesem Fall für „kontraindiziert“ (es sei denn, andere Beweise könnten als Erkenntnisquelle herangezogen werden, Rn. 252); vgl. auch BGH NStZ 1994, 95 für § 246a StPO; zum parallelen Fall der Glaubwürdigkeitsbegutachtung trotz Untersuchungsverweigerung des Zeugen Kapitel II. A. III. 6. c).

1056 BGHR StPO § 261, Sachverständiger 3, Grundlagen des Gutachtens.

1057 *Foerster* in: Münchener Anwaltshandbuch Strafverteidigung, § 60 Rn. 28; siehe auch *Volbert* in: Forensisch-psychologische Diagnostik im Strafverfahren, S. 9, 14.

1058 *Dzendzalowski* S. 13.

1059 *Foerster/Winckler* in: Psychiatrische Begutachtung, S. 17, 29 f. (eine Verhaltensbeobachtung sei allerdings bei akuten psychopathologischen Auffälligkeiten möglich); vgl. auch für § 246a StPO BGH NStZ 1994, 95, 96 und BGH NStZ 2004, 263, 264 (nur beschränkte Beurteilungsgrundlage).

Es muss sich dabei jedenfalls um Unterlagen handeln, die auch ohne die freiwillige Mitwirkung des Angeklagten zu erlangen sind. *Tondorf/Tondorf*, die eine Gutachtenerstattung ohne Exploration ablehnen, führen hinsichtlich des Vorgehens in einem solchen Fall aus, dass einige Sachverständige „aus dem Verhalten des schweigenden Angeklagten in der Hauptverhandlung, seinen Bewegungen und seiner Mimik, erstmalig und abschließend Schlüsse" zögen, wobei sie eine solche Verhaltensbeobachtung für fragwürdig erachten und die eingeschränkte Geeignetheit dieser Erkenntnismöglichkeit[1060] betonen.[1061] Ähnliches ist auch bei *Deckers*, ebenfalls ein Kritiker dieser Vorgehensweise, zu lesen. Auch er verweist auf Sachverständige, die sich dazu fähig erachteten, „in der Hauptverhandlung – durch Beobachtung des Angeklagten oder durch Bewertung der Erklärungen des Beschuldigten zur Person und zur Sache – hinreichendes Material zu erlangen".[1062]

Bereits im Rahmen der Erörterung der Glaubwürdigkeitsbegutachtung trotz Untersuchungsverweigerung des Zeugen wurde auf das Problem hingewiesen, dass bei einer solchen kein, wie es einhellig gefordert wird, neutraler Ort für die Begutachtung zur Verfügung steht.[1063] Gleiches gilt auch für die Schuldfähigkeitsbegutachtung trotz Mitwirkungsverweigerung des Angeklagten:

> *„Die Hauptverhandlung als solche bildet bereits eine Störquelle. Zusätzlich bringen das dauerhafte Belauern und Überwachen des Angeklagten durch den Gutachter verzerrende Auswirkungen mit sich."*[1064]

Cabanis spricht sogar besonders kritisch von einer „in dieser Umgebung unärztlich-inquisitorischen und inhumanen Wirkung" und macht auf die „Unergiebigkeit einer solchen Befragung in Gegenwart von Amtspersonen" aufmerksam.[1065] Das heißt freilich nicht, dass der Eindruck in der Hauptverhandlung[1066] nicht als zusätzliche Erkenntnisquelle herangezogen werden kann bzw. sogar soll. Anders ließe sich auch Nr. 111 Abs. 3 S. 2 RiStBV nicht erklären, wonach die Verlesung eines schriftlichen Gutachtens in der Hauptverhandlung nicht ausreichend ist, *wenn der Sachverständige ein Gutachten nur unter dem*

1060 So auch *Eisenberg* Rn. 1614.

1061 *Tondorf/Tondorf* Rn. 279.

1062 *Deckers* in: Münchener Anwaltshandbuch Strafverteidigung, § 81 Rn. 12.

1063 Siehe oben S. 54.

1064 *Tondorf/Tondorf* Rn. 279; vgl. auch *Barbey* S. 34, 59 f.; *Eisenberg* Rn. 1614.

1065 *Cabanis* MMW 111 (1969), 2234, 2236.

1066 Vgl. *Tondorf/Tondorf* Rn. 317 (Anwesenheit bei der Vernehmung als „wesentliche Voraussetzung").

Eindruck der Hauptverhandlung erstatten kann, z.B. über die Schuldfähigkeit oder über besondere seelische oder geistige Eigenschaften des Angeschuldigten oder eines sonstigen Prozeßbeteiligten.

Es steht aber nicht nur die Beobachtung als mögliche Datenbasis zur Verfügung. So zählen *Foerster/Winckler* neben der Verhaltensbeobachtung und dem in der Hauptverhandlung zu erlangenden Eindruck vom zu Begutachtenden auch die Aktenkenntnis[1067] und die Verwertung von Fremdinformationen[1068] als weitere mögliche Erkenntnisquellen auf. Für den Fall, dass der zu Begutachtende zum Tatvorwurf schweigt, nennen sie Quellen wie Zeugenaussagen zum Zustand des zu Begutachtenden zur Zeit des Tatvorwurfs und bei einer Untersuchung oder einem stationären Aufenthalt erhobene Befunde als Grundlage einer sachverständigen Äußerung. Hier sei eine Gutachtenerstattung nach Aktenlage[1069] zwar vorstellbar, eine fundierte Aussage jedenfalls aber nur in eingeschränktem Maße möglich.[1070] Auch *Deckers* verweist auf die Möglichkeit, dass „sich für den Sachverständigen aus anderen Beweismitteln erhebliche Erkenntnisse erschließen lassen" können.[1071]

1067 Dazu auch *Eisenberg* Rn. 1799.

1068 Zur unzulässigen Weitergabe von unrichtigen Informationen von Seiten des Verteidigers *Tondorf/Tondorf* Rn. 303; zur Zeugenaussage einer Sachverständigen, die den Angeklagten explorieren konnte *Tondorf/Tondorf* Rn. 317; zur Entbindung eines Arztes, der den zu Begutachtenden behandelt hatte, von der Schweigepflicht gegenüber einem bestimmten Sachverständigen BGH, bei *Dallinger*, MDR 1956, 527; zu einem bereits erstatteten Gutachten, das auf einer Exploration basierte BVerfG NJW 2002, 283, 285; siehe auch *Holzhaider* SZ vom 6.5.2011, 12 (laut Sachverständigem hätten diesem „die Aussagen von zehn ehemaligen Sexualpartnerinnen Kachelmanns ein ‚reichhaltiges menschenkundliches Erkenntnismaterial' geliefert").

1069 Dazu auch *Roggenwallner/Herrmann/Jansen* Rn. 813 (Sachverständiger müsse es akzeptieren, wenn der Angeklagte von seinem Schweigerecht Gebrauch mache); kritisch dazu, „ein Gutachten nach Aktenlage zu erstatten und dieses durch die Eindrücke von der Hauptverhandlung zu ergänzen" *Ziegert* S. 308.

1070 *Foerster/Winckler* in: Psychiatrische Begutachtung, S. 17, 30; *Baer* in: PraxisHdb. SachverständigenR, § 53 Rn. 59 sieht für den Fall, dass der zu Begutachtende zur Tat aber nicht zu seinem Lebenslauf und etwaigen Erkrankungen schweigen möchte, die Möglichkeit gegeben, dass sich der Sachverständige im schriftlichen Gutachten zunächst in allgemeiner Weise über die Persönlichkeit und den Gesundheitszustand äußert und sodann in der Hauptverhandlung die aufgeworfenen Fragen abschließend beantwortet.

1071 *Deckers*, Der strafprozessuale Beweisantrag, Köln 2013, Rn. 252.

Somit sind es im Ergebnis die Beobachtung des Angeklagten durch den Sachverständigen, die Befragung Dritter und die Aktenanalyse,[1072] die von der Mitwirkung des Angeklagten unabhängig sind und somit auch im Falle der Mitwirkungsverweigerung für die Gutachtenerstellung herangezogen werden können. Einen Ersatz für eine eingehende Untersuchung, die auf der freiwilligen Mitwirkung des zu Begutachtenden basiert, stellt dies aber zweifelsohne nicht dar:

> *„Daß eine Begutachtung nur aufgrund der Beobachtung in der Hauptverhandlung gegenüber einer solchen aufgrund einer eingehenden Exploration unter vertrauensvoller Zusammenarbeit weniger aussagekräftig ist, bedarf keiner Hervorhebung.“*[1073]

II. Überlegenes Forschungsmittel?

Im Anschluss an die Feststellung, dass die Datenbasis bei verweigerter Mitwirkung des Angeklagten im Rahmen einer Schuldfähigkeitsbegutachtung deutliche Defizite aufweist, muss nun die Frage beantwortet werden, ob ein Sachverständiger, von dem sich der Angeklagte untersuchen lässt, im Vergleich zu dem Sachverständigen, dem gegenüber er sich verweigert, über überlegene Forschungsmittel im Sinne des § 244 Abs. 4 S. 2, 2. Halbs. StPO verfügt.[1074] Unter Forschungsmitteln versteht man dabei „Hilfsmittel und Verfahren, deren sich der Sachverständige für seine wissenschaftlichen Untersuchungen bedient“.[1075]

1. Streitstand

Nach Ansicht des BGH ist dies nicht der Fall, da man unter Forschungsmitteln nicht die Exploration, nicht die Untersuchung, nicht die „Verfügung über besonders reichhaltiges Beobachtungsmaterial“ verstehe.[1076] Sie sei „Gegenstand der Forschung, nicht das Forschungsmittel selbst“.[1077]

1072 *Zieschang* StV 1999, 467, 469; vgl. auch *Konrad/Rasch* S. 313; ausführlich zur Beschaffung von Anknüpfungstatsachen bei unmöglicher Untersuchung auch BGH NStZ 1994, 95, 96 und BGH NStZ 2004, 263, 264 (jeweils zu § 246a StPO).

1073 Kurzanmerkung der *Redaktion* StV 1997, 66.

1074 Siehe dazu Kapitel II. A. III. 6. e) (für die Glaubwürdigkeitsbegutachtung).

1075 BGHSt 44, 26, 29 m.w.N.; *Zieschang* StV 1999, 467, 468 m.w.N.

1076 BGHSt 44, 26, 29 f. m.w.N.; dem zustimmend LR/*Becker* § 244 Rn. 337; wohl auch *Lemke* NJ 1998, 379, 380; *Sarstedt* NJW 1968, 177, 178 konstatiert hinsichtlich § 244 Abs. 4 S. 2, 2. Halbs. StPO: „Mit diesen vier Ausnahmen ist also praktisch wenig anzufangen.“

1077 BGHSt 44, 26, 31; aber „zentrale Untersuchungsmethode“, BGH NStZ 2012, 103.

Viele Stimmen in der Literatur[1078] widersprechen dieser Ansicht vehement. *Konrad/Rasch* etwa meinen aus psychiatrischer Sicht:

> „*Ein Sachverständiger, dem sich ein Beschuldigter öffnet, verfügt [...] gegenüber einem Sachverständigen, dem er sich verweigert, fraglos über die* überlegenen Forschungsmittel *im Sinne von § 244 IV StPO, da das Gespräch die wesentliche Methode ist, eine psychiatrisch-psychologische Diagnose zu stellen und die Motivation zu dem infrage stehenden Verhalten zu finden.*"[1079]

Nach *Ziegert* stellt die Exploration sogar „das zentrale Forschungsmittel"[1080] dar, weswegen ein Sachverständiger, welcher den Angeklagten explorieren könne, auch über überlegene Forschungsmittel verfüge. Er macht auch auf „gravierende Aufklärungsdefizite" aufmerksam, die eine solche Rechtsprechung verursache.[1081] Auch nach *Zieschang* handelt es sich bei der Untersuchung um ein überlegenes Forschungsmittel, über das der Sachverständige, von dem sich der zu Begutachtende nicht untersuchen lasse, bei konkreter Betrachtung nicht verfüge, weswegen in der Folge die Hinzuziehung eines weiteren Sachverständigen zugestanden werden müsse, was auch „mit der gesetzlichen Ordnung in Einklang" stünde.[1082] Nach *Barton* schränkt diese Rechtsprechung den Begriff des überlegenen Forschungsmittels zu stark ein und widerspricht der Amtsaufklärungspflicht.[1083] *Toepel* bezeichnet die Anmerkung des BGH, dass man unter einem Forschungsmittel nicht die Untersuchung zu verstehen hätte, als formalistisch; man könne die Untersuchung sehr wohl als Forschungsmittel einstufen.[1084] *Lemke*, der dem Urteil im Ergebnis, wie *Toepel* auch, zustimmt, stellt zumindest in Frage, ob es sich bei der Untersuchung nicht doch um ein überlegenes Forschungsmittel handle. Er bezeichnet sie sogar als „das möglicherweise wichtigste Forschungsmittel", ist aber dennoch der Auffassung, dass die Sichtweise des BGH „nicht unvertretbar" sei.[1085]

1078 Etwa *Tondorf/Tondorf* Rn. 306, 320 m.w.N.; *Erb* ZStW 121 (2009), 882, 897; HK-GS/*König* § 244 Rn. 88.

1079 *Konrad/Rasch* S. 207 (Hervorhebung im Original).

1080 *Ziegert* NStZ 2000, 105; siehe auch *Holzhaider* SZ vom 6.5.2011, 12.

1081 *Ziegert* S. 308.

1082 *Zieschang* StV 1999, 467, 469.

1083 *Barton* StV 2003, 537, 538.

1084 *Toepel* S. 327 (er hält das Ergebnis des BGH allerdings für „plausibel").

1085 *Lemke* NJ 1998, 379, 380.

2. Fazit

Summa summarum herrscht große Uneinigkeit darüber, ob es sich bei der Untersuchung nun um ein überlegenes Forschungsmittel im Sinne des § 244 Abs. 4 S. 2, 2. Halbs. StPO handelt oder nicht. Eine Auslegung ist in beide Richtungen möglich. Fest steht aber, dass eine Untersuchung ganz andere Grundlagen für die Gutachtenerstattung ergibt, unabhängig davon, ob man sie nun als Forschungsmittel im Sinne von § 244 Abs. 4 S. 2, 2. Halbs. StPO einstuft oder nicht. Klar ist somit auch, dass man der Aufklärungspflicht gemäß § 244 Abs. 2 StPO[1086] mit einem Sachverständigen, von dem sich der zu Begutachtende untersuchen lässt, im Regelfall besser gerecht wird.

Der BGH scheint aber tatsächlich (nur) das Auswahlrecht des Richters[1087], das auch keinesfalls zur Diskussion gestellt werden darf, betonen zu wollen.[1088] Insofern kann nach hier vertretener Ansicht nur eine konsensfähige Auswahl die Lösung des Problems sein.[1089] Konsensbildung erfordert nicht nur das Entgegenkommen des Gerichts, sondern auch ein entsprechendes Verhalten des Angeklagten: Er sollte dementsprechend nicht grundlos[1090] die Exploration gegenüber einem bestimmten Sachverständigen verweigern.[1091] Dass das Gericht einem Konsens zusteuert, was keine Aufgabe seiner Auswahlbefugnis gemäß § 73 Abs. 1 S. 1 StPO bedeutet, verlangt – zumindest grundsätzlich – die Amtsaufklärungspflicht[1092], weil der Sachverständige, der den zu Begutachtenden

---

1086 Auf das Problem der Aufklärungspflicht macht auch *Detter* in: Handbuch des Fachanwalts Strafrecht, S. 1526, 1561 (Rn. 64) aufmerksam.

1087 Siehe etwa LR/*Becker* § 244 Rn. 75 (dieses dürfe nicht „ausgehöhlt" werden); nur das Selbstladungsrecht ermöglicht, wie gesehen, die Bestimmung eines bestimmten Sachverständigen.

1088 So etwa *Ziegert* S. 308, der eine Kontrolle des explorierenden Sachverständigen durch den gerichtlich bestimmten vorschlägt.

1089 Siehe zur Auswahl des Sachverständigen Kapitel I. A. II. 3. und 4.

1090 Vgl. Kurzanmerkung der *Redaktion* StV 1997, 66.

1091 Vgl. dazu auch den Hinweis von *Tondorf/Tondorf* Rn. 320, wonach Verteidiger Angeklagten nur noch „in krassen Fällen" den Rat geben sollten, an der Untersuchung nicht mitzuwirken.

1092 Siehe LR/*Becker* § 244 Rn. 75 (wenn der Richter einen Sachverständigen auswählen würde, bei welchem der zu Begutachtende die Mitwirkung verweigere, obwohl dieser bei einem anderen, den Anforderungen entsprechenden Sachverständigen seine Mitwirkung zusage, könne dies zu einer Verletzung der Amtsaufklärungspflicht führen); vgl. auch Kurzanmerkung der *Redaktion* StV 1997, 66 (danach verlangt es die Amtsaufklärungspflicht, „den Vorschlägen des Angekl. bei der Auswahl des Sachverständigen Rechnung zu tragen, wenn der Angekl. *gewichtige* Gründe geltend

explorieren kann, eben regelmäßig über überlegene Mittel verfügt. Zu bedenken ist hierbei auch, dass auch der Sachverständige, von dem sich der Angeklagte untersuchen lassen würde, allen an ihn gestellten Anforderungen[1093] gerecht werden muss. Im Übrigen ist der Tatsache Beachtung zu schenken, dass die Würdigung des Gutachtens am Ende in der Hand des Gerichts liegt, es dem Ergebnis des, letztlich vom Angeklagten gewünschten, Sachverständigen also nicht folgen muss.[1094] Somit umgeht man – in recht pragmatischer Weise – das Problem, ob ein weiterer Sachverständiger hinzuzuziehen ist. Das Problem bleibt nur bestehen, wenn kein Konsens erzielt werden kann. Das kann im Grunde genommen nur in zwei Konstellationen der Fall sein. Zum einen ist ein Konsens dann nicht zu erzielen, wenn der Angeklagte sich nur von einem Sachverständigen untersuchen lassen möchte, der den an ihn gestellten Anforderungen nicht gerecht wird und der deswegen nicht in Betracht kommt. Andernfalls könnte das Gericht sonst nämlich mit der „Auswahl einverstanden" sein. Zum anderen kommt in Betracht, dass der zu Begutachtende die Mitwirkung bei einem vom Gericht vorgeschlagenen Sachverständigen völlig grundlos ablehnt. Dann sind wohl wirklich, wie *König* meint, „Verwirkungsüberlegungen" angebracht.[1095]

III. Anwesenheit eines Dritten bei der Exploration durch den Sachverständigen – mögliche Vermeidung einer Begutachtung trotz Mitwirkungsverweigerung

Im ersten Kapitel wurde bereits die Forderung aufgestellt, dass eine Begutachtung trotz Untersuchungsverweigerung in den Fällen zu umgehen ist, in denen dies durch eine adäquate, konsensfähige Auswahl des Sachverständigen möglich ist. Außerdem wurde festgestellt, dass durch eine entsprechende Information über den Zweck und den Ablauf einer Begutachtung Ängste abgebaut werden können und auf diese Weise eine Einwilligung erzielt werden kann und sollte.[1096]

---

machen kann, warum er dem von der Staatsanwaltschaft oder Gericht ausgewählten Sachverständigen kein Vertrauen entgegenbringt"; Hervorhebung im Original).

1093 Zu diesen Kapitel I. A. II. 1.; *Zieschang* StV 1999, 467, 469 macht darauf aufmerksam, dass selbstverständlich auch der Sachverständige, der vom zu Begutachtenden ausgewählt worden sei, unabhängig sein müsse.

1094 Vgl. *Zieschang* StV 1999, 467, 469.

1095 HK-GS/*König* § 244 Rn. 88.

1096 Zu den entsprechenden Forderungen zur Vermeidung der Begutachtung trotz Untersuchungsverweigerung Kapitel II. A. IV. 1. b) bb) und cc). Eine bessere

Beide Punkte können auf die Schuldfähigkeitsbegutachtung nahtlos übertragen werden.

In diesem Abschnitt soll nun geklärt werden, ob durch eine weitere Forderung nicht weitere Fälle einer Begutachtung trotz versagter Einwilligung umgangen werden könnten und sollten. Es geht hier um die Problematik, ob das Recht des Beschuldigten, sich in jeder Lage des Verfahrens anwaltlicher Hilfe bedienen zu können, auch zu einem Anwesenheitsrecht des Verteidigers bei der Exploration durch einen Sachverständigen führt. Auch die Frage, ob dem etwaigen Wunsch des zu Begutachtenden, die Anwesenheit einer Vertrauensperson zuzulassen, nachgekommen werden sollte, stellt sich hier.

1. Auffassung des BGH: kein bestehender Anspruch

Eine Antwort des BGH auf diese Frage liegt vor. Diese lautet:

> *„Es gibt keinen wissenschaftlichen Standard, der die Anwesenheit Dritter bei Schuldfähigkeits- und Prognosegutachten vorsieht. Das Recht des Besch., sich in jeder Lage des Verfahrens anwaltlicher Hilfe zu bedienen, führt […] nicht zu einem Anwesenheitsrecht des Verteidigers bei der Exploration."*[1097]

Richtig ist, dass sich in der StPO ein solches Anwesenheitsrecht nicht findet.[1098] Der BGH führt weiter aus, dass die fachliche Durchführung einer Untersuchung allein in der Hand des Sachverständigen liege; insofern könne er, sofern er dies für erforderlich halte, die Untersuchung in Abwesenheit Dritter durchführen, wenn er ansonsten bezüglich einer „Verfälschung des Ergebnisses der Exploration" Bedenken hätte.[1099] Im zugrunde liegenden Fall hatte das zur Konsequenz, dass der Angeklagte nur während der Hauptverhandlung begutachtet werden konnte. Das akzeptiert der BGH; der Angeklagte müsse „damit rechnen, daß

Richterausbildung kann hier, wegen des erforderlichen spezifischen Wissens, wohl nur bedingt zu einer Vermeidung von solchen Fällen beitragen.

1097 BGH StV 2003, 537.

1098 BGH StV 2003, 537; *Barton* StV 2003, 537, 538 (weder in der StPO noch im Grundgesetz noch in der EMRK sei ein solches Recht zu finden); *Foerster/Winckler* in: Psychiatrische Begutachtung, S. 17, 19; a.A. HK-GS/*Neuhaus* § 80 Rn. 4 unter Verweis auf LSG Rheinland-Pfalz NJW 2006, 1547 f. (der Anspruch auf rechtliches Gehör umfasse auch das Recht auf Anwesenheit einer Vertrauensperson, regelmäßig der Verteidiger, bei der Exploration, wobei sich das Anwesenheitsrecht des Verteidigers auch aus dem Prinzip des effektiven Rechtsschutzes und dem fair-trial Prinzip ergebe).

1099 BGH StV 2003, 537.

seine Begutachtung ggf. nur auf einer schmaleren Basis von Befunden erfolgen wird", wenn er seine Mitwirkung verweigere.[1100] Der Angeklagte hat danach also schlichtweg „Pech gehabt".

2. Ablehnung dieser Ansicht

An sich scheinen die Ausführungen des BGH zunächst zustimmungswürdig zu sein; bei näherer Betrachtung bedürfen sie aber einer Korrektur.[1101] Wenn es auch durchaus nachvollziehbare Gründe dafür geben kann, eine Exploration ohne die Anwesenheit Dritter durchzuführen,[1102] so kann auf der anderen Seite, das merkt *Barton* völlig zu Recht an, eine grundlose Weigerung, deren Anwesenheit zu gestatten, doch zu nicht ganz unberechtigtem Misstrauen führen.[1103] Die Frage, die sich hier geradezu aufdrängt, muss lauten: Inwiefern kann ein Sachverständiger einerseits bei einer Exploration in Anwesenheit Dritter von schlechteren Rahmenbedingungen sprechen, andererseits aber bereit sein, eine Begutachtung ganz ohne Exploration durchzuführen? Es ist davon auszugehen, dass eine Begutachtung mit einer Exploration in Anwesenheit Dritter in fachlicher Hinsicht sehr viel besser möglich ist als eine Begutachtung, die ganz ohne Exploration auskommen muss – zumal bei der Begutachtungstätigkeit während der Hauptverhandlung ungleich mehr Störfaktoren vorhanden sind. Die Anwesenheit Dritter zu gestatten, stellt somit im Vergleich das deutlich „kleinere Übel" dar.

3. Fazit

Nicht nur eine entsprechende Auswahl- und Informationspraxis ist als Maßnahme zur Verhinderung einer Begutachtung trotz Untersuchungsverweigerung zu nennen. Eine dritte Forderung zur Vermeidung der Begutachtung trotz versagter Mitwirkung kann nun formuliert werden: Wenn der zu Untersuchende nur in Anwesenheit seines Verteidigers oder einer Vertrauensperson die erforderliche Mitwirkung bei der Untersuchung zusagt und wenn der Sachverständige

---

1100 BGH StV 2003, 537.

1101 Vgl. auch *Barton* StV 2003, 537 im Hinblick auf die Folge, dass der Angeklagte in einem solchen Fall mit einer Begutachtung auf schmalerer Basis rechnen müsse.

1102 Dazu *Foerster/Winckler* in: Psychiatrische Begutachtung, S. 17, 19; *Schneider/Frister/Olzen* S. 5 f. (für einen Ausschluss Dritter insbesondere bei der Glaubwürdigkeitsbegutachtung).

1103 *Barton* StV 2003, 537, 538 f.

keine stichhaltigen Argumente gegen die Anwesenheit dieser Person vorbringen kann, so sollte der Betroffene in Anwesenheit dieser exploriert werden, um eine Begutachtung, die ohne eine Untersuchung auskommen muss, zu vermeiden. Wenn die Anwesenheit Dritter nur bei einem bestimmten Sachverständigen, etwa wegen nicht vorhandenen Vertrauens, gewünscht wird, bei einem anderen geeigneten Sachverständigen aber auch ohne die Anwesenheit Dritter die Mitwirkung angekündigt wird, sollte dies im Rahmen der Auswahl[1104] des Sachverständigen berücksichtigt werden. Der Hinweis von *Foerster/Winckler*, die meinen, dass gegebenenfalls zunächst versucht werden sollte, im Wege einer adäquaten Information über den Untersuchungsablauf das Verlangen, Dritte hinzuzuziehen, beiseite zu schaffen, weil eben grundsätzlich davon auszugehen sei, dass eine Exploration ohne die Anwesenheit Dritter in fachlicher Hinsicht die deutlich bessere Variante darstelle,[1105] sollte ernst genommen und umgesetzt werden.

Dieses Ergebnis kann auch auf eine Begutachtung des Zeugen und des Angeklagten im Hinblick auf die Glaubwürdigkeitsbegutachtung übertragen werden.

IV. Grenze der menschenwürdeverletzenden Totalbeobachtung

Als besonders problematisch und im Ergebnis auch nicht hinnehmbar erweisen sich sogenannte Totalbeobachtungen, die quasi eine Extremform einer Begutachtung trotz Mitwirkungsverweigerung darstellen.

1. Ablehnung durch den BGH

Dem Beschluss des BGH vom 10. September 2002[1106] lag folgender Sachverhalt zugrunde: Nachdem der mit der Begutachtung betraute Sachverständige den Angeklagten eingehend untersucht hatte,[1107] konnte er die Voraussetzungen des § 21 StGB nicht ausschließen. Die Hinzuziehung eines weiteren Sachverständigen wurde damit begründet, dass eine weitere Begutachtung „unter Anwendung ausschließlich medizinisch-psychiatrischer Maßstäbe für erforderlich" zu erachten sei. Allerdings verweigerte der Angeklagte bei diesem Sachverständigen seine

---

1104 Vgl. auch *Barton* StV 2003, 537, 540.

1105 *Foerster/Winckler* in: Psychiatrische Begutachtung, S. 17, 19.

1106 BGHSt 48, 4 ff.

1107 *Schumacher/Arndt* StV 2003, 96.

Mitwirkung, weswegen dieser sein Gutachten auf Grundlage der vorhandenen schriftlichen Unterlagen erstattete. Darin empfahl er eine mehrwöchige Unterbringung nach § 81 StPO mit der folgenden Begründung:

> *„Dort könne u. a. das Verhalten des Angeklagten, sein Umgang mit Menschen und Dingen außerhalb der Untersuchungssituation, seine Selbstdarstellung solchen Menschen gegenüber, deren Urteil er entweder nicht ‚zu befürchten' habe oder deren Urteil er für belanglos halte, beobachtet werden. Während eines mehrwöchigen Aufenthalts in einem psychiatrischen Krankenhaus sei Sorge für eine sorgfältige Dokumentation des Verhaltens sowohl im Stationsalltag als auch im Gespräch mit Fachvertretern zu tragen. Die so entstehenden Berichte des ärztlichen und nichtärztlichen Personals könnten einen erheblichen Informationsgewinn[1108] bedeuten."*

Die Unterbringung erfolgte in einer Gemeinschaftszelle einer Justizvollzugsanstalt.

Der BGH kommt völlig zu Recht zu dem Ergebnis, dass diese von dem weiteren Sachverständigen vorgenommene Beobachtung des Angeklagten ohne dessen Mitwirkung rechtlich nicht zulässig war.[1109] Hierbei führt er aus:

> *„Mit der angestrebten Totalbeobachtung sollten Erkenntnisse über die Persönlichkeit des Angeklagten erbracht werden, die er von sich aus nicht preisgeben wollte, von denen aber erhofft wurde, daß er sie unter der Einflußnahme Dritter offenbarte. Diese Maßnahme läuft auf die Umgehung des verfassungsrechtlich garantierten Schweigerechts des Angeklagten und einen Verstoß gegen § 136a StPO hinaus. Verfassungsrechtlich steht einer solchen Totalbeobachtung das Persönlichkeitsrecht des Angeklagten entgegen."*[1110]

Mit diesen deutlichen Worten hat der BGH ein solches Vorgehen ganz klar abgewiesen.

2. Bundesverfassungsgericht: Verletzung des allgemeinen Persönlichkeitsrechts

Auch das Bundesverfassungsgericht lehnt ein solches Vorgehen entschieden ab[1111] und machte „dem Spuk ein Ende"[1112]. Die vom zweiten Sachverständigen

---

1108 Dabei hätte es sich um solche Informationen gehandelt, die der Angeklagte durch seine Mitwirkungsverweigerung dem zweiten Sachverständigen gerade nicht mitteilen wollte, *Rzepka* R&P 2002, 122, 123.

1109 BGHSt 48, 4, 13.

1110 BGHSt 48, 4, 13 f.

1111 Vgl. LR/*Becker* § 246a Rn. 12 (hier seien „enge – insbesondere verfassungsrechtliche – Grenzen gesetzt" worden).

1112 *Tondorf/Tondorf* Rn. 278, siehe auch Rn. 363, wo der Fall im Rahmen der Ablehnungsgründe eines Sachverständigen aufgeführt wird.

gewünschte Totalbeobachtung sei unzulässig, da ein derartiges Vorgehen eine Umgehung des Schweigerechts und einen Verstoß gegen § 136a StPO zur Folge hätte.[1113] In verfassungsrechtlicher Hinsicht stünde „einer solchen Totalbeobachtung der unantastbare Kernbereich des Persönlichkeitsrechts des Besch. entgegen, der dadurch zum bloßen Objekt staatlicher Wahrheitsfindung gemacht würde, dass sein Verhalten nicht mehr als Ausdruck seiner Individualität, sondern nur noch als wissenschaftliche Erkenntnisquelle verwertet würde".[1114] Das einzig noch zulässige bloße Beobachten im Rahmen einer Unterbringung gemäß § 81 StPO jedoch könne dem Untersuchungszweck hier nicht genügen.[1115]

3. Resonanz der Literatur

Auch die Resonanz der Literatur fiel bezogen auf diesen Fall besonders kritisch aus. *Barton* etwa spricht hier missbilligend von „Schlüsselloch-Gutachten"[1116], *Duttge* von einer unzulässigen „Rundum- und Dauerbeobachtung"[1117]. Jener sieht, wie *Rzepka* auch, zudem die Menschenwürde verletzt.[1118] Sogar der Vergleich „mit der Situation einer Laborratte" wurde gezogen.[1119] *Tondorf/Tondorf* hoffen von daher, dass sowohl dem Sachverständigen als auch den involvierten Richtern nach Ergehen dieser Entscheidungen des BGH und des Bundesverfassungsgerichts „die Schamesröte ins Gesicht gestiegen ist".[1120]

4. Fazit

Eine solche Totalbeobachtung ist rechtlich unzulässig, was sowohl der BGH als auch das Bundesverfassungsgericht in begrüßenswerter Weise unmissverständlich klargestellt haben. Hier wird einmal mehr deutlich, dass die Freiwilligkeit der Mitwirkung des zu Begutachtenden nicht umgangen[1121] werden darf.

1113 BVerfG NJW 2002, 283, 284.
1114 BVerfG NJW 2002, 283, 284.
1115 BVerfG NJW 2002, 283, 284; BGHSt 48, 4, 12 f.
1116 *Barton* StV 2003, 537, 539.
1117 *Duttge* NStZ 2003, 375, 377.
1118 *Barton* StV 2003, 537, 539; *Rzepka* R&P 2002, 122, 124 (zudem sei das Recht auf ein faires Verfahren verletzt).
1119 *Schumacher/Arndt* StV 2003, 96, 97.
1120 *Tondorf/Tondorf* Rn. 278.
1121 Vgl. *Rzepka* R&P 2002, 122, 123.

C. Resümee

„Anwesenheit des Gutachters bei der richterlichen Vernehmung ist kein Ersatz für die psychiatrische Untersuchung [...] und höchstens in Ausnahmefällen gerechtfertigt".[1122]

Damit hat es *Barbey* auf den Punkt gebracht: Wenn man die Ersatzlosigkeit der eingehenden Untersuchung für ein fundiertes Gutachten erkennt, kann man eine Gutachtenerstellung, die ohne eine solche auskommen muss, nur ganz ausnahmsweise zulassen. Diese Art der Gutachtenerstattung ist zwar zulässig, auf solche Weise erstattete Gutachten haben aber einen stark eingeschränkten Beweiswert.

Das muss nach hier vertretener Ansicht, was auch schon im Rahmen der Erörterung der Glaubwürdigkeitsbegutachtung trotz Untersuchungsverweigerung festgestellt wurde,[1123] zur Konsequenz haben, eine solche Begutachtung, wenn dies möglich ist, zu verhindern. Folgende Verhinderungsstrategien sind zu nennen:

- zum einen eine nach Möglichkeit konsensfähige Auswahl des Sachverständigen,
- zum anderen eine im Idealfall Ängste abbauende Information[1124] des zu Begutachtenden
- und zum Dritten, sofern dies gewünscht ist und der Gutachtenerstattung nicht völlig entgegensteht, auch die Zulassung der Anwesenheit von Dritten[1125] während der Untersuchung.

Wenn sich eine Schuldfähigkeitsbegutachtung trotz Mitwirkungsverweigerung aber nicht vermeiden lässt, wird es im Zweifel, wegen der größeren Sachkunde des Sachverständigen, dennoch angezeigt sein, dass der Richter sachverständigen – wenn auch weniger wertvollen – Rat einholt, um die Schuldfähigkeit beurteilen zu können. Dabei hängt es wiederum auch vom Einzelfall, vom Vorhandensein entsprechender Erkenntnisquellen, ab, welche Aussagekraft einem solchen Gutachten zukommen kann.

1122 *Barbey* S. 34.
1123 Siehe Kapitel II. A. IV. 1. b).
1124 Vgl. *Foerster/Winckler* in: Psychiatrische Begutachtung, S. 17, 30.
1125 Kritisch dazu *Foerster* in: Münchener Anwaltshandbuch Strafverteidigung, § 60 Rn. 29.

Kapitel IV. Glaubwürdigkeits- und Schuldfähigkeitsgutachten – menschenrechtliche Perspektive

Abschließend soll auf den rechtlichen Rahmen, den die EMRK für Sachverständigengutachten zur Glaubwürdigkeit und zur Schuldfähigkeit bietet, eingegangen werden. Dabei wird es auch in diesem Kapitel im Kern um die Frage gehen, wie es um die Glaubwürdigkeits- bzw. Schuldfähigkeitsbegutachtung im Falle der Untersuchungsverweigerung des zu Begutachtenden steht. So kann auch geklärt werden, ob sich die in den vorherigen Kapiteln gefundenen Ergebnisse halten lassen können.

A. Bedeutung der EMRK und der Rechtsprechung des EGMR für das deutsche Strafverfahren

Bevor untersucht werden kann, ob die beschriebenen Vorgehensweisen bei der Erstellung von Gutachten zur Glaubwürdigkeit und zur Schuldfähigkeit mit den Garantien der EMRK zu vereinbaren sind und ob diese unter Umständen einen Anspruch auf Einholung eines entsprechenden Gutachtens gewähren, ist ein kurzer Blick auf die Bedeutung der EMRK und der Rechtsprechung des EGMR für das deutsche Strafverfahren zu werfen.

Die EMRK, ein völkerrechtlicher Vertrag, ist für die Bundesrepublik Deutschland am 3. September 1953 in Kraft getreten.[1126] Verletzungen der hierzulande nicht den Status von Verfassungsrecht, sondern lediglich den Rang eines einfachen Bundesgesetzes[1127] einnehmenden EMRK können vor deutschen Gerichten, welche diese allesamt anzuwenden haben, geltend gemacht werden.[1128] Nach einem Beschluss des Bundesverfassungsgerichts vom 14. Oktober 2004 (*Görgülü*) zählt die „Berücksichtigung" der Garantien der EMRK sowie auch der

1126 BGBl. 1954 II 14.

1127 Wenn die EU der EMRK beigetreten ist, wird diese als Europäisches Recht dem nationalen vorgehen, *Kühne* Rn. 30; ausführlich zum Beitritt und dessen Konsequenzen LR/*Esser* Einführung EMRK/IPBPR Rn. 107 ff.; zur Bedeutung der EMRK etwa *Esser* in: Internationales Strafrecht in der Praxis, S. 1, 2 f. m.w.N.

1128 *Kühne* Rn. 29, 35.

Urteile des EGMR „im Rahmen methodisch vertretbarer Gesetzesauslegung" zur Bindung an Gesetz und Recht nach Art. 20 Abs. 3 GG.[1129]

Der EGMR mit Sitz in Straßburg ist für die Auslegung und Anwendung der EMRK und deren Zusatzprotokolle zuständig, Art. 32 Abs. 1 EMRK. Nach Art. 46 Abs. 1 EMRK sind die Mitgliedstaaten dazu verpflichtet, *in allen Rechtssachen, in denen sie Partei sind, das endgültige Urteil des Gerichtshofs zu befolgen.*[1130] Urteile, die gegen andere Staaten ergehen, geben den Staaten, die nicht am Verfahren beteiligt sind, mit den Worten des Bundesverfassungsgerichts hingegen „lediglich Anlass, ihre nationale Rechtsordnung zu überprüfen und sich bei einer möglicherweise erforderlichen Änderung an der einschlägigen Rechtsprechung des Gerichtshofs zu orientieren".[1131] Nach Ansicht des Bundesverfassungsgerichts vermögen „sowohl die fehlende Auseinandersetzung mit einer Entscheidung des Gerichtshofs als auch deren gegen vorrangiges Recht verstoßende schematische ‚Vollstreckung'" einen Verstoß gegen das entsprechende Grundrecht des Grundgesetzes in Verbindung mit dem Rechtstaatsprinzip herbeizuführen.[1132]

Was die Einhaltung der in der EMRK enthaltenen Garantien im strafrechtlichen bzw. strafprozessualen Bereich anbelangt, so hat der EGMR die deutsche Rechtsprechung bzw. Gesetzeslage schon des Öfteren – aktuell etwa hinsichtlich der Sicherungsverwahrung[1133] – „korrigiert".[1134] Im Folgenden wird so auch der Frage nachzugehen sein, ob er dies auch im Hinblick auf die praktizierte Vornahme der Glaubwürdigkeits- bzw. Schuldfähigkeitsbegutachtung im Falle der Untersuchungsverweigerung des zu Begutachtenden könnte.

1129 BVerfGE 111, 307.

1130 Eingehend zur Bindungswirkung der Urteile des Gerichtshofs *Esser* in: Internationales Strafrecht in der Praxis, S. 1, 76 ff.

1131 BVerfGE 111, 307, 320.

1132 BVerfGE 111, 307.

1133 Siehe EGMR M. ./. Deutschland, 17.12.2009, Nr. 19359/04, Rep. 2009 = NJW 2010, 2495 ff.

1134 *Kühne* Rn. 38; *Esser* in: Internationales Strafrecht in der Praxis, S. 1, 7 ff. (jeweils mit einer Aufzählung zahlreicher Beispiele).

B. Der Sachverständigenbeweis in der EMRK und in der Rechtsprechung des EGMR

Im Folgenden soll ein Überblick über den Sachverständigenbeweis in der EMRK bzw. in der Rechtsprechung des EGMR[1135] gegeben und dabei zugleich ein Vergleich mit den im ersten Kapitel erzielten Ergebnissen gezogen werden.

Die Suche nach einer Anführung des Sachverständigenbeweises in der EMRK ist dabei nicht von Erfolg gekrönt: Der Sachverständige wird dort mit keinem Wort erwähnt.

I. Verantwortungsbereich der nationalen Gerichte

In ständiger Rechtsprechung konstatiert der EGMR (was auch für den Sachverständigenbeweis gelten soll):

> *„[…], decisions whether to allow evidence and what reliance to place on admitted evidence are primarily the responsibility of the domestic courts.“*[1136]

Der EGMR betont immer wieder:

> *„The Court has reiterated on many occasions that is not for it to act as a court of appeal, or, as is sometimes said, as a court of fourth instance. It is for the domestic court to assess the credibility of witnesses and the relevance of evidence to the issues in the case […].“*[1137]

Diesen Kernaussagen ist auch zu entnehmen, dass der EGMR nicht überprüft, ob das nationale Gericht die Glaubwürdigkeit von Zeugen (oder von Angeklagten) bzw. die Glaubhaftigkeit deren Aussagen richtig beurteilt hat[1138] – eine

---

1135 Grundlegend dazu *Esser*, Auf dem Weg zu einem europäischen Strafverfahrensrecht, S. 693 ff.; *Esser* in: Die Bedeutung der EMRK für die nationale Rechtsordnung, S. 35 ff.; LR/*Esser* Art. 6 Rn. 807 ff.

1136 EGMR Doorson ./. Niederlande, 26.3.1996, Nr. 20524/92, Rep. 1996-II, § 82 = ÖJZ 1996, 715, 718; EGMR C.B. ./. Österreich, 4.4.2013, Nr. 30465/06, § 35, ÖJZ 2013, 893, 894; *Esser* in: Die Bedeutung der EMRK für die nationale Rechtsordnung, S. 35, 36; *Esser*, Auf dem Weg zu einem europäischen Strafverfahrensrecht, S. 693.

1137 EGMR Mirilashvili ./. Russland, 11.12.2008, Nr. 6293/04, §§ 161, 174 („However, it is a matter for the domestic judge to assess the relevance and evidentiary value of all available evidence, including expert opinions, the Court's power in this area being very limited.“).

1138 Vgl. aktuell etwa auch EGMR Fąfrowicz ./. Polen, 17.4.2012, Nr. 43609/07, § 59 („The assessment of evidence and its credibility is in the domain of the domestic courts and the Court, which is far removed from the trial, should not gainsay their evaluation […].“).

Begründung, warum das Gericht die Aussage für glaubhaft bzw. unglaubhaft erachtet, wird allerdings sehr wohl verlangt[1139] – und welche Bedeutung dabei einem eingeholten Sachverständigengutachten zugekommen ist.

Folgerichtig ist es danach auch grundsätzlich Sache des nationalen Gerichts, darüber zu entscheiden, ob ein Gutachten als völlig ungeeignetes Beweismittel im Sinne des § 244 Abs. 3 S. 2, 4. Var. StPO einzustufen ist. Ergo würde der EGMR auch nicht überprüfen, ob die Einholung eines Glaubwürdigkeits- bzw. Schuldfähigkeitsgutachtens trotz Mitwirkungsverweigerung des zu Begutachtenden ein völlig ungeeignetes Beweismittel darstellt.[1140]

Im Umgang mit dem Sachverständigenbeweis wird den nationalen Gerichten von Seiten des EGMR insgesamt also ein sehr weiter Verantwortungsbereich zugestanden und zugewiesen. Auch dann, wenn es um die Erhebung des Sachverständigenbeweises geht, wird vom EGMR (lediglich) geprüft, ob es sich insgesamt um ein faires Verfahren, Art. 6 Abs. 1 EMRK, gehandelt hat.[1141] Der EGMR nimmt hier also eine Gesamtbetrachtung vor.[1142]

II. Anforderungen an den Sachverständigen

Zur Abgrenzung des Zeugen vom Sachverständigen stellt der EGMR auf „die Stellung des Sachverständigen während des gesamten Verfahrens“ sowie auf „die Art und Weise, wie er seine Aufgaben erfüllte“, ab.[1143]

Auch der Gerichtshof weist dem Sachverständigen die Rolle eines Gehilfen zu:

> *„An expert in general assists in solving a question or problem raised in the proceedings that a judge is unable to solve by him- or herself.“*[1144]

1139 *Frowein/Peukert* Art. 6 Rn. 166 unter Verweis auf EGMR Anghel ./. Rumänien, 4.10.2007, Nr. 28183/03, § 65.

1140 Siehe dazu Kapitel II. A. III. 6. c).

1141 *Esser* in: Die Bedeutung der EMRK für die nationale Rechtsordnung, S. 35, 38 unter Verweis auf EGMR Mantovanelli ./. Frankreich, 18.3.1997, Nr. 21497/93, Rep. 1997-II, § 34; EGMR (GK) Elsholz ./. Deutschland, 13.7.2000, Nr. 25735/94, Rep. 2000–VIII, § 66 = NJW 2001, 2315, 2318.

1142 *Esser*, Auf dem Weg zu einem europäischen Strafverfahrensrecht, S. 697.

1143 EGMR Brandstetter ./. Österreich, 28.8.1991, 11170/84, 12876/87, 13468/87, A 211, §§ 42, 59 = NJW 1992, 3085, 3086 f.; EGMR Bönisch ./. Österreich, 6.5.1985, Nr. 8658/79, A 92, § 31 = EGMR-E 3, S. 47, 55; *Esser* in: Die Bedeutung der EMRK für die nationale Rechtsordnung, S. 35, 36 f.; *Esser*, Auf dem Weg zu einem europäischen Strafverfahrensrecht, S. 693.

1144 EGMR C.B. ./. Österreich, 4.4.2013, Nr. 30465/06, §§ 40, 42, ÖJZ 2013, 893, 894.

Um vom EGMR als Sachverständiger eingeordnet werden zu können, müssen vor allem die Kriterien der Objektivität und der Neutralität eingehalten werden.[1145] Dies stimmt mit den Ausführungen im ersten Kapitel überein.

Weil die Tätigkeit des Sachverständigen nun einmal eine enge Verbindung zum Strafprozess mit sich bringt, müssen zumindest im Hinblick auf die Einführung der Ergebnisse der Sachverständigentätigkeit in das Strafverfahren die Garantien des Art. 6 EMRK gewährt werden.[1146]

Der Sachverständige hat auch die Unschuldsvermutung (Art. 6 Abs. 2 EMRK) zu achten.[1147] Auch auf diese Forderung wurde bereits im ersten Kapitel eingegangen.[1148]

III. Auswahl des Sachverständigen

Auch im Hinblick auf die Auswahl des Sachverständigen werden die Ausführungen im ersten Kapitel bestätigt:

1. Kein Recht auf einen bestimmten Sachverständigen

Ein Recht zur Mitbestimmung des von Seiten des Gerichts auszuwählenden Sachverständigen gesteht auch Art. 6 EMRK dem Angeklagten nicht zu.[1149] Hält der von Seiten des Gerichts ausgewählte Sachverständige alle an ihn gestellten Anforderungen ein, ist er also insbesondere neutral, so muss das Gericht einen etwaig vom Angeklagten gewünschten Sachverständigen nicht heranziehen; es

1145 *Esser* in: Die Bedeutung der EMRK für die nationale Rechtsordnung, S. 35, 37 f. (siehe auch S. 39 zur entsprechenden Rügepflicht des Angeklagten und S. 40 f. zur Einordnung eines nicht neutralen Sachverständigen als Belastungszeuge im Sinne des Art. 6 Abs. 3 *lit.* d EMRK); *Esser*, Auf dem Weg zu einem europäischen Strafverfahrensrecht, S. 693 ff.; siehe dazu schon auf nationaler Ebene Kapitel I. A. II. 1.

1146 LR/*Esser* Art. 6 Rn. 808.

1147 *Esser* in: Die Bedeutung der EMRK für die nationale Rechtsordnung, S. 35, 43 f. mit Kritik an EGMR Bernard ./. Frankreich, 23.4.1998, Nr. 22885/93, Rep. 1998-II, §§ 37 ff. = ÖJZ 1999, 236, 237; *Esser*, Auf dem Weg zu einem europäischen Strafverfahrensrecht, S. 693, 705 f.; vgl. dazu auch *Deckers* in: Strafverteidigung im Rechtsstaat, S. 411, 422 in Bezug auf die geforderte Verwendung der sogenannten Nullhypothese bei der Glaubhaftigkeitsbegutachtung.

1148 Siehe S. 15.

1149 *Esser* in: Die Bedeutung der EMRK für die nationale Rechtsordnung, S. 35, 39.

verstößt dann nicht gegen das Prinzip der Waffengleichheit.[1150] Das unter Berücksichtigung der StPO gefundene Ergebnis, dass der zu Begutachtende kein Recht darauf hat, einen bestimmten vom Gericht zu bestellenden Sachverständigen benennen zu können (vgl. § 73 Abs. 1 S. 1 StPO), hält also auch den Anforderungen der EMRK stand.

2. Forderung nach einer einvernehmlichen Auswahl

Die im ersten Kapitel herausgearbeitete Forderung, die Auswahl des Sachverständigen möglichst im Einvernehmen mit dem zu Begutachtenden zu treffen, um gegebenenfalls dessen Einwilligung in die Untersuchung erzielen zu können, scheint aber auch der EGMR zu unterstützen. So halten *Frowein/Peukert* unter Verweis auf den (zivilrechtlichen[1151]) Fall *Bock* gegen Deutschland[1152] – allerdings nicht mit Blick auf den Beweiswert, sondern mit Blick auf die Verfahrensdauer – fest:

> *„Ist die Mitwirkung einer Prozesspartei für die Erstellung eines Gutachtens erforderlich, und lehnt diese den SV ab, muss versucht werden, im Einvernehmen mit dieser Partei einen geeigneten anderen SV zu bestellen."*[1153]

Der Beschwerdeführer rügte eine Verletzung von Art. 6 Abs. 1 EMRK im Hinblick auf die Dauer des Scheidungsverfahrens. Dieses wurde insbesondere durch die Beurteilung dessen Prozessfähigkeit in die Länge gezogen. Der EGMR kam diesbezüglich zu folgendem Ergebnis:

> *„In the Court's view, the Düsseldorf Regional Court did, however, persist too long in its attempts to have Dr Baucke accepted and ought to have chosen another expert. This is particularly so in the light of the Government's own argument to the effect that German law does not provide any possibilities for coercive measures to oblige the divorce petitioner to submit to a psychiatric examination."*[1154]

Diese Ausführungen verdienen Beifall. An sich lassen sie sich auch nahtlos auf die Glaubwürdigkeits- bzw. Schuldfähigkeitsbegutachtung übertragen, nachdem die deutsche StPO für die Teilnahme an den für die Glaubwürdigkeits- bzw. Schuldfähigkeitsbegutachtung erforderlichen Untersuchungen im eigentlichen

---

1150 LR/*Esser* Art. 6 Rn. 811.

1151 Die Auswahl des Sachverständigen ist in § 404 ZPO geregelt.

1152 EGMR Bock ./. Deutschland, 29.3.1989, Nr. 11118/84, A 150 = EGMR-E 4 S. 249 ff.

1153 *Frowein/Peukert* Art. 6 Rn. 256.

1154 EGMR Bock ./. Deutschland, 29.3.1989, Nr. 11118/84, A 150, § 40 = EGMR-E 4 S. 249, 256.

Sinne ja ebenfalls keine Zwangsmittel vorsieht. Allerdings sehen deutsche Gerichte, wie erläutert, eben auch in einer Glaubwürdigkeits- bzw. Schuldfähigkeitsbegutachtung trotz Untersuchungsverweigerung einen möglichen, wenn auch „anderen" Weg (im Fall *Bock* scheint das Gericht den „danach verbleibenden Weg"[1155] für die Beurteilung der Prozessfähigkeit nicht in Betracht gezogen zu haben). Eine Untersuchung im eigentlichen Sinne ist danach im Grundsatz also gerade nicht erforderlich.

Jedenfalls wird hier noch ein weiterer, nicht minder bedeutender Aspekt ersichtlich: Eine einvernehmliche Auswahl dient nicht nur einer bestmöglichen Begutachtungstätigkeit, sondern vermeidet – durch ein ausbleibendes Geschacher um den richtigen Sachverständigen – auch eine unnötige Verzögerung des Verfahrens.

IV. Einholung eines Sachverständigengutachtens

Auch zur Erforderlichkeit der Einholung von Sachverständigengutachten hat sich der EGMR schon geäußert:

1. Zugestandener Beurteilungsspielraum

Esser stellt heraus, dass es jedenfalls nicht automatisch zu einer Verletzung des Grundsatzes eines fairen Verfahrens führt, wenn kein Sachverständigengutachten eingeholt wird – auch dann nicht, wenn ein entsprechender Beweisantrag vorliegt.[1156] Vielmehr liege es zumindest grundsätzlich in der Hand der nationalen Strafgerichte, darüber zu befinden, ob es der Einholung eines Sachverständigengutachtens bedürfe.[1157] So betont der EGMR immer wieder:

> *„The Court reiterates in this connection that Article 6 does not impose on domestic courts an obligation to order an expert opinion to be produced or any other investigative measure to be taken solely because it is sought by a party. It is primarily for the national court to decide whether the requested measure is relevant and essential for deciding a case […]."*[1158]

Gleichwohl könne „die *Bedeutung der zu fällenden Entscheidung*" zumindest „unter *besonderen Umständen*" die Einholung eines Sachverständigengutachtens

---

1155 BGH NJW 1990, 1734, 1735 (zur Prüfung der Prozessfähigkeit).

1156 *Esser* in: Die Bedeutung der EMRK für die nationale Rechtsordnung, S. 35, 39.

1157 LR/*Esser* Art. 6 Rn. 813; *Meyer-Ladewig* Art. 6 Rn. 154 (dieser spricht sich im Hinblick auf diese Frage auch für eine Zurückhaltung von Seiten des EGMR aus).

1158 EGMR Mirilashvili ./. Russland, 11.12.2008, Nr. 6293/04, § 189.

erfordern (Fall *Elsholz*).[1159] Inwiefern sich diese Rechtsprechung auf die Frage nach der Notwendigkeit der Einholung eines Glaubwürdigkeitsgutachtens (im Falle der Untersuchungsverweigerung des zu Begutachtenden) auswirkt, wird sogleich zu erörtern sein.

2. Hinzuziehung eines weiteren Sachverständigen

Im Fall *G.B.* gegen Frankreich ging es um die Frage nach der Notwendigkeit der Einholung eines weiteren Sachverständigengutachtens. Der EGMR sah sich diesbezüglich zunächst zu den folgenden Ausführungen allgemeiner Art veranlasst:

> *„The Court would point out that the mere fact that an expert expresses a different opinion to that in his written statement when addressing an assize court is not in itself an infringement of the principle of a fair trial […]. Similarly, the right to a fair trial does not require that a national court should appoint, at the request of the defence, a further expert even when the opinion of the expert appointed by the defence supports the prosecution case […].*"[1160]

Speziell für den Fall einer Glaubwürdigkeitsbegutachtung bedeutet dies: Der Sachverständige darf aufgrund des Verlaufs der Hauptverhandlung sehr wohl zu einem anderen Ergebnis als in seinem vorläufigen, schriftlichen Gutachten kommen. Damit wird der geforderten Vorläufigkeit des schriftlich erstatteten Gutachtens Rechnung getragen. Des Weiteren muss bedacht werden: Nachdem es sich beim Glaubwürdigkeitsgutachter um eine objektive und neutrale Person handeln muss, kann allein die Tatsache, dass er die Auffassung des Gerichts zu bestätigen scheint, nicht die Pflicht zur Einholung eines weiteren Glaubwürdigkeitsgutachtens zur Konsequenz haben. Die Stellung eines entsprechenden Beweisantrags ändert hieran nichts.

Der Fall *G.B.* wies jedoch Besonderheiten auf:

1159 LR/*Esser* Art. 6 Rn. 814 (Hervorhebung im Original) unter Verweis auf EGMR (GK) Elsholz ./. Deutschland, 13.7.2000, Nr. 25735/94, Rep. 2000-VIII, §§ 52 f. = NJW 2001, 2315, 2317; unlängst wurde auch im Fall *B.B.* und *F.B.* gegen Deutschland wegen eines Sorgerechtsentzugs ohne vorherige zureichende Sachverhaltsaufklärung (ein Glaubwürdigkeitsgutachten wurde nicht eingeholt) ein Verstoß gegen Art. 8 EMRK bejaht – EGMR B.B. und F.B. ./. Deutschland, 14.3.2013, Nr. 18734/09, 9424/11, §§ 45 ff., NLMR 2/2013-EGMR, 101.

1160 EGMR G.B. ./. Frankreich, 2.10.2001, Nr. 44069/98, Rep. 2001-X, §§ 68 ff. = StraFo 2002, 81, 82; *Frowein/Peukert* Art. 6 Rn. 175.

„Having regard to these particular circumstances, namely the expert's volte-face, combined with the rejection of the application for a second opinion, the Court considers that the requirements of a fair trial were infringed and the rights of the defence were not respected."[1161]

Maßgeblich für die Frage nach der Notwendigkeit der Hinzuziehung eines weiteren Sachverständigen sind (jeweils im Hinblick auf den ersten Sachverständigen) letztlich: die Auswahl des Sachverständigen, die Gutachtenqualität, der Umfang der Auseinandersetzung des Gerichts mit dem Gutachten sowie die Möglichkeit der Stellungnahme zum erstatteten Gutachten von Seiten des Angeklagten.[1162] Widersprüchlichkeiten zur Betrachtung anhand der StPO tun sich auch hier nicht auf.

Wie gesehen, überlässt der EGMR es im Grundsatz den nationalen Gerichten, darüber zu entscheiden, ob sie einen (weiteren) Sachverständigen hinzuziehen. Insofern kann von ihm wohl auch kein Beitrag zu der Debatte, ob ein Sachverständiger, von dem sich der zu Begutachtende untersuchen lässt, im Vergleich zu dem vom Gericht ausgewählten Sachverständigen, gegenüber dem der zu Begutachtende seine Mitwirkung verweigert, über überlegene Forschungsmittel im Sinne des § 244 Abs. 4 S. 2, 2. Halbs. StPO verfügt,[1163] erwartet werden.

C. Gutachten zur Glaubwürdigkeit und zur Schuldfähigkeit (im Falle der Untersuchungsverweigerung des zu Begutachtenden)

In diesem Abschnitt gilt es zu untersuchen, welche Aussagen der Rechtsprechung des EGMR im Hinblick auf Gutachten zur Glaubwürdigkeit und zur Schuldfähigkeit – speziell auch für den Fall der Untersuchungsverweigerung des zu Begutachtenden – zu entnehmen sind.

1161 EGMR G.B. ./. Frankreich, 2.10.2001, Nr. 44069/98, Rep. 2001-X, §§ 68 ff. = StraFo 2002, 81, 82.

1162 LR/*Esser* Art. 6 Rn. 818 unter Verweis auf EGMR Stoimenov ./. Mazedonien, 5.4.2007, Nr. 17995/02, §§ 41 f.

1163 Siehe dazu Kapitel III. B. II.

I. Erstellung von Glaubwürdigkeitsgutachten (im Falle der Untersuchungsverweigerung des zu Begutachtenden)

In den vorherigen Kapiteln wurde herausgearbeitet, in welchen Fällen es die Amtsaufklärungspflicht nach § 244 Abs. 2 StPO erforderlich macht, einen Glaubwürdigkeitsgutachter herbeizuziehen.

Im Folgenden soll nun untersucht werden, ob die Gerichte auch unter menschenrechtlichen Gesichtspunkten zur Hinzuziehung eines Glaubwürdigkeitsgutachters verpflichtet sein können, sprich, ob es unter bestimmten Umständen also eine Verletzung der EMRK darstellt, wenn die Gerichte es unterlassen, ein Glaubwürdigkeitsgutachten einzuholen.

1. Anspruch auf ein faires Verfahren (Art. 6 Abs. 1 EMRK) – Hinzuziehung eines Glaubwürdigkeitsgutachters

Der Anspruch auf ein faires Verfahren nach Art. 6 Abs. 1 EMRK könnte es unter bestimmten Voraussetzungen erforderlich machen, in einem Strafverfahren einen Sachverständigen zur Glaubwürdigkeitsbeurteilung hinzuzuziehen. Dabei räumt der EGMR den nationalen Gerichten auch im Hinblick auf die Frage, wann es der Hinzuziehung eines Sachverständigen zur Beurteilung der Glaubhaftigkeit von Zeugenaussagen bedarf, einen weiten Beurteilungsspielraum ein; allerdings hat sich der EGMR diesbezüglich, soweit ersichtlich, noch nicht in Bezug auf ein Strafverfahren geäußert.[1164]

a) Schranken des Beurteilungsspielraums der nationalen Gerichte – der Fall Elsholz gegen Deutschland

In dem zivilrechtlichen Fall *Elsholz* äußerte sich der EGMR dahingehend, dass für die Frage, ob das Recht auf ein faires Verfahren (Art. 6 Abs. 1 EMRK) die Einholung eines psychologischen Sachverständigengutachtens erforderlich macht, die „besonderen Umstände des Falls“ und die „Bedeutung der zu fällenden Entscheidung“ maßgeblich seien.[1165] Auf diese Weise schränkt der EGMR

1164 LR/*Esser* Art. 6 Rn. 815 unter Verweis auf die ein familiengerichtliches Verfahren betreffende Entscheidung EGMR Paefgen ./. Deutschland (E), 12.1.2010, Nr. 13778/07.

1165 EGMR (GK) Elsholz ./. Deutschland, 13.7.2000, Nr. 25735/94, Rep. 2000–VIII, §§ 52, 66 = NJW 2001, 2315, 2317 f.

den Beurteilungsspielraum der nationalen Gerichte im Hinblick auf die Hinzuziehung eines Sachverständigen also doch recht deutlich ein.

Esser schlägt von daher eine Übertragung der in diesem Fall vom EGMR aufgestellten Grundsätze auf den Zeugenbeweis im Strafverfahren vor.[1166] Dies hätte wohl zur Folge, dass zumindest die Beurteilung der Aussage eines zentralen Belastungszeugen – so sei der Passus „Bedeutung der zu fällenden Entscheidung" im strafverfahrensrechtlichen Kontext im Hinblick auf den Zeugenbeweis letztlich zu deuten – im Falle des Vorliegens von Besonderheiten – diesbezüglich kann man wohl auf die im ersten Kapitel erläuterte „Besonderheitenrechtsprechung" des BGH verweisen[1167] – sachverständige Hilfe erforderlich mache.[1168]

Die Haltung des EGMR entspricht danach letztlich weitestgehend derjenigen des BGH: Zum einen verlangen beide das Vorliegen von Besonderheiten, zum anderen ist bei beiden gerade im Falle einer Aussage-gegen-Aussage-Konstellation das Bedürfnis für eine besonders sorgfältige Glaubwürdigkeitsprüfung – die man nach hier vertretener Ansicht eben gerade mit der Hinzuziehung eines Sachverständigen gewährleisten kann – erkennbar.

Als Zwischenfazit kann somit festgehalten werden, dass eine Betrachtung der Rechtsprechung des EGMR zur Frage der Erforderlichkeit der Hinzuziehung eines Sachverständigen den Schluss nahelegt, dass die hierzulande immer wieder erfolgende Ablehnung eines Beweisantrags auf Einholung eines Glaubwürdigkeitsgutachtens mit der Begründung, dass der Richter selbst die hierfür nötige Sachkunde habe, an sich nicht unbedingt Gefahr läuft, vom EGMR als Verstoß gegen das Recht auf ein faires Verfahren eingestuft zu werden. Ein einfacher Hinweis darauf, dass es sich bei der Glaubhaftigkeitsbegutachtung um die ureigene Aufgabe des Richters handle, scheint dem EGMR gleichwohl nicht zu genügen. Im strafrechtlichen Fall *P.S.* hat er erklärt:

> *„However, the reasons given by the District Court [...] for refusing to question S. and dismissing the applicant's request for an expert opinion are rather vague and speculative and do not, therefore, appear relevant."*[1169]

Ein vom Beschwerdeführer beantragtes Glaubwürdigkeitsgutachten wurde vom Amtsgericht mit der einfachen Begründung, dass „der zuständige Richter als Familienrichter insoweit die erforderliche Sachkunde besitze und mit dem

1166 LR/*Esser* Art. 6 Rn. 815.
1167 Siehe dazu bereits ausführlich Kapitel I. B. I. 2.
1168 LR/*Esser* Art. 6 Rn. 815 f.
1169 EGMR P.S. ./. Deutschland, 20.12.2001, Nr. 33900/96, § 28, StV 2002, 289, 290.

Aussageverhalten aus der Anhörung von Kindern vertraut sei", abgelehnt.[1170] Eine schlüssige Begründung, warum gerade im konkreten Fall von einer ausreichenden Sachkunde auszugehen ist, ist also, das kann dieser Passage entnommen werden, zu fordern.

Als Ergebnis kann festgehalten werden: Nur in jenen besonderen Fällen, in denen der Richter seiner ureigenen Aufgabe, der Glaubwürdigkeitsbeurteilung, ohne sachverständige Unterstützung nicht Herr werden kann, verlangt es die Amtsaufklärungspflicht nach § 244 Abs. 2 StPO und ist es auch unter menschenrechtlichen Gesichtspunkten (Art. 6 Abs. 1 EMRK) als notwendig zu erachten, dass das Gericht die Hilfe eines Glaubwürdigkeitsgutachters in Anspruch nimmt.

b) Erfordernis eines Beweisantrags?

Die Amtsaufklärungspflicht nach § 244 Abs. 2 StPO kann die Gerichte unter bestimmten Bedingungen, wie gesehen, unabhängig von der Stellung eines Beweisantrags auf Einholung eines Glaubwürdigkeitsgutachtens zur Hinzuziehung eines Sachverständigen verpflichten. Fraglich ist allerdings, ob es der Stellung eines solchen Beweisantrags im nationalen Strafverfahren bedarf, um später vor dem EGMR eine Verletzung des Rechts auf ein faires Verfahren (Art. 6 Abs. 1 EMRK) erfolgreich rügen zu können.

aa) Der Fall A.G. gegen Schweden

In der Entscheidung *A.G.* gegen Schweden[1171] hat sich der Gerichtshof mit der Rüge eines Beschwerdeführers, der als Vater des minderjährigen Opfers wegen eines Sexualdelikts vor Gericht stand, auseinandersetzen müssen. Dieser machte unter anderem geltend, dass die Glaubhaftigkeit der Aussage seiner Tochter, das maßgebliche Beweismittel für seine Verurteilung, durch einen Sachverständigen hätte beurteilt werden müssen:

> *„In the applicant's opinion, in cases like the present, where the main evidence consists of taped police interviews with a small child, Swedish courts are obliged under Article 6 of the Convention to appoint a professional expert to evaluate the testimony."*

1170 EGMR P.S. ./. Deutschland, 20.12.2001, Nr. 33900/96, § 9, StV 2002, 289.
1171 EGMR A.G. ./. Schweden (E), 10.1.2012, Nr. 315/09.

Allerdings hatte der Beschwerdeführer keinen dahingehenden Beweisantrag gestellt. Von daher machte er geltend, dass das Gericht von Amts wegen[1172] einen Sachverständigen hätte hinzuziehen müssen:

> *„Hence, in the applicant's view, if a court is emphasizing the importance of caution being observed when assessing recorded interviews, the logical consequence would be for the court to ex officio call in professional help in evaluating such testimonies."*

Zwar erkennt der Gerichtshof in dieser Entscheidung das Bedürfnis nach einer besonders sorgfältigen Prüfung einer solchen Zeugenaussage an. Was hingegen die Behauptung des Angeklagten, dass es in diesem Fall von Amts wegen auch der Hinzuziehung eines Glaubwürdigkeitsgutachters bedurft hätte, anbelangt, vertritt er eine andere Ansicht („furthermore, the applicant did not request the domestic authorities to appoint a professional expert to evaluate A's testimony") und verneint im Ergebnis auch eine Verletzung von Art. 6 Abs. 1 und Abs. 3 *lit.* d EMRK.

Die soeben dargestellten *Elsholz*-Kriterien könnte man in diesem Fall durchaus bejahen. So handelte es sich bei dem minderjährigen Opfer zum einen um die zentrale Belastungszeugin. Zum anderen ist es zumindest nicht ausgeschlossen, dies zeigt eine Betrachtung der einschlägigen Rechtsprechung deutscher Gerichte, bei einer minderjährigen Opferzeugin, die zugleich die Tochter des Angeklagten ist, eine die Hinzuziehung eines Sachverständigen erfordernde Besonderheit anzunehmen.

Das bedeutet wohl, dass nach Ansicht des EGMR allein das Vorliegen dieser Kriterien nicht ausreicht, um eine Verletzung von Art. 6 Abs. 1 EMRK bejahen zu können. Vielmehr scheint er die Stellung eines entsprechenden Beweisantrags im nationalen Strafverfahren vorauszusetzen.[1173]

Auf prozessualer Ebene gilt Folgendes: Nach Art. 35 Abs. 1 EMRK kann sich der EGMR *mit einer Angelegenheit erst nach Erschöpfung aller innerstaatlichen Rechtsbehelfe befassen*. Die Erschöpfung der innerstaatlichen Rechtsbehelfe stellt eine der Zulässigkeitsvoraussetzungen einer Individualbeschwerde vor dem

---

1172 Zu beachten ist allerdings (auch im Folgenden), dass nach schwedischem Strafprozessrecht kein Amtsermittlungsgrundsatz wie im deutschen besteht; „Gerichte üben bei der materiellen Prozeßleitung sehr große Zurückhaltung", *Cornils* in: Die Beweisaufnahme im Strafverfahrensrecht des Auslands, S. 435, 451.

1173 Siehe aber Fn. 1172 und (allgemein im Hinblick auf den Umfang der Amtsaufklärungspflicht) Meyer-Goßner/*Schmitt* Art. 6 Rn. 3 unter Verweis auf EGMR Sievert ./. Deutschland, 19.7.2012, Nr. 29881/07, § 59, JR 2013, 170, 174; *Frowein/Peukert* Art. 6 Rn. 165 unter Verweis auf EGMR Barberà, Messegué und Jabardo ./. Spanien, 6.12.1988, Nr. 10590/83, A 146, § 75 = EGMR-E 4 S. 208, 224 f.

EGMR dar. Auch die Stellung eines entsprechenden Beweisantrages ist erforderlich, um diese Zulässigkeitsvoraussetzung zu erfüllen.[1174]

bb) Eingeholtes Glaubwürdigkeitsgutachten als Nachweis einer sorgfältigen Glaubwürdigkeitsprüfung

Keinesfalls unterschlagen werden darf an dieser Stelle der Hinweis darauf, dass der Gerichtshof durchaus auch schon in Strafverfahren die Glaubwürdigkeitsbegutachtung durch einen Sachverständigen als einen Beleg für eine eingehende Prüfung der Zeugenaussage durch die nationalen Gerichte gewertet hat.[1175]

Zwar macht er die Einholung von Glaubwürdigkeitsgutachten damit nicht explizit zur Pflicht. Als unentbehrlich scheint er sie in bestimmten Fällen anderseits aber auch nicht zu erachten, attestiert er den nationalen Gerichten (unter anderem) dadurch doch gerade „die erforderliche Sorgfalt“ bei der Würdigung von Zeugenaussagen[1176]. Damit spricht der EGMR im Übrigen Glaubwürdigkeitsgutachten – zumindest indirekt – auch einen relevanten Beweiswert zu.

cc) Fazit

Wertet man die Ausführungen des Gerichtshofs in seiner Entscheidung *A.G.* gegen Schweden aus, kommt man zu folgendem Schluss: Um die fehlende Einholung eines Glaubwürdigkeitsgutachtens erfolgreich rügen zu können, bedarf es nicht nur des Vorliegens der beiden *Elsholz*-Kriterien, sondern auch der Stellung eines dahingehenden Beweisantrags. In prozessualer Hinsicht gilt: Die Stellung eines entsprechenden Beweisantrags ist notwendig, um das Erfordernis der Erschöpfung aller innerstaatlichen Rechtsbehelfe, das eine Zulässigkeitsvoraussetzung für eine Individualbeschwerde vor dem EGMR ist, Art. 35 Abs. 1 EMRK, zu erfüllen.

1174 *Meyer-Ladewig* Art. 35 Rn. 27; *Esser*, Europäisches und Internationales Strafrecht, § 9 Rn. 74.

1175 So im Fall *Fąfrowicz*, EGMR Fąfrowicz ./. Polen, 17.4.2012, Nr. 43609/07, § 61; siehe auch EGMR Sievert ./. Deutschland, 19.7.2012, Nr. 29881/07, § 65, JR 2013, 170, 175; EGMR Chudy-Sternik ./. Polen und Spanien (E), 15.1.2013, Nr. 7063/10; EGMR D.T. ./. Niederlande (E), 2.4.2013, Nr. 25307/10, §§ 51 f.

1176 EGMR Sievert ./. Deutschland, 19.7.2012, Nr. 29881/07, § 65, JR 2013, 170, 175; EGMR Chudy-Sternik ./. Polen und Spanien (E), 15.1.2013, Nr. 7063/10.

c) Pflicht zur Einholung eines Glaubwürdigkeitsgutachtens

In Betracht kommt eine Verletzung der Amtsaufklärungspflicht nach § 244 Abs. 2 StPO und auch des Rechts auf ein faires Verfahren nach Art. 6 Abs. 1 EMRK unter den soeben erläuterten Voraussetzungen, wenn die nationalen Gerichte es unterlassen, einen Sachverständigen zum Zwecke der Begutachtung

- eines Belastungszeugen,
- eines Entlastungszeugen, der die Einlassung des Angeklagten glaubhaft zu bekräftigen vermag,
- eines den Angeklagten belastenden bzw. entlastenden Mitangeklagten, der nach internationaler Dogmatik, wie bereits erläutert,[1177] unabhängig vom Vorhandensein einer „Klammer der prozessualen Gemeinsamkeit" als Zeuge eingeordnet wird,
- oder des Angeklagten selbst, dessen Einlassung aufgrund eines Glaubwürdigkeitsgutachtens untermauert werden kann, hinzuzuziehen.

Selbstverständlich kann eine Pflicht der nationalen Gerichte zur Einholung eines Glaubwürdigkeitsgutachtens unter den genannten Voraussetzungen aber nur dann angenommen werden, wenn die vom Sachverständigen durchgeführte Glaubwürdigkeitsbegutachtung nicht gegen die EMRK verstößt.

aa) Pflicht zur Hinzuziehung eines Glaubwürdigkeitsgutachters im Falle einer vorliegenden Einwilligung des zu Begutachtenden

Zunächst muss erörtert werden, ob eine Pflicht zur Hinzuziehung eines Sachverständigen unter den genannten Voraussetzungen für den Fall einer vorliegenden Einwilligung des zu Begutachtenden bejaht werden kann.

(1) Rechtliche Zulässigkeit

Fraglich ist dabei vorab, ob die Glaubwürdigkeitsuntersuchung im eigentlichen Sinne (eines Zeugen, Mitangeklagten oder Angeklagten) auch mit den in der EMRK verbürgten Garantien zu vereinbaren ist.

(i) Beachtung des nemo tenetur-Prinzips

Steht die Glaubwürdigkeitsuntersuchung eines (Mit-) Angeklagten in Rede, so stößt man auf das Problem, ob einer solchen nicht das nemo tenetur-Prinzip,

---

1177 Siehe Kapitel II. C. III. 3. b).

das auch aus dem fair trial-Grundsatz (Art. 6 Abs. 1 EMRK) hergeleitet wird,[1178] entgegensteht.

Oben[1179] wurde aber bereits beleuchtet, warum dies gerade nicht der Fall ist: Eine Glaubwürdigkeitsuntersuchung im eigentlichen Sinne kann nur mit der Einwilligung des zu Begutachtenden vorgenommen werden; damit sich dieser über seine Aussage- und Mitwirkungsfreiheit (auch in Bezug auf die Glaubwürdigkeitsuntersuchung) im Klaren ist, bedarf es einer entsprechenden Belehrung. Zwar darf aufgrund des nemo tenetur-Prinzips keine aktive Mitwirkung vom Angeklagten verlangt werden, also auch keine Teilnahme an Tests oder Explorationen,[1180] wie sie gerade bei einer Glaubwürdigkeitsuntersuchung im eigentlichen Sinne üblicherweise vorgenommen werden. Aufgrund der hierfür notwendigen Einwilligung ist ein Verstoß gegen die Selbstbelastungsfreiheit allerdings zu verneinen. Eine freiwillige Mitwirkung (bei einer Glaubwürdigkeitsbegutachtung) verstößt eben gerade nicht gegen das nemo tenetur-Prinzip.[1181]

(ii) Recht auf Achtung des Privat- und Familienlebens, Art. 8 EMRK

Weiterhin kommt eine Verletzung von Art. 8 EMRK, der das Recht auf Achtung des Privat- und Familienlebens schützt, durch die Vornahme einer Glaubwürdigkeitsuntersuchung des Zeugen oder des (Mit-) Angeklagten in Betracht. Betroffen sein könnte das Recht auf Achtung des Privatlebens. Dieses bezieht sich auf mehrere Bereiche unterschiedlicher Art, weswegen auch keine abschließende Definition dieses Begriffs vorliegt.[1182] Unter anderem umfasst dieses jedenfalls auch die körperliche und psychische Integrität[1183] sowie das Recht auf die informationelle Selbstbestimmung[1184]. Bei einer Glaubwürdigkeitsuntersuchung im eigentlichen Sinne wird ein

1178 *Gaede* S. 312; SK-StPO/*Rogall* Vor § 133 Rn. 131; LR/*Esser* Art. 6 Rn. 880 (auch zu Art. 14 Abs. 3 *lit.* g IPBPR, Rn. 879); EGMR (GK) John Murray ./. Vereinigtes Königreich, 8.2.1996, Nr. 18731/91, Rep. 1996-I, § 45 = EuGRZ 1996, 587, 590.

1179 Siehe Kapitel II. B. zur Glaubwürdigkeitsbegutachtung des Angeklagten.

1180 LR/*Kühne* Einl. Abschn. J Rn. 90.

1181 LR/*Kühne* Einl. Abschn. J Rn. 88.

1182 Karpenstein/Mayer/*Pätzold* Art. 8 Rn. 5; *Meyer-Ladewig* Art. 8 Rn. 7.

1183 Etwa EGMR Y.F. ./. Türkei, 22.7.2003, Nr. 24209/94, Rep. 2003-IX, § 33; EGMR Juhnke ./. Türkei, 13.5.2008, Nr. 52515/99, § 71, NVwZ 2009, 1547, 1549; *Frowein/Peukert* Art. 8 Rn. 8; Karpenstein/Mayer/*Pätzold* Art. 8 Rn. 7; *Meyer-Ladewig* Art. 8 Rn. 11 f., 15 f.

1184 Etwa Karpenstein/Mayer/*Pätzold* Art. 8 Rn. 24 ff.

höchstpersönlicher Bereich des Begutachtenden tangiert; die damit verbundenen Explorationen und die Durchführung diverser Tests müssen zwar nicht, können aber durchaus mit einer Verletzung zumindest der psychischen Integrität einhergehen. Allerdings bedarf es, wie erläutert, ohnehin einer Einwilligung des zu Begutachtenden, gleich ob es sich um einen Zeugen oder um einen (Mit-) Angeklagten handelt, um eine Glaubwürdigkeitsuntersuchung im eigentlichen Sinne vornehmen zu können. Liegt eine solche Einwilligung des zu Begutachtenden vor, ist sein Recht auf Achtung seines Privatlebens nicht beeinträchtigt, ein Eingriff ist dann also zu verneinen. Die Durchführung einer Glaubwürdigkeitsuntersuchung im eigentlichen Sinne führt von daher zu keiner Verletzung von Art. 8 EMRK.

(2) Beweiswert

Könnte man nun aber nicht den Einwand erheben, dass eine Verletzung des Rechts auf ein faires Verfahren aufgrund der Nichteinholung eines Glaubwürdigkeitsgutachtens zumindest deswegen nicht anzunehmen ist, weil ein solches ohnehin zu keiner hundertprozentigen Gewissheit über den Wahrheitsgehalt der Aussage führt? Angesprochen ist damit der (nicht ganz unumstrittene) Beweiswert von Glaubwürdigkeitsgutachten. Dieser Einwand wäre aber nicht zu halten: Der Gerichtshof überlässt es, wie gesehen, im Wesentlichen den nationalen Gerichten, über den Beweiswert zu befinden; wenn diese Glaubwürdigkeitsgutachten aber grundsätzlich einen sogar ganz erheblichen Beweiswert zusprechen, wie dies hierzulande der Fall ist, so wäre es widersprüchlich, würde man im Falle einer gerügten Verletzung des fair trial-Prinzips einfach das Gegenteil behaupten.

(3) Fazit

Damit ist im Ergebnis auch unter Beachtung der durch die EMRK gewährten Menschenrechte die Zulässigkeit einer Glaubwürdigkeitsuntersuchung im eigentlichen Sinne, die nur mit der Einwilligung des zu Begutachtenden vorgenommen werden darf, anzunehmen.

Liegen jene besonderen Umstände vor, die es nicht nur aus nationaler, sondern auch aus menschenrechtlicher Sicht geboten erscheinen lassen, einen Sachverständigen zur Glaubwürdigkeitsbegutachtung heranzuziehen, und willigt der zu Begutachtende in eine Glaubwürdigkeitsuntersuchung ein, müsste die Nichthinzuziehung des Sachverständigen also nach alledem – zumindest dann, wenn ein dahingehender Beweisantrag gestellt wurde – einen Verstoß gegen das Recht auf ein faires Verfahren, Art. 6 Abs. 1 EMRK, zur Folge haben.

bb) Pflicht zur Hinzuziehung eines Glaubwürdigkeitsgutachters auch im Falle der Untersuchungsverweigerung des zu Begutachtenden?

Im Rahmen der Untersuchung, ob eine Pflicht zur Hinzuziehung eines Sachverständigen unter den genannten Voraussetzungen auch für den Fall der Untersuchungsverweigerung des zu Begutachtenden bejaht werden kann, ist nur die Konstellation, in welcher der Zeuge bzw. der Mitangeklagte, der nach internationaler Dogmatik ja gerade als Zeuge eingestuft wird, die Untersuchung verweigert, zu betrachten. Dass ein Angeklagter die Glaubwürdigkeitsuntersuchung verweigert und im Nachhinein rügt, ein Glaubwürdigkeitsgutachter hätte zur Beurteilung seiner Glaubwürdigkeit bzw. der Glaubhaftigkeit seiner Einlassung hinzugezogen werden müssen, erscheint widersprüchlich (zumindest dann, wenn keine anderen Erkenntnisquellen, die eine fachgerechte Begutachtung ermöglichen, vorhanden sind).[1185]

(1) Rechtliche Zulässigkeit

Fraglich ist dabei vorab wiederum, ob auch eine Glaubwürdigkeitsbegutachtung trotz Untersuchungsverweigerung des zu Begutachtenden aus menschenrechtlicher Sicht rechtlich zulässig ist.

(i) Beachtung des nemo tenetur-Prinzips

Auch dann, wenn eine Durchführung der Glaubwürdigkeitsbegutachtung trotz der Mitwirkungsverweigerung des zu begutachtenden, gegen den anderen Mitangeklagten aussagenden Mitangeklagten im Raume steht, gelangt man zu dem Problem, ob sich eine solche mit dem nemo tenetur-Prinzip vereinbaren lässt.

Die Selbstbelastungsfreiheit gewährt ihm, in keinerlei aktiver Weise an seiner eigenen Überführung teilnehmen zu müssen. Für den Fall einer Glaubwürdigkeitsbegutachtung trotz versagter Einwilligung bedeutet dies insbesondere, dass er nicht zur Beantwortung von Fragen des Sachverständigen verpflichtet ist.

Auch die bloße Beobachtung während der Hauptverhandlung durch den Sachverständigen (auch im Falle der fehlenden Aussagebereitschaft des zu begutachtenden Mitangeklagten) verstößt nach hier vertretener Ansicht aufgrund der Tatsache, dass ihm kein aktives Verhalten abverlangt wird, nicht gegen das nemo tenetur-Prinzip.[1186]

1185 Vgl. dazu in Bezug auf Schuldfähigkeitsgutachten *Deckers*, Der strafprozessuale Beweisantrag, Köln 2013, Rn. 248 (oben Fn. 1055).

1186 Siehe Kapitel II. B. III. 2. a) dd) (2) (ii).

Eine entsprechende Belehrung[1187] gewährleistet, dass eine etwaige Aussagebereitschaft – sowohl gegenüber den Strafverfolgungsbehörden als auch gegenüber dem Sachverständigen – in dem Wissen, dass er dazu nicht verpflichtet ist, besteht.

Letztlich macht der Sachverständige hier nur das, was auch der Richter tut, nur mit mehr Sachkunde. Er fungiert, wie erläutert,[1188] als Art verlängerter Arm des nicht ausreichend sachkundigen, den Sachverständigen aber leitenden und kontrollierenden, diesen lediglich zur Hilfe heranziehenden Richters.

Von daher lässt sich im Ergebnis festhalten: Im Falle der Vornahme einer Glaubwürdigkeitsbegutachtung trotz Mitwirkungsverweigerung des für oder gegen den anderen Mitangeklagten aussagenden Mitangeklagten wird nicht gegen das nemo tenetur-Prinzip verstoßen.

(ii) Recht auf Achtung des Privat- und Familienlebens, Art. 8 EMRK

Zu untersuchen gilt es, ob auch eine Glaubwürdigkeitsbegutachtung trotz versagter Einwilligung des zu Begutachtenden mit dem von Art. 8 EMRK geschützten Recht auf Achtung des Privatlebens zu vereinbaren ist. Wie gesehen, wird auch bei einer Glaubwürdigkeitsbegutachtung trotz Untersuchungsverweigerung vom Zeugen verlangt, Fragen des Sachverständigen, die sich auf durchaus sehr persönliche und intime Bereiche beziehen, zu beantworten. Zwar stellt sich die Situation beim Mitangeklagten hinsichtlich der Pflicht zur Beantwortung aufgrund der Selbstbelastungsfreiheit anders dar. Auch hier werden dem Sachverständigen durch die Beobachtung und die Einsicht in die Akten aber sehr weitgehende Einblicke in einen sehr persönlichen, privaten Bereich des zu Begutachtenden gewährt. Auswirkungen auf die psychische Integrität können mit einer solchen Begutachtungsart ebenfalls verbunden sein. Die Anordnung der Glaubwürdigkeitsbegutachtung trotz Untersuchungsverweigerung des zu Begutachtenden von Seiten des Gerichts dürfte also einen Eingriff darstellen.[1189] Von daher muss geprüft werden, ob dieser Eingriff gerechtfertigt ist. Nach Art. 8 Abs. 2 EMRK setzt dies voraus, dass *der Eingriff gesetzlich vorgesehen und in einer demokratischen Gesellschaft notwendig ist für die nationale oder öffentliche Sicherheit, für das wirtschaftliche Wohl des Landes, zur Aufrechterhaltung der Ordnung, zur Verhütung von Straftaten, zum Schutz der Gesundheit oder der Moral oder zum Schutz der Rechte und Freiheiten anderer*. Zu prüfen ist demnach, ob eine

---

1187 Siehe Kapitel II. B. III. 2. d).

1188 Siehe S. 178.

1189 Vgl. *Meyer-Ladewig* Art. 8 Rn. 15 und Karpenstein/Mayer/*Pätzold* Art. 8 Rn. 63 (allerdings jeweils für den Fall einer Schuldfähigkeitsuntersuchung).

Rechtsgrundlage und ein von Art. 8 Abs. 2 EMRK aufgezähltes Ziel vorliegen und ob die Notwendigkeit des Eingriffs bejaht werden kann.[1190] § 80 Abs. 2 StPO, als für die Glaubwürdigkeitsbegutachtung trotz Untersuchungsverweigerung maßgebliche Norm, stellt eine solche gesetzliche Grundlage[1191] dar.[1192] Die Vornahme einer Glaubwürdigkeitsuntersuchung trotz Untersuchungsverweigerung des zu Begutachtenden erfolgt im Interesse der Rechtspflege an der Aufklärung der Straftat. Die Strafverfolgung dient dabei unter anderem folgenden legitimen Zwecken: der Aufrechterhaltung der Ordnung, der Verhütung von Straftaten und der öffentlichen Sicherheit.[1193] Was die Frage nach der Notwendigkeit anbelangt, so gewährt der EGMR den nationalen Gerichten hier mitunter einen durchaus weiten Beurteilungsspielraum.[1194] Im Ergebnis kann eine Glaubwürdigkeitsbegutachtung trotz Untersuchungsverweigerung von daher durchgeführt werden, ohne Art. 8 EMRK zu verletzen.

(iii) Vereinbarkeit mit der Schutzwürdigkeit des (Opfer-) Zeugen?

Im zweiten Kapitel wurde im Rahmen der Erörterung, welche Argumente gegen die Vornahme einer Glaubwürdigkeitsbegutachtung trotz Untersuchungsverweigerung sprechen könnten, auch auf den Zeugenschutz eingegangen.[1195] Letztlich kann dieser nach hier vertretener Ansicht nicht die generelle Unzulässigkeit einer solchen Begutachtung zur Konsequenz haben. Insgesamt muss jedoch für eine äußerst sorgsame Anwendungspraxis – sowohl im Hinblick auf die Entscheidung über die Anordnung als auch im Hinblick auf die Art und Weise einer solchen Gutachtenerstellung – plädiert werden.

Fraglich ist an dieser Stelle, ob sich dieses Ergebnis mit Blick auf die Rechtsprechung des EGMR noch untermauern lässt. Zwar hat sich der Gerichtshof zu dieser Konstellation, soweit ersichtlich, noch nicht konkret geäußert. Gerade im Zusammenhang mit der Gewährung des Konfrontationsrechts, Art. 6 Abs. 3 *lit.* d EMRK, einem Verteidigungsrecht, betont er die Notwendigkeit der Beachtung des Zeugenschutzes, insbesondere des Opferzeugenschutzes, jedoch immer wieder in aller Deutlichkeit. Im Fall *Aigner* etwa brachte der EGMR so Folgendes zum Ausdruck:

1190 *Grabenwarter/Pabel* § 22 Rn. 32 ff.; Karpenstein/Mayer/*Pätzold* Art. 8 Rn. 99.
1191 Zu den Anforderungen an eine solche etwa Karpenstein/Mayer/*Pätzold* Art. 8 Rn. 91 ff., 99.
1192 Vgl. dazu schon oben Kapitel II. A. II. 2. c).
1193 LR/*Esser* Art. 8 Rn. 47.
1194 *Grabenwarter/Pabel* § 22 Rn. 39 f.; Karpenstein/Mayer/*Pätzold* Art. 8 Rn. 98.
1195 Siehe Kapitel II. A. III. 5. a) dd).

„The Court must also have regard to the special features of criminal proceedings concerning sexual offences. Such proceedings are often conceived of as an ordeal by the victim [...]. These features are even more prominent in a case involving a minor. In the assessment of the question whether or not in such proceedings an accused received a fair trial, account must be taken of the right to respect for the private life of the alleged victim. Therefore, the Court accepts that in criminal proceedings concerning sexual abuse certain measures may be taken for the purpose of protecting the victim, provided that such measures can be reconciled with an adequate and effective exercise of the rights of the defence.“[1196]

Der EGMR unterstreicht hier gerade die Schutzbedürftigkeit von (minderjährigen) Opfern von Sexualdelikten. Im konkreten Fall nahm er aufgrund dieser Umstände einen ausreichenden Grund („good reason“)[1197] für die nicht mögliche Ausübung des Konfrontationsrechts von Seiten des Angeklagten an.

Sowohl bei der Ausübung des Konfrontationsrechts durch den Angeklagten bzw. dessen Verteidiger als auch bei der Begutachtung nach § 80 Abs. 2 StPO durch den Sachverständigen werden dem Zeugen Fragen gestellt, deren Beantwortung letztlich Aufschluss über die Glaubhaftigkeit der Zeugenaussage geben und damit der Wahrheitsfindung dienen soll. Die Rechtsprechung des EGMR kann wohl dahingehend interpretiert werden, dass in beiden Konstellationen das Bedürfnis nach der Wahrheitssuche mit der hohen Schutzbedürftigkeit des (Opfer-) Zeugen in Ausgleich gebracht werden muss. Die Hinzuziehung eines Sachverständigen schließt dies jedoch nicht aus.[1198] Von daher wird das im zweiten Kapitel erzielte Ergebnis bestätigt.

(2) Problematischer Beweiswert

Selbst im Falle der Aussagebereitschaft des zu Begutachtenden ist die Beurteilungsgrundlage nicht mit derjenigen, die eine ausführliche Untersuchung zu bieten vermag, zu vergleichen. Fraglich ist somit, ob sich dieser durchaus problematische Beweiswert nicht dahingehend auswirken muss, dass man bei einer unterlassenen Hinzuziehung eines Glaubwürdigkeitsgutachters im Falle der

---

1196 EGMR Aigner ./. Österreich, 10.5.2012, Nr. 28328/03, § 37, ÖJZ 2012, 871, 872; siehe auch EGMR A.G. ./. Schweden (E), 10.1.2012, Nr. 315/09; EGMR D.T. ./. Niederlande (E), 2.4.2013, Nr. 25307/10, § 47; vgl. auch EGMR Chudy-Sternik ./. Polen und Spanien (E), 15.1.2013, Nr. 7063/10 („that the special features of criminal proceedings concerning rape might require balancing the needs of the defence against those of witnesses or victims called upon to testify“).

1197 Zur ersten Stufe der dreistufigen Prüfung Kapitel IV. C. I. 2. a).

1198 Vgl. EGMR A.G. ./. Schweden (E), 10.1.2012, Nr. 315/09; EGMR Chudy-Sternik ./. Polen und Spanien (E), 15.1.2013, Nr. 7063/10.

Untersuchungsverweigerung eine Verletzung des Rechts auf ein faires Verfahren verneinen muss.

Dagegen spricht aber Folgendes: Nach hier vertretener – und eben auch von der deutschen Rechtsprechung geteilten – Ansicht stellt auch eine Glaubwürdigkeitsbegutachtung im Falle der Untersuchungsverweigerung in der Regel zumindest einen Hilfsaspekt für die richterliche Beweiswürdigung dar. Außerdem fällt es zunächst in den Aufgabenbereich eines Sachverständigen, darüber zu befinden, ob eine auf solche Weise zu erhaltende Grundlage für eine Gutachtenerstellung ausreichend ist. Dies wiederum wird regelmäßig erst im Laufe der Hauptverhandlung, in der sich zeigt, wie viel der zu Begutachtende auch ohne Einwilligung in die Glaubwürdigkeitsbegutachtung von sich preisgibt, möglich sein.

Auch der EGMR scheint einem Glaubwürdigkeitsgutachten, das nicht auf einer ausführlichen Untersuchung beruht, einen unter Umständen sogar erheblichen Beweiswert einzuräumen: Im Fall *Chudy-Sternik* wurde zur polizeilichen Vernehmung ein Psychologe hinzugezogen, der in der Folge ein Glaubwürdigkeitsgutachten erstellte.[1199] Mangels näherer Ausführungen ist nicht davon auszugehen, dass er in diesem Rahmen eine Exploration und umfangreiche Tests durchführen konnte. Vielmehr heißt es nur:

> *„She had already made statements before the police at two long interviews, the second in the presence of a psychologist who subsequently prepared an expert opinion […].“*

Der Gerichtshof wertete die Hinzuziehung des Glaubwürdigkeitsgutachters als Zeichen dafür, dass das nationale Gericht die Aussage der Opferzeugin mit der gebotenen Sorgfalt würdigte:

> *„In addition, the Court is satisfied that the domestic courts assessed the statements […] with the particular care required. They took into consideration various factors which were of relevance when it came to assessing her credibility, in particular in the light of the expert psychological opinion […].“*

Im Ergebnis bedeutet dies: Der Einwand, dass eine solche Begutachtung (wenn überhaupt) nur von geringem Wert für die Beweiswürdigung sei, mit der Folge, dass kein Verstoß gegen den fair trial-Grundsatz im Falle der unterlassenen Hinzuziehung eines Glaubwürdigkeitsgutachters angenommen werden dürfe, könnte nicht durchgreifen. Vielmehr darf verlangt werden, dass das nationale Gericht einen Sachverständigen zumindest dahingehend befragt hat, ob im konkreten Fall eine Glaubwürdigkeitsbegutachtung trotz Untersuchungsverweigerung sinnvoll erscheint. Nur dann, wenn dieser es ablehnt, ein Gutachten auf

---

1199 EGMR Chudy-Sternik ./. Polen und Spanien (E), 15.1.2013, Nr. 7063/10 (Hervorhebung von der *Verfasserin*).

einer solchen Grundlage zu erstellen, ist eine Verletzung des Rechts auf ein faires Verfahren zu verneinen.

(3) Fazit

Das im zweiten Kapitel gefundene Ergebnis – in aller Kürze: eine Glaubwürdigkeitsbegutachtung trotz Untersuchungsverweigerung des zu Begutachtenden ist zulässig, aufgrund der damit verbundenen Strapazen und aufgrund des tendenziell geringeren Beweiswerts eines auf solche Weise zustande gekommenen Gutachtens ist aber eine sorgfältige Anwendungspraxis zu empfehlen – kann nach Betrachtung der in der EMRK enthaltenen Garantien und der dazugehörigen Rechtsprechung des EGMR gehalten werden.

Das bedeutet: Sind besondere Umstände vorhanden, die es auch aus menschenrechtlicher Sicht erforderlich erscheinen lassen, einen Sachverständigen mit einer Glaubhaftigkeitsbegutachtung zu beauftragen, so müsste die Nichthinzuziehung eines Sachverständigen auch dann, wenn der zu Begutachtende nicht in die Glaubwürdigkeitsuntersuchung einwilligt und demnach nur eine Begutachtung ohne Untersuchung erfolgen kann, einen Verstoß gegen das Recht auf ein faires Verfahren, Art. 6 Abs. 1 EMRK, nach sich ziehen – zumindest dann, wenn ein dahingehender Beweisantrag gestellt und ein Sachverständiger mit der Frage, ob er sich zur Erstellung eines solchen Gutachtens fähig erachtet, konfrontiert wurde.

2. Einholung eines Glaubwürdigkeitsgutachtens (trotz Untersuchungsverweigerung des zu Begutachtenden) und Nichtgewährung des Konfrontationsrechts (Art. 6 Abs. 3 lit. d EMRK)

„*Nur getestete Beweise sind sichere Beweise (genauer: Beweise, die als sicher* gelten *können).*“[1200]

Im Folgenden soll eine Sonderkonstellation in den Blick genommen werden. Es soll der Frage nachgegangen werden, ob und gegebenenfalls inwiefern sich die Vornahme einer Glaubwürdigkeitsbegutachtung (trotz Untersuchungsverweigerung) auf die Nichtgewährung des Konfrontationsrechts (Art. 6 Abs. 3 *lit.* d EMRK) auswirkt. Dabei ist davon auszugehen, dass sowohl das Konfrontationsrecht als auch

---

1200 *Walther* GA 2003, 204, 223 (Hervorhebung im Original).

die Einholung eines Glaubwürdigkeitsgutachtens dem Zweck dienen, Beweise auf ihre Zuverlässigkeit hin zu „testen".

Insbesondere bei Strafverfahren, die Sexualdelikte zum Gegenstand haben, muss häufig eine Aussage-gegen-Aussage-Konstellation bewältigt werden:[1201] Die belastende Aussage muss dann so gründlich wie möglich überprüft werden. Insofern kommt gerade hier, natürlich aber auch in anderen Fällen, dem Konfrontationsrecht (Art. 6 Abs. 3 *lit.* d EMRK) – und eben auch der Glaubwürdigkeitsbegutachtung – eine besonders hohe Bedeutung zu.

a) Nichtgewährung des Konfrontationsrechts (Art. 6 Abs. 3 lit. d EMRK) – Drei-Stufen-Prüfung

Kann das Konfrontationsrecht des Angeklagten (Art. 6 Abs. 3 *lit.* d EMRK) in der Hauptverhandlung nicht oder nur in eingeschränkter Weise gewährt werden, so ist eine dreistufige Prüfung dahingehend, ob die Verwertung der Aussage des in der Hauptverhandlung nicht konfrontierten Zeugen eine Verletzung von Art. 6 Abs. 1 EMRK in Verbindung mit Art. 6 Abs. 3 *lit.* d EMRK darstellt, vorzunehmen. Diese sogenannte Drei-Stufen-Prüfung wurde vom EGMR entwickelt und von ihm sowie auch von den deutschen Gerichten in ständiger Rechtsprechung angewandt.[1202] In einem ersten Schritt wird danach die Prüfung, ob ein ausreichender, anerkannter Grund für die Nichtgewährung bzw. eingeschränkte Gewährung des Konfrontationsrechts vorliegt, vorgenommen.[1203] Auf der zweiten Stufe wird sodann geprüft, ob dieses Verteidigungsdefizit „sufficiently counterbalanced" wurde.[1204] Die dritte Stufe schließlich betrifft die Beweiswürdigung: Gefordert wird zum einen eine besonders sorgfältige Beweiswürdigung der entsprechenden Zeugenaussage und zum anderen, dass der nicht konfrontierte Zeuge nicht das einzige oder maßgebliche Beweismittel darstellt.[1205]

Allerdings befindet sich die Drei-Stufen-Prüfung nach der aktuellen Rechtsprechung des EGMR, eingeleitet durch ein Urteil der Großen Kammer im Fall

---

1201 Im Fall *Gani* (EGMR Gani ./. Spanien, 19.2.2013, Nr. 61800/08, § 47) hat sich der Gerichtshof unlängst zu den damit einhergehenden Schwierigkeiten geäußert.

1202 Siehe etwa BVerfGK 16, 275 ff.

1203 LR/*Esser* Art. 6 Rn. 790 f.; ausführlich dazu etwa auch *Schmitt* in: FS für Rissing-van Saan, S. 617, 625 ff.

1204 LR/*Esser* Art. 6 Rn. 792 ff.; ausführlich dazu etwa auch *Schmitt* in: FS für Rissing-van Saan, S. 617, 629 ff.

1205 LR/*Esser* Art. 6 Rn. 799; ausführlich dazu etwa auch *Schmitt* in: FS für Rissing-van Saan, S. 617, 631 ff.

Al-Khawaja u. Tahery vom 15. Dezember 2011, gerade im Wandel.[1206] Danach sind die zweite und die dritte Stufe letzten Endes zu tauschen: Zu der Prüfung, ob „sufficient counterbalancing factors" bejaht werden können, kommt der Gerichtshof erst nach Beantwortung der Frage, ob die Verurteilung des Angeklagten ausschließlich oder maßgeblich auf die Aussage des nicht konfrontierten Zeugen gestützt worden ist; ist Letzteres zu bejahen, seien kompensierende Faktoren von Nöten, die Verurteilung würde jedoch gerade nicht, das betont er ausdrücklich, automatisch zu einer Verletzung von Art. 6 Abs. 1 EMRK führen.

b) Mögliche Fallkonstellationen

Fraglich ist, in welchen Fällen eine Gewährung des Konfrontationsrechts nicht möglich ist, die Anordnung einer Glaubwürdigkeitsbegutachtung hingegen in Betracht kommt.

Zunächst ist es beispielsweise möglich, dass der Zeuge zwar nicht konfrontiert werden kann, etwa weil er sich auf sein Zeugnisverweigerungsrecht beruft, der Sachverständige aber trotzdem ein Glaubwürdigkeitsgutachten erstellen kann, weil der Zeuge in die Glaubwürdigkeitsuntersuchung einwilligt.

Es gibt aber auch durchaus Fallkonstellationen, bei denen die Ausübung des Konfrontationsrechts aufgrund eines anerkannten Grundes unmöglich ist, und gleichwohl auch ein mit den Mitteln des § 80 Abs. 2 StPO erstelltes Glaubwürdigkeitsgutachten erstellt werden kann: Wie gesehen, kann ein Glaubwürdigkeitsgutachten auch anhand von Unterlagen, die unabhängig von der Mitwirkungsbereitschaft des zu Begutachtenden vorhanden sind (etwa auf der Grundlage von Akten oder anderen Beweismitteln) erstellt werden. Denkbar ist aber auch die Möglichkeit, dass der Zeuge nicht konfrontiert, aber dennoch im vom § 80 Abs. 2 StPO gezogenen Rahmen befragt und beobachtet werden kann. So ist es etwa möglich, dass dem Angeklagten die Ausübung seines Konfrontationsrechts aufgrund der Ausübung des Auskunftsverweigerungsrechts nach § 55 StPO von

1206 EGMR (GK) Al-Khawaja u. Tahery ./. Vereinigtes Königreich, 15.12.2011, Nr. 26766/05, 22228/06, Rep. 2011; dieses Urteil wird durch zahlreiche aktuelle Urteile bestätigt, etwa durch EGMR Aigner ./. Österreich, 10.5.2012, Nr. 28328/03, § 35, ÖJZ 2012, 871, 872, EGMR Hümmer ./. Deutschland, 19.7.2012, Nr. 26171/07, § 45, NJW 2013, 3225, 3227, EGMR Pesukic ./. Schweiz, 6.12.2012, Nr. 25088/07, § 44 („recently clarified the principles to be applied"), EGMR Gani ./. Spanien, 19.2.2013, Nr. 61800/08, § 42 oder durch EGMR D.T. ./. Niederlande (E), 2.4.2013, Nr. 25307/10, §§ 45 f.

Seiten des Belastungszeugen verwehrt wird, diesem aber dennoch einzelne, von § 55 StPO nicht abgedeckte, Fragen gestellt werden können.

Zu denken ist hier weiter an die Fälle, bei denen der Zeuge aus irgendwelchen anerkannten Gründen nicht konfrontiert werden kann, aber vorab, in einem früheren Verfahrensstadium, die Möglichkeit bestand, ein Glaubwürdigkeitsgutachten (trotz Untersuchungsverweigerung) zu erstellen.

c) Der Fall D.T.

Um die Frage, wie sich die Einholung eines Glaubwürdigkeitsgutachtens (trotz Untersuchungsverweigerung) auf die Folgen einer Nichtgewährung des Konfrontationsrechts auswirkt, beantworten zu können, bietet es sich an, exemplarisch den unlängst vom EGMR behandelten Fall *D.T.*[1207] zu besprechen. Insbesondere wird zu klären sein, ob die Einholung eines Glaubwürdigkeitsgutachtens (trotz Untersuchungsverweigerung) einen der in Betracht kommenden „sufficient counterbalancing factors", die das durch die ausbleibende oder eingeschränkte Konfrontation entstehende Verteidigungsdefizit auszugleichen vermögen, darstellen kann.

aa) Der Sachverhalt

Der Beschwerdeführer, der wegen sexuellen Missbrauchs an seiner Tochter R. verurteilt wurde, machte geltend, dass ihm keine Gelegenheit gegeben worden sei, diese im Sinne des Art. 6 Abs. 3 *lit.* d EMRK zu konfrontieren, obwohl sie die Hauptbelastungszeugin gewesen sei. Neben der Tochter wurden auch deren Mutter und Großmutter vernommen. Von der polizeilichen Vernehmung der Tochter wurde ein Video aufgenommen. Eine weitere Vernehmung dieser wurde aufgrund der damit einhergehenden, nicht mehr tragbaren Belastungen abgelehnt. Vier Sachverständige – Psychologen wie auch Psychiater – wurden damit beauftragt, die Aussage der Tochter auf ihre Glaubhaftigkeit hin zu überprüfen. Zusätzlich wurde diese durch zwei weitere Psychologen und einen Psychiater entwicklungspsychologisch untersucht.

bb) Durchgeführte Stufen-Prüfung

Was die Prüfung, ob eine Verletzung von Art. 6 Abs. 1 EMRK in Verbindung mit Art. 6 Abs. 3 *lit.* d EMRK vorliegt, anbelangt, setzt der Gerichtshof hier seine oben erläuterte *Al-Khawaja u. Tahery*-Linie fort.

1207 EGMR D.T. ./. Niederlande (E), 2.4.2013, Nr. 25307/10.

(1) „Good reason"

Zunächst nimmt der EGMR – auf der ersten Stufe – aufgrund opferschutzrechtlicher Belange das Vorliegen eines „good reason" an.[1208]

(2) „The sole or decisive basis"

Sodann – auf der zweiten Stufe – kommt er zu dem Ergebnis, dass die Verurteilung des Beschwerdeführers maßgeblich auf die Aussage seiner Tochter gestützt worden sei.[1209]

Aufgrund der neuen Rechtsprechung des EGMR, wonach eine Verurteilung, die sich einzig oder allein auf die Aussage eines nicht konfrontierten Zeugen stützt, gerade nicht automatisch zu einer Verletzung von Art. 6 Abs. 1 EMRK in Verbindung mit Art. 6 Abs. 3 *lit.* d EMRK führt, verliert die Frage, ob es sich bei einem auf diese Aussage bezogenen Glaubhaftigkeitsgutachten um ein „außerhalb der Aussage", diese bestätigendes Beweismittel handelt, erheblich an Bedeutung. Der Ansicht, die dies verneint,[1210] ist letztlich aber zuzustimmen: Die Glaubwürdigkeitsbegutachtung durch einen Sachverständigen dient, wie gesehen, eben gerade nur der Würdigung der entsprechenden Aussage. An der Feststellung „Aussage und aussagende Person lassen sich nicht trennen und stellen deshalb einheitliche und zusammengehörende Beurteilungsfaktoren dar"[1211] lässt sich nicht rütteln.

(3) „Sufficient counterbalancing factors"

Der Beschwerdeführer machte geltend, dass – anders als in seinem Fall – in anderen Fällen Sachverständigengutachten nicht als „sufficient counterbalancing measures" eingestuft worden seien.[1212]

Ein Blick auf den Fall *P.S.*[1213] bestätigt diesen Einwand tatsächlich. Hier machte der Beschwerdeführer, der ein achtjähriges Mädchen sexuell missbraucht

1208 EGMR D.T. ./. Niederlande (E), 2.4.2013, Nr. 25307/10, § 48.

1209 EGMR D.T. ./. Niederlande (E), 2.4.2013, Nr. 25307/10, § 49.

1210 Überzeugend *Krausbeck* S. 214 f.; dieser weist darauf hin, dass der BGH (BGH NStZ 2008, 50, 51 unter Verweis auf BGH NStZ-RR 2004, 87) dies im Gegensatz zum EGMR (EGMR Mayali ./. Frankreich, 14.6.2005, Nr. 69116/01, §§ 33 ff.) wohl anders sehen würde.

1211 *Widmaier* in: FS für Nehm, S. 357, 370 (Fn. 44).

1212 EGMR D.T. ./. Niederlande (E), 2.4.2013, Nr. 25307/10, § 43.

1213 EGMR P.S. ./. Deutschland, 20.12.2001, Nr. 33900/96, StV 2002, 289 f.

haben soll, ebenfalls geltend, dass er diese, obwohl seine Verurteilung maßgeblich auf deren Aussage gestützt worden sei, nicht im Sinne des Art. 6 Abs. 3 *lit.* d EMRK befragen konnte. Die spätere Einholung eines Glaubwürdigkeitsgutachtens im Berufungsverfahren hat der EGMR in diesem Fall nicht als ausgleichende Maßnahme gewertet.[1214] Im Ergebnis bejahte der EGMR eine Verletzung von Art. 6 Abs. 1 EMRK in Verbindung mit Art. 6 Abs. 3 *lit.* d EMRK.

Der EGMR führt im Fall *D.T.* in diesem Prüfungsschritt gleichwohl nicht nur die Videoaufzeichnung der polizeilichen Vernehmung der Tochter, welche der Verteidigung zugänglich gemacht und im Berufungsverfahren in Teilen abgespielt worden sei, sowie die Aussagen der Mutter und der Großmutter als erbrachte „sufficient counterbalancing measures" auf,[1215] sondern nennt auch die folgenden Faktoren:

- „The Court further notes that in the course of the domestic proceedings multiple experts reported on the studio interview with R. and that the applicant had been given the opportunity to question three of these experts in court."[1216]
- „[The Court of Appeal] granted the applicant's request for a developmental-psychological examination of R. to be carried out. Subsequently, the applicant had the opportunity to discuss and challenge the findings of this examination."[1217]

Der EGMR stuft hier demnach die Durchführung einer Glaubwürdigkeitsbegutachtung unzweifelhaft als möglichen „sufficient counterbalancing factor" ein. Dass der EGMR dies im Fall *P.S.* anders sah, hängt mit den Umständen des Einzelfalls zusammen. So wurde dort erst später, im Berufungsverfahren, also lange Zeit nach der mutmaßlich begangenen Tat, eine Glaubwürdigkeitsuntersuchung vorgenommen, was die Möglichkeit, den Verteidigungsmangel auszugleichen, eben erheblich verminderte.[1218]

1214 *Pauly* StV 2002, 290, 291.

1215 EGMR D.T. ./. Niederlande (E), 2.4.2013, Nr. 25307/10, § 50.

1216 EGMR D.T. ./. Niederlande (E), 2.4.2013, Nr. 25307/10, § 51; im Fall *Vronchenko* hingegen haben sich die hinzugezogenen Sachverständigen nicht mit der Glaubhaftigkeit der aufgezeichneten Aussage der Opferzeugin auseinandergesetzt (EGMR Vronchenko ./. Estland, 18.7.2013, Nr. 59632/09, § 64).

1217 EGMR D.T. ./. Niederlande (E), 2.4.2013, Nr. 25307/10, § 51.

1218 EGMR P.S. ./. Deutschland, 20.12.2001, Nr. 33900/96, § 29, StV 2002, 289, 290.

cc) Keine Verletzung von Art. 6 Abs. 3 lit. d EMRK im Fall D.T.

Der EGMR gelangt im Fall *D.T.* zu dem Schluss, dass eine angemessen sorgfältige Prüfung des Beweismaterials („careful scrutiny of the evidence") vorgenommen worden sei.[1219] Von daher verneint er im Ergebnis eine Verletzung von Art. 6 Abs. 1 EMRK in Verbindung mit Art. 6 Abs. 3 *lit.* d EMRK.

d) Fazit

Der EGMR betrachtet die Durchführung einer Glaubwürdigkeitsbegutachtung als möglichen „counterbalancing factor". Es ist davon auszugehen, dass dies sowohl für den Fall einer Glaubwürdigkeitsuntersuchung im eigentlichen Sinne als auch für den Fall einer Glaubwürdigkeitsbegutachtung trotz Untersuchungsverweigerung des zu Begutachtenden gilt. Ob dieser Faktor dann auch „sufficient" ist, kann nicht generell gesagt werden. Dies hängt vielmehr von den Umständen eines jeden Einzelfalles ab. So nimmt der EGMR in jedem Fall eine Gesamtbetrachtung dahingehend, ob das Verfahren in seiner Gesamtheit fair war, vor.

3. Ergebnisse

- Sowohl die Durchführung einer Glaubwürdigkeitsbegutachtung im Falle einer vorliegenden Einwilligung des zu Begutachtenden als auch die Durchführung einer solchen im Falle der Untersuchungsverweigerung sind auch unter menschenrechtlichen Gesichtspunkten zulässig. Eine Verletzung des nemo tenetur-Prinzips und des Rechts auf Achtung des Privatlebens, Art. 8 EMRK, sind zu verneinen. Außerdem ist eine zumindest grundsätzliche Vereinbarkeit mit der Schutzwürdigkeit des (Opfer-) Zeugen zu konstatieren.
- Zwar wird den Staaten im Hinblick auf die Frage, ob ein Glaubwürdigkeitsgutachter hinzugezogen werden muss, vom EGMR ein durchaus weiter, jedoch bei weitem kein unbegrenzter Beurteilungsspielraum zugestanden. So kann man *Esser* zufolge die Grundsätze, die der EGMR im Fall *Elsholz*, einem zivilrechtlichen Fall, aufgestellt hat – die „Bedeutung der zu fällenden Entscheidung" könne wenigstens „unter besonderen Umständen" die Hinzuziehung eines Glaubwürdigkeitsgutachters erforderlich machen – auf das Strafverfahren übertragen. Letztlich wird es danach im Falle einer Aussage-gegen-Aussage-Konstellation, wenn zusätzlich „Besonderheiten"

1219 EGMR D.T. ./. Niederlande (E), 2.4.2013, Nr. 25307/10, § 52.

vorliegen, auch unter menschenrechtlichen Gesichtspunkten (Art. 6 Abs. 1 EMRK) notwendig sein, einen Sachverständigen zur Glaubwürdigkeitsbegutachtung hinzuzuziehen. Mit anderen Worten: Liegt ein solcher Fall vor, führt die Nichteinholung eines Glaubwürdigkeitsgutachtens zu einer Verletzung von Art. 6 Abs. 1 EMRK.

- Im Ergebnis kann auch der durchaus umstrittene Beweiswert eines Glaubwürdigkeitsgutachtens nicht zu einer Verneinung einer Verletzung von Art. 6 Abs. 1 EMRK führen.
- Um einen Verstoß gegen das Recht auf ein faires Verfahren erfolgreich rügen zu können, sollte allerdings, das zeigt ein Blick auf die Straßburger Rechtsprechung, im nationalen Strafverfahren ein entsprechender Beweisantrag gestellt worden sein. In prozessualer Hinsicht ist ansonsten das Erfordernis der Erschöpfung aller innerstaatlichen Rechtsbehelfe als Zulässigkeitsvoraussetzung einer Individualbeschwerde vor dem EGMR, Art. 35 Abs. 1 EMRK, nicht erfüllt.
- Der Rechtsprechung des EGMR ist des Weiteren zu entnehmen: Auch dann, wenn keine Pflicht zur Einholung eines Glaubwürdigkeitsgutachtens zu bejahen ist, muss bedacht werden, dass die Hinzuziehung eines Sachverständigen für eine sorgfältige und angemessene Würdigung der in Rede stehenden Aussage spricht.
- Die Betrachtung der Frage, inwiefern sich eine Glaubwürdigkeitsbegutachtung (trotz Untersuchungsverweigerung) auf die Folgen einer Nichtgewährung des Konfrontationsrechts (Art. 6 Abs. 3 *lit.* d EMRK) auswirkt, hat gezeigt, dass eine solche unter Umständen einen „sufficient counterbalancing factor“ für den entstandenen Verteidigungsmangel darstellen kann.

II. Erstellung von Schuldfähigkeitsgutachten (im Falle der Mitwirkungsverweigerung des zu Begutachtenden)

Im Folgenden soll abrundend auch ein kurzer Blick auf die Frage geworfen werden, ob ein von einem deutschen Strafgericht Verurteilter vor dem EGMR erfolgreich eine Verletzung einer der in der EMRK enthaltenen Garantien rügen kann, wenn (im Falle der Mitwirkungsverweigerung) kein Schuldfähigkeitsgutachten eingeholt worden ist.

1. Verletzung der Verfahrensfairness (Art. 6 Abs. 1 EMRK) im Falle der Nichteinholung eines Schuldfähigkeitsgutachtens?

Der Anspruch auf ein faires Verfahren nach Art. 6 Abs. 1 EMRK könnte es, unter bestimmten Voraussetzungen, auch erforderlich machen, einen Sachverständigen zum Zwecke der Schuldfähigkeitsbegutachtung hinzuzuziehen.[1220] Zwar räumt der EGMR den nationalen Gerichten, wie gesehen, generell einen weiten Beurteilungsspielraum im Hinblick auf die Frage, ob ein Sachverständiger hinzuzuziehen ist, ein. Allerdings hat jeder Spielraum auch seine Grenzen. Auch für die Frage, wo diese im Hinblick auf die Schuldfähigkeitsbeurteilung zu setzen sind, kann man auf das Urteil im Fall *Elsholz* zurückgreifen. Diesem ist folgender allgemeiner – und damit auch auf die Frage nach der Hinzuziehungspflicht eines Schuldfähigkeitsgutachters übertragbarer – Grundsatz zu entnehmen:

> „*Die* Bedeutung der zu fällenden Entscheidung *kann [...] unter* besonderen Umständen *die Bestellung eines Sachverständigen erforderlich machen [...]. Dies gilt im Rahmen des Art. 6 Abs. 1 EMRK insbesondere dann, wenn der Fall Sach- und Rechtsfragen aufwirft, die aufgrund des Aktenmaterials nicht angemessen gelöst werden können.*“[1221]

Übertragen auf die Frage, wann es notwendig ist, einen Schuldfähigkeitsgutachter zu bestellen, bedeutet dies: Immer dann, wenn jene Besonderheiten[1222] vorliegen, die dazu führen, dass ein Richter die Schuldfähigkeitsbeurteilung aufgrund mangelnden Sachwissens[1223] nicht alleine schultern kann, muss er sich der Hilfe eines Sachverständigen bedienen, wenn er keine Verletzung von Art. 6 Abs. 1 EMRK im Raume stehen haben möchte. Nachdem die Entscheidung über die Schuldfähigkeit immer von grundlegender Bedeutung für das Verfahren ist, kann diesem Kriterium hier keine weitere Bedingung für die Hinzuziehungspflicht entnommen werden.

Im Fall *Worwa* hat der Gerichtshof explizit die Bedeutung von Schuldfähigkeitsgutachten betont:

1220 Vgl. EKMR P.W. ./. Schweiz (E), 29.6.1994, Nr. 20551/92 (in diesem Fall wurde allerdings eine Verletzung von Art. 6 Abs. 1 EMRK abgelehnt); vgl. auch EGMR Bock ./. Deutschland, 29.3.1989, Nr. 11118/84, A 150, § 47 = EGMR-E 4 S. 249, 259 („The Court emphasises that, whilst it does not question the right of the national courts to investigate a plaintiff's capacity to take proceedings, arrangements must be made to ensure a swift determination thereof.“); im Ergebnis nahm der EGMR hier eine Verletzung von Art. 6 Abs. 1 EMRK wegen einer nicht angemessenen Verfahrensdauer an (§ 49 = EGMR-E 4 S. 249, 259).

1221 LR/*Esser* Art. 6 Rn. 814 (Hervorhebung im Original) in Bezug auf EGMR (GK) Elsholz ./. Deutschland, 13.7.2000, Nr. 25735/94, Rep. 2000-VIII, §§ 52 f., 66 = NJW 2001, 2315, 2317 f.

1222 Siehe dazu oben Kapitel I. C. I.

1223 Im Fall *P.W.* (EKMR P.W. ./. Schweiz (E), 29.6.1994, Nr. 20551/92) hat ein schweizerisches Gericht festgehalten (Hervorhebung von der *Verfasserin*): „It [the right to a fair trial] did not allow the accused to request the preparation of an expert opinion in order to explain questions of fact, but only those *requiring specialised knowledge*.“

„The Court emphasises that ordering a psychiatric report in order to determine the mental state of a person charged with an offence remains a necessary measure *and one which protects individuals capable of committing offences without being in full possession of their mental faculties.*“[1224]

Ob er damit auch eine generelle Pflicht zur Einholung eines Schuldfähigkeitsgutachtens aufgestellt hat, darf aufgrund des grundsätzlich in weitem Maße zugestandenen Beurteilungsspielraums im Hinblick auf die Frage, ob ein Sachverständiger zur Hilfe hinzugezogen werden muss, bezweifelt werden.

Die Annahme einer Verletzung von Art. 6 Abs. 1 EMRK wegen der Nichteinholung eines Schuldfähigkeitsgutachtens ist jedoch an weitere Voraussetzungen geknüpft. Damit die Verletzung vor dem EGMR erfolgreich gerügt werden kann, wird man so zunächst von der Stellung eines entsprechenden Beweisantrags nicht absehen dürfen,[1225] obwohl die Beurteilung der Schuldfähigkeit Teil der Wahrheitserforschung und somit Gegenstand der Amtsaufklärungspflicht nach § 244 Abs. 2 StPO[1226] ist.[1227] Darüber hinaus kann man im Falle der Mitwirkungsverweigerung des zu Begutachtenden nichts Unmögliches von den Gerichten verlangen. Das bedeutet: Beauftragt das Gericht einen Sachverständigen mit einer entsprechenden Gutachtenerstellung, lehnt dieser diesen jedoch aufgrund nicht ausreichender Erkenntnisquellen ab, so kann dem Gericht kein Vorwurf gemacht werden. Man darf hier also nur eine entsprechende Auseinandersetzung des Gerichts mit dem Sachverständigen verlangen. Selbstverständlich muss die Einholung eines Schuldfähigkeitsgutachtens (im Falle der Mitwirkungsverweigerung) zuvörderst überhaupt rechtlich zulässig sein, damit eine entsprechende Beschwerde erfolgreich sein kann. Dies soll Gegenstand der folgenden Prüfung werden.

1224 EGMR Worwa ./. Polen, 27.11.2003, Nr. 26624/95, Rep. 2003-XI, § 82 (zu Art. 8 EMRK; Hervorhebung von der *Verfasserin*); die Pflicht zur Schuldfähigkeitsbeurteilung durch das Gericht hat die EKMR im Fall *X.* (EKMR X. ./. Deutschland (E), 7.5.1981, Nr. 8334/78) hervorgehoben.

1225 Vgl. in Bezug auf die Hinzuziehung eines Glaubwürdigkeitsgutachters Kapitel IV. C. I. 1. b); zum anderen ist auch auf die Möglichkeit, vom Selbstladungsrecht Gebrauch zu machen, hinzuweisen (vgl. EKMR P.W. ./. Schweiz (E), 29.6.1994, Nr. 20551/92).

1226 Diese erwähnt der EGMR in einem anderen Zusammenhang im Fall *Sievert* (EGMR Sievert ./. Deutschland, 19.7.2012, Nr. 29881/07, § 59, JR 2013, 170, 174) im Rahmen der Erörterung der Frage, ob das Verfahren in seiner Gesamtheit fair gewesen ist.

1227 Kurzanmerkung der *Redaktion* StV 1997, 66.

2. Einholung eines Schuldfähigkeitsgutachtens – rechtliche Zulässigkeit

Auch an dieser Stelle muss zwischen einer Schuldfähigkeitsbegutachtung mit Einwilligung des zu Begutachtenden und einer solchen trotz dessen Mitwirkungsverweigerung unterschieden werden.

In beiden Fällen ist es jedenfalls erforderlich, dass die „besonderen Sorgfaltspflichten, die bei der Überprüfung des Gesundheitszustandes und der Prozessfähigkeit“[1228] sowie der Schuldfähigkeit gelten, hinreichend beachtet werden müssen.

a) Im Falle einer vorliegenden Einwilligung

Folgende Aspekte sind diesbezüglich zu beachten:

aa) Beachtung des nemo tenetur-Prinzips

Die Betrachtung des rechtlichen Rahmens einer Schuldfähigkeitsbegutachtung (§§ 80 Abs. 2, 81 und 81a StPO) hat gezeigt, dass eine Untersuchung im eigentlichen Sinne nur mit der Einwilligung des zu begutachtenden Angeklagten vorgenommen werden kann; der Angeklagte darf aufgrund des nemo tenetur-Prinzips nicht zur aktiven Mitwirkung, sondern nur zur passiven Duldung von entsprechenden Maßnahmen gezwungen werden.[1229] Liegt aber eine Einwilligung des Angeklagten vor, entstehen diesbezüglich keine Probleme; wirkt er an einer Schuldfähigkeitsbegutachtung freiwillig mit, ist kein Verstoß gegen das nemo tenetur-Prinzip anzunehmen. Eine entsprechende Belehrung über das Aussage- und Mitwirkungsverweigerungsrecht[1230] garantiert dabei, dass sich der zu Begutachtende dieser Rechte bewusst ist.

bb) Unschuldsvermutung, Art. 6 Abs. 2 EMRK

Im Fall *Bernard* hat sich der Gerichtshof wie folgt geäußert: Die beiden unter anderem im Hinblick auf die Frage nach der Schuldfähigkeit hinzugezogenen

---

1228 EGMR Bock ./. Deutschland, 29.3.1989, Nr. 11118/84, A 150, § 49 = EGMR-E 4 S. 249, 259 (Verletzung von Art. 6 Abs. 1 EMRK wegen überlanger Verfahrensdauer).

1229 Dazu Kapitel III. A.

1230 Siehe dazu Kapitel III. A. IV.; im Hinblick auf Art. 8 EMRK spricht der EGMR von einer Zustimmung, die „frei und informiert“ sein müsse (EGMR Juhnke ./. Türkei, 13.5.2008, Nr. 52515/99, § 77, NVwZ 2009, 1547, 1549 – gynäkologische Untersuchung einer Gefangenen).

psychiatrischen Sachverständigen hatten „logischerweise von der Arbeitshypothese auszugehen, daß der Bf die Verbrechen begangen hat". Weiter kann dem Urteil entnommen werden, dass sich der Sachverständige unter bestimmten Bedingungen zumindest in geringem Umfang auch zur Tatschuld äußern kann, ohne dass dies zu einem Verstoß gegen Art. 6 Abs. 1 EMRK in Verbindung mit Art. 6 Abs. 2 EMRK führt.[1231] *Esser* kritisiert diese Ausführungen – Äußerungen zur Tatschuld würden eine Überschreitung der Kompetenz darstellen, die zu berechtigten Zweifeln an der Neutralität des Sachverständigen führen sollten –, betont die Bedeutung von Sachverständigengutachten und meint, der Gerichtshof „täte gut daran, die Beachtung der Unschuldsvermutung durch Sachverständige an den Grundsätzen auszurichten, die er für die Tätigkeit von Ermittlungsbehörden und den Einfluss der Öffentlichkeit auf den Ausgang des Strafverfahrens" aufgestellt habe.[1232]

Zwar ist die Vorgehensweise bei einer Gutachtenerstellung grundsätzlich Sache des Sachverständigen. Dabei muss er sich jedoch selbstverständlich an die rechtlichen Vorgaben halten. Wie bereits erwähnt, muss der Sachverständige bei der Schuldfähigkeitsbegutachtung so auch der von Art. 6 Abs. 2 EMRK gewährten Unschuldsvermutung gerecht werden. Deshalb sollte der hinzugezogene Sachverständige auch auf die Gefahr von aufgrund seines Gutachtens gezogenen Folgerungen bezüglich der Frage nach der Tatbegehung aufmerksam machen.[1233] Die abschließende Feststellung der Schuld muss allein das Gericht, und daran geht eben kein Weg vorbei, treffen.[1234]

cc) Recht auf Achtung des Privat- und Familienlebens, Art. 8 EMRK

Des Weiteren darf die Vornahme einer Schuldfähigkeitsbegutachtung auch nicht gegen das von Art. 8 EMRK geschützte Recht auf Achtung des Privatlebens verstoßen. An sich stellt zwar auch die Anordnung einer Schuldfähigkeitsuntersuchung

---

1231 EGMR Bernard ./. Frankreich, 23.4.1998, Nr. 22885/93, Rep. 1998-II, §§ 38 ff. = ÖJZ 1999, 236, 237; *Esser*, Auf dem Weg zu einem europäischen Strafverfahrensrecht, S. 705 f.; *Esser* in: Die Bedeutung der EMRK für die nationale Rechtsordnung S. 35, 43 f.

1232 *Esser*, Auf dem Weg zu einem europäischen Strafverfahrensrecht, S. 705 f.; *Esser* in: Die Bedeutung der EMRK für die nationale Rechtsordnung S. 35, 43 f.

1233 *Eisenberg* Rn. 1506.

1234 *Frowein/Peukert* Art. 6 Rn. 269.

einen Eingriff in das Recht auf Achtung des Privatlebens dar.[1235] Willigt der Angeklagte in eine solche aber ein, ist sein Recht auf Achtung seines Privatlebens nicht beeinträchtigt. Ein Eingriff und damit eine Verletzung von Art. 8 EMRK sind demnach zu verneinen.

b) Im Falle der Mitwirkungsverweigerung

Bevor auf die Frage, ob auch eine Schuldfähigkeitsbegutachtung trotz Mitwirkungsverweigerung des zu Begutachtenden aus menschenrechtlicher Sicht rechtlich zulässig ist, eingegangen wird, muss man sich vorab noch folgenden Problempunkt vergegenwärtigen: Verweigert der Angeklagte seine Mitwirkung, obwohl der Sachverständige alle Anforderungen erfüllt, ist es als grundsätzlich widersprüchlich zu erachten, eine Beschwerde wegen Nichteinholung eines Schuldfähigkeitsgutachtens einzuholen; dies scheint nur dann möglich zu sein, wenn unabhängig von einer Untersuchung im eigentlichen Sinne genügend Erkenntnisquellen[1236] für eine fachgerechte Begutachtung vorhanden sind,[1237] was in einer Beschwerde entsprechend gründlich darzulegen wäre.

aa) Keine Verletzung von Art. 3 EMRK

Die EKMR hat ausdrücklich festgestellt, dass die zwangsweise Durchführung einer Schuldfähigkeitsbegutachtung grundsätzlich nicht zu einer Verletzung von Art. 3 EMRK führt.[1238] Im Falle einer sogenannten „Totalbeobachtung“ etwa mag man dies jedoch anders sehen können.[1239]

1235 EKMR X. ./. Deutschland (E), 7.5.1981, Nr. 8334/78; *Meyer-Ladewig* Art. 8 Rn. 15 unter Verweis auf EGMR Worwa ./. Polen, 27.11.2003, Nr. 26624/95, Rep. 2003-XI, §§ 80 ff. (Verletzung von Art. 8 EMRK aufgrund mehrfacher Einholung eines Schuldfähigkeitsgutachtens); Karpenstein/Mayer/*Pätzold* Art. 8 Rn. 63.

1236 Vgl. etwa *Kühne/Esser* StV 2002, 383, 386 zu Art. 5 Abs. 1 *lit.* e EMRK unter Verweis auf EGMR Varbanov ./. Bulgarien, 5.10.2000, Nr. 31365/96, Rep. 2000-X, § 47 (im Falle der Untersuchungsverweigerung: „at least an assessment by a medical expert *on the basis of the file*“; Hervorhebung von der Verfasserin).

1237 Vgl. aus nationaler Sicht *Deckers*, Der strafprozessuale Beweisantrag, Köln 2013, Rn. 248, 252.

1238 EKMR X. ./. Deutschland (E), 7.5.1981, Nr. 8334/78.

1239 Siehe Kapitel III. B. IV.

bb) Beachtung des nemo tenetur-Prinzips

Aufgrund des nemo tenetur-Prinzips ist der Angeklagte nur zur passiven Duldung von Zwangsmaßnahmen, jedoch nicht zur aktiven Mitwirkung verpflichtet. Eine entsprechende Belehrung muss erfolgen, damit sich der Angeklagte seines Aussage- und Mitwirkungsverweigerungsrechts bewusst ist.[1240]

Liegt keine Einwilligung des Angeklagten vor, kann nur nach Maßgabe der §§ 80 Abs. 2, 81 und 81a StPO vorgegangen werden. Die Betrachtung dieser Vorschriften hat folgende Ergebnisse erbracht:[1241] Aufgrund seines Schweigerechts muss der Angeklagte im Rahmen des Vorgehens nach § 80 Abs. 2 StPO keine Fragen beantworten. Selbiges gilt auch für § 81 StPO. Was die Unterbringung nach § 81 StPO angelangt, so darf diese keinesfalls zur Umgehung des nemo tenetur-Prinzips angeordnet werden. Im Falle einer sogenannten „Totalbeobachtung" jedoch ist nach zutreffender Ansicht des BGH und des Bundesverfassungsgerichts genau dies der Fall.[1242] Auch im Rahmen des § 81a StPO darf nur eine passive Duldung von entsprechenden Maßnahmen auferlegt werden.

cc) Unschuldsvermutung, Art. 6 Abs. 2 EMRK

Das soeben zur Beachtung der Unschuldsvermutung bei der Gutachtertätigkeit Gesagte[1243] gilt auch für den Fall einer Schuldfähigkeitsbegutachtung trotz Mitwirkungsverweigerung.

dd) Recht auf Achtung des Privat- und Familienlebens, Art. 8 EMRK

Die EKMR hatte einen Fall zu untersuchen, in dem der Beschwerdeführer aufgrund der Anordnung einer Schuldfähigkeitsuntersuchung eine Verletzung von Art. 8 EMRK rügte.[1244] Die EKMR bejahte hier einen Eingriff[1245] in das Recht auf Achtung des Privatlebens („The obligation to submit to a psychiatric examination constitutes an interference in the exercise of the right to respect for private life."). Allerdings wurde der Eingriff als gesetzlich vorgesehen und als in einer demokratischen Gesellschaft zur Verhütung von Straftaten notwendig

---

1240 Siehe Kapitel III. A. IV.

1241 Siehe Kapitel III. A. I.-III.

1242 BGHSt 48, 4, 13 f.; BVerfG NJW 2002, 283, 284.

1243 Siehe Kapitel IV. C. II. 2. a) bb).

1244 EKMR X. ./. Deutschland (E), 7.5.1981, Nr. 8334/78.

1245 Vgl. auch *Frowein/Peukert* Art. 8 Rn. 8; *Meyer-Ladewig* Art. 8 Rn. 15.

eingestuft. Mithin erachtete die EKMR dieses Vorgehen als nach Art. 8 Abs. 2 EMRK gerechtfertigt.[1246] Im Ergebnis wurde eine Verletzung von Art. 8 EMRK von daher verneint.

Auch hier muss selbstverständlich der konkrete Fall in den Blick genommen werden. Namentlich bei der Vornahme einer sogenannten Totalbeobachtung ist davon auszugehen, dass der EGMR hierin mangels Rechtfertigung des Eingriffs in das Recht auf Achtung des Privatlebens eine Verletzung von Art. 8 EMRK annehmen würde.[1247]

3. Fazit

Die Durchführung einer Schuldfähigkeitsbegutachtung (im Falle der Mitwirkungsverweigerung des zu Begutachtenden) ist auch aus menschenrechtlicher Sicht zulässig. Wenn jene Besonderheiten vorliegen, aufgrund derer ein Richter die Schuldfähigkeit ohne sachverständige Hilfe nicht zu beurteilen vermag, kann – unter der Voraussetzung, dass ein entsprechender Beweisantrag gestellt worden ist – die Nichteinholung eines Schuldfähigkeitsgutachtens – unter Umständen auch im Falle der Mitwirkungsverweigerung des zu Begutachtenden – zu einer Verletzung des Rechts auf ein faires Verfahren, Art. 6 Abs. 1 EMRK, führen.

D. Resümee

Die in den vorherigen Kapiteln zum Umgang mit dem Sachverständigenbeweis gefundenen Ergebnisse lassen sich im Wesentlichen halten. Hervorzuheben sind folgende Punkte:

- Die Auswahl des Sachverständigen – dieser muss objektiv und neutral sein – ist Sache des Gerichts; der EMRK ist kein Mitbestimmungsrecht des Angeklagten zu entnehmen. In dem zivilrechtlichen Fall *Bock*[1248] hat der EGMR für den Fall, dass für eine Untersuchung die Mitwirkung erforderlich ist, im Hinblick auf die Verfahrensdauer (Art. 6 Abs. 1 EMRK) eine Einigung

---

1246 Siehe auch Karpenstein/Mayer/*Pätzold* Art. 8 Rn. 101; speziell zur Rechtfertigung des Vorgehens nach § 81a StPO *Meyer-Ladewig* Art. 8 Rn. 15 unter Verweis auf EGMR Schmidt ./. Deutschland (E), 5.1.2006, Nr. 32352/02 (Rechtfertigung des Eingriffs bejahend).

1247 Zur Totalbeobachtung siehe Kapitel III. B. IV.

1248 EGMR Bock ./. Deutschland, 29.3.1989, Nr. 11118/84, A 150 = EGMR-E 4 S. 249 ff.

auf einen Sachverständigen gefordert. Wie gesehen, erblicken die deutschen Gerichte in der Glaubwürdigkeits- bzw. Schuldfähigkeitsbegutachtung trotz Untersuchungsverweigerung einen alternativen Weg, sodass die Erlangung der Einwilligung grundsätzlich gerade nicht erforderlich ist.

- Die Untersuchung hat ergeben, dass sowohl die Vornahme einer Glaubwürdigkeitsuntersuchung mit Einwilligung als auch eine Glaubwürdigkeitsbegutachtung trotz Untersuchungsverweigerung des zu Begutachtenden auch aus menschenrechtlicher Sicht zulässig sind. Auch kann zumindest im Grundsatz eine Vereinbarkeit mit der Schutzwürdigkeit von (Opfer-) Zeugen bejaht werden.
- Allgemein lässt sich der Rechtsprechung des EGMR entnehmen, dass dieser die Einholung eines Glaubwürdigkeitsgutachtens als Zeichen für eine sorgfältige und angemessene Würdigung einer Aussage einschätzt. Der weite Beurteilungsspielraum, den der EGMR den nationalen Gerichten im Hinblick auf die Frage, ob es der Hinzuziehung eines Sachverständigen bedarf, einräumt, ist nicht grenzenlos. *Esser* schlägt eine Übertragung der in dem zivilrechtlichen Fall *Elsholz*[1249] für die Pflicht zur Hinzuziehung eines Sachverständigen aufgestellten Grundsätze auf die Glaubwürdigkeitsbegutachtung im Strafverfahren vor: Danach führt die Nichteinholung eines Glaubwürdigkeitsgutachtens im Falle einer Aussage-gegen-Aussage-Konstellation, wenn zusätzlich die Beurteilung erschwerende Besonderheiten vorliegen, zu einer Verletzung des Rechts auf ein faires Verfahren (Art. 6 Abs. 1 EMRK).[1250] Damit die vor dem EGMR wegen der Nichteinholung eines Glaubwürdigkeitsgutachtens eingelegte Beschwerde erfolgreich sein kann, ist es aber zusätzlich, das kann dem Fall *A.G.*[1251] entnommen werden, notwendig, dass zuvor ein entsprechender Beweisantrag gestellt worden ist.
- Was das Konfrontationsrecht (Art. 6 Abs. 3 *lit.* d EMRK) anbelangt, so kann die Glaubwürdigkeitsbegutachtung (trotz Untersuchungsverweigerung) unter Umständen, das ergibt eine Analyse des Falls *D.T.*[1252], als „sufficient counterbalancing factor“ für das entstandene Verteidigungsdefizit gewertet werden.
- Im Falle von die Beurteilung der Schuldfähigkeit erschwerenden Besonderheiten kann auch die Nichteinholung eines Schuldfähigkeitsgutachtens – die Einholung eines solchen ist auch im Falle der Untersuchungsverweigerung auch aus menschenrechtlicher Sicht zulässig – zu einer Verletzung von Art. 6 Abs. 1 EMRK führen.

1249 EGMR (GK) Elsholz ./. Deutschland, 13.7.2000, Nr. 25735/94, Rep. 2000-VIII = NJW 2001, 2315 ff.

1250 LR/*Esser* Art. 6 Rn. 815 f.

1251 EGMR A.G. ./. Schweden (E), 10.1.2012, Nr. 315/09.

1252 EGMR D.T. ./. Niederlande (E), 2.4.2013, Nr. 25307/10.

Kapitel V. Zusammenfassung

Das interdisziplinäre Problemfeld „Sachverständigengutachten im Strafverfahren zur Glaubwürdigkeit und zur Schuldfähigkeit im Falle der Untersuchungsverweigerung des zu Begutachtenden“ ist bislang – trotz dessen Bedeutung nicht nur für die Wahrheitsfindung, sondern auch für alle zu Begutachtenden – nicht nur von Seiten der Juristen eher stiefmütterlich behandelt worden. Die in dieser Arbeit vorgenommene Betrachtung hat insbesondere folgende Ergebnisse erbracht:

A. Glaubwürdigkeitsbegutachtung (trotz Untersuchungsverweigerung des zu Begutachtenden) – Ergebnisse

Um die Frage nach der Zulässigkeit und dem Wert einer Glaubwürdigkeitsbegutachtung trotz Untersuchungsverweigerung des zu Begutachtenden beantworten zu können, bedarf es nicht nur einer aus nationaler, sondern auch aus menschenrechtlicher Sicht erfolgenden Untersuchung. Die Betrachtung anhand der EMRK und der Rechtsprechung des EGMR hat dabei ergeben, dass sich die aus nationaler Sicht gefundenen Ergebnisse im Wesentlichen halten lassen können.

I. Ergebnisse aus nationaler Sicht

Weil sich in der StPO keine Rechtsgrundlage für eine Glaubwürdigkeitsuntersuchung im eigentlichen Sinne findet, darf eine solche nur im Falle der Einwilligung des zu Begutachtenden durchgeführt werden. Alternativ kommt der Weg einer Begutachtung trotz Untersuchungsverweigerung in Betracht.

Nach ständiger Rechtsprechung soll es zum Wesen der richterlichen Tätigkeit gehören, Aussagen von Zeugen und von (Mit-) Angeklagten auf ihre Glaubhaftigkeit hin zu überprüfen. Nur dann, wenn dem Richter die hierfür notwendige Sachkunde fehlt, was nur im Falle von „Besonderheiten“ der Fall sein soll, ist danach ein Glaubwürdigkeitsgutachter hinzuzuziehen. Damit ist gleichzeitig auch der Anwendungsbereich für eine Glaubwürdigkeitsbegutachtung trotz Untersuchungsverweigerung beschrieben. Zusätzlich ist hierbei allerdings zu berücksichtigen, dass trotz der erschwerten Arbeitsbedingungen eine Hilfestellung für den Richter im konkreten Fall überhaupt möglich sein muss.

1. Vereinbarkeit einer Begutachtung trotz Untersuchungsverweigerung mit dem Grundsatzurteil des BGH zu Glaubhaftigkeitsgutachten und mit den ethischen Richtlinien für Sachverständige

Eine im Hinblick auf die Begutachtung trotz Untersuchungsverweigerung vorgenommene Analyse des Grundsatzurteils des BGH zur Glaubhaftigkeitsbegutachtung[1253] hat ergeben, dass dieses keine Aufgabe der von der Rechtsprechung angenommenen Zulässigkeit eines solchen Vorgehens mit sich bringt. Jüngere Entscheidungen des BGH, die ebenso von der Zulässigkeit einer Glaubwürdigkeitsbegutachtung trotz versagter Einwilligung des zu Begutachtenden ausgehen, bestätigen dieses Ergebnis.

Ein Blick auf die für Sachverständige geltenden ethischen Richtlinien zeigt, dass danach eine Begutachtung trotz Untersuchungsverweigerung nicht generell als unzulässig eingestuft werden muss. Sie legen allerdings allgemein hohe Maßstäbe dafür fest, wie der Sachverständige dem Betroffenen gegenüberzutreten hat. Die hiernach erforderliche Behutsamkeit im Umgang mit dem zu Begutachtenden ist erst recht für den Fall einer Begutachtung trotz Untersuchungsverweigerung an den Tag zu legen.

2. Begutachtung von Zeugen

Letztlich ist es ein Zusammenspiel der Aussagepflicht des Zeugen und der §§ 80 Abs. 2, 68a Abs. 2 S. 1 StPO, das eine Glaubwürdigkeitsbegutachtung trotz Untersuchungsverweigerung erlaubt und das den Zeugen zur Duldung der Glaubwürdigkeitsprüfung verpflichtet. De lege ferenda bedarf es keiner weiteren Rechtsgrundlage für die Glaubwürdigkeitsbegutachtung trotz versagter Einwilligung.

Die Argumente, die gegen die rechtliche Zulässigkeit einer Glaubwürdigkeitsbegutachtung trotz Untersuchungsverweigerung sprechen, greifen im Ergebnis nicht durch. Allerdings machen die Gegner einer solchen Vorgehensweise nicht zu Unrecht auf die drohende Umgehungsgefahr – die wegen der fehlenden Einwilligung nicht mögliche Glaubwürdigkeitsuntersuchung werde letztlich mit den Mitteln des § 80 Abs. 2 StPO durchgeführt – aufmerksam. Um eine Umgehung auszuschließen, ist es notwendig, die in dieser Arbeit beschriebenen Schranken des Fragerechts nach § 80 Abs. 2 StPO zu beachten. Zwar wird dieses Vorgehen zu

---

1253 BGHSt 45, 164 ff.

Recht als grundsätzlich mit der Stellung des Zeugen im Strafverfahren vereinbar eingestuft. Gleichwohl ist aus Gründen des (Opfer-) Zeugenschutzes zu fordern, dass eine Begutachtung trotz Untersuchungsverweigerung nur dann vorgenommen wird, wenn dies unbedingt notwendig ist – und dann auch nur so schonend wie möglich. Für die Zulässigkeit einer solchen Begutachtung sprechen nicht nur die Aussagepflicht des Zeugen, § 80 Abs. 2 StPO und § 68a Abs. 2 S. 1 StPO, sondern auch die Wahrheitserforschungspflicht und die Tatsache, dass der zu Begutachtende kein Recht darauf hat, vor aussagepsychologischem Sonderwissen, das grundsätzlich auch der Richter haben kann, geschützt zu werden.

Zuzustimmen ist der Ansicht, die eine Belehrungspflicht dahingehend, dass kein Zwang zur Teilnahme an einer Glaubwürdigkeitsuntersuchung besteht, gegenüber jedem zu begutachtenden Zeugen fordert. Die von *Otte* entworfene Regelung der rechtlichen Voraussetzungen der Anordnung und Durchführung von Glaubwürdigkeitsuntersuchungen[1254] sollte um folgenden vierten Absatz ergänzt bzw. modifiziert werden:

> *Mit der Belehrung über das Einwilligungserfordernis hat eine Information über die Art und Weise der Glaubwürdigkeitsuntersuchung zu erfolgen. Damit ist auch ein Hinweis auf die Folgen einer fehlenden Einwilligung, das mögliche Vorgehen nach § 80 Abs. 2 StPO, zu verbinden. Diese Belehrung ist zu Beginn der Glaubwürdigkeitsbegutachtung des Sachverständigen durch die zuständige Stelle zu erteilen.*

Unbestritten ist, dass Gutachten, die trotz Untersuchungsverweigerung erstellt worden sind, nur einen eingeschränkten bis kaum vorhandenen Beweiswert verzeichnen können. Im Ergebnis ist der herrschenden Meinung aber darin zuzustimmen, dass es sich beim Sachverständigen, der mit einer solchen Begutachtung beauftragt wird, um kein völlig ungeeignetes Beweismittel im Sinne von § 244 Abs. 3 S. 2, 4. Var. StPO handelt. Es muss bedacht werden, dass eine mögliche, wenn auch wegen der versagten Einwilligung geringer ausfallende Hilfestellung für den Richter im Raume steht.

Die Vielschichtigkeit dieses Problems verlangt nach einem Leitfaden für Richter und Sachverständige. Im Ergebnis ist eine Glaubwürdigkeitsbegutachtung trotz Untersuchungsverweigerung unter folgenden Bedingungen zulässig:

- Der Richter muss zunächst der Sachkunde des Sachverständigen bedürfen. Die Tatsache, dass der Sachverständige bei einer Begutachtung trotz Untersuchungsverweigerung mit den gleichen Mitteln wie ein Richter vorgeht, zeigt, dass eine bessere Richterausbildung eine solche Begutachtung in einigen Fällen entbehrlich machen würde.

1254 *Otte* S. 263.

- Der Sachverständige muss eine solche Begutachtung überhaupt vornehmen können und dürfen. Die Antwort auf die Frage, ob ein Sachverständiger das Recht oder sogar die Pflicht hat, eine Begutachtung im Falle der Untersuchungsverweigerung abzulehnen, muss differenziert ausfallen: Abhängig von den im Einzelfall verbleibenden Erkenntnisquellen muss der Sachverständige entscheiden, ob er sich zu einer fachgerechten Gutachtenerstellung in der Lage wähnt. Unerlässlich ist hierbei natürlich die Ehrlichkeit des Sachverständigen.
- Auch eine Begutachtung trotz Mitwirkungsverweigerung setzt die Leitung durch den Richter (§ 78 StPO) voraus. Der Richter muss das Vorgehen des Sachverständigen kontrollieren (insbesondere in Bezug auf dessen nach § 80 Abs. 2 StPO mögliches Fragerecht) und dessen Ergebnisse bewerten können. Hierfür ist die Kenntnis dieses Vorgehens von Nöten. Dieser „andere Weg“ wird in dieser Arbeit ausführlich beschrieben: Hierfür werden der rechtliche Rahmen erläutert und Beispiele aus der Rechtsprechung sowie die spärlich vorhandenen Literaturfundstellen analysiert.
- Weiterhin darf eine Einwilligung in die Glaubwürdigkeitsuntersuchung trotz der in dieser Arbeit herausgearbeiteten Verhinderungsstrategien nicht zu erreichen gewesen sein: Eine Einigung bei der Sachverständigenauswahl sowie eine informierende und dadurch Ängste abbauende Belehrung können unter Umständen dazu führen, dass der zu Begutachtende doch in eine Glaubwürdigkeitsuntersuchung im eigentlichen Sinne einwilligt. Diese Art der Begutachtung ist einer solchen trotz Untersuchungsverweigerung nicht nur wegen des größeren Werts für die Wahrheitsfindung, sondern auch wegen des auf diese Weise vermeidbaren Zwangs vorzuziehen.
- Außerdem muss eine solche Begutachtung notwendig sein. Kommt es für die Wahrheitsfindung nicht auf die Aussage des zu Begutachtenden an, sollte eine Begutachtung trotz Untersuchungsverweigerung aufgrund der damit verbundenen Strapazen unterbleiben.
- Wird eine Begutachtung trotz Untersuchungsverweigerung vorgenommen, so darf dies aufgrund des (Opfer-) Zeugenschutzes nur unter größtmöglicher Rücksichtnahme geschehen.

Von daher kann im Endergebnis festgehalten werden: Wenn die Einholung eines auf solche Weise erstellten Gutachtens einen Gewinn für die Wahrheitssuche verspricht, was von den Umständen des konkreten Falles abhängt, verlangt es die Amtsaufklärungspflicht (§ 244 Abs. 2 StPO) – unabhängig von der Stellung eines entsprechenden Beweisantrags – auch in diesem Fall, einen Sachverständigen zur Glaubwürdigkeitsbegutachtung hinzuzuziehen.

3. Begutachtung von Angeklagten

Nicht nur die Zeugenaussage, sondern auch die Aussage des Angeklagten bedarf der Wahrheitsüberprüfung. So stellt sich auch im Hinblick auf den Angeklagten die Frage, welche Pflichten diesem bezüglich der Glaubwürdigkeitsüberprüfung auferlegt sind. Aufgrund des nemo tenetur-Prinzips ist dieser generell nur zur passiven Duldung entsprechender Maßnahmen verpflichtet, niemals aber zu einer aktiven Teilnahme an der Wahrheitsermittlung. So ist der Angeklagte aufgrund seines Schweigerechts insbesondere auch nicht zur Beantwortung von Fragen des Sachverständigen, § 80 Abs. 2 StPO, verpflichtet. Eine entsprechende Belehrung über die Aussage- und Mitwirkungsfreiheit muss dabei das Wissen um das Untersuchungsverweigerungsrecht absichern. Zwar wird man eine Glaubwürdigkeitsbegutachtung trotz Untersuchungsverweigerung des Angeklagten als zulässig erachten dürfen, letztlich ist man hier aber, will man ein fundiertes Gutachten in den Händen halten, weitgehend von dessen Mitwirkungsbereitschaft abhängig.

4. Begutachtung von Mitangeklagten

Auch wird ein Blick auf den Mitangeklagten geworfen. Dieser ist aus nationaler Sicht abhängig davon, ob eine sogenannte „Klammer der prozessualen Gemeinsamkeit“ vorliegt, als Zeuge oder als Angeklagter einzustufen.

Betrachtet wird in diesem Abschnitt auch das Recht des Angeklagten auf eine konfrontative Befragung des Mitangeklagten, der nach internationaler Dogmatik als Zeuge im Sinne des Art. 6 Abs. 3 *lit.* d EMRK eingeordnet wird. Das Schweigerecht des (Mit-) Angeklagten stellt einen „relevanten Grund“ für die Nichtgewährung des Konfrontationsrechts dar. Überträgt man dies auf die Befragung des Mitangeklagten durch den Sachverständigen nach § 80 Abs. 2 StPO, so wird man das Schweigerecht des Mitangeklagten als „relevanten Grund“ für die Nichtbeantwortung der vom Sachverständigen gestellten Fragen einstufen dürfen.

II. Betrachtung anhand der EMRK und der Rechtsprechung des EGMR

Die Betrachtung der Frage, ob dem Angeklagten aus menschenrechtlicher Sicht unter Umständen ein Recht auf Hinzuziehung eines Glaubwürdigkeitsgutachters (trotz Untersuchungsverweigerung des zu Begutachtenden) zusteht, hat folgende Ergebnisse erbracht:

- Grundsätzlich überlässt es der EGMR den einzelnen Staaten, über die Hinzuziehung eines Sachverständigen zu entscheiden. Der Beurteilungsspielraum ist aber nicht grenzenlos. So überträgt *Esser* die im zivilrechtlichen Fall *Elsholz*[1255] aufgestellten Grundsätze zur Pflicht, einen Glaubwürdigkeitsgutachter hinzuzuziehen, auf das Strafverfahren. Danach muss das Gericht aufgrund des Rechts auf ein faires Verfahren (Art. 6 Abs. 1 EMRK) zumindest in Aussage-gegen-Aussage-Konstellationen, wenn zusätzlich Besonderheiten vorliegen, ein Glaubwürdigkeitsgutachten in Auftrag geben.[1256] Im Übrigen sieht der EGMR – unabhängig von der Frage der Hinzuziehungspflicht – in der Einholung eines Glaubwürdigkeitsgutachtens ein Zeichen für eine sorgfältige und angemessene Würdigung der zu beurteilenden Aussage.
- Dies gilt im Grundsatz auch für eine Begutachtung trotz Untersuchungsverweigerung. Allerdings kann in diesem Fall nur dann ein Verstoß gegen Art. 6 Abs. 1 EMRK angenommen werden, wenn sich ein Sachverständiger gefunden hätte, der eine solche Glaubwürdigkeitsbegutachtung vornimmt. Unmögliches wird den Staaten nicht abverlangt.
- Eine Analyse der Rechtsprechung des EGMR hat gezeigt, dass die Stellung eines entsprechenden Beweisantrags im nationalen Strafverfahren erforderlich ist, wenn der Beschwerdeführer aufgrund der unterlassenen Hinzuziehung eines Sachverständigen eine Verletzung seines Rechts auf ein faires Verfahren (Art. 6 Abs. 1 EMRK) erfolgreich rügen will.
- Die Untersuchung, ob die hierzulande vorgenommene Glaubwürdigkeitsbegutachtung (trotz Untersuchungsverweigerung) auch aus menschenrechtlicher Sicht zulässig ist, hat ergeben: Weder das unter Umständen in Rede stehende nemo tenetur-Prinzip (Art. 6 Abs. 1 EMRK) noch das Recht auf Achtung des Privatlebens (Art. 8 EMRK) stehen dem entgegen. Auch ist eine grundsätzliche Vereinbarkeit mit der von der Straßburger Rechtsprechung immer wieder betonten Schutzwürdigkeit des (Opfer-) Zeugen zu konstatieren.
- Auch ein Blick auf die Frage, ob sich die Einholung eines Glaubwürdigkeitsgutachtens (trotz Untersuchungsverweigerung) auf die Nichtgewährung des Konfrontationsrechts des Angeklagten (Art. 6 Abs. 3 *lit.* d EMRK) auswirkt, lohnt sich: Unter Umständen stuft der EGMR so die Hinzuziehung eines

1255 EGMR (GK) Elsholz ./. Deutschland, 13.7.2000, Nr. 25735/94, Rep. 2000-VIII = NJW 2001, 2315 ff.

1256 LR/*Esser* Art. 6 Rn. 815 f.

Glaubwürdigkeitsgutachters als „sufficient counterbalancing factor“ für den durch die ausbleibende Konfrontation des Belastungszeugen entstandenen Verteidigungsmangel ein.

B. Schuldfähigkeitsbegutachtung (trotz Mitwirkungsverweigerung des Angeklagten) – Ergebnisse

Auch für die Beurteilung der Möglichkeiten und Grenzen einer Schuldfähigkeitsbegutachtung trotz Mitwirkungsverweigerung des Angeklagten bedarf es sowohl einer aus nationaler als auch aus menschenrechtlicher Sicht erfolgenden Betrachtung.

I. Ergebnisse aus nationaler Sicht

Reicht die Sachkunde des Richters für die Schuldfähigkeitsbeurteilung nicht aus, muss er einen Sachverständigen hinzuziehen. Der Angeklagte kann aber nur dann von einem Sachverständigen exploriert werden, wenn jener einwilligt. Liegt keine Einwilligung vor, behilft sich die Praxis zuweilen jedoch auch hier mit einer Begutachtung trotz Mitwirkungsverweigerung, sofern sich ein Sachverständiger auftut, der glaubt, mit den vorhandenen Erkenntnisquellen ein fachgerechtes Gutachten erstellen zu können. Auch hier kann die Antwort auf die Frage, ob der Sachverständige dazu berechtigt oder verpflichtet ist, einen entsprechenden Auftrag abzulehnen, wegen der Abhängigkeit von den Umständen des Einzelfalls nicht pauschal ausfallen.

Weder die von Experten formulierten Mindestanforderungen für die Schuldfähigkeitsbegutachtung[1257] noch die für Sachverständige geltenden ethischen Richtlinien schließen eine Schuldfähigkeitsbegutachtung trotz Mitwirkungsverweigerung aus.

Die Untersuchung des rechtlichen Rahmens einer Schuldfähigkeitsbegutachtung hat ergeben, dass man, wenn man ein fundiertes Gutachten erlangen möchte, letztlich auf die freiwillige Mitwirkung des Angeklagten angewiesen ist. Auch hier muss eine entsprechende Belehrung gewährleisten, dass der Angeklagte um sein Aussage- und Mitwirkungsverweigerungsrecht weiß.

1257 *Boetticher/Nedopil/Bosinski/Saß* NStZ 2005, 57 ff.

Unbestritten ist auch hier, dass der Beweiswert eines auf solche Weise erstellten Gutachtens nicht annähernd so groß ist wie der eines auf einer ausführlichen Exploration basierenden Gutachtens. Uneinig ist man sich gleichwohl bei der Frage, ob es sich bei einer Exploration um ein überlegenes Forschungsmittel im Sinne des § 244 Abs. 4 S. 2, 2. Halbs. StPO handelt. Der BGH verneint dies.

Die Erkenntnis, dass ein solches Gutachten unter Umständen zwar eine Hilfestellung für den Richter darstellen kann, jedoch bei Weitem nicht so ertragreich und zudem mit einer Zwangssituation für den Angeklagten verbunden ist, zwingt dazu, eine solche Begutachtung nach Möglichkeit zu vermeiden. Nicht nur die Einigung bei der Sachverständigenauswahl und eine informierende Belehrung können eine Schuldfähigkeitsbegutachtung trotz Mitwirkungsverweigerung verhindern. Vielmehr wurde in diesem Abschnitt auch herausgearbeitet, dass aus den genannten Gründen die Anwesenheit eines Verteidigers oder einer Vertrauensperson zugelassen werden sollte, wenn der zu Begutachtende dies wünscht und auf diesem Wege eine Einwilligung in die Untersuchung erzielt werden kann. Diese weitere „Verhinderungsstrategie" sollte auch bei der Glaubwürdigkeitsbegutachtung trotz Untersuchungsverweigerung angewandt werden.

II. Betrachtung anhand der EMRK und der Rechtsprechung des EGMR

Wenn dem Richter eine Schuldfähigkeitsbeurteilung mangels ausreichender Sachkunde ohne sachverständige Hilfe nicht möglich ist und er es dennoch unterlässt, ein Schuldfähigkeitsgutachten in Auftrag zu geben, kann dies unter Umständen zu einer Verletzung des dem Angeklagten zustehenden Rechts auf ein faires Verfahren (Art. 6 Abs. 1 EMRK) führen. Um die Erfolgsaussichten einer entsprechenden Beschwerde zu erhöhen, sollte auch hier im nationalen Strafverfahren ein entsprechender Beweisantrag gestellt worden sein.

Die Untersuchung hat ergeben, dass eine Schuldfähigkeitsbegutachtung (trotz Mitwirkungsverweigerung) auch aus menschenrechtlicher Sicht zulässig ist.

Hat der Angeklagte auf der einen Seite die Teilnahme an einer Exploration verweigert und auf der anderen Seite dennoch die Einholung eines Schuldfähigkeitsgutachtens erwünscht, muss er allerdings detailliert erläutern, warum die Nichthinzuziehung eines Schuldfähigkeitsgutachters einen Verstoß gegen das fair trial-Prinzip darstellen soll. Weitere von seiner Einwilligung unabhängige Erkenntnisquellen wären hier darzulegen. Auch hier muss sich ein Sachverständiger natürlich überhaupt in der Lage gesehen haben, ein solches Gutachten zu erstellen.

Literaturverzeichnis

Alternativkommentar zur Strafprozeßordnung, Hrsg.: Wassermann, Rudolf, Band 1 (§§ 1–93), Neuwied 1988.

AnwaltKommentar StPO, Hrsg.: Krekeler, Wilhelm/Löffelmann, Markus/Sommer, Ulrich, 2. Auflage, Bonn 2010.

Arntzen, Friedrich, Psychologie der Zeugenaussage, System der Glaubhaftigkeitsmerkmale, 4. Auflage, München 2007.

Arntzen, Friedrich, Psychologie der Zeugenaussage, System der Glaubhaftigkeitsmerkmale, 5. Auflage, München 2011.

Aymans, Monika, Die Qualität sachverständigen Handelns bei der aussagepsychologischen Begutachtung von Zeugenaussagen, Beschreibung und Verbesserung der aussagepsychologischen Sachverständigentätigkeit unter besonderer Berücksichtigung des pädagogisch-psychologischen Ansatzes des Wissensmanagements, München 2005.

Aymans, Monika, Rolle und Bedeutung des präsenten aussagepsychologischen Sachverständigen, in: StraFo 2007, 364 ff.

Barbey, Ilse, Das forensisch-psychiatrische Interview, Untersuchung zur Problematik psychiatrischer Begutachtung, Berlin 1980.

Barton, Stephan, Anmerkung zum Beschluss des BGH vom 8.8.2002 – 3 StR 239/02 (= StV 2003, 537), in: StV 2003, 537 ff.

Beck'scher Online-Kommentar Strafprozessordnung, Hrsg.: Graf, Jürgen Peter, München, Stand: 30.9.2013, Edition: 17.

Bellavić, Hanns, Persönlichkeitsgutachten und Öffentlichkeit der Hauptverhandlung, in: Würtenberger, Thomas/Hirschmann, Johannes (Hrsg.), Kriminalbiologische Gegenwartsfragen, Heft 5, Vorträge bei der XI. Tagung der Kriminalbiologischen Gesellschaft vom 4. bis 8. Oktober 1961 in Wien, S. 72 ff., Stuttgart 1962.

Bender, Rolf/Nack, Armin/Treuer, Wolf-Dieter, Tatsachenfeststellung vor Gericht, Glaubwürdigkeits- und Beweislehre, Vernehmungslehre, 3. Auflage, München 2007.

Berndt, J. Christoph, Wildwuchs bei Sachverständigen, in: NJW-Editorial Heft 49/2012.

Bernhardt, Madeleine, Probleme der Verständigung zwischen Richter und psychologischem Gutachter im deutschen Strafverfahren, Hamburg 2011.

Berufsverband Deutscher Psychologinnen und Psychologen e.V. (Hrsg.), Ethische Richtlinien der Deutschen Gesellschaft für Psychologie e.V. und des Berufsverbandes Deutscher Psychologinnen und Psychologen e.V., 1999, abrufbar im Internet: <http://www.bdp-verband.de/bdp/verband/clips/BDP_Ethische_Richtlinien_2005.pdf> (Stand: 1.12.2013).

Beulke, Werner, Strafprozessrecht, 12. Auflage, Heidelberg/München/Landsberg u.a. 2012.

Bittmann, Folker, Perspektiven zum Opferschutz – Reform der Reform, in: ZRP 2009, 212 ff.

Blau, Günter, Anmerkung zum Urteil des BGH vom 18.9.1990 – 5 StR 184/90 (= StV 1991, 405) und zum Beschluss des BGH vom 25.9.1990 – 5 StR 401/90 (= StV 1991, 405 f.), in: StV 1991, 406 ff.

Blau, Günter, Zur Zulässigkeit und Zweckmäßigkeit psychologischer Glaubwürdigkeitsgutachten in Jugendschutzsachen, in: GA 1959, 293 ff.

Bleutge, Katharina, Die Unparteilichkeit von Gerichtssachverständigen – Nicht nur eine Frage der Ehre, in: DS 2012, 338 f.

Bockelmann, Paul, Strafrichter und psychologischer Sachverständiger, in: GA 1955, 321 ff.

Boetticher, Axel, Anforderungen an Glaubhaftigkeitsgutachten nach der neuesten BGH-Rechtsprechung, in: Barton, Stephan (Hrsg.), Verfahrensgerechtigkeit und Zeugenbeweis, Fairness für Opfer und Beschuldigte, S. 55 ff., Baden-Baden 2002.

Boetticher, Axel, Das Urteil über die Einführung von Mindeststandards in aussagepsychologischen Gutachten und seine Wirkungen, in: Boetticher, Axel/Huff, Martin W./Landau, Herbert/Widmaier, Gunther (Hrsg.), NJW Sonderheft für G. Schäfer zum 65. Geburtstag am 18. Oktober 2002, S. 8 ff., München/Frankfurt a.M. 2002.

Boetticher, Axel/Nedopil, Norbert/Bosinski, Hartmut A. G./Saß, Henning, Mindestanforderungen für Schuldfähigkeitsgutachten, in: NStZ 2005, 57 ff.

Böttger, Andreas/Kury, Helmut/Mertens, René/Pelster, Christoph, »Richter in Weiß« oder Gehilfe des Gerichts? Ergebnisse einer Befragung zur Rolle des Sachverständigen bei der Schuldfähigkeitsbeurteilung, in: MschrKrim 1991, 369 ff.

Brause, Peter, Glaubhaftigkeitsprüfung und -bewertung einer Aussage im Spiegel der höchstrichterlichen Rechtsprechung, in: NStZ 2013, 129 ff.

Brause, Peter, Zum Zeugenbeweis in der Rechtsprechung des BGH, in: NStZ 2007, 505 ff.

Bundesministerium der Justiz, Bundeseinheitliche Handreichung zum Schutz kindlicher (Opfer-) Zeugen im Strafverfahren, Berlin 2000.

Burgsmüller, Claudia, Das BGH-Urteil zu den Glaubhaftigkeitsgutachten – eine späte Folge der sog. Wormser Strafverfahren vor dem Landgericht Mainz?, in: PdR November 2000, 48 ff.

Burgsmüller, Claudia, Verletztenrechte und Nebenklage, in: Doering-Striening, Gudrun (Hrsg.), Opferrechte, Handbuch des Anwalts für Opferrechte, S. 21 ff., Baden-Baden 2013.

Burhoff, Detlef, Anmerkung zum Beschluss des BGH vom 5.3.2013 – 5 StR 39/13 (= StRR 7/2013, 260 f.), in: StRR 7/2013, 261.

Burhoff, Detlef, Handbuch für die strafrechtliche Hauptverhandlung, 7. Auflage, Köln 2013.

Busse, Detlef/Volbert, Renate/Steller, Max, Belastungserleben von Kindern in Hauptverhandlungen, Abschlußbericht eines Forschungsprojekts im Auftrag des Bundesministeriums der Justiz, Bonn 1996.

Cabanis, Detlef, Glaubwürdigkeitsuntersuchungen, in: NJW 1978, 2329 ff.

Cabanis, Detlef, Verfahrensrechtliche Behinderung psychiatrischer Sachverständigentätigkeit, in: MMW 111 (1969), 2234 ff.

Conen, Stefan/Tsambikakis, Michael, Strafprozessuale Wahrheitsfindung mittels Sachverständiger im Spannungsfeld zwischen Aufklärungspflicht und Beweisantragsrecht, in: GA 2000, 372 ff.

Cornils, Karin, Schweden, in: Perron, Walter (Hrsg.), Die Beweisaufnahme im Strafverfahrensrecht des Auslands, Rechtsvergleichendes Gutachten im Auftrag des Bundesministeriums der Justiz, S. 435 ff., Freiburg im Breisgau 1995.

Crefeld, Wolf, Bedarf es einer Ethik des Sachverständigen? Ein Plädoyer, den „objektiven" durch den ärztlich engagierten Sachverständigen zu ersetzen, in: R&P 1994, 102 ff.

Dahle, Klaus-Peter/Volbert, Renate, Die Begutachtung der Schuldfähigkeit, strafrechtlichen Verantwortlichkeit und Entwicklungsreife, in: Volbert, Renate/ Dahle, Klaus-Peter (Hrsg.), Forensisch-psychologische Diagnostik im Strafverfahren, S. 115 ff., Göttingen/Bern/Wien u.a. 2010.

Dahs, Hans, Handbuch des Strafverteidigers, 7. Auflage, Köln 2005.

Dahs, Hans/Langkeit, Jochen, Das Schweigerecht des Beschuldigten und seine Auskunftsverweigerung als "verdächtiger Zeuge" – Zugleich Anmerkung zu BGH, Urteil vom 26. 5. 1992 – 5 StR 122/92, NStZ 1992, 448 –, in: NStZ 1993, 213 ff.

Dauer, Steffen, Die Beziehungsgestaltung bei der Begutachtung von Zeugen, in: Greuel, Luise/Fabian, Thomas/Stadler, Michael (Hrsg.), Psychologie der Zeugenaussage, Ergebnisse der rechtspsychologischen Forschung, S. 261 ff., Weinheim 1997.

Deckers, Rüdiger, Anmerkung zum Beschluss des AG Euskirchen vom 15.5.2006 – 6 Ls 70 Js 515/03 (= StraFo 2006, 493), in: StraFo 2006, 493.

Deckers, Rüdiger, Anwaltsstation Strafrecht, Klausur Vortrag Kanzleipraxis, Köln 2011.

Deckers, Rüdiger, Aussage gegen Aussage – zur Entwicklung der revisionsgerichtlichen Rechtsprechung und der Aussagepsychologie, in: Michalke, Regina/ Köberer, Wolfgang/Pauly, Jürgen/Kirsch, Stefan (Hrsg.), Festschrift für Rainer Hamm zum 65. Geburtstag am 24. Februar 2008, S. 53 ff., Berlin 2008.

Deckers, Rüdiger, Auswahl und Kontrolle des Sachverständigen, in: Widmaier, Gunter (Hrsg.), Münchener Anwaltshandbuch Strafverteidigung, § 81, München 2006.

Deckers, Rüdiger, Der betreute Zeuge aus der Sicht der Verteidigung, in: Barton, Stephan (Hrsg.), Verfahrensgerechtigkeit und Zeugenbeweis, Fairness für Opfer und Beschuldigte, S. 97 ff., Baden-Baden 2002.

Deckers, Rüdiger, Der strafprozessuale Beweisantrag, 2. Auflage, Berlin 2007.

Deckers, Rüdiger, Der strafprozessuale Beweisantrag, 3. Auflage, Köln 2013.

Deckers, Rüdiger, Glaubhaftigkeitsprüfung, in: Deckers, Rüdiger/Köhnken, Günter (Hrsg.), Die Erhebung von Zeugenaussagen im Strafprozess, S. 89 ff., Berlin 2007.

Deckers, Rüdiger, Glaubwürdigkeit kindlicher Zeugen, in: NJW 1999, 1365 ff.

Deckers, Rüdiger, Höchstrichterliche Anforderungen an besondere Beweiskonstellationen – Aussage gegen Aussage, Aussage von Mitbeschuldigten oder des „Kronzeugen", in: StraFo 2010, 372.

Deckers, Rüdiger, Vom Nutzen und zur Qualität aussagepsychologischer Gutachten im Strafprozess, in: Arbeitsgemeinschaft Strafrecht des Deutschen Anwaltvereins (Hrsg.), Strafverteidigung im Rechtsstaat, 25 Jahre Arbeitsgemeinschaft Strafrecht des Deutschen Anwaltvereins, S. 411 ff., Baden-Baden 2009.

Dehne-Niemann, Jan, „Nie sollst du mich befragen" – Zur Behandlung des Rechts zur Konfrontation mitbeschuldigter Belastungszeugen (Art. 6 Abs. 3 lit. d EMRK) durch den BGH, Zugleich Besprechung von BGH 4 StR 461/08 – Beschluss vom 9. Juni 2009, HRRS 2009 Nr. 803 und EGMR HRRS 2009 Nr. 459, in: HRRS 2010, 189 ff.

Detter, Klaus, Der Sachverständige im Strafprozess, in: Bockemühl, Jan (Hrsg.), Handbuch des Fachanwalts Strafrecht, S. 1525 ff., 5. Auflage, Köln 2012.

Detter, Klaus, Der Sachverständige im Strafverfahren – eine Bestandsaufnahme –, in: NStZ 1998, 57 ff.

Dierlamm, Alfred, Das rechtliche Gehör vor der Auswahl eines Sachverständigen im Ermittlungsverfahren, in: Jung, Heike/Luxenburger, Bernd/Wahle, Eberhard (Hrsg.), Festschrift für Egon Müller, S. 117 ff., Baden-Baden 2008.

Dippel, Karlhans, Ausgewählte Themen des Beweises durch Sachverständige im Strafverfahren, in: Jung, Heike/Luxenburger, Bernd/Wahle, Eberhard (Hrsg.), Festschrift für Egon Müller, S. 125 ff., Baden-Baden 2008.

Dippel, Karlhans, Die Stellung des Sachverständigen im Strafprozeß, Eine Studie unter besonderer Berücksichtigung der Zulässigkeit und der Folgen eigener

Ermittlungen des Sachverständigen nach geltendem und künftigem Recht, Heidelberg 1986.

Dippel, Karlhans, Zur Behandlung von Aussagen kindlicher und jugendlicher Zeugen, in: Jescheck, Hans-Heinrich/Vogler, Theo (Hrsg.), Festschrift für Herbert Tröndle zum 70. Geburtstag am 24. August 1989, S. 599 ff., Berlin/New York 1989.

Dokumentation der Eckpunkte einer Reform des Strafverfahrens, Beschluß der Bundesregierung – Stand: 6. 4. 2001 –, in: StV 2001, 314 ff.

Dokumentation der Ergebnisse der Arbeitsgruppen des 16. Strafverteidigertages vom 15.-17.5.1992 in Hamburg, in: StV 1992, 346 f.

Dokumentation der Ergebnisse des 28. Strafverteidigertages vom 5. bis 7.3.2004 in Karlsruhe, in: StV 2004, 290 ff.

Dokumentation des Diskussionsentwurfs für eine Reform des Strafverfahrens der Fraktionen der SPD und Bündnis 90/Die Grünen des Deutschen Bundestages und des Bundesministeriums der Justiz vom Februar 2004, in: StV 2004, 228 ff.

Dörig, Harald, Anmerkung zum Urteil des BGH vom 6.8.1987 – 4 StR 333/87 (= NStZ 1988, 142 f.), in: NStZ 1988, 143 f.

Düring, Christiane/Eisenberg, Ulrich, Anmerkung zum Beschluss des KG vom 20.5.1996 – 3 Ws 110-111/96 (= StV 1997, 65 f.), in: StV 1997, 456 ff.

Duttge, Gunnar, Anmerkung zum Beschluss des BGH vom 10.9.2002 – 1 StR 169/02 (= NStZ 2003, 99), in: NStZ 2003, 375 ff.

Dzendzalowski, Horst, Die körperliche Untersuchung, Eine strafprozessual-kriminalistische Untersuchung zu den §§ 81a und 81c StPO, Lübeck 1971.

Eisenberg, Ulrich, Anmerkungen zu dem Beitrag „Mindestanforderungen für Schuldfähigkeitsgutachten“, NStZ 2005, 57–62, in: NStZ 2005, 304 ff.

Eisenberg, Ulrich, Anmerkung zum Urteil des BGH vom 15.11.1994 – 1 StR 461/94 (= StV 1995, 171 f.), in: StV 1995, 625 ff.

Eisenberg, Ulrich, Beweisrecht der StPO, Spezialkommentar, 8. Auflage, München 2013.

Eisenberg, Ulrich/Kopatsch, Anja, Anmerkung zum Beschluss des BGH vom 20.7.1995 – 1 StR 338/95 (= NStZ 1997, 296 f.), in: NStZ 1997, 297 ff.

Eisenhardt, Urte, Das nemo tenetur-Prinzip: Grenze körperlicher Untersuchungen beim Beschuldigten, Am Beispiel des § 81a StPO, Frankfurt a.M. 2007.

Erb, Volker, Anmerkung zum Beschluss des BGH vom 5.3.2008 – 1 StR 648/07 (= StV 2008, 618), in: StV 2008, 618 ff.

Erb, Volker, Die Abhängigkeit des Richters vom Sachverständigen, in: ZStW 121 (2009), 882 ff.

Erb, Volker, Grund und Grenzen der Unzulässigkeit einer regelmäßigen Einholung von Glaubwürdigkeitsgutachten im Strafverfahren, in: Jahn, Matthias/Arzt, Gunther (Hrsg.), Strafrechtspraxis und Reform, Festschrift für Heinz Stöckel zum 70. Geburtstag, S. 181 ff., Berlin 2010.

Eschke, Dieter, Anmerkung zum Urteil des OLG Saarbrücken vom 28.2.1974 – Ss 78/73 (= NJW 1975, 354), in: NJW 1975, 354.

Esser, Robert, Anforderungen der EMRK an den strafprozessualen Sachverständigenbeweis, in: Esser, Robert/Harich, Björn/Lohse, Frank/Sinn, Arndt (Hrsg.), Die Bedeutung der EMRK für die nationale Rechtsordnung, Strafrecht – Zivilrecht – Öffentliches Recht, S. 35 ff., Berlin 2004.

Esser, Robert, Anmerkung zum Urteil des BGH vom 3.12.2004 – 2 StR 156/04 (= JR 2005, 247 f.), in: JR 2005, 248 ff.

Esser, Robert, Auf dem Weg zu einem europäischen Strafverfahrensrecht, Die Grundlagen im Spiegel der Rechtsprechung des Europäischen Gerichtshofs für Menschenrechte (EGMR) in Straßburg, Berlin 2002.

Esser, Robert, Europäischer Gerichtshof für Menschenrechte, in: Ahlbrecht, Heiko/Böhm, Klaus Michael/Esser, Robert/Hugger, Heiner/Kirsch, Stefan/Rosenthal, Michael (Hrsg.), Internationales Strafrecht in der Praxis, S. 1 ff., Heidelberg/München/Landsberg u.a. 2008.

Esser, Robert, Europäisches und Internationales Strafrecht, München 2014.

Esser, Robert, (Nichts) Neues aus Straßburg – Effektive Verteidigung bei Nichterscheinen des Angeklagten zu Beginn der Hauptverhandlung in der

Berufungsinstanz (§ 329 Abs. 1 S. 1 StPO) – Zugleich Anmerkungen zu OLG Düsseldorf, Beschl. v. 27.02.2012, III-2 RVs 11/12, und EGMR, Neziraj v. Deutschland, Urt. v. 08.11.2012, Individualbeschwerde-Nr. 30804/07 – in: StV 2013, 331 ff.

Fezer, Gerhard, Grundfälle zum Verlesungs- und Verwertungsverbot im Strafprozeß, in: JuS 1978, 765 ff.

Fezer, Gerhard, Strafprozeßrecht, 2. Auflage, München 1995.

Fiedler, Klaus/Schmid, Jeanette, Gutachten über Methodik und Bewertungskriterien für Psychologische Glaubwürdigkeitsgutachten, in: PdR November 1999, 5 ff.

Fincke, Martin, Die Pflicht des Sachverständigen zur Belehrung des Beschuldigten, in: ZStW 86 (1974), 656 ff.

Fischer, Thomas, Aussagewahrheit und Glaubhaftigkeitsbegutachtung, Anmerkungen zum Beweiswert von Glaubhaftigkeitsgutachten im Strafverfahren, in: Schöch, Heinz/Satzger, Helmut/Schäfer, Gerhard/Ignor, Alexander/Knauer, Christoph (Hrsg.), Strafverteidigung, Revision und die gesamten Strafrechtswissenschaften, Festschrift für Gunter Widmaier zum 70. Geburtstag, S. 191 ff., Köln/München 2008.

Fischer, Thomas, Glaubwürdigkeitsbeurteilung und Beweiswürdigung – Von der Last der "ureigenen Aufgabe" –, in: NStZ 1994, 1 ff.

Föderation Deutscher Psychologenvereinigungen 1988, Richtlinien für die Erstellung Psychologischer Gutachten, Bonn 1994.

Foerster, Klaus, Forensische Psychiatrie und Psychotherapie, in: Widmaier, Gunter (Hrsg.), Münchener Anwaltshandbuch Strafverteidigung, § 60, München 2006.

Foerster, Klaus/Foerster, Max, Belehrung durch den psychiatrischen Sachverständigen?, in: Dölling, Dieter/Götting, Bert/Meier, Bernd-Dieter/Verrel, Torsten (Hrsg.), Verbrechen – Strafe – Resozialisierung, Festschrift für Heinz Schöch zum 70. Geburtstag am 20. August 2010, S. 1007 ff., Berlin/New York 2010.

Foerster, Klaus/Winckler, Peter, Forensisch-psychiatrische Untersuchung, in: Foerster, Klaus/Dreßing, Harald (Hrsg.), Psychiatrische Begutachtung, Ein praktisches Handbuch für Ärzte und Juristen, S. 17 ff., 5. Auflage, München 2009.

Folkers, Susanne, Fehlerquellen bei Zeugenvernehmungen, in: Deckers, Rüdiger/ Köhnken, Günter (Hrsg.), Die Erhebung von Zeugenaussagen im Strafprozess, S. 148 ff., Berlin 2007.

Frowein, Jochen Abr./Peukert, Wolfgang, Europäische MenschenRechtsKonvention, EMRK-Kommentar, 3. Auflage, Kehl am Rhein 2009.

Gaede, Karsten, Fairness als Teilhabe – Das Recht auf konkrete und wirksame Teilhabe durch Verteidigung gemäß Art. 6 EMRK, Berlin 2007.

Grabenwarter, Christoph/Pabel, Katharina, Europäische Menschenrechtskonvention, Ein Studienbuch, 5. Auflage, München/Basel/Wien 2012.

Grabow, Rolf, Anmerkung zur Prozessgeschichte vom Urteil des BGH vom 12.2.1998 – 1 StR 588/97 (= StV 1999, 463 ff.), in: StV 1999, 465 ff.

Granderath, Reinhart, Schutz des Tatopfers im Strafverfahren, in: MDR 1983, 797 ff.

Greuel, Luise, Qualitätsstandards aussagepsychologischer Gutachten zur Glaubhaftigkeit von Zeugenaussagen, in: Barton, Stephan (Hrsg.), Verfahrensgerechtigkeit und Zeugenbeweis, Fairness für Opfer und Beschuldigte, S. 67 ff., Baden-Baden 2002.

Greuel, Luise, Schuldfähigkeitsbegutachtung, in: Steller, Max/Volbert, Renate (Hrsg.), Psychologie im Strafverfahren, S. 105 ff., Bern/Göttingen/Toronto u.a. 1997.

Greuel, Luise/Offe, Susanne/Fabian, Agnes/Wetzels, Peter/Fabian, Thomas/Offe, Heinz/Stadler, Michael, Glaubhaftigkeit der Zeugenaussage, Theorie und Praxis der forensisch-psychologischen Begutachtung, Weinheim 1998.

Groß, Karl-Heinz/Fünfsinn, Helmut, Datenweitergabe im strafrechtlichen Ermittlungsverfahren, in: NStZ 1992, 105 ff.

Günther, Hans-Ludwig, Die Schweigebefugnis des Tatverdächtigen im Straf- und Bußgeldverfahren aus verfassungsrechtlicher Sicht, in: GA 1978, 193 ff.

Hamm, Rainer, Die Revision in Strafsachen, 7. Auflage, Berlin/New York 2010.

Hamm, Rainer, Monokeltests und Menschenwürde, Zu den BGH-Entscheidungen über den „Lügendetektor" im Strafprozeß (NJW 1999, 657 und 662), in: NJW 1999, 922.

Hanack, Ernst-Walter, Die Rechtsprechung des Bundesgerichtshofs zum Strafverfahrensrecht, in: JZ 1971, 126 ff.

Handkommentar Gesamtes Strafrecht, Hrsg.: Dölling, Dieter/Duttge, Gunnar/Rössner, Dieter, 3. Auflage, Baden-Baden 2013.

Heer, Marianne, Psychiatrische Gutachten als Grundlage für verantwortbare gerichtliche Entscheidungen, Eindrücke aus der ermittlungsrichterlichen und richterlichen Praxis in der Schweiz, in: Häßler, Frank/Rebernig, Elisabeth/Schnoor, Kathleen/Schläfke, Detlef/Fegert, Jörg Michael (Hrsg.), Forensische Kinder-, Jugend- und Erwachsenenpsychiatrie, S. 199 ff., Stuttgart 2003.

Heidelberger Kommentar zur Strafprozessordnung, Hrsg.: Gercke, Björn/Julius, Karl-Peter/Temming, Dieter/Zöller, Mark A., 5. Auflage, Heidelberg/München/Landsberg u.a. 2012.

Heier, Magnus, Zwischen Wahrheit und Kaffeesatz, FAZ vom 2.1.2011, 51.

Heinitz, Ernst, Anmerkung zum Urteil des BGH vom 14.10.1959 – 2 StR 249/59 (= JR 1960, 225 f.), in: JR 1960, 226 ff.

Heinitz, Ernst, Grenzen der Zulässigkeit eigener Ermittlungstätigkeit des Sachverständigen im Strafprozeß, in: Bockelmann, Paul (Hrsg.), Festschrift für Karl Engisch zum 70. Geburtstag, S. 693 ff., Frankfurt a.M. 1969.

Hellwig, Albert, Psychologie und Vernehmungstechnik bei Tatbestandsermittlungen, 4. Auflage, Stuttgart 1951.

Helmchen, Hanfried, Die Deklaration von Madrid 1996, in: Der Nervenarzt 1998, 454 f.

Hermanutz, Max/Litzcke, Max Sven, Das Projekt ALiBi – Vernehmung und Glaubhaftigkeit, in: Fabian, Thomas/Nowara, Sabine (Hrsg.), Neue Wege und Konzepte in der Rechtspsychologie, S. 446 ff., Berlin 2006.

Herrmann, Gunnar, Straftaten gegen die sexuelle Selbstbestimmung – Teil 2, Eine Rechtsprechungsübersicht (2009 – 2011), in: StRR 12/2012, 446 ff.

Herrmann, Sebastian, Nichtssagende Augen, Die Blickrichtung eines Menschen verrät nicht, ob er lügt, SZ vom 12.7.2012, 16.

Hohlweck, Martin, Die Beweiswürdigung: Beurteilung von Zeugenaussagen, in: JuS 2002, 1105 ff., 1207 ff.

Holzhaider, Hans, Der lange Schatten der Ungewissheit, SZ vom 18.8.2012, V 2/4-V 2/5.

Holzhaider, Hans, Posen für den Staatsanwalt, SZ vom 16.12.2010, 3.

Holzhaider, Hans, „Weit entfernt von Jekyll und Hyde", Ein Gerichtspsychiater nennt Jörg Kachelmann egozentrisch, aber psychisch keinesfalls gestört, SZ vom 6.5.2011, 12.

Höynck, Theresia, Viktimologische Forderungen an Rechtspflege und Strafrechtswissenschaft, in: Barton, Stephan (Hrsg.), Verfahrensgerechtigkeit und Zeugenbeweis, Fairness für Opfer und Beschuldigte, S. 233 ff., Baden-Baden 2002.

Janetzke, Gerhard, Die Beweiserhebung über die Glaubwürdigkeit des Zeugen im Strafprozeß, in: NJW 1958, 534 f.

Jansen, Gabriele, Überprüfung aussagepsychologischer Gutachten, in: StV 2000, 224 ff.

Jansen, Gabriele, Und es (ver)lockt die Beschuldigung, in: Michalke, Regina/Köberer, Wolfgang/Pauly, Jürgen/Kirsch, Stefan (Hrsg.), Festschrift für Rainer Hamm zum 65. Geburtstag am 24. Februar 2008, S. 227 ff., Berlin 2008.

Jansen, Gabriele, Zeuge und Aussagepsychologie, 2. Auflage, Heidelberg/München/Landsberg u.a. 2012.

Jansen, Gabriele/Kluck, Marie-Luise, Unter Kontrolle: Aussagepsychologische Gutachten, in: PdR November 2000, 89 ff.

Jarass, Hans D., Das allgemeine Persönlichkeitsrecht im Grundgesetz, in: NJW 1989, 857 ff.

Jarass, Hans D./Pieroth, Bodo, Grundgesetz für die Bundesrepublik Deutschland, Kommentar, 12. Auflage, München 2012.

Jessnitzer, Kurt, Der gerichtliche Sachverständige, Ein Handbuch für die Praxis, 3. Auflage, Köln/Berlin/Bonn u.a. 1966.

Jessnitzer, Kurt/Ulrich, Jürgen, Der gerichtliche Sachverständige, Ein Handbuch für die Praxis, 11. Auflage, Köln/Berlin/Bonn u.a. 2001.

Junker, Thorsten, Anmerkung zum Beschluss des BGH vom 1.12.2011 – 3 StR 284/11 (= StRR 6/2012, 225 f.), in: StRR 6/2012, 226.

Kargl, Walter/Kirsch, Stefan, Zur Zulässigkeit eines untauglichen Beweismittels im Strafverfahren – BGHSt 44, 308, in: JuS 2000, 537 ff.

Karlsruher Kommentar, Kommentar zur Strafprozessordnung, Hrsg.: Pfeiffer, Gerd, 5. Auflage, München 2003.

Karlsruher Kommentar, Kommentar zur Strafprozessordnung, Hrsg.: Hannich, Rolf, 6. Auflage, München 2008.

Karlsruher Kommentar, Kommentar zur Strafprozessordnung, Hrsg.: Hannich, Rolf, 7. Auflage, München 2013.

Karpenstein, Ulrich/Mayer, Franz C., EMRK, Konvention zum Schutz der Menschenrechte und Grundfreiheiten, Kommentar, 3. Auflage, München 2012.

Kehr, Hugo Martin, Dilemma des Zeugen bei wahrer, aber unglaubhafter Aussage, in: NStZ 1997, 160 ff.

Keiser, Claudia, Die Anwendung des »nemo-tenetur-Grundsatzes« auf das Prozeßverhalten des Angeklagten, Zugleich Anmerkung zu BGH StV 2000, 234 und StV 2000, 293, in: StV 2000, 633 ff.

Kemme, Stefanie/Boetticher, Axel/Kolberg, Jan Hendrik, Das Spannungsverhältnis zwischen richterlicher Beweiswürdigung und der Tätigkeit des aussagepsychologischen Sachverständigen, in: PdR August 2013, 33 ff.

Kett-Straub, Gabriele, Die Glaubwürdigkeitsbegutachtung minderjähriger Zeugen, in: ZStW 117 (2005), 354 ff.

Kierkegaard, Sören, Entweder – Oder, Teil I und II, 9. Auflage, München 2007.

Kleinknecht, Theodor, Anmerkung zum Urteil des BGH vom 26.10.1965 – 5 StR 415/65 (= JR 1966, 269 f.), in: JR 1966, 270 f.

Kleinknecht, Theodor/Müller, Hermann/Reitberger, Leonhard, Kommentar zur Strafprozessordnung, Loseblattkommentar, Hrsg.: von Heintschel-Heinegg,

Bernd/Stöckel, Heinz, Band 1 (§§ 1–93), Köln, 69. Lieferung, Stand: Oktober 2013.

Kohlhaas, Max, Anmerkung zum Urteil des BGH vom 13.5.1969 – 2 StR 616/68 (= BGHSt 23, 1), in: LM StPO § 80 Nr. 9.

Köhnken, Günter, Fehlerquellen in aussagepsychologischen Gutachten, in: Deckers, Rüdiger/Köhnken, Günter (Hrsg.), Die Erhebung von Zeugenaussagen im Strafprozess, S. 1 ff., Berlin 2007.

Köhnken, Günter, Glaubwürdigkeit, in: Lempp, Reinhart/Schütze, Gerd/Köhnken, Günter (Hrsg.), Forensische Psychiatrie und Psychologie des Kindes- und Jugendalters, S. 341 ff., 2. Auflage, Darmstadt 2003.

Köhnken, Günter, Glaubwürdigkeitsbegutachtung, in: Widmaier, Gunter (Hrsg.), Münchener Anwaltshandbuch Strafverteidigung, § 62, München 2006.

Köhnken, Günter, Glaubwürdigkeit, Untersuchungen zu einem psychologischen Konstrukt, München 1990.

Kölbel, Ralf, Zur Problematik der strafprozessualen Körperhermeneutik, in: GA 2006, 469 ff.

Konrad, Norbert/Rasch, Wilfried, Forensische Psychiatrie, Rechtsgrundlagen, Begutachtung und Praxis, 4. Auflage, Stuttgart 2014.

Kraft, Wilfried, Zulässigkeit eigener Ermittlungstätigkeit des psychiatrischen und psychologischen Sachverständigen im Strafprozeß, Göttingen 1974.

Krausbeck, Matthias, Konfrontative Zeugenbefragung, Vorgaben des Art. 6 Abs. 3 lit. d EMRK für das deutsche Strafverfahren, Tübingen 2010.

Krauß, Detlef, Richter und Sachverständiger im Strafverfahren, in: ZStW 85 (1973), 320 ff.

Krekeler, Wilhelm, Strafverteidigung mit einem und gegen einen Sachverständigen, in: StraFo 1996, 5 ff.

Krix, Alana C./Sauerland, Melanie, Wie lassen sich Zeugenaussagen verbessern? – Neue Entwicklungen und Methoden, in: PdR August 2013, 136 ff.

Kröber, Hans-Ludwig, Psychologische und psychiatrische Begutachtung im Strafrecht, in: Kröber, Hans-Ludwig (Hrsg.), Psychologische Begutachtung im Strafverfahren, S. 205 ff., 2. Auflage, Darmstadt 2005.

Kröber, Hans-Ludwig, Was ist und wonach strebt Forensische Psychiatrie?, in: Kröber, Hans-Ludwig/Dölling, Dieter/Leygraf, Norbert/Saß, Henning (Hrsg.), Strafrechtliche Grundlagen der Forensischen Psychiatrie, Handbuch der Forensischen Psychiatrie, Band 1, S. 1 ff., 2. Auflage, Darmstadt 2007.

Krug, Björn, Anmerkung zum Beschluss des BGH vom 5.3.2013 – 5 StR 39/13 (= FD-StrafR 2013, 345240), in: FD-StrafR 2013, 345240.

Kühl, Kristian, Freie Beweiswürdigung des Schweigens des Angeklagten und der Untersuchungsverweigerung eines angehörigen Zeugen – BGHSt 32, 140, in: JuS 1986, 115 ff.

Kühne, Hans-Heiner, Strafprozessrecht, Eine systematische Darstellung des deutschen und europäischen Strafverfahrensrechts, 8. Auflage, Heidelberg/München/Landsberg u.a. 2010.

Kühne, Hans-Heiner/Esser, Robert, Die Rechtsprechung des Europäischen Gerichtshofs für Menschenrechte (EGMR) zur Untersuchungshaft, Ein Bericht über die Entwicklung in den Jahren 2000 und 2001, in: StV 2002, 383 ff.

Kurzanmerkung der *Redaktion des StV* zum Beschluss des KG vom 20.5.1996 – 3 Ws 110–111/96 (= StV 1997, 65 f.), in: StV 1997, 66.

Langelüddeke, Albrecht/Bresser, Paul H., Gerichtliche Psychiatrie, 4. Auflage, Berlin/New York 1976.

Langen, Nicole, Der Einfluß der Ergebnisse aussagepsychologischer Gutachten auf die Entscheidungen von Staatsanwaltschaft und Gericht in Strafverfahren wegen des Verdachts von Taten gegen die sexuelle Selbstbestimmung Minderjähriger, Frankfurt a.M./Berlin/Bern u.a. 2000.

Lemke, Michael, Anmerkung zum Urteil des BGH vom 12.2.1998 – 1 StR 588/97 (= BGHSt 44, 26 ff.), in: NJ 1998, 379 f.

Lempp, Reinhart, Gerichtliche Kinder- und Jugendpsychiatrie, Ein Lehrbuch für Ärzte, Psychologen und Juristen, Bern/Stuttgart/Wien 1983.

Loddenkemper, Florian, Revisibilität tatrichterlicher Zeugenbeurteilung, Eine Auseinandersetzung mit der neueren Rechtsprechung der Strafsenate des BGH, Baden-Baden 2003.

Löwe, Ewald/Rosenberg, Werner, Die Strafprozeßordnung und das Gerichtsverfassungsgesetz, Großkommentar, Hrsg.: Dünnebier, Hanns/Gollwitzer, Walter/Meyer, Karlheinz/Meyer-Goßner, Lutz/Schäfer, Karl/Wendisch, Günter, Band 1 (Einleitung; §§ 1 bis 111n), 23. Auflage, Berlin/New York 1976.

Löwe, Ewald/Rosenberg, Werner, Die Strafprozeßordnung und das Gerichtsverfassungsgesetz, Großkommentar, Hrsg.: Erb, Volker/Esser, Robert/Franke, Ulrich/Graalmann-Scheerer, Kirsten/Hilger, Hans/Ignor, Alexander, Band 1 (Einleitung; §§ 1–47), 26. Auflage, Berlin 2006.

Löwe, Ewald/Rosenberg, Werner, Die Strafprozeßordnung und das Gerichtsverfassungsgesetz, Großkommentar, Hrsg.: Erb, Volker/Esser, Robert/Franke, Ulrich/Graalmann-Scheerer, Kirsten/Hilger, Hans/Ignor, Alexander, Band 2 (§§ 48–93), 26. Auflage, Berlin 2008.

Löwe, Ewald/Rosenberg, Werner, Die Strafprozeßordnung und das Gerichtsverfassungsgesetz, Großkommentar, Hrsg.: Rieß, Peter, Band 3 (§§ 198 bis 295), 24. Auflage, Berlin/New York 1987.

Löwe, Ewald/Rosenberg, Werner, Die Strafprozeßordnung und das Gerichtsverfassungsgesetz, Großkommentar, Hrsg.: Erb, Volker/Esser, Robert/Franke, Ulrich/Graalmann-Scheerer, Kirsten/Hilger, Hans/Ignor, Alexander, Band 4 (§§ 12–150), 26. Auflage, Berlin 2007.

Löwe, Ewald/Rosenberg, Werner, Die Strafprozeßordnung und das Gerichtsverfassungsgesetz, Großkommentar, Hrsg.: Erb, Volker/Esser, Robert/Franke, Ulrich/Graalmann-Scheerer, Kirsten/Hilger, Hans/Ignor, Alexander, Band 6/Teil 1 (§§ 213–255a), 26. Auflage, Berlin 2010.

Löwe, Ewald/Rosenberg, Werner, Die Strafprozeßordnung und das Gerichtsverfassungsgesetz, Großkommentar, Hrsg.: Erb, Volker/Esser, Robert/Franke, Ulrich/Graalmann-Scheerer, Kirsten/Hilger, Hans/Ignor, Alexander, Band 6/Teil 2 (§§ 256–295), 26. Auflage, Berlin/Boston 2013.

Löwe, Ewald/Rosenberg, Werner, Die Strafprozeßordnung und das Gerichtsverfassungsgesetz, Großkommentar, Hrsg.: Erb, Volker/Esser, Robert/Franke, Ulrich/Graalmann-Scheerer, Kirsten/Hilger, Hans/Ignor, Alexander, Band 11 (EMRK; IPBPR), 26. Auflage, Berlin/Boston 2012.

Lürken, Günter, Auswahl und Leitung des Sachverständigen im Strafprozeß (§§ 73, 78 StPO), in: NJW 1968, 1161 ff.

Maier, Stefan, Aussage gegen Aussage und freie Beweiswürdigung, in: NStZ 2005, 246 ff.

Maisch, Herbert, Fehlerquellen psychologisch-psychiatrischer Begutachtung im Strafprozeß, in: StV 1985, 517 ff.

Maunz, Theodor/Dürig, Günter, Grundgesetz, Loseblattkommentar, Hrsg.: Herzog, Roman/Scholz, Rupert/Herdegen, Matthias/Klein, Hans H., Band 1 (Art. 1–5), München, 69. Lieferung, Stand: Mai 2013.

Meier, Bernd-Dieter, Zwischen Opferschutz und Wahrheitssuche – Überlegungen zur Rechtsstellung von kindlichen Zeugen im Strafprozeß, in: JZ 1991, 638 ff.

Meyer-Goßner, Lutz, Strafprozessordnung, 56. Auflage, München 2013.

Meyer-Ladewig, Jens, Europäische Menschenrechtskonvention, Handkommentar, 3. Auflage, Baden-Baden 2011.

Meyer-Mews, Hans, Die „in dubio contra reo"-Rechtsprechungspraxis bei Aussage-gegen-Aussage-Delikten, in: NJW 2000, 916 ff.

Michalis-Arntzen, Else, Zur Suggestibilität von Kleinkindern, in: Greuel, Luise/Fabian, Thomas/Stadler, Michael (Hrsg.), Psychologie der Zeugenaussage, Ergebnisse der rechtspsychologischen Forschung, S. 205 ff., Weinheim 1997.

Miebach, Klaus, Der teilschweigende Angeklagte – materiell-rechtliche und prozessuale Fragen anhand der BGH-Rechtsprechung, in: NStZ 2000, 234 ff.

Müller, Henning Ernst, Anmerkung zum Urteil des BGH vom 30.7.1999 – 1 StR 618/98 (= JZ 2000, 262 ff.), in: JZ 2000, 267 f.

Müller, Klaus, Der Sachverständige im gerichtlichen Verfahren, Handbuch des Sachverständigenbeweises, 3. Auflage, Heidelberg 1988.

Nack, Armin, Abhängigkeit des Richters vom Sachverständigen, in: GA 2009, 201 ff.

Nack, Armin, Der Zeugenbeweis aus aussagepsychologischer und juristischer Sicht, in: StraFo 2001, 1 ff.

Nack, Armin, Kontrolle und Herstellung von Verfahrensgerechtigkeit bei Opferzeugen aus der Sicht des BGH-Richters, in: Barton, Stephan (Hrsg.), Verfahrensgerechtigkeit und Zeugenbeweis, Fairness für Opfer und Beschuldigte, S. 33 ff., Baden-Baden 2002.

Nagler, Axel, Anmerkung zum Beschluss des LG Essen vom 1.3.2006 – 25 Kls 38/05 (= StV 2006, 521), in: StV 2006, 521.

Nedopil, Norbert, Anmerkung zum Beschluss des BGH vom 12.11.2004 – 2 StR 367/04 (= JR 2005, 213 ff.), in: JR 2005, 216 f.

Nedopil, Norbert, Verständigungsschwierigkeiten zwischen dem Juristen und dem psychiatrischen Sachverständigen, in: NStZ 1999, 433 ff.

Nelles, Ursula/Oberlies, Dagmar, Reform der Nebenklage und anderer Verletztenrechte, Baden-Baden 1998.

Niehaus, Susanna, Merkmalsorientierte Inhaltsanalyse, in: Volbert, Renate/Steller, Max (Hrsg.), Handbuch der Rechtspsychologie, S. 311 ff., Göttingen/Bern/Wien u.a. 2008.

Offe, Heinz, Anforderungen an die Begutachtung der Glaubhaftigkeit von Zeugenaussagen, in: NJW 2000, 929 f.

Oswald, Margit E., Laienpsychologische Beurteilung der Glaubwürdigkeit, in: Barton, Stephan (Hrsg.), Verfahrensgerechtigkeit und Zeugenbeweis, Fairness für Opfer und Beschuldigte, S. 181 ff., Baden-Baden 2002.

Otte, Karina, Rechtsgrundlagen der Glaubwürdigkeitsbegutachtung von Zeugen im Strafprozess, Münster 2002.

Panhuysen, Ursula, Die Untersuchung des Zeugen auf seine Glaubwürdigkeit, Berlin 1964.

Pauly, Jürgen, Anmerkung zum Urteil des EGMR vom 20.12.2001 – Nr. 33900/96 (= StV 2002, 289 f.), in: StV 2002, 290 ff.

Peters, Karl, Anmerkung zum Urteil des BGH vom 13.5.1969 – 2 StR 616/68 (= JR 1970, 67 f.), in: JR 1970, 68 f.

Peters, Karl, Der Strafprozeß in der Fortentwicklung, Zugleich ein Nachtrag zum Lehrbuch „Strafprozeß", Karlsruhe 1970.

Peters, Karl, Strafprozess, 4. Auflage, Heidelberg 1985.

Pfeiffer, Gerd, Aus der Rechtsprechung des Bundesgerichtshofs in Strafsachen zum Verfahrensrecht, in: NStZ 1981, 93 ff., 295 ff.

Pfeiffer, Gerd, Strafprozessordnung Kommentar, 5. Auflage, München 2005.

Pfister, Wolfgang, Die Prüfung der Glaubhaftigkeit einer Aussage, in: Deckers, Rüdiger/Köhnken, Günter (Hrsg.), Die Erhebung von Zeugenaussagen im Strafprozess, S. 42 ff., Berlin 2007.

Pfister, Wolfgang, Was ist seit BGHSt 45, 164 geschehen? Ein Überblick über die neuere Rechtsprechung des Bundesgerichtshofs zur Beurteilung der Glaubhaftigkeit von Zeugenaussagen, in: FPPK 2008, 3 ff.

Prantl, Heribert, Der Fall Gustl Mollath: Eine Justiz zum Fürchten?, in: DRiZ 2013, 20.

Praxishandbuch Sachverständigenrecht, Hrsg.: Bayerlein, Walter, 4. Auflage, München 2008.

Przybilla, Olaf/Ritzer, Uwe, Psychiatrie statt Gefängnis, Eine Chronologie des Falls Mollath – von 2001 bis heute, SZ vom 28.11.2012, 33.

Püschel, Christof, Anmerkung zum Urteil des EGMR vom 8.11.2012 – Nr. 30804/07 (= StraFo 2012, 490 ff.), in: StraFo 2012, 493 ff.

Püschel, Christof, Zur Vernehmung der Auskunftsperson in der Hauptverhandlung aus Sicht der Verteidigung, in: Deckers, Rüdiger/Köhnken, Günter (Hrsg.), Die Erhebung von Zeugenaussagen im Strafprozess, S. 223 ff., Berlin 2007.

Putzke, Holm, Untersuchung mittels eines Polygraphen (Lügendetektor) als ungeeignetes Beweismittel, Entscheidungsbesprechung zum Beschluss des BGH vom 30.11.2010 – 1 StR 509/10 (= NStZ 2011, 474 f.), in: ZJS 2011, 557 f.

Radtke, Henning/Hohmann, Olaf, Strafprozessordnung Kommentar, München 2011.

Renzikowski, Joachim, Forensische Psychiatrie und Strafrechtswissenschaft, in: NJW 1990, 2905 ff.

Rode, Irmgard/Legnaro, Aldo, Der Straftäter und sein Gutachter – Subjektive Aspekte der psychiatrischen Begutachtung, in: StV 1995, 496 ff.

Rode, Irmgard/Legnaro, Aldo, Psychiatrische Sachverständige im Strafverfahren, Subjektive Aspekte der Begutachtung, München 1994.

Rogall, Klaus, Der Beschuldigte als Beweismittel gegen sich selbst, Ein Beitrag zur Geltung des Satzes „Nemo tenetur seipsum prodere" im Strafprozeß, Berlin 1977.

Rogall, Klaus, Über die Folgen der rechtswidrigen Beschaffung des Zeugenbeweises im Strafprozeß, in: JZ 1996, 944 ff.

Roggenwallner, Bernd/Herrmann, Gunnar/Jansen, Bernhard H., Straftaten gegen die sexuelle Selbstbestimmung, Münster 2011.

Rohmann, Josef A., Glaubhaftigkeitsbegutachtung bei nicht erfolgter Vernehmung, in: StraFo 2006, 401 ff.

Roschmann, Christian, Das Schweigerecht des Beschuldigten im Strafprozeß; seine rechtlichen und faktischen Grenzen, Bremen 1983.

Rostek, Holger, Verteidigung in Kapitalstrafsachen, 2. Auflage, Köln 2012.

Rzepka, Dorothea, Anmerkung zum Beschluss des BVerfG vom 9.10.2001 – 2 BvR 1523/01 (= R&P 2002, 120 ff.), in: R&P 2002, 122 ff.

Sarstedt, Werner, Auswahl und Leitung des Sachverständigen im Strafprozeß (§§ 73, 78 StPO), in: NJW 1968, 177 ff.

Schade, Burkhard/Harschneck, Michael, Die BGH-Entscheidung im Rückblick auf die Wormser Mißbrauchsprozesse, Konsequenzen für die Glaubhaftigkeitsbegutachtung aus der Sicht des psychologischen Gutachters und des Strafverteidigers, in: PdR November 2000, 28 ff.

Schaefer, Christoph, Mehr Professionalität in Jugendschutzverfahren, in: NJW 2000, 928 f.

Schlothauer, Reinhold, Anmerkung zum Urteil des BGH vom 17.2.1987 – 5 StR 522/86 (= StV 1989, 465), in: StV 1989, 466 f.

Schlothauer, Reinhold, Ermittlungsverfahren, in: Widmaier, Gunter (Hrsg.), Münchener Anwaltshandbuch Strafverteidigung, § 3, München 2006.

Schlothauer, Reinhold, Strafprozessuale Fragen der Glaubwürdigkeitsbegutachtung von Zeugen durch psychologische Sachverständige, in: Greuel, Luise/ Fabian, Thomas/Stadler, Michael (Hrsg.), Psychologie der Zeugenaussage, Ergebnisse der rechtspsychologischen Forschung, S. 143 ff., Weinheim 1997.

Schlothauer, Reinhold/Weider, Hans-Joachim, Verteidigung im Revisionsverfahren, 2. Auflage, Heidelberg/München/Landsberg u.a. 2013.

Schlüchter, Ellen, Das Strafverfahren, 2. Auflage, Köln/Berlin/Bonn u.a. 1983.

Schlüchter, Ellen, Wahrunterstellung und Aufklärungspflicht bei Glaubwürdigkeitsfeststellungen, Heidelberg 1992.

Schmandt, Stefan, Höchstrichterliche Anforderungen an besondere Beweiskonstellationen – Aussage gegen Aussage, Aussagen von Mitbeschuldigten oder des „Kronzeugen", in: StraFo 2010, 446 ff.

Schmidt, Eberhard, Lehrkommentar zur Strafprozeßordnung und zum Gerichtsverfassungsgesetz, Nachträge und Ergänzungen zu Teil II (Strafprozeßordnung), Nachtragsband I (StPO), Göttingen 1967.

Schmitt, Bertram, Zum Konfrontationsrecht nach Art. 6 Abs. 3d) EMRK, in: Bernsmann, Klaus/Fischer, Thomas (Hrsg.), Festschrift für Ruth Rissing-van Saan zum 65. Geburtstag am 25. Januar 2011, S. 617 ff., Berlin/New York 2011.

Schmoll, Daniela, Videovernehmung kindlicher Opfer im Strafprozeß, Verfahrens- und verfassungsrechtliche Lösungen auf der Grundlage des Zeugenschutzgesetzes, Frankfurt a.M. 1999.

Schmuck, Markus/Steinbach, Christoph, Glaubwürdigkeitsgutachten und § 244 Abs. 4 StPO, in: StraFo 2010, 17 ff.

Schneider, Frank/Frister, Helmut/Olzen, Dirk, Begutachtung psychischer Störungen, 2. Auflage, Berlin/Heidelberg 2010.

Schnetz, Heinz, Das Kind als klassischer Zeuge bei Sexualdelikten, Darmstadt 1961.

Schnoor, Kathleen/Rebernig, Elisabeth/Schläfke, Detlef/Häßler, Frank/Fegert, Jörg Michael, Bestandsaufnahme und Qualitätssicherung der forensisch psychiatrischen Gutachtertätigkeit in Mecklenburg-Vorpommern, Ausgangspunkte des Projektes und Stichprobenbeschreibung, in: Häßler, Frank/Rebernig, Elisabeth/Schnoor, Kathleen/Schläfke, Detlef/Fegert, Jörg Michael (Hrsg.), Forensische Kinder-, Jugend- und Erwachsenenpsychiatrie, Aspekte der forensischen Begutachtung, S. 1 ff., Stuttgart 2003.

Schoreit, Armin, Einsatz von Polygraphen und Glaubhaftigkeits-Gutachten psychologischer Sachverständiger im Strafprozeß, in: StV 2004, 284 ff.

Schreiber, Hans-Ludwig/Rosenau, Henning, Der Sachverständige im Verfahren und in der Verhandlung, in: Foerster, Klaus/Dreßing, Harald (Hrsg.), Psychiatrische Begutachtung, Ein praktisches Handbuch für Ärzte und Juristen, S. 153 ff., 5. Auflage, München 2009.

Schultz, Tanjev, Kontaktfreudig, selbstbewusst, unbefangen, SZ vom 2.5.2013, 2.

Schumacher, Willi/Arndt, Wolfgang P., Die Unantastbarkeit der Menschenwürde als Maßstab für psychiatrische Gutachten, in: StV 2003, 96 ff.

Schurig, Tim, Belehrung und Beratung des Beschuldigten über sein Aussageverhalten, Frankfurt a.M. 2003.

Schuster, Dietmar, Das Gutachten über die Glaubwürdigkeit von Zeugen im Strafprozess, München 1966.

Sporer, Siegfried L./Köhnken, Günter, Nonverbale Indikatoren von Täuschung, in: Volbert, Renate/Steller, Max (Hrsg.), Handbuch der Rechtspsychologie, S. 353 ff., Göttingen/Bern/Wien u.a. 2008.

Staake, Knut Henning, Die Gestaltung der Vernehmung einer Auskunftsperson in der Hauptverhandlung durch den Tatrichter, in: Deckers, Rüdiger/Köhnken, Günter (Hrsg.), Die Erhebung von Zeugenaussagen im Strafprozess, S. 213 ff., Berlin 2007.

Steller, Max, Falsche Geständnisse bei Kapitaldelikten: Praxis – Der Fall Pascal, in: Müller, Henning Ernst/Sander, Günther M./Válková, Helena (Hrsg.), Festschrift für Ulrich Eisenberg zum 70. Geburtstag, S. 213 ff., München 2009.

Steller, Max, Glaubhaftigkeitsbegutachtung, in: Volbert, Renate/Steller, Max (Hrsg.), Handbuch der Rechtspsychologie, S. 300 ff., Göttingen/Bern/Wien u.a. 2008.

Steller, Max, Psychologische Diagnostik – Menschenkenntnis oder angewandte Wissenschaft?, in: Kröber, Hans-Ludwig (Hrsg.), Psychologische Begutachtung im Strafverfahren, S. 1 ff., 2. Auflage, Darmstadt 2005.

Steller, Max, Vier Jahrzehnte forensische Aussagepsychologie – Eine nicht nur persönliche Geschichte, in: PdR August 2013, 11 ff.

Steller, Max/Böhm, Claudia, Fünfzig Jahre Rechtsprechung des BGH zur Aussagepsychologie: Bilanz und Ausblick, in: Fabian, Thomas/Nowara, Sabine (Hrsg.), Neue Wege und Konzepte in der Rechtspsychologie, S. 37 ff., Berlin 2006.

Steller, Max/Böhm, Claudia, Glaubhaftigkeitsbegutachtung bei Persönlichkeitsstörungen, in: FPPK 2008, 37 ff.

Steller, Max/Volbert, Renate, Anforderungen an die Qualität forensisch-psychologischer Glaubhaftigkeitsbegutachtungen, Das BGH-Urteil vom 30. Juli 1999, in: PdR November 2000, 102 ff.

Steller, Max/Volbert, Renate, Forensisch-aussagepsychologische Begutachtung (Glaubwürdigkeitsbegutachtung), in: PdR November 1999, 46 ff.

Steller, Max/Volbert, Renate, Glaubwürdigkeitsbegutachtung, in: Steller, Max/ Volbert, Renate (Hrsg.), Psychologie im Strafverfahren, S. 12 ff., Bern/Göttingen/Toronto u.a. 1997.

Stimpfig, Jörg, Prüfkriterien für Gutachter und Gutachten, in: BtPrax 1998, 222 ff.

Systematischer Kommentar zur Strafprozessordnung, Mit GVG und EMRK, Hrsg.: Wolter, Jürgen, Band 1 (§§ 1–93), 4. Auflage, Köln 2014.

Systematischer Kommentar zur Strafprozessordnung, Mit GVG und EMRK, Hrsg.: Wolter, Jürgen, Band 2 (§§ 94–136a), 4. Auflage, Köln 2010.

Systematischer Kommentar zur Strafprozessordnung, Mit GVG und EMRK, Hrsg.: Wolter, Jürgen, Band 10 (EMRK), 4. Auflage, Köln 2012.

Thom-Eben, Elke/Deckers, Rüdiger, Wanderer, kommst du nach Wuppertal..., in: StV 2012, 566 ff.

Toepel, Friedrich, Grundstrukturen des Sachverständigenbeweises im Strafprozeßrecht, Tübingen 2002.

Tondorf, Günter/Tondorf, Babette, Psychologische und psychiatrische Sachverständige im Strafverfahren, Verteidigung bei Schuldfähigkeits- und Prognosegutachten, 3. Auflage, Heidelberg/München/Landsberg u.a. 2011.

Tröndle, Herbert, Der Sachverständigenbeweis, Eine Betrachtung aus der Praxis über die Mitwirkung und die Verantwortung der Juristen, in: JZ 1969, 374 ff.

Trück, Thomas, Die Rechtsprechung des BGH zur Ablehnung von Beweisanträgen auf Vernehmung eines Sachverständigen, in: NStZ 2007, 377 ff.

Ulrich, Jürgen, Der gerichtliche Sachverständige, Ein Handbuch für die Praxis, 12. Auflage, Köln/Berlin/München 2007.

Undeutsch, Udo, Beurteilung der Glaubhaftigkeit von Zeugenaussagen, in: Undeutsch, Udo (Hrsg.), Handbuch der Psychologie, Band 11, Forensische Psychologie, Göttingen 1967.

Verrel, Torsten, Die Selbstbelastungsfreiheit im Strafverfahren, Ein Beitrag zur Konturierung eines überdehnten Verfahrensgrundsatzes, München 2001.

Vogl, Ralf, Anmerkung zum Urteil des BGH vom 30.7.1999 - 1 StR 618/98 (= NStZ 2000, 100 ff.), in: NJ 1999, 602 f.

Volbert, Renate, Aussagepsychologische Begutachtung, in: Volbert, Renate/Dahle, Klaus-Peter (Hrsg.), Forensisch-psychologische Diagnostik im Strafverfahren, S. 18 ff., Göttingen/Bern/Wien u.a. 2010.

Volbert, Renate, Falsche Geständnisse bei Kapitaldelikten: Grundlagen, in: Müller, Henning Ernst/Sander, Günther M./Válková, Helena (Hrsg.), Festschrift für Ulrich Eisenberg zum 70. Geburtstag, S. 205 ff., München 2009.

Volbert, Renate, Glaubhaftigkeitsbegutachtung - mehr als Merkmalsorientierte Inhaltsanalyse, in: FPPK 2008, 12 ff.

Volbert, Renate, Grundlagen forensischer Sachverständigentätigkeit, in: Volbert, Renate/Dahle, Klaus-Peter (Hrsg.), Forensisch-psychologische Diagnostik im Strafverfahren, S. 9 ff., Göttingen/Bern/Wien u.a. 2010.

Volbert, Renate, Standards der psychologischen Glaubhaftigkeitsdiagnostik, in: Kröber, Hans-Ludwig (Hrsg.), Psychologische Begutachtung im Strafverfahren, S. 171 ff., Darmstadt 2005.

Volbert, Renate/Steller, Max, Die Begutachtung der Glaubhaftigkeit, in: Foerster, Klaus/Dreßing, Harald (Hrsg.), Psychiatrische Begutachtung, Ein praktisches Handbuch für Ärzte und Juristen, S. 817 ff., 5. Auflage, München 2009.

Volckart, Bernd, Gutachtenforum: Der kindliche Riese, in: R&P 1997, 168 ff.

Volk, Klaus/Engländer, Armin, Grundkurs StPO, 8. Auflage, München 2013.

Walther, Susanne, Zur Frage eines Rechts des Beschuldigten auf »Konfrontation von Belastungszeugen«, in: GA 2003, 204 ff.

Weber, Christian, Der Richter und seine Denker, SZ vom 14./15.4.2012, 22.

Wegener, Hermann, Einführung in die Forensische Psychologie, Darmstadt 1981.

Wegener, Hermann, Methodische Probleme der forensisch-psychologischen Begutachtung, in: Kury, Helmut (Hrsg.), Ausgewählte Fragen und Probleme forensischer Begutachtung, Köln/Berlin/Bonn u.a. 1987.

Wegener, Hermann/Steller, Max, Psychologische Diagnostik vor Gericht, Methodische und ethische Probleme forensisch-psychologischer Diagnostik, in: ZDDP 1986, 103 ff.

Wegner, Birgit, Wie Opferschutz der Wahrheit dient, in: ZRP 1997, 404 ff.

Weigend, Thomas, Anmerkung zum Urteil des BGH vom 29.6.1989 – 4 StR 201/89 (= JZ 1990, 47 f.), in: JZ 1990, 48 f.

Wendler, Axel, Die Vernehmung der Auskunftsperson in der Hauptverhandlung aus richterlicher Sicht, in: Deckers, Rüdiger/Köhnken, Günter (Hrsg.), Die Erhebung von Zeugenaussagen im Strafprozess, S. 188 ff., Berlin 2007.

Westhoff, Karl/Kluck Marie-Luise, Psychologische Gutachten schreiben und beurteilen, 6. Auflage, Heidelberg 2014.

Widmaier, Gunter, Zum Befragungsrecht nach Art. 6 Abs. 3 Buchst. d EMRK, Verantwortlichkeit der Justiz für die fehlende Befragungsmöglichkeit als

Voraussetzung der Herabstufung des Beweiswertes der belastenden Aussage?, in: Griesbaum, Rainer/Hannich, Rolf/Schnarr, Karl Heinz (Hrsg.), Strafrecht und Justizgewährung, Festschrift für Kay Nehm zum 65. Geburtstag, S. 357 ff., Berlin 2006.

Widmann, Marc, Lebenslang, SZ vom 30.9.2011, 10.

Wolf, Thomas, Der Sachverständige im Wirtschaftsstrafverfahren, in: ZHW 2012, S. 125 ff.

Wüst, Herbert, Richter und psychologischer Sachverständiger im Strafprozeß, München 1968.

Ziegert, Ulrich, Anmerkung zum Urteil des BGH vom 30.7.1999 – 1 StR 618/98 (= NStZ 2000, 100 ff.), in: NStZ 2000, 105 f.

Ziegert, Ulrich, Grundlagen der Strafverteidigung, Stuttgart/München/Hannover u.a. 2000.

Zieschang, Frank, Anmerkung zum Urteil des BGH vom 12.2.1998 – 1 StR 588/97 (= StV 1999, 463 ff.), in: StV 1999, 467 ff.

Zuschlag, Berndt, Richtlinien für die Erstellung psychologischer Gutachten, 2. Auflage, Bonn 2006.

Zwiehoff, Gabriele, Das Recht auf den Sachverständigen, Baden-Baden 2000.

Internationales und Europäisches Strafverfahrensrecht

Herausgegeben von Hans-Heiner Kühne und Robert Esser

Band 1 Sibyl Stein: Zum europäischen *ne bis in idem* nach Artikel 54 des Schengener Durchführungsübereinkommens. Zugleich ein Beitrag zur rechtsvergleichenden Auslegung zwischenstaatlich geltender Vorschriften. 2004.

Band 2 Friederike Charlotte Grube: Richter ohne Robe. Laienrichter in Strafsachen im deutschen und anglo-amerikanischen Rechtskreis. Eine rechtsgeschichtliche und rechtsvergleichende Untersuchung unter besonderer Berücksichtigung verfassungsrechtlicher Aspekte. 2005.

Band 3 Christiane Paul: Das Abwesenheitsverfahren als rechtsstaatliches Problem. Rechtsvergleichende Untersuchung deutscher, englischer, französischer, niederländischer und österreichischer Regelungen angesichts der Rechtsprechung des Europäischen Gerichtshofs für Menschenrechte. 2007.

Band 4 Kai Peter Hecheltjen: Der Richtervorbehalt im kartellrechtlichen Nachprüfungsverfahren der Europäischen Kommission. 2007.

Band 5 Martina Werwie-Haas: Die Umsetzung der strafrechtlichen Entscheidungen des Europäischen Gerichtshofs für Menschenrechte in Deutschland, Österreich, der Schweiz und im Vereinigten Königreich. 2008.

Band 6 Vera Warnking: Strafprozessuale Beweisverbote in der Rechtsprechung des Europäischen Gerichtshofs für Menschenrechte und ihre Auswirkungen auf das deutsche Recht. 2009.

Band 7 Christian Mülfarth: Grundlagen und Grenzen von Beweiserhebung und Beweisverwertung im spanischen Strafverfahren. Eine rechtsvergleichende Untersuchung. 2009.

Band 8 Daniel Joachim Hußung: Der Tatbegriff im Artikel 54 des Schengener Durchführungsübereinkommens. 2011.

Band 9 Johannes Stalberg: Zum Anwendungsbereich des Art. 50 der Charta der Grundrechte der Europäischen Union (ne bis in idem). 2013.

Band 10 Oded Friedmann: The Possibility of the ICJ and the ICC Taking Action in the Wake of Israel's Operation "Cast Lead" in the Gaza Strip. A Jurisdiction and Admissibility Analysis. 2013.

Band 11 Andreas Neuendorf: Bedeutung und Rezeption des Art. 6 Abs. 1 EMRK im deutschen und englischen Steuerrecht. 2013.

Band 12 Sandra Maria Beckert: Sachverständigengutachten im Strafverfahren zur Glaubwürdigkeit und zur Schuldfähigkeit im Falle der Untersuchungsverweigerung des zu Begutachtenden. 2014.

www.peterlang.com

www.ingramcontent.com/pod-product-compliance
Ingram Content Group UK Ltd.
Pitfield, Milton Keynes, MK11 3LW, UK
UKHW041825290926
8980IPUK00002B/76

9 783631 654897